KB241593

한국 **민족주의의**
계보와 정치

Ethnic Nationalism in Korea: Genealogy, Politics, and Legacy
Copyright ⓒ 2006, Gi-Wook Shin

Korean Translation Copyright ⓒ 2009 by Changbi Publishers, Inc.
All rights reserved.
This Korean edition was published by arrangement with Gi-Wook Shin.

이 한국어판의 판권은 저작권자와 독점 계약한 (주)창비에 있습니다.
저작권법에 의해 보호를 받는 저작물이므로 무단 전재와 복제를 금합니다.

한국 민족주의의 계보와 정치

신기욱 지음

이진준 옮김

창비

미국으로 유학을 온 지 어느새 25년이 넘었다. 흔히 하는 말로 사반
세기가 넘은 셈이다. 처음 미국에 올 때는 남들처럼 학위를 마치면 한
국에 돌아가서 대학이나 연구소에서 일을 할 것이라고 생각했다. 그
런데 어느새 '재미교포'가 되어 미국 대학에서 강의도 하고 연구도 하
면서 캘리포니아에서 살고 있다.

스탠퍼드대에 있다 보니 훌륭하고 좋은 분들을 만날 기회가 많다.
그런데 내가 한국분들을 만나면 자주 받게 되는 공통된 질문이 몇가
지 있다. 특히, "어떻게 스탠퍼드와 같은 명문대학에 자리를 잡게 되
셨어요?" "어디에서 학위를 하셨나요? 스탠퍼드이겠지요?" 그리고
"한국에는 이제 안 들어가세요?" 같은 질문이다. 이런 질문 모두가 나
름대로 여러가지 의미를 갖고 있겠지만 내가 이 책에서 분석하고자
했던 주제들과 직간접적으로 연관이 있어 보이기도 한다.

4

우선 첫번째 질문은 궁금증과 함께 약간의 혼란스러움을 반영하고 있지 않나 싶다. 한국에서 대학을 나온 유학생 출신이 검은 머리에 영어도 시원치 않을 텐데 미국의 명문대학에서 정교수가 되고 또 연구소까지 맡아서 운영하고 하는 것이 한국사람의 관점에서는 궁금하기도 하고 이해가 잘 안되는 부분일 것이다.

두번째의 경우 질문이라기보다는 사실 확인에 가깝다고 할 수 있다. 한국 명문대학의 경우 교수들 대부분이 본교 출신이기 때문에 아마도 내가 당연히 스탠퍼드 출신일 거라는 생각에서 확인을 하고 싶었을 것이다. 물론 대답은 "아니오"다. 한국과는 달리 스탠퍼드대학 교수 중 이 대학 출신은 그리 많지 않다.

그런데 이런 의문들은 미국사회를 이해하면 쉽게 풀릴 것이다. 그간 미국에 살면서 가장 크게 마음에 다가왔던 점 특히 한국이나 일본과 같은 동아시아사회와 비교할 때 느꼈던 큰 차이점이 있다면 미국사회는 다양성과 포용성이 있다는 점이다. 물론 미국사회 역시 많은 문제들을 안고 있지만 적어도 비교적 관점에서 본다면 그렇다. 나와 다른 것을 포용하고 다양성을 존중하기 때문에 다인종으로 구성된 '이민국가'가 사회통합을 이루고 오늘의 미국을 만들어냈으며, 나 같은 사람도 스탠퍼드에서 종신교수가 될 수 있었던 것이다.

세번째 질문에 대한 답도 부정적이다. 그동안 한국에 돌아가서 연구활동을 하겠다는 생각을 안 해본 건 아니지만 곰곰이 돌이켜볼 때 내가 미국에 있어야 할 일이 더 많다는 결론을 내린 지 오래다. 특히 한국의 역사와 문화, 사회를 미국 등 서구사회에 제대로 소개하고, 한미간의 상호이해를 높이고 교류도 활성화 하는 등의 일이 내가 할 일이고 또 이곳에 있어야 더 잘 할 수 있다는 확신을 갖고 있다.

이처럼 미국에서 활동하는 사회학자로서 또 한국사회를 연구하는 학자로서 가졌던 가장 근본적인 질문 중 하나가 과연 한국사회를 움직이는 원리가 무엇일까, 특히 한국을 잘 모르는 외국인들에게 어떻게 하면 한국사회의 역동적인 움직임을 제대로 설명할 수 있을까 하는 것이었다. 흔히들 유교주의, 가족주의, 집단주의를 한국사회의 구성 원리로 거론하지만 내게는 어딘가 만족스럽지 못했다.

적어도 내가 보기에는 한국사회를 이해하는 가장 중요한 원리는 혈연에 기인한 단일민족주의 내지는 의식이다. 특히 한국인의 단일민족주의를 이해하지 않고는 20세기 한국사회와 정치의 변화를 제대로 읽을 수 없다고 생각했다. 이 책은 이러한 지적 고민과 문제의식이 반영된 역사사회학적이고 정치사회학적인 답이라고 할 수 있다.

대다수 한국인들은 아마도 단일민족의식을 당연하다고 느낄지 모른다. 나도 미국에 처음 왔을 때 그러한 생각을 가지고 있었다. 그러나 미국처럼 다인종으로 짜여진 사회에서 살다보면 한국사회는 분명 독특한 점이 많다. 사실상 한국처럼 아직도 강력한 단일민족의식을 갖고 있는 국가나 민족은 손꼽을 정도에 불과하다.

이 책에서 설명한 대로 한국인의 단일민족의식은 당연한 현상이 아니고 특별한 역사적·사회적 이유가 있다. 또 이러한 의식은 한국이 식민지, 분단, 전쟁 등의 엄청난 시련을 딛고 비교적 짧은 기간에 근대화와 민주화를 이루는 데 매우 중요한 에너지를 제공한 원동력이었다. 그러한 다른 한편에서 본다면 이는 다양성과 포용력보다는 배타성과 편협성을 가져왔고 사상적 빈곤을 낳았으며 정치적 독재를 도운 측면도 간과할 수 없다.

어찌 보면 오늘의 한국인들은 한세기전 선배 세대가 고민했던 민족정체성의 문제에 다시 부딪히고 있다. 미국이 주도하는 세계화의 바람이 부는 가운데 중국의 부상으로 동북아의 지역질서가 변화의 소용돌이에 빠져들고 있으나 한반도는 아직도 분단된 채 남아 있다. 이러한 지정학적 변화에 부응하는 새로운 민족정체성을 정립하는 문제는 결코 간단한 일이 아니다.

내부적으로도 한국사회는 빠르게 다인종화, 고령화되어가고 있다. 통계청 자료에 따르면 2007년 이후 외국인 체류자수가 1백만을 넘어섰고, 2004년 이후 국제결혼 비율이 10퍼센트를 넘어섰다. 또한 출산율의 감소와 인구의 고령화로 인해 숙련, 비숙련 외국인 노동자의 경제적 중요성은 더욱 증가하고 있다.

그러나 단일민족의식은 지금도 강하게 남아 있고 소위 '형평성'은 아직도 중요한 국민정서의 한 축이다. 또 이 책의 표지사진에서 보듯이 2002월드컵 당시 보여준 "대한민국!"과 "우리는 하나"라는 함성은 한국인이 가진 강력한 에너지를 잘 보여주기도 하지만 외국에서 보면 이해하기 힘든 측면도 있는 것이 사실이다.

따라서 빠르게 변화하는 국내외적 상황에서 한국인의 단일민족의식에 대한 역사적 이해와 재검토는 학술적인 차원을 넘어서서 향후 국가전략과도 연결되어 있는 매우 시급한 문제이다. 엄청난 에너지의 원천이 될 수도 있지만 장기적으로 발전의 장애가 될 수도 있는 강한 민족의식을 어떻게 적절히 활용할 수 있을까 하는 점이다.

이 책은 이러한 문제의식을 가지고 한국인의 단일민족의식의 형성과 발전과정 그리고 공과를 역사사회학적이고 정치사회학적인 관점에서 다룬 학술서다. 그러나 앞서 언급한 대로 학술적 관심뿐 아니라 현실적, 정책적인 문제의식을 가지고 쓴 글이기도 하며, 미국에서 활동하는 재미 한인 사회학자가 본 한국의 모습이기도 하다.

개인적으로는 이 책이 한글로 번역되어 소개돼 무척 기쁘다. 이를 계기로 국내에서도 단일민족의식에 대한 건설적 비판과 토의가 이루어지기를 감히 바란다. 또한 이를 통해 내 생각과 관점도 좀더 다듬어질 수 있기를 바라는 마음 간절하다.

비교적 관점에서 역사적·사회학적 자료와 주제를 다루다 보니 번역이 쉽지 않았을 것이다. 그럼에도 불구하고 정성껏 번역을 해주신 이진준 선생님께 감사의 말씀을 드린다. 아울러 꼼꼼한 편집으로 출판을 해주신 창비사 여러분께도 고마움을 전한다. 모쪼록 이 책이 한국사회를 이해하는 데 조그마한 도움이 되기를 바란다.

2009년 1월
스탠퍼드에서, 신기욱

| 감사의 글 |

이 연구는 남한에서 1980년대에 폭발한 반미운동에 대한 해석을 시도하던 십년전쯤 시작되었다. 한때는 미국의 가장 친한 친구이자 동맹으로 여겨지던 남한이 민주화 추구과정에서 반미 수사(修辭)와 운동을 받아들이게 된 까닭을 설명하고 싶었다. 나는 연구를 통해 반미운동이 민족정체성 정치와 원래부터 관련이 있었다는 것을 발견했다. 그것은 반체제 인사들이 민족과 민족정체성에 대한 권위주의정부의 정의에 반미 수사로 도전하려고 노력했기 때문이다. 반미에 대한 이런 관심은 자연스럽게 정체성 정치의 역사적 뿌리와 현재의 관련성에 촛점을 맞추면서 20세기 전체를 망라하는 한국 민족주의에 대한 더 큰 연구로 발전했다. 내가 원래 생각했던 것보다 연구가 훨씬 더 커졌으며, 그만큼 예상보다 연구기간도 더 길어졌다. 게다가 2001년 스탠퍼드대로 옮기느라 연구의 완성이 더욱 늦어졌다.

이제야 지난 십년간 이 연구를 지원해준 수많은 사람들과 기관들에 고마움을 전하게 되어 더없는 기쁨(과 안도감)을 느낀다. 특히 이 책을 연구하는 데 필요한 조사를 도와준 스탠퍼드대의 유능한 많은 학생들을 만난 것은 축복이었다. 그레이스 방(Grace Bang), 폴 장(Paul Y. Chang), 레이철 주(Rachael Joo), 김영춘, 이정은, 마이어 피어스(Maia Pierce), 스텔라 신(Stella Shin), 신수영에게 깊은 고마움을 전한다.

연구과정에서 수많은 연구보조금을 받은 것 역시 축복이었다. 미국 국립인문학재단(National Endowment for the Humanities)(FA-32712-94)의 특별 연구비 덕분에 1년간 강의와 다른 모든 업무에서 벗어나 이 연구에 전념할 수 있었다. 미국평화연구소(United States Institute for Peace)(USIP-088-99F)와 서울의 『문화일보』의 연구보조금으로 2000년 가을의 조사를 수행할 수 있었다. 특히 당시 『문화일보』 사장이던 김진현 박사의 너그러운 지원에 사의를 표한다. 한국학술진흥재단(03-R27)의 연구보조금은 내가 민족세력과 초민족 세력의 상호작용을 연구하는 데 도움이 되었다. 스탠퍼드대의 쏘렌스타인 아시아태평양리써치쎈터(Sorenstein Asia-Pacific Research Center)의 교수연구기금은 책 완성에 큰 도움이 되었다. 이 쎈터는 특히 시호 바르비(Shiho Barbir), 최옥기, 자스민 하(Jasmin Ha), 빅토리아 톰킨슨(Victoria Tomkinson)이 제공해준 행정상의 편의를 통해 연구에 이상적인 환경을 제공해주었다. 스탠퍼드대학출판부의 머리엘 벨(Muriel Bell), 마리아나 레이코프(Mariana Raykov), 알렉산드리아 지아르디노(Alexandria Giardino)는 책의 출판 진행을 도와주었다.

여러 장(章)의 초고는 하바드대 한국연구소, 데이비스 소재 코넬대와 캘리포니아대 및 워싱턴대의 사회학과, 예일대 동아시아연구 평의회, 버클리 소재 캘리포니아대 및 하와이대의 한국학쎈터, 브리티시 컬

럼비아대의 아시아리써치쎈터, 이화여대 국제학대학원, 고려대 정치학과, 연세대 근대한국학연구소에서 발표되었다. 견해를 나누고 다듬는 소중한 기회를 준 이 기관들의 주최자인 카터 에커트(Carter Eckert), 매리 브린턴(Mary Brinton), 로밍쳉(Ming-Cheng Lo), 다니엘 치로트(Daniel Chirot), 미미 홀 엥프룩사완(Mimi Hall Yiengpruksawan), 로버트 스칼라피노(Robert Scalapino), 클레어 유(Clair You), 하겐 구(Hagen Koo), 장윤식, 김은미, 임혁백, 유영익 등에게 감사를 드린다.

몇몇 장은 이미 다른 곳에서 출판되었다. 7장은 『사회와 역사 비교 연구』(Comparative Studies in Society and History) 41권 4호(1999)에, 8장은 유영익과 이재진이 편집한 『한국과 6·25전쟁』(연세대출판부 2002)에, 9장은 배형일과 팀 탱게리니(Tim Tangherlini)가 편집한 『민족주의와 한국적 정체성의 형성』(Nationalism and the Construction of Korean Identity, UC 버클리 동아시아연구소 1998)에 실렸다.

마지막으로 연구기간 내내 가족이 내게 베푼 끝없는 이해와 지지는 말로 다 표현할 수 없다. 그들의 무조건적인 애정과 심지어 아이들의 투정조차도 스탠퍼드대에 한국학 프로그램을 새로 개설하는 것을 포함해 내가 수많은 연구에 끊임없이 매진할 때 기운을 북돋워주었다. 가족이 곁에 없었더라면 이 책을 완성하지 못했을 것이다. 깊은 고마움과 애정을 담아 이 책을 윌리엄(William), 애쉴리(Ashley), 켈리(Kelley), 특히 미셸(Michelle; Mee-Sun)에게 바친다.

차 례

일러두기

* 한국에서는 민족(nation), 종족(ethnicity), 인종(race)을 뚜렷하게 구분해서 사용하지 않는다. 그러나 한국 민족주의 기원에 있어 핵심적 기준이 하나의 혈통에 기반한 단일민족의식이라는 것을 드러내기 위해 이 책에서는 'nationalism'과 'ethnic nationalism'을 구분해 번역했으며 전자는 민족주의, 후자는 종족민족주의로 번역했다 ─ 옮긴이.

한국 민족주의의 뿌리와 정치를 규명하며

2002년 6월 어느날 오후 수십만 한국인들이 서울시청 앞 광장을 가득 메웠다. 그들은 "대한민국" "오, 필승 코리아" "우리는 하나"라고 소리치고 있었다. 그 장면은 대규모의 한국인들이 그 광장에 모여 전두환(全斗煥)의 권위주의 정부에 민주적 개혁을 요구했던 1987년 6월 항쟁을 연상시켰다. 그렇지만 그들은 시위대로서 그 광장에 나온 게 아니었다. 그들은 2002한일월드컵 준결승전에 막 진출한 한국 축구대표팀을 응원하는 팬들이었다. 『뉴욕타임스』(*New York Times*)의 보도처럼, "한세대 전에 50만명의 시위대가 독재에 항거해 소리를 질렀던 그 대도시의 시청 앞 광장에서 20만여명의 붉은 셔츠를 입은 젊은이들이 비가 내리는 오후에 하나같이 민족주의 메씨지가 담긴 새로운 구호를 외쳤다"(2002.6.11). 추산에 따르면, 그날 전국에서 최소 700만 한국인들이 축구팀을 응원하기 위해 거리로 쏟아져 나왔다. 심지어 로스앤젤레스에서도 새벽 4시 30분에 2만명의 한국계 미국인들이 한국팀을 응원하기 위해 스테이플스쎈터(로스앤젤레스 레이커스의 홈구장)를 가득 채웠다. ('붉은악마'로 알려진) 한국 축구팬들의 '붉은물결'이 빠리 광장, 독일의 한국대사관, 한국 축구팀 감독 거스 히딩크(Guus Hiddink)의 고향인 네덜란드의 파르쎄벨트(Varsseveld) 같은 곳에서도 나타났다.

월드컵 열기는 단순히 축구와 관련된 것만은 아니었다. 이는 민족자존심(pride), 정체성(identiy), 자신감(confidence)과도 관련 있다. 스페인전 승리로 한국이 독일과의 준결승전에 진출하자 당시 김대중(金大中) 대통령은 그날을 "단군 이래 한국의 가장 행복한 날"(『아시아타임스 온라인판』 *Asia Times Online* 2002.6.25)로 자랑스럽게 선언했다. 한국리써치가 2002년 6월 27일과 28일 사이에 542명의 한국인들을 대상으로 실시한 조사는 응답자들 중 75퍼센트가 경기 동안 한국인이라는 데 "강한 자부심"을 느끼며, 76퍼센트는 세계에서 한국의 능력을 새롭게 확신하고 있음을 보여주었다(『코리아헤럴드』 2002.7.10). 한국의 승리는 해외의 한국인들 사이에서도 민족적 자부심을 불러일으켰다. 일본에서는 토오꾜오(東京)스타디움에서 한국과 독일의 경기가 진행되는 동안 두개의 적대적인 한국인 정치조직인 친남한 성향의 민단(재일본대한민국민단)과 친북한 성향의 조총련(재일본조선인총연합회)이 처음으로 "대한민국"을 외치며 함께 응원했다. 『코리아타임스』(*Korea Times*)는 재외동포재단(Overseas Koreans Foundation)의 권병현(權炳鉉) 이사장의 말을 인용했다. "월드컵이 560만 재외동포들에게 미친 가장 중요한 영향은 그들이 〔종족상의〕 한국인이라는 것에 자부심을 불러일으켜 차이를 넘어 서로를 연결했다는 것이었다"(2002.6.27).

월드컵 내내 한국인들이 보여준 강한 단일의식(sense of unity)과 민족적 자부심은 주로 동일한 혈통(bloodline)과 선조에 바탕한 정체성에서 기인한다. 김대중 대통령이 한국인들의 신화적 창시자 단군을 언급한 것은 우연이 아니었다. 오히려 그것은 한국인들이 공유하는 뿌리 깊은 종족적 민족정체성과 단일의식을 반영한다. 남한에서 실시된 최근의 설문조사들은 이런 신문들의 설명이 가리키는 것을 확인시켜준다. 한국방송공사(KBS)와 한림대가 1999년 12월에 남한에서 실시한 한 조사 결과 남한의 응답자들 중 68.2퍼센트가 "피"를 한민족을 규정하는 가장 중요한 기준으로 생각하며, 74.9퍼센트는 "한국인들은 거주와 이념에 관계없이 형제자매다"라는 데 동의하며, 67.5퍼센트는 "우리의 민족사에 자부심을 지닌다"고 말했다.[1] 나는 2000년 가을에 남한에서 조사를 했는데, 결과는 민족과 민족정체성에 대해 비슷한 견해를 보여준다.[2] 응답자 중 93퍼센트가 "우리 민족은 단일 혈통을 지니고 있다"고 말했으며, 95퍼센트는 "북한사람은 같은 〔종족상의〕 한민족이다"라는 데 동의했다. 게다가 83퍼센트는 해외거주 한국인들은 이민을 가서 다른 곳에서 시민권을 획득했든, 한국 밖에서 태어나 외국의 합법적 시민으로 여겨지든 간에 선조가 같기 때문에 여전히 한민족에 속한다고 느꼈다. 민족에 대한 그런 인종중심적인 생각을 반영해 남한사람들은 한국에 살고 있는 일본인들(18퍼센트)과 미국인들(17퍼센트)보다는 일본(62퍼센트)과 미국(63퍼센트)에 있는 한국계 후손들에게 훨씬 더 강한 애착을 느낀다. 바로 이런 이유 때문에 "우리는 하나" 같은 민족주의적인 구호가 단일종족이라는 믿음을 환기시켰으며 세계 여러 지역에서 축하하기 위해 모인 해외의 한국인들뿐만 아니라 서울시청 광장에 모인 한국인들에게도 호소력이 매우 컸다.[3]

"이런 강한 단일종족 의식의 출현과 지배를 어떻게 설명해야 하는 가"라는 질문은 면밀하게 조사해볼 필요가 있다. 게다가 그것이 지닌 의미가 한국사회에서 아주 큰 중요성을 띠는데도 종족 동질성 의식에 바탕을 둔 한국의 민족정체성의 역사적 기원과 정치는 적절한 학문적 관심을 끌지 못하고 있다. 단일종족은 한반도의 양쪽에서 널리 받아 들여지고 있으며, 대부분의 한국인들은 그 역사적 확실성에 의문을 품지 않는다. 정말이지 한국인의 단일종족의 항구적이고 자연적인 본질에 의문을 품는 것은 "정치적으로 틀린" 것 같다.[4] 그렇지만 한국인들의 종족적 민족정체성이 고정되어 있다거나 아득한 옛날에 생긴 것이라고 간주할 수는 없다. 카터 에커트(Carter Eckert)가 언급하듯이, 19세기말 이전에는 "민족국가로서의 '한국'이라는 추상적 개념에 대한, 혹은 '한국인'이라는 이름으로 한반도에 함께 살고 있는 주민들에 대한 충성심은 있었다 하더라도 희박했다"(1991, 226면). 그런 점에서 종족 동질성에 바탕을 둔 한국인의 민족정체성은 학문적 관심을 요하는 특정한 역사적 과정의 산물로 이해되어야 한다. 그렇다고 종족 동질성에 대한 믿음은 일부 학자들의 주장(일례로 Grinker 1998)처럼 실질적이고 역사적인 근거가 없는 단순한 신화나 공상은 아니다. 비록 그것은 형성과정에서 성립 요소들이 필요하지만 실제로 사회적이고 정치적인 의미를 지니고 있다. 코너(Connor)가 지적하듯이, "정치적으로 중요한 것은 **사실이 무엇인가(what is)**가 아니라 사람들이 무엇을 **생각하고 있는가(think is)**이기 때문에" 종족적 민족정체성은 "그 자체가 하나의 실체(reality)"를 낳을 수 있다(1994, 140면, 강조는 인용자). 정체성은 결정적인 행동상의 결과를 지니고 있다. 실제로 단일종족 의식은 한국인들에게 반식민주의 이데올로기가 되는 것에서부터 민족통일의 이데올로기가 되는 것에 이르기까지 다양한 방식으로 기여해왔다.

이 책은 한국인들이 동일한 혈통에 바탕한 민족정체성을 발전시키게 된 역사적 과정을 확인하고 이런 종족적 민족정체성이 한국의 정치와 사회에서 어떤 역할을 했는지 상술하고자 한다. 첫번째 쟁점과 관련해서는, 상호 연관된 두개의 과정에 촛점을 맞출 것이다. 즉 "민족"이 비민족적이거나 초민족적 정체성들(예컨대 계급)을 제치고 집단적이거나 정언적인 정체성의 주요한 근원으로 출현하고 지배하는 과정과 인종중심적이고 종족중심적인 민족 개념이 출현하고 확립되는 과정이 그것이다. 두번째 문제와 관련해서는, 종족적 민족정체성 정치가 반식민주의, 내전, 권위주의 정치, 민주화, 민족분단과 통일, 지구화를 포함한 다양한 분야에서 어떤 역할을 했는지를 면밀히 살펴볼 것이다.

한민족의 기원에 대한 상이한 견해들

민족주의를 연구하는 학자들은 민족과 민족주의와 종족의 관계를 논의한다. 그들의 대화는 민족을 어느정도까지 새롭고 근대적인("만들어진", Anderson 1983; Gellner 1983; Giddens 1984; Hobsbawm 1990 참조) 것으로 이해해야 하는지 아니면 어느정도까지 선재(先在)하는 지리적이거나 문화적인 토대 위에 형성된, 종족이 오랫동안 유지한 양식들이 연장된 것으로("원시시대부터 존재하는" Connor 1994; Geertz 1963; Smith 1986, 1991 참조) 이해해야 하는지에 모아진다. 이런 논쟁은 민족됨(nationhood)이 유례가 없는 근대적인 차원의 민족주의적인 정치적 동원의 산물인지 혹은 반대로 이전부터 존재했던 종족이 사실상 근대 민족성의 많은 부분을 설명해주는지에 관한 것이다. 그 문제는 특히 한국의 상황에서는 복잡하게 얽혀 있다. 한국에서는 인종과 종족과 민족의 차원들이 사실상 서로 겹친다. 한국인들이 서울시청 광장과 로스앤젤레스 스테이플스쎈터에서 "우리는 하나"라고 외칠 때, 한국인들은 현재의 법적 시민권, 거주지, 정치적 신념에 관계없이 하나의 인종, 하나의 종족, 하나의 민족이라는 것을 의미했다. 비록 인종은 선천적이며 결코 변치 않는 표현형적이고 유전형적인 특징에 따라 정의하는 집합체로 이해되며 종족은 일반적으로 공동의 언어와 역사에 토대를 둔 문화적 현상으로 간주되기는 하지만(Yoshino 1992 참조) 한국인들은 역사적으로 그 두개를 구분하지 않는다. 대신 인종은 종족정체성을 강화해주는 표지 기능을 해왔으며, 종족정체성은 민족을 정의하는 수단이었다. 인종, 종족, 민족은 융합되었으며, 이것은 '민족'이라는 말을 여러가지로 사용한 것을 보면 알 수 있다. '민족'은 'nation'이라는 뜻으로 가장 널리 사용되지만 또한 'ethnie'나 'race'를 가리키기도 한다.

한국인들이 지닌 그토록 강한 종족적 민족정체성이나 인종중심적인 민족개념의 출현과 확립을 어떻게 설명해야 할까? 민족과 민족주의에 관해 연구하는 일반 문헌에서처럼 종족적 한민족의 기원을 설명하는 여러가지 경쟁적인 견해들이 존재한다.[5] 먼저, 종족주의적이거나 시원(始原)주의적인 견해를 주장하는 사람들은 한국의 종족적 단일민족 관념을 자연스러운 것으로 여긴다. 왜냐하면 모든 한국인들은 단군의 자손으로 여겨지고 있기 때문이다. 예컨대 대한민국의 초대 교육부 장관인 안호상(安浩相)은 민족을, 특히 종족적 한민족을 같은 '핏줄'과 '운명'을 지닌 사람들의 '자연산물'로 규정했다(1992, 49~59면).

안호상이 민족을 규정하는 가장 중요한 기준은 혈통이다. 때문에 우리는 "민족의 아들딸로, 저절로 그 민족에 속하게 된 것"이다(안호상 1992, 59면). 그런 점에서 민족은 특정한 사회의 사회적 구조라기보다는 개인들의 귀속적인 특징이다. 한국의 많은 역사학자들은 이데올로기와는 관계없이 동일한 견해를 지녔다. 1947년에 저명한 남한 역사학자인 손진태는 "유사 이래 우리〔한국인〕는 같은 역사적 삶을 지니고, 단일한 지역에 살며 (…) 같은 운명을 지닌 단일한 인종이다"(Duncan 1998, 124면 재인용)라고 썼다. 마찬가지로 유명한 맑스주의 역사학자인 백남운(白南雲)은 1946년에 "조선민족은 혈연, 지연, 언어, 문화, 역사적 운명 등의 공통성을 구유(具有)한 단일민족으로서 수천년의 역사를 가졌다"(방기중 1992, 124면 재인용)라고 언급했다. 그들은 한민족은 역사의 여명기나 적어도 신라가 삼국을 통일한 7세기 이래 존재해왔다고 주장했다. 삼국간의 경쟁은 한민족이 정치적인 통일을 이루기 위한 투쟁으로 보았다. 그런 점에서 현대적인 단일종족 의식은 역사적 경험의 자연스러운 확장이었다. 한민족은 민족이라는 말이 존재하기 전부터 존재했다. 남한의 이승만(李承晚)과 박정희(朴正熙), 북한의 김일성(金日成) 같은 정치지도자들은 같은 견해를 지녔다. 민족적 정당성과 대표성을 얻기 위해 경쟁하는 동안에도 그들은 한민족의 종족 동질성에 대해서는 논쟁하지 않았다. 종족 동질성은 수천년 동안 이어졌으며 단일한 혈통에 바탕을 두고 있다는 데 그들은 동의했다. 1990년대초에 북한은 심지어 한민족의 신화적 건설자인 단군의 묘를 발견했다고 발표했으며, 일부 남한사람들은 모든 관공서 건물에 명예 단군상을 건립하기 위해 노력했다. 이런 시원주의적 견해는 앞서 언급된 조사를 통해서 알 수 있듯 여전히 한국 대중 사이에 널리 퍼져 있다.

반면 근대주의자들이나 구조주의자들은 한민족을 조선왕조 말기에 도입된 근대적인 민족주의 이데올로기의 산물로 간주한다. 그들은 이 시기 이전에는 한국은 사람들을 양반과 평민과 노비로 나누는 명확히 규정된 수직적 위계질서를 지닌 신분사회였다고 주장한다. 한국의 양반은 민족주의 사상을 이상하고 야만적인 것으로 생각했으며, 자신들이 중국을 중심으로 한 좀더 세계주의적인 문명의 일원이라고 생각했을 것이다.[6] 그런 상황에서 사람들은 자신이 하나의 민족공동체에 속한다고 인식하려 하지 않았을 것이며 그렇게 하지도 않았다.[7] 헨리 엄의 관점(Henry Em 1999)으로는 한민족은 20세기초에 한국이 민족들의 근대적인 세계체제에 통합되고 뒤이어 민족사학이 출현하면서 비로소 생겨났다. 비록 한국은 천년 이상이나 중앙집권적인 관료국가를 유지해왔지만 근대 민족국가와는 달리 백성을 "민족화하는" 데는 관심이 없었다고 그는 주장한다. 유대는 근대적 민족공동체처럼 "수평적"이라기보다는 주로 위계적이었다.[8] 엄은 또한 민족사학이 왕조사학을 대체해 출현한 것이 민족의 탄생에 결정적이었다고 지적한다. 민족사학은 "처음으로 한국사를 나이, 성, 신분에 관계없이 모든 한국인을 포함하는 범주인 한민족사로 기술했다"(1999, 339면). 이런 관점에서 보자면 한민족은 다른 곳에서 볼 수 있는 민족 만들기의 일반적인 양식에서 예외가 아니었다. 그것은 근본적으로 근대 세계체제의 출현과 결합되어 발전된 근대적 구조였다. 이런 근대주의적인 (또는 탈근대주의적인) 입장은 문학에서 역사학과 사회학에 이르기까지 여러 분야에서 새로운 세대의 한국 학자들 사이에서 더 많이 통용되고 있다 (권혁범 2000; 신형기 2003; 임지현 1999). 극단적인 경우에는 한국인들의 종족 동질성 의식은 실제로 역사적 근거가 없는 '신화', '공상', 또는 '착각'으로까지 받아들여진다(Grinker 1998).

세번째 집단의 학자들은 두가지 입장을 논박하며 한국의 독특한 경험을 설교하려고 애쓴다(Duncan 1998; Schmid 2002). 그들은 한민족을 시원주의자들이 주장하는 것처럼 선천적인 것으로 받아들이지 않는다. 그러면서도 서구적 모델을 한국의 사례에 적용하는 것을 경계한다. 특히 그들은 영토가 놀랄 만큼 안정되어 있고 오랫동안 관료주의 국가가 지속되어온 점을 언급하며, 그런 사실이 종족정체성을 형성할 사회적·문화적 토대로서 지닌 잠재력에 유의한다. 예컨대 존 덩컨(John Duncan)은 "한국의 조직 활동은 '근대주의적' 학문의 모델을 제공해주고 있는 서유럽 국가들에서 일어난 것보다 훨씬 일찍 같은 정체성 의식을 지닌 동질적인 집합체를 형성했을지도 모른다"(1998, 200~01면)고 주장한다. 비록 이런 학자들은 근대이전의 한국인들이 유지한 지속적인 집단 정체성을 언급하기 위해 "전근대 민족"(노태돈 1997), "원민족"(Duncan 1998), 혹은 "종족"(ethnie, 조민 1994) 같은 다른 용어들을 사용하긴 하지만 모두 그것이 존재했기 때문에 근대 민족주의가 19세기말에 한국에서 비교적 빨리 뿌리를 내릴 수 있었다는 데 동의하는 것 같다. 슈미트의 말로는 이 원민족은 단지 민족과 민족주의의 새로운 언어로 재구성될 필요가 있었다(Schmid 2002). 이런 학자들에게는 한민족의 형성에 서구적 모델을 기계적으로 적용하는 것은 오해를 낳을 수도 있다. 그 대신에 근대 한민족의 형성을 설명할 때는 근대 이전 한국의 역사적 발전을 고려해야 한다.

내가 보기에는 한민족이 근대적이냐 시원적이냐를 두고 논쟁을 계속하는 것은 무익하다. 우리가 오늘날 사용하는 민족이라는 개념 자체는 그 기원이 근대 서구에 있으며 주로 민족국가들의 세계체제 출현과 관계가 있는 것이 분명하다. 전근대적인 정치적 공동체나 정체성(그것이 에스니이든 원민족이든) 개념과 이런 근대적 민족의식 사이의 직접적인 연관성을 보여주는 설득력있는 증거는 없다. 근대 이전의 한국인들은 다양한 형태의 정체성을 지녔으며, 집단 정체성의 한 형태인 민족이 근대에 와서 경쟁관계에 있는 다른 비민족적이고 초민족적인 정체성들보다 우세했다는 보장은 없었다. 마찬가지로 종족은 민족의 다른 잠재적 근원들과 경쟁해야 했기 때문에 종족이 한민족의 주된 토대가 될 것이라는 보증도 없었다.

확실히 민족됨에 대한 근대적 주장은 종종 친족관계와 가계(家系)를 나타내는 언어를 통해 환기되며, 종족은 한국에서처럼 민족이나 민족정체성의 토대가 될 수도 있다. 그런데도 그 두개는 개념적으로나 분석적으로 구분할 필요가 있다. 칼훈(Calhoun)은 종족을 "사회적 관계의 그물망들"로 정의하고 민족을 "유사한 개인들의 범주들"로 정의함으로써 그 두가지를 구분하고 있다. 전자는 직접적인 "사람과 사람 사이의 상호작용"을 통해 재생산되며 후자는 "대규모의 문화적 표준화와 사회적 조직화라는 상대적으로 비인격적인 매개체들의 중재"를 통해 재생산된다(1997, 28면). 베네딕트 앤더슨(B. Anderson)에 따르면 민족은 그 구성원들이 인쇄자본주의의 비인격적인 매개체와 견주어 상상력을 통해 서로 연결된 "상상의" 공동체다. 따라서 "정언적인 정체성들"의 한 형태로서 민족 또는 민족성을 규정하는 특징은 "동등한 구성원들로 이루어진 어떤 집단의 한 구성원이 지닌 비슷한 속성에 따른 식별"(1997, 42면)이다. 그런 점에서 개인은 민족 구성원이 되기 위해 가족, 공동체, 종교, 계급의 중재를 필요로 하지 않는다. 본질적으로 민족성은 중간에 낀 단체들의 속성이 아니라 개인의 속성으로 이해돼야 한다.[9] 비록 근대 이전의 한국은 "대규모의 문화적 표준화와 사회적 조직화"의 일부 매개체들을 지녔다고 주장할 수도 있지만 정언적인 정체성 같은 민족 개념은 없었다. 따라서 한민족이 근대적이냐 아니냐에 관한 논쟁은 한민족이 출현하고, 도전을 받고, 경쟁관계에 있는 다른 형태의 집단적이거나 정언적인 정체성들을 제압하고, 종족과 인종과 융합하게 되는 역사적 과정에 대한 설명으로 대체되어야 한다. 민족이나 민족정체성은 현대 한국에서 끊임없는 도전과 재공식화를 당하기 쉬운 경쟁영역으로 남아 있다.

각인된, 우연한, 그리고 경쟁적인: 분석의 틀

민족은 특히 대내외의 논쟁적인 정치의 결과 역사적으로 각인되고 구조적으로 우연한 상황에 놓여 있는 사회적이고 역사적인 구조의 산물이다. 민족의 형성에 주된 요소들인 역사적 각인과 우연성, 논쟁적인 정치를 자세히 설명하겠다.

각인된

나는 특별한 사회적 관계와 역사에 '각인된' 민족의 형성을 주시한다. 근대주의적 관점은 어떤 민족의 형성이 필연적으로 구조의 요소를 포함한다고 주장한다. 이 주장은 옳기는 하지만(Hobsbawm 1990; Gellner 1983; Anderson 1983) 민족은 단순히 개념화되는 추상적인 과정만은 아니다. 오히려 민족은 사회적·역사적으로 뿌리를 내리고 있으며, 민족의 형성에 영향을 미치는 것으로 여겨지는 근대성의 양상들(예컨대 자본주의)은 구체적인 사례들에서는 다른 의미와 중요성이 있다. 이것은 민족주의의 확산이 왜 민족주의가 처음 출현했을 때의 양식을 반드시 따르지는 않는지, 그리고 왜 민족주의는 확산되면서 다른 형태와 기능을 취하는지 설명해준다(Greenfeld 1992). 한국의 경우 특수한 역사적 경험(예컨대 식민지화)뿐만 아니라 외부에서 오는 위기의식이 주로 종족적이고 유기적인 민족 개념의 출현과 지속적인 지배의 원인이 된다. 그런 민족 개념은 내부의 유대와 집단주의 목표에 대한 복종을 강조했다.

게다가 역사적 각인은 이 지구화시대에 민족들의 지속력과 생명력을 설명해줄 수 있다. 근대화 이론가들과 맑스주의자들의 예언과는 반대로 경제개발이나 사회혁명은 어느 것도 민족주의를 근절하지 못했다. 그 대신에 민족은 과거 쏘비에뜨와 동유럽에서 나타나는 종족민족주의와 있었던 갈등에서 가장 분명하게 예시되듯이 세계의 많은 지역에서 여전히 동원력을 지닌다. 민족주의가 대중적인 호소력을 지닌 가닭은 민족 만들기가 고유한 요소들 — 선재하는 감정, 문화유산, 종족의 구성물들 —을 그 형성과정에 통합하기 때문이다. 칼훈이 적절하게 지적하듯이 〔민족주의가〕 발명되고 조작되었다는 증명은 "민족주의는 종족과 아무런 관련이 없으며 사람들이 일상적인 사회적 관계에서 맺는 정서적 참여에서 힘을 얻지 못한다"(1997, 30면)는 것을 의미하는 것으로 받아들여서는 안된다. 스미스(Smith)의 견해에 따르면 이데올로기로서 "민족주의는 대중의 심금을 울리고 특정한 사회집단들과 계층들이 받아들이고 그들을 고무할 때만 뿌리내릴 수 있다"(1995, 8면). 예컨대 한국에서는 외세의 침략을 받을 때 단군신화가 한국인들 사이에서 대중의 심금을 울렸다. 식민지 인종주의와 동화정책에

26

맞설 때 그 신화가 보여준 유용성은 오래 지속되는 유산을 남겼다. 추상적인 공식화가 아니라 역사적 각인이야말로 오늘날 민족과 민족주의의 기원뿐만 아니라 그 지속력을 설명해준다.

우연한

민족의 형성이 특정한 사회적 관계들과 역사에 각인되어 있다는 것은 민족의 출현이 불가피하다거나 선재하는 종족적 관계들이나 문화유산이 특정한 형태의 민족을 결정한다는 것을 뜻하지는 않는다. 대신 집단정체성의 한 형태로서 민족의 출현과 특정한 민족 개념의 발달은 역사적 우연의 문제다. 먼저 예전의 사회과학 이론은 민족주의의 출현을 "예언하"려고 노력했지만(예컨대 Deutsch 1953을 보라), 민족과 민족주의의 출현이 불가피한 객관적인 조건들은 없다. 민족주의를 연구한 많은 학자들이 밝혀왔듯이, 처음에 민족주의는 영국이라는 한 나라에서 여러가지 사건들이 동시에 작용해서 생겼으며, 그후 역사적 우연에 따라 확산되었다. 마이클 만(Michael Mann)의 견해로는, "앤더슨이 극구 찬양한 '인쇄자본주의'는 민족들의 공동체만큼이나 쉽게 초민족적이거나 연방제의 서양을 낳을 수도 있었다"(1994, 2면).

19세기말에 민족주의는 다른 나라들이 본뜨게 된 강력한 근대 이데올로기가 되었다. 막 출현하고 있는 동아시아의 지역질서에서 일본이 강대국으로 발돋움함으로써 민족주의의 효력을 입증했기 때문에 한국은 근대적인 민족 만들기 과정의 초기 단계에서 일본을 모델로 열심히 따랐다. 20세기후반에 민족주의는 한반도의 남북한에서 '정전(正典)'이 되었으며 남북한 사이의 논쟁적인 '민족 대표성 정치'를 낳았다. 그럼에도 민족주의가 한반도에서 누린 패권적 지위가 필연적이었다고 가정하는 것은 잘못일 수 있다. 정언적인 정체성의 한 형태인 민족주의는 그 출현과 지배과정에서 인종과 계급 같은 비민족적이고 초민족적인 다른 형태의 정체성들과 경쟁해야 했다.[10] 민족주의의 패권적 지위는 운명으로 정해진 것이 아니라 오히려 주로 역사적으로 우연한 상황들에 기인한다. 존 덩컨이 지적하듯이, 근대 이전의 한국에서조차 "여러 층의 정체성"이 존재했으며 "어떤 특정한 정체성이 어떤 시기에 우위를 차지하는 것은 역사적으로 우연한 환경에 달려 있었다"(1998, 220면). 따라서 역사적 우연은 하나의 정언적 정체성으로서 민족의 출현과 지배를 설명해준다.

마찬가지로 특정한 민족 개념의 출현과 발전은 역사적으로 우연한 것이다. 민족 만들기는 여러가지 요소들이 특정한 역사적·정치적 조건에 따라 다양한 정도로 작용하는 역사적 과정이다. 스미스가 주장하듯이, "모든 민족주의는 시민적·종족적 요소들을 다양한 정도와 각기 다른 형태들로 포함한다. (⋯) 때로는 시민적·영토적 요소들이 우세한 반면 종족적이고 지방적인 구성요소들이 강조되기도 한다"(1991, 13면). 프랑스와 독일에서 민족됨에 관한 브루베이커(Brubaker)의 비교연구(1992)는 이런 요소들의 다양한 혼합이 어떻게 서로 다른 역사적이고 구조적인 상황들 내에서 독특한 형태의 민족성을 낳는지 예증한다. 쿠지오(Kuzio)의 견해에 따르면 종족적 요인들은 이민, 대외전쟁, 테러와 같은 위기일 때 시민적 요소를 가리는 경향이 있다(2002). 다시 한번 말하지만 한국은 외세의 위협에 대한 의식이 종족적 민족 개념의 출현에 주된 원인이 된다. 근대 한국에서 종족중심적인 민족 개념의 성립을 불가피하거나 당연한 것으로 여기는 것은 완전히 잘못되었다. 학자들은 민족과 민족됨에 대한 특정한 개념을 낳은 역사적으로 우연한 상황들을 상술해야 한다.

경쟁적인

나는 역사적으로 우연한 민족 형성의 과정에서 논쟁을 결정적 요소로 생각한다. 비록 민족주의에 관한 오늘날의 문헌은 국가권력을 두고 맞붙은 서로 다른 종족 집단들 사이의 경쟁이나 서로 다른 종류의 민족주의 사이의 논쟁에 촛점을 맞추지만, 나는 민족 만들기 과정에서 일어나는 논쟁적인 정치라는 훨씬 더 큰 분야를 조사하고자 한다. 특히 두가지가 서로 관련된 과정에 주의를 기울인다. 그 하나는 민족이 다른 형태의 집단 정체성들(예컨대 계급, 성, 인종)을 지배하게 되는 과정이며, 다른 하나는 민족과 민족됨에 대한 특정한 개념이 민족에 대한 경쟁관계에 있는 해석들을 지배하는 과정이다. 먼저, 집단정체성으로서 민족은 지역적인 것에서부터 초민족적인 것에 이르기까지 다른 형태의 정체성들과 경쟁한다. 근대 서유럽의 역사는 민족의 출현과 지배가 지방적·지역적인 경쟁자(예컨대 봉건귀족들)와 초민족적인 경쟁자(예컨대 교회)를 희생시키며 일어났다는 것을 보여준다 (Mann 1993). 마찬가지로 근대 일본에서 민족 담론은 두개의 세력—식민지 백성들을 일본 제국의 시민으로 동화시키려는 충동과 일본을 퇴보적인 아시아 식민지들과 구분하려는 마찬가지로 강력한 경향—사이에 사로잡혀 있었다(Tanaka 1993). 두아라(Duara)는 다음과 같이 요약한다. "19세기말에 지구적인 이데올로기로서 민족주의가 출현한 것과 거의 동시에 범유럽주의, 범아시아주의 그리고 좀더 나중의 범아랍주의, 범아프리카주의 같은 다양한 초민족적인 이데올로기들이 출현했다"(1997, 1033면). 민족이라는 바로 그 개념(예컨대 시민적·인종적)

을 두고 경쟁하기도 전에 이미 집단정체성의 근원으로서 민족은 비민족적인, 하위민족적인, 혹은 초민족적인 다른 형태의 정체성들과 경쟁해야 했다.

둘째로 민족 개념은 게다가 경쟁적이다. 민족 만들기 과정에서 서로 다른 요소들이 특정한 역사적·정치적 조건들에 따라 다양하게 작용한다. 그렇지만 이것이 구조상의 조건들이 특정한 민족 개념의 출현과 지배를 결정한다는 것을 의미하지는 않는다. 오히려 이는 다른 경쟁관계에 있는 개념들과 경쟁한 결과로 보아야 한다. 사또오(Sato 1998)가 주장하듯이, 민족은 민족됨과 민족주의의 형태들에 대한 서로 다른 개념들—국가 민족주의 대 반대 세력의 민족주의, 민족됨에 대한 정치적·영토적 개념 대 인종적·문화적 개념, 시민적·개인적인 민족 개념 대 인종적·집단적인 민족 개념 등(Brubaker 1992 참조)—이 지배권을 두고 경쟁하는 "정치의 분야"로 고려될 수 있다. 민족 개념은 칼훈이 지적하듯이 "어떤 정의(定義)도 일부 주장들은 정당화하고 다른 주장들은 불법화할 것이기 때문에 (…) '본질적으로 도전을 받을' 만큼 근대정치와 깊이 겹쳐"(1993, 215면) 있어서 이런 종류의 내부경쟁은 불가피하다.

따라서 이 연구는 한국에서 종족적·인종적 민족주의의 형성을 주도한 두가지 상호 관련된 과정들을 확인하고자 한다. 첫째로 민족이 지역과 계급 같은 다른 형태의 정언적인 정체성들을 지배하게 된 과정(1부에서 논의)이다. 둘째로는 같은 혈통과 선조에 바탕을 둔 유기적이고, 인종중심적이고, 집단주의적인 민족 개념이 다른 민족 개념들을 압도하게 된 과정(2부에서 논의)이다. 다시 한번 말하지만, 종족민족주의나 한민족에 대한 유기적 개념의 출현과 지배는 둘 다 역사적으로 각인되어 있으며 구조적으로 우연한 상황 속에서 한국의 안과 밖에서 벌어진 논쟁적인 정치의 산물이라는 것이 내 견해다.

근대성 세력으로서의 민족주의

최근에 한국과 다른 지역의 학자들 사이에 근대성 개념에 대한 토론과 논의가 활발하다. '동아시아의 근대성', '식민지 근대성', '하이모더니티', '포스트모더니티'와 같은 용어들이 그런 논의의 다양성과 범위를 예증한다(Barlow 1997; Giddens 1990; Harvey 1989; Shin and Robinson 1999; Tu 1996). 한국 상황에서 그 논의는 특히 한국에서 출현한 근대성의 지방주의적인(particularistic) 양상과 보편주의적인 양상을 식별하는 데 촛점을 맞추고 있다(『창작과비평』 1993년 겨울호 특집 참조). 근대성은 종종 서유럽과 관련되어 있긴 하지만 한국에서 출현한 근대성은 유럽에서 일어난 것과는 전혀 다르기 때문에 그런 문제가 생긴다. 사회는 서구 근대성의 진로를 따라 발전한다고 가정한 예전의 근대화이론들과는 달리 근대세계로 가는 길은 여러가지가 있다는 것이 이제 분명해지고 있다. 근대로 가는 다양한 길 ― 서유럽의 부르주아 민주주의, 독일과 일본의 파시즘, 러시아와 중국의 공산주의 ― 에 관한 배링턴 무어 2세(Barrington Moore Jr. 1996)의 매우 독창적인 작업은 이런 생각을 분명히 입증했다.

그렇지만 특정한 형태의 근대성으로 이끄는 길들을 어떻게 상술할 것인지에 대해서는 별다른 합의가 존재하지 않는다. 일반적인 동아시아학과 특히 한국학 분야에서 지배적인 관점은 동아시아나 한국이 근대로 이행하는 데 '개발국가'가 수행한 역할을 강조해왔다(Amsden 1989; Evans 1995; Johnson 1982; Wade 1990; Woo 1991). 이런 관점에 따르면, 동아시아나 한국에서는 국가가 베버식의 효과적인 관료주의로 변화를 주도할 '능력'과 주로 사회와는 단절된 '자율성'을 지녔기 때문에 근대화의 대행자 역할을 할 수 있었다(Evans 1995; Johnson 1982). 간단히 말하자면, 국가의 '개발' 역할이 근대로 이행하는 데 동아시아의 경험을 서유럽의 경험과는 다르게 만든 차이점이다.[11] 그러나 최근에 학자들은 그런 국가통제주의적인 접근이 동아시아(와 한국)이 근대로 가는 길의 예외적인 궤도를 과장하고 있다는 의문을 품기 시작했다. 그들은 사회집단들과 계급들이 동아시아(와 한국)의 경우에 똑같이 중요한 역할을 했다고 주장한다. 예컨대 구해근에 따르면 한국의 근대세계로의 이행은 부드럽거나 진화해가는 과정이 아니었으며, 그렇다고 국가나 외세(심지어 식민 세력)가 지시한 것도 아니었다고 주장한다(1993). 대신 그것은 아주 "논쟁적"이었으며, 개인과 집단과 사회 계급이 똑같이 그 이행과정에 기여를 했다. 내 이전의 저서들(Shin 1996; 1998) 역시 농촌의 계급구조와 갈등이 한국이 근대로 가는 길을 형성했다는 것을 밝혔다.

   현재의 연구는 이런 더 큰 맥락에서, 즉 한국의 근대로의 이행 기제를 상술하려는 노력으로 이해되어야 한다. 역사사회학의 중요한 전통을 따라 나는 한국이 근대 세계로 이행하는 데 영향을 미친 주요한 힘으로서 민족주의에 촛점을 맞추고 있다. '민족들과 민족주의'에 대한 겔너(Gellner)의 매우 독창적인 작업은 "기동력 있고, 글을 읽고 쓸 수 있고, 문화적으로 표준화되고, 서로 교환할 수 있는 인구"를 공급함으로써 민족주의가 어떻게 전반적인 근대화과정에서 필수요소가 되었는지 보여주었다(1983). 다른 맥락에서, 거쉔크론(Gerschenkron)은 민족주의를 "후진국에서 침체의 장벽을 깨뜨리고 (…) 〔그〕 에너지를 경제개발에 쏟기 위해" 필요한 "지연된 산업화의 이데올로기"(1962, 29면)로 정의했다. 동아시아의 상황에서 민족주의는 종종 개발주의 형태를 띤다. 처음에는 일본에서 그 다음에는 한국에서 근대화 기획을 떠받치는 주요한 동원력이 되었다.

리아 그린펠트(Liah Greenfeld)는 "근대성을 향한 다섯갈래 길"에 대한 연구에서 민족주의의 출현은 근대성의 모든 주요한 구성요소의 발전에 선행했다고 주장한다. 그녀에 따르면, 영국의 시민적·개인주의적인 민족주의와 독일의 종족적·집단주의적 민족주의의 출현은 이 개별 국가들에서 출현한 근대성의 종류(즉 자유주의적 민주주의와 권위주의적 파시즘)를 구체화하는 수단이 되었다. 그녀가 보기에 민족주의와 근대성의 인과관계는 명백하다. "민족주의를 근대성으로 규정하기보다는 근대성을 민족주의가 규정한다고 본다"(Greenfeld 1992, 18면). 비록 그린펠트는 민족주의와 근대의 관계에서 호혜적이거나 쌍방향적인 본질과 민족주의와 근대화가 한국을 포함한 세계의 많은 지역에서 거의 동시에 일어난 역사적 사실을 간과하고 있지만(근대화와 민족주의의 쌍방향적인 본질에 대한 토론은 신과 로빈슨〔1999〕을 보라), 민족주의는 단순히 근대성의 반영이 아니라 근대성을 규정하는 요소라고 한 점을 진지하게 생각해볼 필요가 있다.

따라서 이 연구는 민족주의는 근대성에 의해 형성되었지만 어떤 특정한 국가가 취하는 근대성의 형태와 본질을 결정하지는 않더라도 구체화한다는 전제에 토대를 둔다. 예컨대 한국에서는 같은 피와 선조에 바탕을 둔 민족주의가 집단주의나 강한 단일성을 형성하는 데 주요한 기제로서 기능해왔다. 이것이야말로 서구 근대성의 개인주의와 선명하게 대비되는 한국 근대성의 주요한 양상이다. 또 민족주의는 한국의 근대화에 기여한 '개발 윤리'가 출현하는 수단이 되었다고 볼 수 있다. 비록 개발 윤리가 일부 학자들이 주장하듯이(Berger and Hsiao) 유교와 연관되었을 수는 있지만(1988), 유교윤리를 자본주의의 걸림돌에서 촉진제로 전환시킨 것은 유교윤리와 민족주의의 결부였다. 박정희정권은 유교가 숭상하는 신분, 조화, 권위에 대한 충성을 '조국근대화'라는 민족주의 구호와 노련하게 융합하여 한국인들 사이에 개발 윤리를 불러일으킬 수 있었다. 마찬가지로 주체사상에서 드러나는 호전적인 민족주의는 북한의 근대성을 규정하는 특징이다(Cumings 1993). 끝으로 위에 상술된 (내외부적인) 민족주의의 논쟁적인 정치를 살펴봄으로써 이 연구는 한국이 근대로 가는 길을 구체화하는 과정에서 일어난 국가와 사회 사이뿐만 아니라 다양한 사회집단들 사이의 특수한 논쟁의 측면들을 확인할 수 있다.

본질주의를 넘어서

한스 콘(Hans Kohn 1945)에서 도널드 호로비츠(Donald Horowitz 1985; 2001)에 이르기까지 민족주의에 대한 학문적 연구에서는 정치적 민족주의를 시민적, 통합적, 건설적인 것으로 보는 반면 종족민족주의는 위험하고, 분열적이고, 파괴적인 것으로 보는 강한 전통이 있다. 종족 분열은 다른 형태의 분열보다 더 근본적이고 항구적인 것으로 여기며, 종족 분열로 말미암은 갈등은 가장 다루기 어려운 것으로 알려져 있다. 예컨대 다이아먼드(Diamond)와 플래트너(Plattner)는 "〔종족이〕 낳는 갈등은 물질적 문제들을 둘러싸고 일어나는 갈등보다 본질적으로 타협하기가 더 어려운데 (…) 그것은 그 밑바닥에 흥정할 수 있는 이윤들로 쉽게 쪼갤 수 없는 상반된 요구를 특징으로 하는 (…) 정당성이라는 배타적인 상징과 개념 들이 깔려 있기 때문이다"(1994, 18면)라고 주장한다. 옛 소련 제국과 동유럽에서 종족민족주의가 사회의 안정과 정치발전에 가한 잠재적 위험에 촛점을 맞춘 종족성과 민족주의에 대한 최근의 연구는 그런 경향을 반영한다(Diamond·Plattner 1994; Horowitz 2001; Mostov 1994; Urban 1991).

하지만 그런 견해는 종족민족주의의 다양하고 복잡한 역할과 기능을 간과한 채 그것의 특징을 본질화한다.[12] 예컨대 일본에서는 종족민족주의는 시민사회 대신에 "〔권위주의〕 국가에 대한 일반대중의 공격"의 주요 형태로서 기능해온 것으로 알려져 있다. 케빈 도크(Kevin Doak)에 따르면, "자유주의적인" 전후 일본 국가는 "아직 '조국애'를 (…) 완전히 뿌리 뽑고 그것을 '사회애'로 대체하지 못했"으며, 그래서 시민사회는 반국가 정서의 대안으로서 종족민족주의와 경쟁해야 했다(1997, 299면).[13] "새로운" 통일 독일에서는 국가가 종족민족주의를 잠재적인 통합력으로 활성화하고 있다. 고통스러운 재통일 과정에 직면한 독일 엘리뜨는 사람들이 종족민족주의를 불법화된 독일민주공화국정권과 정치에 무관심한 독일연방공화국정권에 대해 비용을 지불하도록 유인하는 전략으로 배치한다. 그 결과 주된 정치적 구호는 "우리는 국민이다"(We are the people)에서 "우리는 하나의 국민이다"(We are one people)로 바뀌었다. 이런 종족민족주의에 대한 "피상적인" 호소는 독일 지식인들 사이에 점점 더 우려를 낳고 있지만

(Fulbrook 1994; Offe 1990), 그것은 기본적으로 다종족 국가에 바탕을 둔 민족주의에 관한 최근의 문헌에서 종종 간과되는 종족민족주의의 복잡한 용도를 예증한다.

민족주의에 대한 한국의 학문적 연구는 이따금 민족주의가 좋은 것인가, 그것을 지배이데올로기로 보아야 할 것인가 아니면 저항이데올로기로 보아야 할 것인가 하고 묻는다(『역사문제연구』 창간특집호 참조). 비록 최근의 학문적 연구는 한국 민족주의의 어두운 측면과 파시스트적인 잠재력을 지적하기 시작했지만(권혁범 2000; 임지현 1999), 지배적 관점은 여전히 그것이 지닌 반식민주의, 반제국주의, 민족통일 이데올로기로서의 긍정적인 측면을 취하고 있다. 또한 민족주의는 한반도의 양쪽에서 역사 연구를 왜곡해서 고도로 민족주의적인 지배담론을 낳고 있다(Shin and Robinson 1999). 역사학, 특히 민족주의 역사학은 정권의 정당성과 밀접하게 연결되어 있기 때문에 남북한은 자기 입맛에 맞는 민족주의 지배담론을 "후원했다." 하지만 우리는 민족주의의 양날이 지닌 본질을 인식해야 한다. 즉 그것은 축복인 동시에 저주일 수 있다. 민족주의의 출현은 같은 언어, 문화, 역사를 지니고는 있지만 독자적인 민족국가가 없는 민족에게는 축복일 수 있다. 일본 지배하의 한국이 바로 그랬다. 동시에 민족주의가 지닌 해방의 잠재력은 해방 이후의 남한(특히 민주주의로 전환한 1987년 이전의)과 북한에서 보듯이 쉽게 지배와 억압, 불관용, 박해의 근거나 논리로 바뀔 수 있다.

따라서 민족주의는 그 자체로는 명백히 무해하다. 다만 다른 이데올로기들과 결합할 때만 그 효과가 나타난다. 스미스(A. Smith)가 지적하듯이, 민족주의는 민주적인 것에서 권위주의적인 것에 이르기까지, 분열적인 것에서 통일적인 것에 이르기까지, 근대적인 것에서 반

36

근대적인 것에 이르기까지 다양한 목표에 기여하는 자유주의, 인종주의, 낭만주의 같은 이데올로기들과 결합할 수 있다. 때문에 "카멜레온 같은 변환"이 가능하다(1991). 사실 종족민족주의는 근대 한국에서 좌익(공산주의)과 우익(자본주의), 근대(산업화)와 반근대(농촌주의), 권위주의적인 정치와 민주적인 정치, 지역 세력과 초민족 세력(지구화) 같은 서로 다른 이데올로기들과 결합했다. 종족민족주의는 한편 두 개의 한국 사이에 긴장과 갈등을 강화해오면서 여전히 민족통일이데올로기로 기여하고 있다. 학자들은 종족민족주의의 획일적인 본질과 기능을 가정하거나 선험적인(a priori) 도덕적 판단을 내리기보다는 그것이 수행해온 다양한 역할과 기능을 밝히기 위해 역사적·정치적 상황들을 상세히 밝힐 필요가 있다. 그럴 때만이 한국의 종족민족주의가 지닌 보상과 댓가를 적절하게 평가할 수 있다.

민족주의 사회학을 향하여

이 책은 한국 민족주의의 종족적 차원에 특별히 촛점을 맞춘 이전의 저작들에서 출발한다. 그것은 한국 민족주의에 관한 일반적인 연구를 하기 위해서가 아니라 오늘날 한국에 만연한 혈통에 바탕을 둔 민족 개념에 촛점을 맞추고자 하기 때문이다. 이렇게 하는 것이 한국 민족주의에 대한 이해를 높이고 한민족의 기원에 관한 건설적인 논의를 촉진할 수 있다고 믿는다. 사실 한국 민족주의 연구에서 특별한 촛점을 지닌 몇몇 연구(예컨대 로빈슨[1998]의 문화민족주의)는 일반적인 연구들보다는 더 나은 기여를 했다.

방법론적으로 이 책은 거시적인 역사사회학적 시각을 취한다. 대부분의 예전 책들(김도형 1994; 방기중 1992; 박찬승 1992)은 역사학적이고 기술(記述)적인 것으로, 주요 민족주의자들을 바탕으로 한국 민족주의의 역사를 서술했다. 지식인들이 민족주의 운동의 지도자들인 경우도 자주 있고 그들의 글을 분석 자료로 매우 많이 이용했지만 민족주의는 지적인 담론이나 이야기 이상의 것이다. 민족주의는 제멋대로 떠도는 관념들이 아니라 사회적, 역사적, 지역적으로 각인된 관념들로 이루어져 있다. 더구나 민족주의는 정의상 모든 사람들을 포함해야 함에도 실제로 특정한 계급이나 계급이익 위에 형성된 경우가 있었다. 따라서 이 책은 지성사에 촛점을 맞추는 대신 20세기 한국에서 종족민족주의가 출현하고 발전하게 된 사회적·역사적 조건들을 확인하고자 한다. 이런 이유 때문에 나는 정치지도자들의 연설, 대중 여론조사, 지식인들과 활동가들의 다양한 글을 포함한 다양한 전거와 자료를 이용한다.

그렇게 하여 나는 종족민족주의를 한국사회의 주된 조직원리로 파악한다. 뒤르켐적인(Durkheimian) 의미에서 종족민족주의는 한국사회의 "기계적인 연대"의 주요한 형태를 대변한다. 에밀 뒤르켐(Emile Durkheim)에 따르면, 기계적인 연대는 사회구성원들 사이의 "유사성"에서 생기며 "사회의 모든 구성원들에게 공통된 사상과 경향이 각각의 구성원에게 개인적으로 속할 때보다 수적으로나 강도 면에서 훨씬 커질" 정도까지 세력을 떨친다. 이런 연대는 "개성에 역비례해서만 성장할" 수 있다(Durkheim 1933, 129~30면). 같은 혈통과 선조에 바탕을 둔 한국인들의 민족정체성은 그런 기계적인 형태의 연대를 나타낸다고 볼 수 있다. 그렇지만 그것을 근대화와 함께 사라질 어떤 원시적인 형태로 받아들여서는 안된다. 더크하임의 예언과는 달리 종족민족주의는 사회가 근대화되거나 지구화되면서 사라지거나 "유기적 연대"로 대체되지도 않았다.[14] 한국에서는 수십년간 급속한 산업화와 지구화가 종족민족주의를 뿌리 뽑지 못했다. 오히려 한국인들의 종족적 민족정체성은 이런 초민족적인 세력들의 침투에 대응해 강화되었다.[15] 종족민족주의의 존재와 힘은 한국인들이 2002월드컵 당시 서울광장에서 국가대표팀을 응원할 때 잘 드러났다. 이런 식으로 볼 때, 종족민족주의에 대한 연구는 좀더 사회학적인 접근을 요한다. 즉 단순히 지적 담론이라기보다는 사회연대나 조직원리의 한 형태로서 민족주의는 결정적인 행동상의 결과를 지니고 있다.

　나는 민족을 정치의 경쟁적인 분야로 본다. 예전 연구들이 한국의 부르주아 민족주의와 맑스주의적 민족주의 사이의 논쟁에 촛점을 맞춘 반면 나는 민족됨에 대한 서로 다른 개념들 사이의 논쟁뿐만 아니라 민족 세력과 초민족적 세력 사이의 논쟁이라는 훨씬 큰 범주를 살펴본다.[16] 그렇게 하여 나는 한국 민족주의에 대한 두갈래로 나뉜 견해를 극복하고 한반도의 양쪽에서 민족주의 사학의 거대담론으로 말미암아 주변으로 밀려난 목소리들과 이야기들을 회복하고자 한다 (Duara 1995; Shin·Robinson 1999). 나의 목표는 근대 한국이 새롭고, 근대적이고, 생존력있는 민족됨을 탐구한 정치적 공동체의 다양하고 경쟁적인 관점들의 풍부한 저장소였다는 것을 증명하는 것이다. 그런 탐구는 오늘날도 계속되고 있다.

　끝으로 나는 근대 한국에서 종족민족주의의 보상과 댓가를 평가한다. 민족주의는 축복이 되기도 저주가 되기도 하는 양날의 칼과 같다. 예컨대 실제로 민족주의는 한국이 근대사회로 전환하는 소란스러운 시기에 반식민주의와 근대화 세력으로서 많은 기여를 했다. 그것은 여전히 많은 한국인들에게 영감과 자존심의 원천이 되고 있으며 분단된 한국의 민족통일에 주된 이데올로기적 토대로서 그 기능을 다하고 있다. 동시에 민족주의는 한국의 사회, 문화, 정치에 비싼 댓가를 요구했다. 그것은 다른 경쟁적인 목소리들을 주변으로 밀어냈으며 (남북한 모두에서) 독재정부에 의해 추상적인 불멸의 민족이라는 이름으로 시민권과 개인의 자유를 억압하는 데 이용되었다. 한국은 같은 피와 선조에 바탕을 둔 민족정체성을 좀더 공개적이고, 시민적이고, 민주적인 정체성으로 전환해야 하는 힘든 임무에 계속 직면해 있다.

하나의 사례로서의 한국

민족과 민족주의에 관한 일반문헌에서는 동아시아 민족들은 주로 예외적인 경우들로 다루어진다. 예컨대 민족주의에 관한 유명한 저서인 『1780년 이후의 민족과 민족주의』(*Nations and Nationalism Since 1780*)에서 에릭 홉스봄(Eric Hobsbawm)은 중국, 일본, 한국을 "종족적으로 거의 또는 전적으로 동질적인 인구로 구성된 역사적 국가의 아주 드문 예에 속하는" 것으로 간주한다(1990, 66면). 틀림없이 동아시아 민족들은, 특히 한국은 근대국가 만들기 과정에서 다른 경험과 궤도를 지녔지만 이런 것들은 민족주의의 '특수한' 혹은 '일탈적인' 사례들로 분류되기보다는 '일반적인' 민족주의 이론들에 통합되거나 그것들을 발전시키는 데 이용되어야 한다. 에미(R. Emigh)가 주장하듯이, "일탈적인 사례 분석"은 하나의 사례를 무수한 사례들에 대한 지식에 바탕을 둔 어떤 일반화와 비교함으로써 결정적인 이론적 기여를 할 수 있다(1997). 한국은 대부분의 다른 민족들, 특히 한국과 자주 비교되는 일본이나 독일과도 다른 경험을 한 만큼, 한국의 경험은 민족주의의 복잡성을 이해하는 데 유용할 수 있다.

우선 많은 서유럽과 아프리카 국가들에서는 민족 개념이 좀더 영토적 속성에 근거하여 생겨났고 종족성은 근대화 세력이나 민족 만들기 노력에 의해 희석되거나 심지어 억압됐다. 반면 한국에서 종족성은 민족과 민족정체성의 주된 표식이었다. 한국은 다른 나라들과 달리 오랫동안 안정된 영토 내에서 잘 확립된 농업 관료제도를 지닌 응집력있는 정치공동체를 유지해왔다. 또 비록 근대적인 의미의 민족은 아닐지라도 아주 동질적인 종족, 원(原)민족, 또는 역사적 민족을 수세기 동안 유지해왔다. 그런 역사적 경험은 서유럽과는 현저한 차이가 있다. 서유럽에서는 현재의 지리적·정치적 지도는 근대에 와서야 형성되었으며 그곳에서 민족주의는 주로 다양한 종족집단을 민족이라 부르는 하나의 응집력있는 정치적 공동체에 통합하기 위한 정치 이데올로기 기능을 해왔다. 한국은 1945년 이후 분단됨으로써, 겔너의 유명한 구절을 빌리자면, "국가와 민족의 일치라는 민족주의 원칙"을 위반했다(1983). 하지만 한국의 위반 —"한 종족적 민족에 두개의 국가"— 은 다수의 종족집단이 국가권력을 쟁취하기 위해 경쟁하는 대부분의 다른 사례들과 반대가 된다.

두번째로 한국은 일본과 유사하게 민족주의가 발전했으며 그 영향을 받긴 했지만 두 나라는 여전히 중요한 차이점들을 보여주었다. 민족 만들기의 형성기에 일본은 제국이었지만 한국은 그 식민지였다. 또한 유럽의 식민주의가 아프리카와 라틴아메리카에서 새롭지만 아주 자의적인 행정단위들을 설치했으며 그것이 나중에 국경이 된 것과는 달리 일본의 식민정책은 새로운 지리적 경계를 긋지는 않았다. 그 대신 일본의 식민주의는 한국인들을 제국의 백성으로서 일본제국에 동화시키려고 애썼다. 전전(戰前)의 일본에서는 민족주의가 군국주의와 제국주의와 융합된 것과 대조적으로 식민지 한국에서 민족주의는 반식민주의 이데올로기 기능을 했으며, 대중 사이에 긍정적인 함의를 지녔다. 식민지 한국은 식민지 인종주의와 동화정책과는 반대가 되는 같은 피와 조상에 바탕을 둔 종족민족주의의 발전과 접합을 경험했다. 따라서 한국은 종족 동질성 의식이 대부분 1945년 이후에 전전의 다민족으로 구성된 일본제국의 모델을 대체해 생겨난 일본과는 다르다(Lie 2001 ; Sato 1998).

셋째로 한국은 다 같이 강한 종족동질성 의식을 지니고 있으며 1945년 이후 두개의 지역으로 분단되었다는 점에서 분단된 독일과 비슷하다고 지적할 수도 있다. 그럼에도 불구하고 비교적 강한 종족민족주의가 전전에 나치즘과 결탁된 것 때문에 1945년 이후 불신을 당한 독일과 한국은 다르다. 반대로 민족주의는 정치적 자원으로서 해방이후의 한국에서 광범위하게 이용되고 고취되었다. 오늘날 한국은 (진짜든 인지된 것이든) 종족 동질성이 두개의 정체(政體)로 분열된 유일한 곳이다.[17]

따라서 상대적인 관점에서 볼 때, 한국은 민족과 민족주의 연구에 매력적인 사례를 제공한다. 한국은 하나의 '일탈적인' 사례로서는 흥미로울 수 있지만 일반화하기는 어렵기 때문에 한국 민족주의 연구는 이론적으로는 중요하지 않다고 주장할 수도 있다. 반대로 어떤 학자들, 특히 대부분의 한국 학자들은 한국 사례의 이론적인 타당성이나 상대적인 타당성에 제대로 관심을 기울이지 않았다. 그들은 한국 민족주의의 '사례 연구'에 머문다. 한국 민족주의의 역사는 민족과 민족주의 연구에 이론적 도전을 제기하며, 따라서 최근의 문헌에 기여할 수 있다는 것이 나의 믿음이다. 이런 방식으로 수행된 연구는 최근의 문헌에 널리 퍼진 종족민족주의에 대한 본질론적인 관점을 극복하는 데 도움을 줄 수 있다. 그런 면에서 이 연구는 한국 민족주의의 역사에 대한 단순한 기술 이상의 것을 제시하려는 포부를 지녔다. 내 연구가 민족과 민족주의에 대한 일반적인 논문들에 좀더 폭넓은 이론적 함의를 제공할 수 있기를 바란다.

본론에 들어가기 전에

이 책은 3부로 되어 있다. 1부는 근대 한국에서 민족이 서로 맞선 다른 집단적이거나 정언적인 정체성들을 지배하게 된 역사적 과정을 상술하는 데 촛점을 맞추었다. 근대 세계로의 전환기를 맞은 한국인들에게 민족은 단지 경쟁관계에 있는 많은 집단정체성의 근원들 중 하나로서만 다루어진다. 1부는 범아시아주의(1장), 식민지 인종주의(2장), 국제사회주의와 공산주의(3, 4장) 및 자본주의와 근대화(5장)라는 네 개의 주요한 초민족적 세력을 검토한다. 이것들은 모두 민족주의와 경쟁했다.

2부는 한민족에 대한 다양한 개념들 사이에 벌어진 논쟁의 과정과 정치를 살펴보았다. 심지어 민족이 집단정체성의 지배적 근원이 된 이후에도 그것의 토대에 대한 합의가 없었으며 그것은 논쟁적인 정치에 쉽게 휘말려들었다. 2부에서는 먼저 20세기로의 전환기에 벌어진 민족에 대한 개인주의적·시민적·보편주의적 이해와 집단주의적·종족적·지방주의적 이해 사이의 논쟁을 살펴본다(6장). 7장은 식민지배 동안 민족에 대한 근대주의적 개념과 반근대주의적(농촌주의) 개념 사이의 논쟁을 다루었다. 그리고 나서 촛점은 1945년 이후 민족 대표성을 둘러싼 남북한 사이의 논쟁(8장)과 1960년대에서 1980년대에 걸친 독재와 민주화운동 동안 (남한에서 벌어진) 민족에 대한 공식적인 개념과 민중적인 개념들 사이의 논쟁으로 옮겨간다(9장).

3부는 (남)한에서 종족민족주의가 현재 어떻게 반영되고 있는지 살펴본다. 오늘날 한국이 직면하고 있는 두가지 주요한 문제는 통일과 지구화다. 현재의 통일 담론과 정책은 한국이 종족적으로 동질적인 민족이기 때문에 통일될 것이라는 전제에 근거를 두고 있기 때문에 10장은 종족정체성이 북한, 민족분단, 통일에 대한 견해를 형성하는 방법들에 긴밀한 관심을 기울이면서 이런 주장을 평가한다. 11장은 민족주의와 근대 한국에서 출현한 초민족적 세력의 대열에서 가장 최근의 것인 세계화와의 상호작용을 살펴본다.

기원과 발전

민족이 오늘날 누리는 패권적 지위는 불가피한 것도 아니었으며 자연스러운 궤도를 밟은 것도 아니었다. 오히려 하나의 정언적인 정체성으로서 민족은 비민족적이거나 초민족적인 다른 형태의 정체성들과 경쟁해야 했다. 초민족적인 정체성의 경우 민족주의 의제를 위해 전유되기도 했다.

1 부

민족정체성 외에 다른 정치적이거나 사회적인 정체성이 한국인들에게 받아들여질 공통분모가 될 수 있었다는 것은 상상하기 어렵다. 1부에서 나는 다른 연구들과는 반대로 사실상 대안적 관점이 20세기로의 전환기에 가능했다는 주장을 제시한다. 한국이 19세기말에 출현하고 있던 세계질서 속으로 느리긴 하지만 불가피하게 편입되면서 새로운 정치 사상과 관념이 한국의 정치지도자들과 지식인들 사이에 보급되기 시작했다. 민족과 민족주의에 관한 관념들은 한국인들이 맞닥뜨린 많은 새로운 '근대적' 관념들 중 하나였다. 다른 정언적인 정체성들에는 아시아 지역정체성, 계급동맹, 더 큰 일본제국의 일원이라는 정체성 등이 있었다. 각종 정기간행물, 신문, 사회평론에서 한국인들은 이런 다양한 형태들에 대해 논의했다. 한국 민족주의의 발전은 집단정체성들이 서로 경쟁하는 이런 더 큰 맥락에서 시작되며 또한 이런 것에서 커다란 영향을 받았다. 나는 이런 정체성들 모두가 한국에서 뿌리를 내릴 동등한 기회를 가졌다고 주장하는 것은 아니다. 오히려 민족이 한국인들의 집단정체성으로서 차지한 현재의 패권적 지위는 한국이 직면한 특정한 역사적 사건과 경험의 산물이라는 명백하지만 종종 잊고 있는 주장을 밝히고자 한다.

1장에서는 민족이 범아시아주의의 형태를 띤 초민족적인 인종/지역 개념에 대한 반동으로 출현하게 된 역사적 과정을 살펴본다. 한국의 지도자들과 지식인들은 세계를 서양과 동양이라는 이분법적인 방식으로 바라보았으며, 이러한 관점은 점증하는 서양의 침략에 대한 반응에서 구체화됐다. 범아시아주의 개념이나 서양에 대항하는 동양의 통일전선에 대한 지지는 많은 동양인들이 강력하고 위협적이라고 여겼던 서양에 대한 표면상 논리적인 반응이었다. 이런 지역 연대는 아시아는 물론이고 한국을 지키는 데 필수적이라고 여겼다. 서양에 대한 이런 범아시아주의적인 반응은 서로 다른 인종들이 생존을 위해 서로 야만적인 경쟁을 벌이게 하는 사회적 다원주의 관념에 의해 형성되었다. 한국 민족주의자들은 새로운 근대적 세계질서는 실제로 지독히 경쟁적이라는 점에서 범아시아주의자들과 의견이 같았지만, 제국주의의 침투는 서양뿐만 아니라 이웃 나라들에서도 올 수 있다는 것을 인지했다. 일본과 연대를 추구하는 대신 한국 민족주의자들은 일본의 제국주의 야심을 비난했으며 한국의 위기를 극복하기 위해 민족주의의 힘을 옹호했다. 이들은 한국의 정체성을 중국이나 일본의 일부가 아니라 그들과 구분되는 것으로 재규정했으며, 역사를 재해석하고 한글을 사용함으로써 이런 정체성 형성을 촉진했다. 그들에게는 지역이나 인종이 아니라 민족이 한국인들이 지키고 고취해야 할 새로운 집단정체성의 토대가 되어야 했다.

식민지 현실 때문에 한국 민족주의자들은 그들의 대의를 공개적으로 추진하기가 사실상 어려웠지만 그래도 식민지 상황에서 한국의 정체성을 발전시킬 수 있었다. 특히, 2장에서 논의되듯이, 한국인들을 일본제국에 동화시키려는 일본의 노력에 대항해 한국의 민족주의 담론에서는 종족과 인종이 통합됐다. 한국인과 일본인은 같은 인종집단에 속하는가, 선조가 같은가, 일본의 사회적 계층조직내에서 한국인의 위상은 어디인가에 관한 논쟁에 대응해 한국 민족주의자들은 한국인을 일본인과 더욱 구분했다. 그들은 일본의 인종 이론을 단지 그들의 동화정책의 합리화로 보았다. 그들은 불평등과 차별이라는 식민지 현실을 지적했으며, 독자적인 혈통과 선조를 지녔다는 개념을 통해 한국 인종의 순수성과 독자성을 주장했다. 따라서 그런 '종족화'(ethnicization)나 '인종화'(racialization)를 통한 한민족의 접합은 의심할 여지도 없이 한국의 정체성을 초민족적인 제국 개념의 전례법규에 예속하려고 애쓰는 일본의 식민지 인종주의에 대한 반발이었다.

한국 민족주의자들은 식민지 인종주의와 경쟁했을 뿐만 아니라 점증하는 한국 사회주의자들과도 격렬하게 논쟁했다. 3장에서는 한국인의 정체성이 민족적으로 경계가 그어져 있다는 한국 민족주의자들의 주장이 어떻게 당시에 유포되던 계급이라는 또다른 중요한 초민족적 정체성에 대한 거부를 부분적으로 내포했는지 밝힌다. 한국 사회주의자들은 한국 프롤레따리아가 한국의 엘리뜨보다는 세계 여러 지역에 있는 마찬가지로 특권을 박탈당한 사람들과 더 많은 공통점을 지녔다고 주장함으로써 민족보다는 계급을 옹호했다. 게다가 그들은 민족주의를 현존하는 사회계층 구조를 정당화하는 데 기여하는 부르주아 이데올로기로 보았다. 한국 민족주의자들은 그 반박으로 한국

사회주의자들이 민족과 동포를 팔아먹고 있다고 비난하는 한편 한국의 민족주의 담론에 토착적 요소들을 계속 개발했다. 즉, 국제사회주의의 "보편적" 호소력과 집결에 쫓긴 한국 민족주의자들은 민족정체성을 특수하고 선천적인 사회집단에 유일하게 적합한 것이라고 더욱 명확하게 표명했다. 간단히 말하자면, 식민지배 동안 민족을 한국인들의 주된 정언적인 정체성으로 분명히 표명한 것은 (제국뿐만 아니라) 초민족적인 계급 개념에 대한 반발이었다.

1945년 이후 사회주의는 실제로 북한에 뿌리를 내린 것 같다. 하지만 4장에서 논의되듯이, 북한에서 발전한 사회주의는 카를 맑스가 상상한 것과 같은 국제사회주의의 순수한 초민족적 비전보다는 열렬한 민족주의와 더욱 일치한다. 비록 김일성은 진정한 국제사회주의의 가능성에 대한 믿음에서 출발했을지 모르지만 그는 공산주의적 수사를 북한의 특수한 사례에 맞게 재단하기 시작했다. 초민족적인 사회주의 이데올로기는 북한의 민족주의 대의를 위해 전유할 도구로 받아들여졌다. 이 과정은 마침내 북한 사회주의의 현저한 특징인 주체사상의 선언으로 정점에 이르렀다. 공산주의 북한에서 이렇듯 사회주의가 민족주의적 정서로 전환하는 것이 왜, 어떻게 가능했는지에 대한 분석은 북한 사회주의자들의 특별한 역사적 경험(예컨대 김일성이 만주에서 겪은 경험과 중소논쟁)들을 가리킨다. 그러므로 한국 민족주의의 성립은 자연스럽고 불가피한 과정이 아니라 민족주의의 돌출뿐만 아니라 그것이 취한 특별한 형태에도 영향을 미친 역사적 우연의 산물이었다.

북한에서처럼 해방된 남한에서 민족주의의 역할은 다른 이유 때문에 주목할 만하다. 5장에서는 민족주의가 이승만과 박정희의 정치선

전에서 그토록 탁월한 역할을 한 주된 이유는 각 정권을 정당화할 필요성 때문으로 본다. 이승만에게는 식민지유산(예컨대 관료주의, 국가경찰)의 유지와 정부내 친일파 문제가 정권의 정당성에 대한 의심을 야기한다는 게 문제였다. '일민주의(一民主義)'로 치장한 민족주의 수사는 이승만에게 한국인을 통합하고 한국인들 사이에서 그의 지위와 지도력을 정당화하기 위한 느슨한 전략을 제공했다. 마찬가지로 박정희의 '조국근대화'라는 수사는 그의 경제 계획뿐만 아니라 권력 강탈을 정당화하기 위한 시도였다. 그렇지만 이런 과정에서 다른 경쟁관계에 있는 집단정체성들은 불멸의 민족이라는 추상적 개념의 힘에 억압되거나 주변으로 밀려났다. 남한이 세계자본주의체제에 통합된 것이 남한이 북한처럼 외국혐오 민족주의로 발전하는 것을 억제했다고 주장할 수는 있다. 그러나 그것이 분명히 민족주의의 힘을 약화시키지는 않았다. 그럼에도 불구하고 남한에서 발전한 민족주의는 북한에서 나타난 것과 아주 유사했다. 남북한은 한민족이 단일종족임을 의식했고 민족은 다른 집단정체성들에 우선한다는 전제를 받아들였으며, 민족 전체를 대표하는 문제와 관련해 그들 체제의 정당성을 두고 경쟁했다. 상반된 정치적 이데올로기와 경쟁적인 세계체제(공산주의와 자본주의)의 통합에도 불구하고 민족주의는 전후 남북한의 정치에서 주요한 자원이 되었다.

따라서 한국 민족주의의 기원과 발전은 민족을 다른 형태의 집단정체성들과 대항하게 한 역사적으로 우연한 과정이었다. 민족이 오늘날 누리는 패권적 지위는 불가피한 것도 아니었으며 자연스러운 궤도를 밟은 것도 아니었다. 오히려 하나의 정언적인 정체성으로서 민족은 비민족적이거나 초민족적인 다른 형태의 정체성들과 경쟁해야 했으며, 후자의 경우는 민족주의 의제를 위해 전유되기도 했다. 간단히 말해 민족주의는 한국인에게 적절한 집단정체성은 어떤 것이어야 하는지에 관해 경쟁관계에 있는 다른 이론과 사상 들에 대응하는 가운데 발전했으며 또 그것들과 상호작용했다.

1장
범아시아주의와 민족주의

    1890년 크리스마스에 영국 무역상 헨리 쌔비지랜더(A. Henry Savage-Landor)는 일본을 거쳐서 그때까지 유럽인들이 거의 방문해 본 적이 없던 한국을 여행했다. 5년후에 그는 자신이 관찰한 것을 책으로 냈는데, 그 글에서 한국을 〔유명한 구절이 된〕 "고요한 아침의 나라"라고 시적으로 묘사했다. 얄궂게도 그 구절은 한국을 찬양하기 위해서가 아니라 오히려 한국이 잃어버린 예전의 영광을 전하려는 의도를 지녔다. 그는 한국이 "그들의 선조인 고려인들의 정열과 힘을 완전히 잃어버린 것 〔같다〕"고 썼다. 쌔비지랜더에게 "고요한 아침"은 평온함이 아니라 둔감함을 의미했다. 그는 더 나아가 "코리아"(Corea)라는 이름은 "죽어 매장된 세계인 '고려'의 부패물에 불과하다"고 했다(1895, 31면).

    쌔비지랜더는 옳은 동시에 틀렸다. 그가 관찰한 조선은 오래 존속되어온 체제가 더이상 효과적으로 작동하지 못했기 때문에 예전의 역동성을 잃어버렸다. 중국을 중심으로 오랫동안 유지되어온 지역 체제가 붕괴되고 새로운 질서가 출현하기 시작했던 것이다. 그 과정에서 한국은 1876년에 일본에 억지로 문호를 개방해야 했다. 곧이어 한국은 안으로는 농민봉기, 밖으로는 1894~95년 청일전쟁, 1904~05년 러일전쟁 같은 주요한 전쟁에 직면했다. 쌔비지랜더는 한반도 밖은 물론이고 내부에서도 그런 변화와 변혁의 힘들이 작용하고 있는 것을 감지하지 못했다. 문명개화, 사회적 다원주의, 민족주의, 자유주의 이론들과 같은 서구의 이데올로기와 사상이 (자주 일본을 통해) 한국에 소개되는 한편 유교 같은 옛 이데올로기들이 소생되고, 동학 같은 새로운 토착종교들이 나타났다. 모두가 새로운 한국을 낳을 잠재적 자원으로 출현했다. 한국의 엘리뜨들은 일본, 중국 및 그 너머까지 널리 여행했으며, 신문과 잡지의 출판은 다양한 사상들을 소개하고 옛 사상과 새로운 사상의 효율성을 논쟁할 새로운 공적 광장을 제공했다. 한국인들은 옛 체제를 개혁하고 근대 한국을 창조하기를 갈망했다. 1884년 갑신정변, 1894년 동학농민운동, 1894~96년 갑오개혁, 1896~98년 독립협회 활동, 위정척사운동은 그런 노력들을 대변했다 (정영훈 1995; 유영익 1990). 19세기말의 한국은 쌔비지랜더가 묘사한 "고요한 아침의 나라"라고 보기는 힘들었다. 그가 인식한 고요는 아마도 곧 그 나라에 휘몰아칠 폭풍 전야의 고요에 불과했을 것이다.

구정권을 개혁하려는 다양한 노력은 단순히 사회경제적이고 정치적인 문제들에 관련된 것만은 아니었다. 그것은 정체성 문제와 밀접하게 연관되어 있었다. 민족정체성 의식은 근대성의 출현을 반영할 뿐만 아니라 한 나라가 취하게 될 근대성의 특정한 형태와 방향을 형성하는 데 영향을 미친다. 한국은 이런 틀에서 예외가 아니었다. 중국의 쇠퇴와 일본의 발흥 및 동아시아지역에서 커져가는 서양의 존재를 맞닥뜨린 19세기말 한국의 주된 문제는 새롭게 출현하는 지역적·세계적 질서에 직면하여 그 위상을 어떻게 확보할 것인가 하는 점이었다. 한국은 중국과의 관계를 단절하면서도 여전히 동양의 일부라고 밝힐 것인가? 한국은 동양과 완전히 단절하고 서양 문명을 받아들일 것인가? 한국은 어쩌면 동서양 모두와 분리되어 있다고 밝힐 것인가? 혹은 한국은 동양과 서양을 혼합해 새로운 어떤 것을 창조할 것인가? 이런 질문들에 대한 해답을 찾으려는 노력은 구체제를 개혁하고 나라를 외세로부터 방어하려는 한국의 노력을 본질적으로 정하게 될 것이었다. 19세기말 한국인들은 나라를 근대화하는 동시에 그 정체성을 (재)창조해야 하는 벅찬 임무에 직면했다.

틀림없이 이런 정체성 문제는 한국에 새로운 것이 아니었다. 근대 이전 시기에도 한국인들은 "여러층의 정체성"을 지니고 있었으며, 그것들은 자주 서로 우위권을 점하기 위해 경쟁했다. 조선이 지닌 "은자(隱者)의 나라"라는 일반적인 이미지와는 달리 지난 천년의 초기에 한국은 더 큰 동아시아 문화권에 적극적으로 참여했다.[1] 예컨대, 고려시대 한국의 불교도들은 중국 중심의 그리고 인도–중국 중심의 세계질서에 종사했으며(Buswell 1998), 조선왕조 때는 한국의 양반 엘리뜨는 다른 동아시아 지식층과 동질감을 느꼈다(Duncan 1998). 그럼에도 이들 한국의 불교도들과 양반은 근대적인 민족의식은 아닐지라도 더 큰 문화권 속에서 독자적인 정체성을 발전시켰으며 분명히 구분되는 영토와 정치적 공동체에 대한 의식을 지녔다. 그들은 중국 중심의 세계에 참여하면서도 한국의 독자적인 정체성을 유지하는 데 거의 모순을 느끼지 않았다. 덩컨(J. Duncan)이 지적하듯이, 어떤 특정한 정체성이 우선권을 차지한 것은 궁극적으로는 만주족이 1644년에 중국을 정복한 이후 중국 문명에 대한 자세가 좀더 독립적으로 바뀌고 한국 문명의 독특한 요소들을 강조하게 된 것과 같이 역사적으로 우연한 상황에 달려 있었다(1998).

19세기중엽 이래 급속히 변화하는 지역질서는 다시 한번 한국인들로 하여금 불가피하게 당대의 분명한 정체성을 추구하도록 했다. 그것은 한국인들을 북돋워주고 근대적이며 생존력있는 한국을 창조하려는 노력을 이끌어줄 수 있는 정체성이어야 했다. 또한 한국인들이 호전적인 외국의 침략으로부터 나라를 방어하는 데 도움을 줄 수 있어야 했다. 비록 대부분의 한국 엘리뜨들과 인쩰리겐찌야는 모두 위기의식을 느꼈고 새로운 정체성을 창조해야 할 필요성에 공감했지만 어떤 형태의 정체성이 적절한지에 대해 서로 의견이 달랐다. 20세기로의 전환기에 범아시아주의와 민족주의라는 두개의 이데올로기가 이런 상황에서 경쟁했다.

현재까지 학자들과 역사가들은 주로 민족주의에 촛점을 맞춘 채 범아시아주의는 소홀히 다루고 심지어는 범아시아주의가 일본 제국주의와 연관되어 있기 때문에 배제했다.[2] 그럼에도 불구하고 범아시아주의는 민족주의와 마찬가지로 한민족에 대한 급진적인 재고(再考)를 촉구했으며 변화하는 지역적·세계적 질서 속에서 근대 한국에 필요한 비전을 제시했다. 사실 김민환이 20세기 전환기에 발간된 5대 주요 신문에서 뽑은 1950편의 기사들을 정량분석(quantitative analysis)한 것을 보면 범아시아주의는 적어도 1905년 을사조약 이전까지는 한국의 독립과 안전을 지키기 위한 이데올로기로서 민족주의보다 더 두드러졌다(1988). 범아시아주의자들은 동아시아의 공동유산 개념이 어떻게 서양의 문명과 개화 개념을 새롭게 이해할 수 있는지 보여줌으로써 하나의 문화적 실체로서 그 지역의 새로운 비전, 한국의 이익에 부합하는 비전을 제시하려고 했다. 달리 말하자면, 초민족적 동아시아 개념은 서양의 도전에 직면해 민족적 의제를 위해 전유되었다.

동양, 서양 그리고 사회적 다윈주의

범아시아주의와 민족주의는 모두 서양의 지배를 받는 민족국가들의 새로운 세계체제에 의해 고무되었다는 점에서 근대적 현상이다.[3] 19세기말 한국이 세계체제에 편입할 무렵 서양의 '문명' 개념은 국제적인 담론을 지배하게 되었으며, 민족·지역·세계에 대해 근본적으로 재고하게 했다(Duara 2003). 한국의 인쩰리겐찌야는 서양의 자유주의적이고 국제주의적인 보편주의 가치들을 소개하고 논의하고 논쟁했다. 특히, 중국과 일본에서처럼, 한국에서는 많은 사람들이 새롭게 출현하고 있는 민족국가들의 세계체제에서 자국을 완전히 자주적이고 근대적인 국가로 만드는 방법으로서 문명에 대한 국제적 기준을 받아들였다. 후꾸자와 유끼찌(福澤諭吉)의 유명한 『문명론의 개략(文明論之概略)』에 비견되는 유길준(俞吉濬)의 『서유견문(西遊見聞)』은 한국인들이 어떻게 서양의 문명 개념에 접근했는지 보여준다. 이 개념이 보편적으로 적용될 수 있고 각국에서 사회적·정치적 개혁의 골격으로서 적합하다는 사실이 이 두작가를 매료시켰다.

서양의 문명 개념을 포용하는 것은 말할 필요도 없이 대안적 문명 개념을 개발할 가능성을 배제하지는 않았다. 동아시아의 지도자와 지식인 들은 동아시아적이거나 문화적인 유산을 버리기는커녕 새로운 틀을 짜는 데 동양적이거나 '토착적인' 전통의 요소들을 선택적으로 이용하려고 애썼다. 이런 상황에서 '동양'이라는 개념은 '서양'과 정반대되는 개념으로 발전했다. 이는 일본인과 한국인 들이 서양의 문명 개념들을 자신들의 상황에 맞게 전유할 수 있게 해주는 한편 그들 자신을 문명의 대안적 장소로서 볼 수 있게 해주었다(Tanaka 1993). 이런 논리는 범아시아주의 같은 초지역적인 정체성의 토대를 마련했다.[4] 대신에 민족주의자들은 그들 자신의 역사와 유산을 조사해 독자성과 위대함의 증거를 찾았다. 예컨대 예전에는 여성과 하층계급의 언어였던 한글이 한국을 동아시아의 나머지 지역과 구분해주고 한국의 진보를 증명하는, 고유의 민족적 유산으로 간주되며 승격됐다. 한국사 또한 중국을 중심으로 한 동아시아사의 일부로서가 아니라 민족국가의 담론으로 제시되었다. 범아시아주의자들이 서양의 문명 담론에 대한 대항담론을 만들기 위해 동아시아 내에서 공동의 전통을 탐색한 반면에 민족주의자들은 독특한 종족적 민족 관념을 확립하기 위해 그들 자신의 문화유산을 고취하는 데 촛점을 맞추었다.

사회적 다윈주의는 서양의 문명 개념을 전유하는 과정에서 탁월한 역할을 수행했다. 서양에서는 사회적 다윈주의는 사회적 불평등의 근거를 제공하고 제국주의적 팽창을 정당화하는 데 기여했다. 유럽의 과학기술적 업적은 서양의 인종적 우월성의 명백한 증거로 해석됐으며, 세계의 나머지 지역을 "문명화하는 임무"를 정당화하기 위해 이용됐다. 바꿔 말하면, 프레젠지트 두아라(P. Duara)가 지적하듯이, 국제법과 문명에 대한 유럽의 기준은 점점 더 실증주의적으로 되었으며, 어떤 인종은 다른 인종보다 더 문명화되었다는 사회적 다윈주의 개념을 반영했다(2003). 문명화 개념 그 자체가 어떤 인종이 좀더 문명화될 가능성을 배제하는 것은 아니지만, 문명화될 수 있는 능력이 서로 다르기 때문에 인종들간에 위계질서가 존재한다는 관념은 자연스럽게 받아들여지는 이데올로기가 되었다. 더구나 많은 학자들이 주목하듯이, 사회적 다윈주의는 인종주의와 긴밀하게 연결돼 있었다. 사회적 다윈주의가 동아시아에 소개됐을 때 당시의 민족적 불평등을 설명해주는 개념적 틀을 제공했을 뿐만 아니라 동아시아가 "문명화하는" 서양에 대응하는 데 인도자 역할을 했다. 동아시아인들은 바로 그 사회적 다윈주의 논리를 서양의 호전적인 "문명화" 노력으로부터 그들 자신을 방어하는 데 이용했다. 그렇게 함으로써 민족과 인종 사이의 집단적인 생존투쟁에 촛점을 맞춘 이 독일적 형태의 이데올로기는 개인의 자본주의적 경쟁에 촛점을 맞춘 영미 형태를 제치고 사회적 다윈주의에 대한 동아시아적 이해에 큰 영향력을 행사했다(Wiekart 1993).

일본의 카또오 히로유끼(加藤弘之, 1836~1916)는 사회적 다윈주의에 대한 동아시아적 이해와 그것을 사회적·정치적 개혁에 적용하는 데 큰 영향을 미쳤다. 그는 생물계에서와 마찬가지로 국제관계에서 사회들은 '생존경쟁'과 '자연도태'의 법칙을 따른다고 주장했다. 카또오는 스펜서의 개인주의적 이론들과는 반대로 국가, 민족, 인종을 정치적 투쟁의 기본 단위인 사회적 유기체들로 이해했다. 유기체로서의 민족은 그것을 구성하고 있는 개인들의 합 이상이었으며, 개인과 민족 사이에는 비대칭적인 관계가 존재했다. 민족은 "개인의 선(善)을 위해 자신을 희생할 수 없다. 왜냐하면 그것은 무정부 상태와 보편적 불행을 초래할 것이기 때문이다"(Davis 1996, 70면). 그는 국가/민족에 대한 이런 유기적이고 집단주의적인 개념을 유교의 인척 개념과 결합해 국가/민족을 가족, 따라서 가족국가로 생각했다. 그는 "내부의 투쟁"(예컨대 계급투쟁)을 가족구성원 사이의 용납할 수 없는 경쟁으로 묘사했다. 따라서 다른 국가들과 "대외적인 투쟁"을 벌이고 있는 일본에서 개인이익은 집단이익(예컨대 민족)에 양보해야 한다.

사회적 다원주의에 대한 이런 유기적이고 집단주의적인 이해는 1880년대에 한국에 소개됐다(최기영 1999; 전복희 1996; 이광린 1978). 일본을 여행하고 돌아온 후 유길준은 사회적 다원주의에 대한 카또오의 견해를 반영한 유명한 『경쟁론』을 썼다. 이 이론에서 유길준은 민족을 사회적 유기체로 정의하면서 그 개화의 수준에 따라 세개의 집단인 개화된 민족, 반개화된 민족, 미개화된 민족으로 나누었다. 그는 또한 민족들은 생존투쟁을 하며 경쟁을 통해 민족은 한 수준에서 다음 수준으로 진보할 수 있다고 주장했다. 헉슬리와 스펜서의 저서들이 1904~07년에 걸쳐 한국어로 번역됐고, 량 치차오(梁啓超)의 『이태리건국 삼걸전(意大利建國三傑傳)』도 1907년에 번역됐다.[5] 사회적 다원주의는 '세계의 추세'로 여겨졌으며, '우성열패'와 '생존경쟁' 같은 용어는 한국 지식인들 사이에 유포되면서 실제적인 가치를 획득했다.

사회적 다원주의는 한국에 소개된 최초의 근대적 '주의(ism)'로서 근대성을 향한 한국의 노정을 인도하는 분석의 틀을 제공했다. 윤효정(尹孝定)은 '생존경쟁'이라는 제목을 붙인 한 연설에서 다음과 같이 요약했다.

강자가 이기고 약자가 패배하는 규칙은 일상생활에서 발견되며, 강한 자가 약한 자를 잡아먹는 것은 우리 시대에 공인된 일이다. 그렇지만 우리나라의 상황을 관찰해보면 개탄을 금할 수 없다.

(…) 우리가 생존경쟁의 규칙을 알지 못하면 우리는 강한 자의 희생물로 전락할 수밖에 없다. 단언하건대, 20세기에 살고 있는 우리 동포들은 생존경쟁의 법칙의 본질을 탐구해야 한다(이광린 1978, 43면에서 재인용).

이 새롭고 근대적인 사회적 다원주의 법칙을 받아들임으로써 한국인들은 낡고 고정된 사상을 버리고 미래에 대한 밝은 전망을 계발할 수 있었다. 따라서 사회적 다원주의는 한국의 지도자와 지식인 들의 정신 속에서 규범적인 힘을 발휘했다.

인종/지역과 민족

한국의 지식인들과 개혁가들은 사회적 다원주의 세계관에 일반적으로 동의하긴 했지만 투쟁의 기본단위들에 대한 이해, 제국주의에 대한 입장(특히 일본에 대한 견해), 한국의 민족적 위기에 대한 해결책에는 의견이 달랐다. 일부 사람들은 당면한 세계를 인종, 특히 백인종과 황인종 사이의 경쟁의 장으로 보았으며, 다른 아시아인들, 특히 일본인을 백인과의 투쟁에서 중요한 동맹자로 여겼다. 그들에게는 황인종 사이의 협력과 연대, 특히 중국과 일본과 한국 사람들의 연대가 이 지역뿐만 아니라 한국 자체를 방어하는 데 필요했다. 이 첫째 집단을 나는 '범아시아주의자들'이라고 부른다. 그들과는 정반대로, 다른 한국인들은 당대를 제국주의시대로 보고 한국을 제국주의 세력으로부터 지키기 위해 강력한 민족주의를 요구했다. 그들에게 일본은 제국주의 야심을 지닌 나라이므로 일본과의 동맹은 한국이 민족주권을 지키는 데 전혀 도움이 되지 않았다. 이 둘째 집단을 '민족주의자들'이라고 부른다. 나는 인종/지역과 민족이 20세기로의 전환기에 한국인들에게 정언적인 정체성의 가장 중요한 '근대적' 기반들 중 두개를 제공했다고 주장한다.

범아시아주의자들은 인종을 한국인의 정체성의 새로운 토대로 받아들였다. 사회적 다원주의의 인종주의에 영향을 받은 그들은 인종을 세상을 구별하는 기본범주로 보았으며, 당대의 지구적 상황을 특히 황색인종과 백색인종 사이의 인종경쟁 상황으로 이해했다. 비록 황인종의 지역적 경계가 모호하긴 하지만 황색의 개념은 주로 동양 개념, 특히 한국, 중국, 일본에 제한되어 있었다. 범아시아주의자들은 민족주의자들이 그랬던 것처럼 한국을 동아시아 지역 내의 특별한 종족으로 배치하기보다는 이 황인종의 일부로 배치했다. 그들은 서양 백인종의 제국주의 위협에 대항하는 지역적 연대와 협력을 요구했다. 그렇지만 범아시아주의는 엄격하게 지역적인 것은 아니었다. 그것은 문화적인 것이기도 했으며 종종 같은 인종적·문화적 유산을 환기시켰다. 전통적인 비유를 사용하자면 한국, 일본, 중국은 '순치지국(脣齒之國)'으로 묘사되었는데, 그것은 이 세 나라는 같은 문화유산 때문에 같은 인종에 속한다는 것을 암시했다. 범아시아주의는 한국에서는 '아시아연대론' '동양주의' '아시아주의' '동양평화론' '삼국동맹설'이라는 이름으로 출현했다. 『황성신문(皇城新聞)』과 대한협회(大韓協會)가 주로 한국에서 범아시아주의를 주창했다.[6]

원칙적으로 범아시아주의자들은 세나라가 협력할 때만이 동아시아 민족들은 백인의 강습에서 살아남을 수 있다고 믿었다. 예컨대 안

경수(安駉壽, 1853~1900)는 '일청한동맹론'이라는 제목의 논문을 1900년 6월 5일부터 9월 20일까지 『니혼진(日本人)』에 연재했다. 그는 아시아 3국이 단결하지 않으면 아시아는 '백인종'에게 굴복하게 될 것이라고 주장했다. 그는 3국이 한 나라가 위기에 처할 때 상호방어할 책임을 지는 동맹을 결성하자고 제의했다(이광린 1989). 1884년에 일어난 실패한 갑신정변의 주역인 김옥균(金玉均)은 '삼화주의(三和主義)'를 주창했는데, 그는 아시아 3국이 이 지역을 서양의 진출로부터 방어하기 위해 협력할 것을 주장했다(강재언 1984). 독립협회(獨立協會)의 진보적인 지도자인 윤치호(尹致昊) 역시 동아시아인 사이의 공동의 유대에 주목했으며, '무례한' 백인종, 특히 러시아인들에 대항한 단결을 요구했다. 1902년 5월 7일에 쓴 일기에서 그는 서양(러시아)에 대한 뿌리 깊은 인종 편견과 아시아 공동의 문화유산에 대한 평가를 드러냈다.

가장 비천한 일본인도 보뜨까를 마시는 정통 러시아인들에 비하면 신사이고 학자라 할 수 있다. 일본인과 한국인 사이에는 동일한 인종, 종교, 문자에 바탕을 둔 감정과 이해관계의 일치가 있다. 일본, 중국, 한국은 극동을 황인종의 영원한 고향으로 지키고 그 고향을 자연이 그곳에 의도한 대로 아름답고 행복하게 만들기 위해 하나의 공동 목표, 하나의 공동 정책, 하나의 공동 이상을 지녀야 한다(1984 5권, 327면).

윤치호의 인종차별적인 견해는 그의 범아시아주의 주장의 토대가 되었다. 안중근(安重根)의 '동양평화론' 역시 아시아의 평화를 확보하기 위해서는 한국, 중국, 일본 사이의 집단적인 노력이 필요하다고 역설했다. 일부 지도자들은 심지어 한국동포에게 러일전쟁 —이 전쟁은 '백인종'과 '황인종' 사이의 전쟁으로 여겨졌다—과 같은 투쟁에서 서양 문명에 대항해 싸우는 일본을 지원하도록 요구했다(『황성신문』 1904.5.31). 그들에게 아시아의 연대는 반드시 각국의 주권을 약화시키는 것이 아니었다. 오히려 아시아 황인종 사이의 연대는 민족독립과 지역안정을 영구히 보장할 것으로 받아들여졌다.

　사실 그런 광범위하고 지역적인 정체성과 연대의 요구는 전혀 새로운 것이 아니었다. 한국인들은 오랫동안 자신을 중국 중심의 지역질서의 일부로 인식해왔다. 이런 소중화(小中華)의식은 조선왕조 동안 한국 엘리뜨의 정체성의 중요한 일부였다. 하지만 이번에는 다르지 않을 수 없었다. 특히 이 새로운 형태의 정체성과 연대는 중국의 쇠퇴와 일본의 발흥 및 서양, 특히 러시아의 커져가는 존재감을 특징으로 하는 새로운 지역적 지형을 반영하고 조절하지 않을 수 없었다. 앙드레 슈미트(A. Schmid)의 말을 빌리자면, 범아시아주의의 출현에는 "중국의 탈중심화"가 필요했다(2002). 범아시아주의가 일본에서 처음 출현하고 일본 지도자들이 자주 지역적 연대와 안전을 추진해야 한다고 주창한 것은 우연이 아니었다. 일본은 서양의 문명개화(文明開花) 개념에 토대를 두고서 "문명화되고" "주권을 지니"려고 시도하면서도 이런 담론들이 제한적이라고 느꼈다. 대신 일본은 아시아인은 인종적·문화적으로 비슷하기 때문에 새롭고 특색있는 문명을 건설할 수 있다고 주장하며 아시아에 촛점을 맞춘 대안을 추구했다(Tanaka 1993). 그런 견해는 대만과 한국의 식민지화를 야기한 호전적이고 제국주의적인 팽창을 초래했다.[7] 그렇지만 이는 초기에, 특히 훗날의 대동아공영권 개념과 비교해보았을 때, 이상주의적 요소를 지니고 있었다. 두아라에 따르면, 초기의 범아시아주의는 일본은 "조화를 이루거나 통합하는 지도자"라는 개념뿐만 아니라 "재생하는 아시아에서 연대지향적이고, 비지배적인 일본의 역할 개념"을 지니고 있었다(2003, 98면). 일본이 쑨 이샹(孫逸仙)과 김옥균 같은 다른 아시아 국가들의 정치적 망명자들과 혁명가들을 지원하고 보호한 것은 이런 배경에서였다. 일본 범아시아주의의 이런 연대지향은 당시 한국의 지식인과 개혁가 들에게 매력적으로 비쳤다.[8] 홍아회(紅兒會, 나중에 아세아협회가 되었다)가 당시 일본을 여행하고 있던 김홍집(金弘集)과 그 일행을 1880년 9월 5일 모임에 초대했을 때 이조연(李祖淵), 윤웅렬(尹雄烈), 강위(姜瑋)가 참석했다.[9] 그들은 한국에 돌아왔을 때 왕에게 그 단체에 대해 알려주었으며 "한국, 일본, 중국이 연합할 때 아시아는 서양의 공격을 물리칠 수 있다"고 단언했다(이광린 1989, 141면). 김옥균, 유길준, 서광범(徐光範), 홍영식(洪英植), 어윤중(魚允中), 박정양(朴定陽), 이상재(李商在)를 비롯한 한국의 다른 개혁가들도 그 단체를 방문했으며 이들도 틀림없이 아시아의 집단적 연대와 협력 사상에 끌렸다.[10]

일부 한국인들은 더 나아가 일본을 아시아문명을 다른 차원으로 끌어올릴 수 있는 나라로 보았다. 그들은 서양의 위협으로부터 지역의 안전을 지키기 위해 일본이 지도력을 발휘해야 한다고 분명하게 주장했다. 그들은 비록 일본이 그들처럼 황인종이지만 그 문명은 이웃나라들보다 훨씬 더 진보했다고 주장했다. 윤치호가 1905년 러일전쟁에서 일본이 승리한 것을 백인종에 대한 황인종의 승리라며 환영하고 일본을 "아시아의 낙원"으로 찬양한 것은 이런 상황에서였다. 일진회(一進會)의 지도자인 이용구(李容九)는 "'조선의 독립을 보호하'고 조선을 '근대적이고 진보적인 국가'로 확립하기 위해서는 일본의 협력,

지도, 도움이 필요함"을 언급했다.[11]

　모든 한국인들이 범아시아주의의 그런 "연대지향적이고, 비지배적인 개념"을 받아들인 것은 아니었다. 일부는 일본이 범아시아주의 사상을 추진하는 것을 의심했으며 일본이 한국인들을 믿게 한 만큼 협력적이지 않을지도 모른다고 염려했다. 그들의 견해로는, 일본은 범아시아 연대를 추진하면서 제국주의적 야심을 감추고 있었으며 1905년에 러시아에 승리한 이후 마침내 이런 야심을 드러냈다. 1907년 출판된 교과서인 『유년필독(幼年必讀)』은 이런 경계를 촉구하는 입장에 주의를 기울였다. 한국과 일본은 역사적으로 "입술과 이"로 여겨졌기 때문에 한국인들은 일본이 러시아에 대항해 싸운 것에 호의적이었다. 그러나 일본은 전후 '외교정책'을 바꾸어 한국을 위험한 처지로 내몰고, 중국을 불안정하게 하고, 일본을 고립시켰다(『유년필독』 2권 200~01면). 교과서의 교사용 지침서는 일본이 러시아에 승리한 이후 한국의 개혁과 독립을 도와주겠다고 한 수십년전 약속이 "터무니없는 조처"—1905년 을사조약 —로 바뀌었다고 덧붙였다(『유년필독』 3권 452면). 일본은 한국을 보호국으로 만들었을 때 애초의 약속인 아시아의 연대를 사실상 배반했다.

　범아시아주의의 초기 후원자였던 『황성신문』의 사설 역시 일본의 제국주의적 야심에 우려를 표명했다. 사설은 일본이 이웃 국가들을 고려하지 않은 채 자국의 이익만 보호하고 추구했으며, 따라서 자국의 국가이익을 보장해줄 때만 이웃 국가에 협력했다고 비난했다. 이 사설에 따르면 일본은 서양의 의심스러운 동반자였으며, 동양에서도 역시 그럴 수 있었다. 역사는 그런 우려와 불안을 증명했다. 일본이 한국으로 하여금 1905년 조약에 서명하도록 강요했을 때 그 신문의 주필인 장지연(張志淵)은 11월 20일 「시일야방성대곡(是日也放聲大哭)」이라는 유명한 사설을 발표했다.

> 그〔이또오 히로부미伊藤博文〕는 지금까지 동양삼국에 안정과 평화를 가져오는 데 헌신했기 때문에 (…) 관원과 민간인 다같이 인천항에서 서울에 이르기까지 대대적인 환영을 했다. (…) 어떻게 이런 전혀 예상치 못한 5조약이 제시될 수 있단 말인가? 이 조약은 비단 한국에 영향을 미칠 뿐만 아니라 삼국 사이의 분열의 원인을 제공할 것이므로 우리는 이또오 후작의 의도를 의심하지 않을 수 없다. (…) 개돼지보다도 못한 우리 정부의 소위 대신들은 자신들의 보상과 이익을 도모했으며, 순간적인 위협에 굴복해 사천년 역사를 지닌 나라와 오백년을 이어온 왕조를 외국인들에게 넘겨주고 이천만 생령들을 외국인의 노예로 만들었다. (…) 아, 통탄스러워라! 이제 외국인의 노예가 된 동포여, 살았는가 죽었는가? 단군과 기자 이래 사천년을 이어온 민족혼이 하룻밤 사이에 산산조각이 나게 버려두어야 하나? 통탄스럽구나! 동포여! 동포여!(P. Lee 1996, 422~23면에서 재인용)[12]

장지연의 견해로는 그 조약은 한국의 안녕을 위험에 빠뜨렸을 뿐만 아니라 이웃나라들에 분열과 긴장을 야기함으로써 전체 동아시아지역을 위험에 빠뜨렸다. 민족주의적 수사를 이용해 쓴 「시일야방성대곡」은 쓰라린 배반감을 표현했으며 『황성신문』이 오랫동안 주창해온 범아시아 동맹에 종말을 고했다. '동양평화론'의 초기 주창자인 안중근은 일본이 아시아 연대의 약속을 위반했기 때문에 이또오 히로부미를 암살한 것으로 알려졌다. 이또오는 일본에서 범아시아주의를 주창한 핵심인물로 나중에 보호조약을 기획했으며 초대 조선통감이 되었다.

범아시아주의자들은 폭넓은 지역적 정체성과 연대를 주창한 반면 민족주의자들은 인종이나 지역이 아니라 민족이 새로운 근대 한국의 정체성의 토대라고 여겼다. 한국의 민족주의자들은 수세기에 걸친 정치적 공동체 의식을 근대적 형태의 민족정체성으로 바꾸려고 애썼다. 그들은 더이상 한국을 중국이나 중국 중심의 지역질서의 일부가 아니라 세계체제 속의 독립된 주권국가로 여겼다. 또한 국왕에 대한 충성과 가족, 친족, 마을에 대한 애착 대신 그들은 사람들의 충성심을 독특한 종족적 민족으로서의 한국인이라는 새롭고 포괄적인 정체성으로 방향을 바꾸려고 했다. 범아시아주의자들과 마찬가지로 한국의 민족주의자들은 민족국가들로 이루어진 근대적인 세계체제의 기본 전제와 세계를 민족과 인종 사이의 투쟁의 장으로 보는 사회적 다원주의 원칙을 받아들였다. 그러나 민족주의자들이 보기에, 당시 세계는 인종들 사이가 아니라 제국주의와 민족주의 사이의 투쟁의 장이었다. 따라서 경쟁하고 있는 '타자'는 백인이 아니라 다른 민족국가들, 특히 일본을 포함한 제국주의국가들이었다. 『대한매일신보(大韓每日申報)』에 실린 「제국주의와 민족주의」라는 글에서 한국 민족주의자들의 1세대 지도자 신채호(申采浩)는 한국동포에게 제국주의가 고립주의적인 먼로주의를 제치고 열강들의 주요한 이데올로기가 되었으며 제국주의에 저항하는 유일한 방법은 민족주의를 고취하는 것임을 인식해야 한다고 역설했다. 그는 "제국주의는 민족주의가 약한 곳에 침투한다"(신채호 1982, 2권 108~09면)고 보았다. 한국 민족주의자들은 범아시아주의자들과는 달리 (서양과 동양〔일본〕의) 제국주의의 위험을 보았으며 광란하는 제국주의 세계에서 한국이 생존하도록 도와줄 수 있는 강한 민족정체성을 요구했다. 한국의 퇴보와 역경은 인종간의 단결이나 지역연대로는 극복될 수 없으며, 민족의식을 양성하고 서양이든 동양이든 제국주의 세력들에 대항해 민족적 투쟁을 벌일 때만이 극복될 수 있다.

　신채호, 박은식(朴殷植), 주시경(周時經) 같은 한국 민족주의자들은 민족의식과 민족정체성을 장려하면서 범아시아주의자들과의 논쟁적인 정치에 직접 뛰어들었다. 『대한매일신보』의 해박한 기고자인 신채호는 동양주의를 무지하고 혼란에 빠지고 불충한 사람들만이 주장하는 견해라고 매섭게 비판했다. 그는 범아시아주의자들을 "나라를 망치고 (…) 외국인들에게 아첨하고 (…) 혼란에 빠지고 무지한" 사람들로 규정했다. 그는 또한 "조선인이라면 누구도 동양주의를 민족을 구할 수단으로 이용하지 않으며, 동양주의를 국혼(國魂)을 훔치는 방법으로 이용하는 외국인들이 있을 뿐이라는 것을 조선인들은 자각해야 한다"고 주장했다(신채호 1982, 2권 88~91면). 그의 견해로는, 나라를 지키는 것〔保國〕이 인종을 지키는 것〔保種〕보다 훨씬 더 중요하며 긴급했다(신채호 1982, 2권 53~54면). 1908년 4월 12일자 그의 기고글은 범아시아주의에 대해 더 큰 의문을 제기했다. "그들〔범아시아주의자들〕은 지금이 인종전쟁의 시대라고 주장한다. 황인종이 번영하는 곳에서 백인종은 쇠퇴하며, 백인종이 번영하는 곳에서는 황인종은 쇠퇴한다. 우리 황인종은 인종을 보존하기 위해 일본을 중심으로 단결해야 한다고 그들은 주장한다. 이 무슨 술주정꾼이나 몽유병자의 말인가?"(신채호 1982, 2권 61면). 장지연의 사설 「시일야방성대곡」은 이또오와 한국 사상가들이 주창한 범아시아주의에 대한 또다른 매서운 고발이었다.

　민족에 토대를 둔 새로운 정체성과 유대를 확립하면서 한국 민족주의자들은 동아시아 공동유산보다는 한국의 역사와 언어의 가치를 평가했다. 신채호는 "민족이 없으면 역사는 없으며, 역사가 없으면 민족은 국가를 분명하게 지각할 수 없다"고 선언했다. 그가 보기에 역사는 "오직 승자만이 생존이 허락되고 패자는 사라져야 하는 생존투쟁에서 다른 민족들과 동등한 입장에서 경쟁할 수 있도록 우리 젊은이들에게 민족주의를 주입하고 (⋯) 민족의식을 심어주는 불가결한 도구"(P. Lee 1996, 423~24면에서 인용)였다. 헨리 엄이 지적하듯이, 이 새로운 역사학은 "나이, 성, 신분상의 차이와 관계없이 **모든** 한국인을 포함하는 범주"(1999, 339면, 강조는 인용자)의 한민족의 역사학이 되어야 했다. 20세기초 한국이 한국사를 이 지역에서 중국의 지배에 종속된 상투적인 왕조사가 아니라 종족적 민족사의 하나로 재해석하려는 커다란 노력을 기울인 것은 바로 이런 상황에서였다. 이런 새로운 사관은 신화적인 건국자인 단군에서 출현한 한민족의 인종적이고 종족적인 계보를 확립했다. 예컨대, 신채호는 한국인들은 만주의 부여와 융합해 마침내 고구려인들이 된 단군조선의 자손들이라고 주장했다. 고구려는 한민족의 종족적 혹은 인종적 핵〔主族〕이 되었으며, 한민족은 외세에 대한 방어와 전쟁을 통해 살아남고 번영했다(신채호 1982, 1권).[13] 한국 인종은 중국이나 일본이나 어떤 다른 아시아 인종의 일부가 아니라 그들과는 구분되는 것으로 받아들여졌다.[14] 슈미트가 지적하듯이, "신채호의 새로운 담론에 일관성을 부여한 것은 혈통, 인종적 민족의 계보"였다(1997, 33면).

　20세기초 한국은 한국어와 한국문학의 연구와 발전에 점점 더 관심을 보였다. 다른 민족주의운동과 마찬가지로 언어, 특히 고유어는 한국의 민족정체성의 결정적인 부분이 되었다. 주시경은 누구보다도 한글을 지지했으며 민족문학의 새로운 장르를 개척했다. 1907년에 출판된 『국어와 국문의 필요』에서 그는 한국인들이 한자만 공경할 뿐 세종대왕(1418~50)이 만든 민족 문자를 공경하고 사용하지 못했다고 탄식했다. 그렇지만 "전국 인민의 사상을 돌리며 지식을 다 넓혀주려면 불가불 국문으로 각색해 학문을 저술하며 번역하여 무론 남녀하고 다 쉽게 알도록 가르쳐주어야 될지라"라고 주장했다. "사천년 전부터 개국한 이천만중 사회에 날로 때로 통용하는 말을 입으로만 서로 전하는 것도" 심각한 결점이었다. 그는 "우리의 나라 사람이 다 국어와 국문을 우리나라 근본의 주장 글로 숭상하고 사랑하여 쓰기를 바라노라"(P. Lee 1998, 425~26면에서 재인용)라고 주장했다. 그는 한글이 한국의 새로운 민족정체성의 토대가 되어야 하며, 한국을 부강한 나라로 만들기 위해 한글의 사용을 장려해야 한다고 주장했다. 따라서 한글을 민족어로 장려하는 일은 한국사를 종족적 민족의 역사로 제시하는 것과 더불어 한국 민족주의운동에서 필수적이었다.

당시에 출판된 다양한 교과서들은 그런 민족주의적 관심사와 노력을 반영해 민족의 언어와 역사와 관습과 영웅들과 정체성의 중요성을 강조했다. 예컨대 1906년에 출판된 『초등소학(初等小學)』은 민족의 탄생일을 공휴일로 제정해 집집마다 국기를 대문 앞에 내걸고서 축하하자고 요구했다. 또한 한글 사용을 민족독립의 상징으로서 장려했다(4권, 217~22면). 『초등소학』은 17세기에 청나라가 침략했을 때 화친을 반대한 것 때문에 중국에 볼모로 잡혀간 '삼학사' 홍익한(洪翼漢), 오달제(吳達濟), 윤집(尹集)의 이야기를 실었다(4권, 398~401면). 1907년 출판된 교과서 『유년필독』은 16세기말 일본의 침략을 자세히 묘사하고 이순신 장군이 어떻게 그에 맞서 싸웠는지 논의했다(3권, 162~225면). 한국의 영웅들, 특히 외세—즉 일본과 중국—의 침략에 맞서 한국을 지킨 영웅들의 많은 예들이 한국 교과서들에 실렸다. 이런 책들은 한국인들 사이에 민족의식과 민족정신을 고취하려고 노력했다.

민족정체성을 고취하려는 이런 노력은 1905년 을사조약 이후 훨씬 더 중요해졌다. 비록 한국 민족주의자들이 새롭고 근대적이고 독립적인 민족의 이미지를 만들어내려고 애썼지만 정치적 상황은 우호적인 여건을 제공해주지 못했다. 그 결과 그들의 노력은 점차 민족정체성의 본질로 여겨지는 민족정신의 소생이 중요함을 강조하는 쪽으로 옮겨갔다.[15] 그들의 견해에 따르면 민족은 그 자체의 의지와 생명을 지닌 유기체와 같았다. 따라서 정치적 국가가 곤경에 빠질 때조차도 민족정신을 보존하는 한 민족은 재생할 수 있었다. 한국 민족주의자들은 『조선상고사(朝鮮上古史)』에 표현된, 민족은 "단 하나의 순수**혈통**으로 이어진 (…) 사람들의 **정신**에서 형성된 **유기**체"라는 신채호의 민족관에 호의를 보이기 시작했다. 그는 "설령 형식적 국가가 사라지더라도 정신적 국가가 여전히 번영한다면 민족은 사라지지 않는다"(신채호 1982, 특집판, 160~61면. 강조는 인용자)고 보았다. 신채호가 쓴 고구려 을지문덕 장군, 고려 최영 장군, 조선의 이순신 장군의 전기는 모두 한국인의 민족정신의 가장 뛰어난 자질을 예증하는 역할모델을 제공하려는 노력의 산물이었다.[16] 『황성신문』에 광범하게 기고한 박은식(1895~1925)은 또다른 주요 민족주의자였다. 그 역시 민족정신이야말로 한국을 하나의 민족으로 재생시키는 데 중추가 된다고 강조했다. 그는 민족국가를 대략 민족의 종족적 토대와 정치적 토대에 상응하는 두부분인 국혼(國魂)과 국백(國魄)으로 이루어진 유기체로 보았다. 국혼은 "민족의 언어, 역사, 종교, 학문"을 포함하고 국백은 "경제, 군사, 영토, 기술" 따위를 포함했다(박은식 1997). 민족국가는 국혼과 국백이 융합될 때는 번영하지만 서로 분리될 때 쇠퇴했다. 박은식은 1905년 이후 한국이 국백은 잃어버렸지만 국혼은 잃지 않았다고 주장했다. 만약 한국인들이 국혼을 지키고 강화할 수 있다면 그들은 국백을 회복하고 두가지 양상을 하나의 실체로 통합할 수 있으며, 또 그 융합 때까지 한국인들은 민족의 역사인 국사를 유지함으로써 민족의 혼인 국혼을 지켜야 한다고 했다. 그 목적을 위해 그는 『한국통사(韓國通史)』를 썼다.

따라서 초기의 한국 민족주의자들이 보기에 가장 결정적인 것은 새로운 영토 구분이나 한국과 동아시아 이웃국가들과의 유대가 아니었다. 오히려 한민족의 특색을 확립하고 침략해오는 제국주의와 투쟁하는 것이 결정적이었다. 한국은 11세기 이래 안정된 국경을 유지해왔으며 오랫동안 중앙집권적인 관료주의를 확립해온 만큼, 근대적 민족의식은 아니더라도 정치적 공동체의식을 공유했다. 한국 민족주의자들은 새로운 민족정체성 의식을 형성하기 위해 그런 역사적 경험들을 동원해 근대적인 (민족주의) 언어로 짜맞추었다. 범아시아주의자들과는 반대로 그들은 한국에 대한 가장 큰 위협은 서양의 '백인종'이 아니라 이웃의 '황인종' 국가인 일본에서 온다고 보았다. 그들은 나라를 외부인들로부터 지키기 위해서는 민족의식과 정체성을 함양하는 것이 가장 시급하다고 믿었다. 특히 1905년 조약 이후 한국의 주권이 사라졌을 때 민족의 생존은 점점 더 정신적인 견지에서 형성되었다. 한국 민족주의자들은 민족을 그 자체의 생명력을 지닌 유기체로 간주했으며 같은 피와 선조를 한민족의 정수(精髓)로 강조했다. 그런 점에서 민족의 정신 혹은 정수는 불멸하는 것으로 여겨졌다. 그들은 한국인들이 민족정신을 보존하고 있는 한 정치적 주권을 상실했을 때조차도 민족을 소생시킬 수 있다고 주장했다.

결론

범아시아주의와 민족주의는 서양의 도전에 직면한 한국인들에게 두개의 주요한 근대적 이데올로기로 출현했다. 둘 다 위기의식을 공유했으며 점점 위태로운 상황에 처하는 한국을 지키고 강화할 개념적 틀을 제공해줄 수 있는 새로운 정체성을 창조하는 것이 절박하다고 느꼈다. 그러나 그 두 집단은 서로 다른 세계관을 지녔으며, 따라서 임박한 위험에 대해 다른 해결책을 제시했다. 범아시아주의자들은 세계를 주로 백인종과 황인종 사이의 인종 투쟁의 견지에서 보았다. 그들은 서양 백인의 제국주의에 맞서 동아시아 지역과 한국을 지키기 위해 동아시아의 폭넓은 지역연대를 외쳤다. 반면에 민족주의자들은 근대적 세계체제를 민족들간의, 특히 제국주의자들과 민족주의자들 사이의 경쟁의 장으로 이해했다. 그들은 한민족에 대한 가장 큰 위협은 백인종이 아니라 황인종 이웃인 일본에서 온다고 보았다. 그 결과 그들은 한국의 정체성을 중국이나 일본의 일부가 아니라 그들과는 구분되는 것으로 재정의했으며, 역사의 재해석과 한글 사용을 통해 이런 정체성을 고취했다. 민족주의자들에게는 지역이나 인종이 아니라 민족이 한국인들이 고수하고 촉진해야 할 새로운 집단정체성의 토대가 되어야 했다. 그럼에도 불구하고 정언적인 정체성의 원천으로서의 지역 개념과 민족 개념 둘 다 인종중심화되었다. 범아시아주의자들은 동아시아지역을 문화적·인종적 견지에서 이해했으며, 민족주의자들은 민족을 종족적·문화적·인종적 견지에서 개념화했다. 사회적 다원주의의 인종주의는 근대 한국에서 지역과 민족의 개념화에 각각 영향을 미쳤다.

궁극적으로 민족은 지역을 누르고 한국의 정체성을 규정하는 근거가 되었다. 하지만 이런 결과는 필연적이거나 예정된 것은 아니었다. 대신 민족이 승리한 것은 역사적 우연이었다. 일본의 식민지화는 범아시아주의가 새로운 한국의 근원으로서 지니는 정당성을 박탈했다. 일부 범아시아주의자들은 배반을 당했다고 느꼈지만 다른 사람들은 일본의 식민지배를 받아들였으며 심지어 협력했다.[17] 그 결과 20세기 초 한국의 범아시아주의는 한국 역사학에서는 무시되거나 심지어 제국주의자들이나 제국주의 협력자들의 이데올로기라는 비난을 받았다. 그렇지만 한국의 역사학은 범아시아주의의 원래의 동기, 특히 1905년 이전의 동기를 묵살해서는 안된다. 범아시아주의는 침략해오는 제국주의 세력들을 직면해 한국의 민족 주권을 지키려는 노력이었다. 슈미트가 지적하듯이, "민족을 초월하는 범주로서의 황인종성은 민족의 주권을 훼손하는 것으로 이해되지는 않았다. 실제로 동양 황인종의 연맹은 한국 민족주의자들의 목표에 가장 부합하는 수단을 제공했다"(2002, III). 그럼에도 불구하고 범아시아주의자들은 민족주의자들의 격렬한 반발을 초래했다. 그들은 범아시아주의자들이 한국의 개혁 노력을 오도하고 있다고 비난했다. 이 두 집단은 한국인들의 근대적 정체성의 근원으로서, 그리고 개혁과 변화의 원리로서 서로 경쟁했다. 간단히 말해 민족주의는 한국인들에게 대안적인 형태의 집단정체성들을 제공한 비민족주의 세력들과 동시에 발전했다. 민족주의 세력과 초민족주의 세력의 상호작용은 한국이 1910년에 일본의 식민지가 된 후에도 지속됐다.

2장

식민지 인종주의와 민족주의

많은 이들이 식민주의는 특히 비서구 세계에서 민족주의가 출현하게 된 주요인이었다고 주장해왔다. 이는 식민지 세력이 도래하면서 원주민들이 식민주의가 그들에게 가한 불행한 운명에 대항하기 위해 문화적·정치적 운동을 시작했다는 결론을 도출한다. 한국의 민족주의는 일본의 식민주의의 대극에 있다는 입장을 취하는 최근의 한국 민족주의 사학은 이런 전제를 고수한다. 한국 민족주의의 출현이 일본의 식민주의와 깊이 연관되어 있는 것은 의문의 여지가 없지만, 그 관계는 현재의 민족주의 학자들이 논의하는 것 ─ 즉, 식민지의 억압이 민족적 저항에 부딪쳤다는 담론 ─ 보다 훨씬 더 복잡했다. 일본의 식민주의에 대한 한국의 반응은 훨씬 다양했다. 민족에 바탕을 둔 정체성의 범주들 외에도 예컨대 성, 계급, 지역에 바탕을 둔 여러가지 형태의 비민족적인 정체성 개념이 집단정체성의 조직원리로 이용됐다. 식민지배 동안 한국에서 존재한 다양하고도 종종 경쟁관계에 있는 여러 형태의 집단정체성들을 '민족'이라는 이름 아래 포괄하는 것은 잘 못이다. 게다가 식민주의에 대한 민족에 바탕을 둔 반응들조차도 획일적이지 않았다. 식민지 한국에서는 근대적/반근대적, 문화적/정치적, 종족적/시민적인 다양한 형태의 민족주의가 출현했다. 따라서 식민주의의 다양한 층과 정치적 공동체와 정체성의 대안적 담론들뿐만 아니라 서로 경쟁관계에 있는 다양한 형태의 민족주의에 대해서는 식민지배의 상황에서 상술할 필요가 있다. 뒤이어 일본 식민주의의 이데올로기적 구성요소— 식민지 인종주의—가 어떻게 한국의 민족주의 발전을 구체화했는지 탐구해야 한다. 명백히 한국인들의 독특한 인종적 기원을 역설하고 한국 중심의 동아시아관을 고취하는 것은 민족주의가 식민지 인종주의에 대해 보인 반응에서 특별히 중요했다. 전자는 종족적이었던 반면에 후자는 범아시아적이었으며, 민족의 의미는 식민지기간(1910~45) 동안 경쟁적인 영역으로 남아 있었다.

식민주의와 인종주의

『전체주의의 기원』(*The Origins of Totalitarianism*)에서 정치학자 한나 아렌트(H. Arendt)는 인종과 관료제도가 식민지배의 두가지 주요한 장치임을 밝힌다. 그녀에 따르면, "민족의 대용물로서의 인종이 없었더라면 아프리카 쟁탈과 투자 열기는 온통 황금열에 사로잡힌 (…) 맹목적인 '죽음과 교역의 춤'으로 남아 있었을지도 모른다." 그리고 정부의 대용물로서 관료제도가 없었더라면 "영국의 인도 소유는 '인도에 있는 무법자들'의 무모한 행위에 내맡겨졌을지도 모른다"고 그

녀는 계속 말했다(1951, 185면). 유럽이 아프리카와 인도에서 행한 식민지배에 대한 그녀의 관찰은 또한 일본이 한국에서 행한 식민지배의 본질을 포착한다. 일본은 총독의 지휘를 받는 강력한 식민지 관료제도로 식민지 한국을 지배했으며, 이 제도에는 군대와 경찰 같은 탄압기구들이 포함되었다. 더 나아가 식민정책의 지도원리인 인종주의가 일본의 식민 영토들에서 작동했다. 무엇보다도 인종 범주화는 한국인들이 자국에 '문명과 개화'를 도입하기 위해 우월한 인종의 지도를 받을 필요가 있는 열등한 인종이라는 것을 근거로 일본의 식민지배를 정당화했다. 식민지 인종주의는 또한 코오민까(公民化)라는 훗날의 동화정책을 정당화했다. 간단히 말해 일본은 식민지 인종주의 담론을 이용해 한국을 예속하려고 노력했으며 식민정책을 수행하기 위해 식민지 특유의 관료주의를 활성화했다. 역으로 일본의 그런 노력은 한국 민족주의의 성격과 발전을 구체화하는 데 중요한 역할을 했다.

식민지 인종주의는 일본이 동아시아인들은 같은 역사적·문화적 유산을 지니고 있다는 개념에 바탕을 둔 범아시아주의를 주창한 19세기말로 거슬러 올라갈 수 있다. 마크 피티(Mark Peattie)에 따르면, 일본 문화의 다음 네가지 가정은 일본의 인종주의와 동화정책 사상의 중심에 있었다. (1) 중국 문화권 내에서 문화적·인종적으로 근친성이 있다는 도오분도오슈(同文同種) 공식, (2) 잇시도오진(一視同仁) 이론에 표현된 것과 같은 도덕적 기풍을 낳은 중국 유교전통의 영향, (3) 일본 인종의 수장인 일본 천황이 국가와 갖는 연계, (4) 일본의 역사적 경험은 일본인들에게 외국인과 외국사상을 동화시키는 독특한 재능을 부여했다는 믿음(1984, 97~98면). 그렇지만 이런 가정들에 바탕을 둔 일본의 동화사상은 진보적인 일본인들과 보수적인 일본인들 모두로부터 비판을 받았다. 자유주의자들은 동화는 불가능하며 만약 한국인들이 일본인과 같은 법적·사회적 평등을 부여받지 못한다면 반드시 저항을 불러일으킬 것이라고 주장했다. 반대로 보수주의자들은 식민지인들은 "열등한 인종들"이며 일본의 연장된 한 부분으로서가 아니라 식민지 신민으로 다스려야 한다고 주장했다. 하지만 1931년 '만주사변' 이후 양쪽 비평가들은 침묵을 지켰으며 동화사상은 한국에서 식민정책의 당연한 원칙이 되었다.

인종주의가 식민지의 동화에 이데올로기적 토대를 제공했다면 총독부는 식민정책의 수행자 기능을 했다. 일본은 한국의 오랜 '농업 관료주의'를 근대적인 메이지(明治)시대 관료주의로 대체하려고 했다. 개별 식민지가 어느정도 지역 대표권과 자치권을 지닌 입법부를 갖도록 허용한 영국과는 달리 일본인들은 "사회의 위에 있고 사회와는 떨어져 있는"(Cummings 1984, 486면) 아주 중앙집권적이고 강력한 총독부를 설치했다. 특히 첫 10년간의 무단통치는 신탁통치의 개념을 지닌 인도에 대한 영국의 '간접적인' 지배와 구분됐다(Gann 1984). 그것은 '철권지배'의 군사정책이었으며, 필연적으로 식민지 한국의 모든 총독들은 장군들이었다.

이 가혹한 군사통치는 1919년 3월 한국인들의 전국적이고 강력한 저항에 부딪쳤다. 오랫동안 소중히 간직해온 중앙집권적 국가와 정치 공동체의 역사를 지닌 한국인들은 일본의 지배에 분개했다. 윌슨(W. Wilson)의 민족자치와 민족자결의 원칙에 고무된 한국 지도자들은 독립을 주장하고 세계의 민족들 속에서 한국의 자유와 평등을 주장했다. 이 운동은 비폭력적이고 평화적이었지만 3·1선언에 뒤이어 광범위한 시위가 벌어졌으며, 일부 시위는 일본인들에 대한 폭력을 낳았다. 이는 "모든 직업 계층의 한국인이 민족적 의지를 천명하도록 끌어냈다"(Eckert et al. 1990, 278면). 한국에서 가장 큰 두개의 도시인 서울과 평양에서 시작된 이 운동은 재빨리 전국으로 퍼져 100만명 이상을 동원했다.[1] 수개월 동안 지속된 3·1운동은 비록 한국의 주권을 회복하거나 다른 강대국들에게 한국의 주권을 인식시키는 데는 실패했지만 전반적으로 민족주의운동을 확장하는 촉매가 됐다. 이 운동은 한국 역사학에서는 최초의 근대적인 대중 민족주의운동으로 평가되고 있다.

3·1운동은 일본인들을 기습했으며, 이는 시위자들에 대한 야만적인 탄압을 불러일으켰다. 추정 사상자수는 일본의 공식적인 계산으로는 5월에서 9월 사이에 사망 553명, 부상 1409명, 체포 1만 2522명이었으며, 한국 민족주의자들의 추정으로는 사망자가 7500명이 넘었으며, 약 1만 5000명이 부상을 입었고, 약 4만 5000명이 체포되었다. 비록 그 숫자를 두고 논란이 벌어지긴 했지만 그 사건의 영향은 분명했다. 즉, 일본인들은 잔혹한 군사통치를 재고해야 했다. 그들은 오랜 세월 독특하고 통일된 정치적 정체성을 지닌 한국을 쇠주먹으로 지배할 수 없으며 한국사회의 '토착적인 요소들'을 식민정책에 통합해야 할 필요가 있다는 것을 깨달았다. 그 결과 총독부는 주요한 조직상의 변화를 단행해 총독부 직속의 학무국(學務局)을 설치했으며(법령 386, 1919.8.20) 학무국 아래 종교과와 국보조사과를 설치했다. 이 부서들은 분명히 한국의 관습, 문화, 전통, 의식, 종교, 기관들을 조사하기 위해 구상됐으며, 그 명백한 목적은 내선일체(內鮮一體)에 표현된 동화정책에 이용될 수 있는 한국의 역사와 문화의 요소들을 탐구함으로써 식민지 인종주의에 '과학적 토대'를 제공하는 것이었다(최석영 1997).

예컨대 학무국은 조선의 유교 엘리뜨들이 미신이라고 생각한 민간신앙인 샤머니즘의 역사를 조사하는 기획을 지원했다. 일본인들은 샤머니즘에서 식민지 지배에, 특히 그들의 동화정책에 어떤 잠재적인 유용성을 보았다. 일본인들은 샤머니즘에서 신또오(神道)와 유사한 요소들을 찾아냈으며 그것을 일선동조론(日鮮同祖論, 일본인과 한국인은 같은 선조를 지녔다는 이론)을 지지하는 데 이용할 수 있었다. 그 이론은 일본인들과 한국인들은 닛깐(日刊) 인종에서 내려왔으며 니혼진(日本人)과 쪼오센진(朝鮮人)이 같은 인종에서 내려왔다는 것은 고대로부터 이어지는 같은 피, 문화, 언어에 의해 드러난다고 주장했다.[2] 이런 이론을 바탕으로, 비록 한국인들은 "문명화의 정도"가 낮긴 하지만 일본의 보호 아래 진보하고 마침내 일본제국의 신민이 될 수 있다고 주장했다. "황인종은 모두 우월한 요소들을 지니고 있으며 조선 인종의 현재의 쇠퇴는 오직 나쁜 정부와 제한적인 지리적 요인이 원인이기" 때문에 그런 변화는 가능했다(Pai 2000, 38면).

표면상으로는 일본의 정책은 한국의 전통과 문화를 바르게 평가하려는 것처럼 보였지만 그 밑바닥에 깔려 있는 목적은 한국은 일본이 지배하는 더 큰 동아시아권의 일부라는 것을 증명하는 것이었다. 한국인과 일본인이 같은 인종에 속한다는 것을 보여줌으로써 일본인은 한국인을 일본 '제국의 신민'으로 바꾸는 동화정책을 정당화하고 싶어했다. 사또오가 지적하듯이, "일본의 식민지배는 사실상의 다민족, 혹은 다종족 제국을 동질적인 '민족국가'로 바꾸려는 실험이었다"(1998, 325면). 그렇지만 온갖 동화주의 미사여구에도 불구하고 일본인들은 결코 식민지 신민들에게 법적으로나 정치적으로 평등한 권리를 베풀지 않았다. 예를 들자면, 이런 정책하에서 창씨개명은 포용을 뜻하는 것이 아니었다. 로빈슨이 지적하듯이, 새로운 일본식 이름의 등록에도 불구하고 "공문서, 주민등록, 입학과 취업 원서는 모두 두가지 이름을 요구했다"(Eckert et al. 1990, 318면). 한국인들은 국회의원으로 선출된 적이 없었으므로 일본 제국내에서 정치적 대표권이 없었다. 그리고 한국인에 대한 일본의 차별은 한국인이 덜 문명화되었기 때문에 아직 평등한 대우를 받을 준비가 되어 있지 않다는 근거로 정당화되었다. 사또오의 말에 따르면, 일본인들은 한국인들에게 "시민의 지위"가 아니라 "신민의 지위"를 부여했다(1998).

일본의 동화정책은 단순히 한국의 어떤 정체성 개념을 지워버리려고 한 것이 아니라 새로운 정체성을 만들어내려고 시도한 것이다.[3] 일본인들은 한국인의 정체성을 말살하려고 일관되게 조직적으로 노력했다는 통상적인 민족주의적 설명과는 반대로 헨리 엄은 "일본의 식민국가는 실제로 한국인들을 신민 — 개별적(이고 열등한) 주관성을 지녔다는 의미에서의 신민 — 으로 만들려고 노력했다"(1999, 353면)고 주장한다. 엄의 견해로는, 인종주의에 바탕을 둔 식민정책의 논리는 총독부에 한국인의 정체성을 동질적인 '쪼오센진'의 범주로 재구성하도록 강요했다. 따라서 쪼오센진은 "성, 출신지역, 계급적 배경에 관계없이 모든 한국인들에게 적용되는 관료주의적이고 경멸적인 분류"(1999, 353면)가 되었다. 그러나 자신들의 독특한 역사를 분명히 의식하고 있는 한국인들은 식민주의가 가하는 이런 분류와 정책에 저항했다. 로빈슨이 주장하듯이, "혈통에 대한 깊은 존경심이 천년 동안이나 생활화되어 있던 사회에서는 그런 정책은 가장 깊은 분노만 낳을 뿐이었다"(Eckert et al. 1990, 318면). 한국인들은 독특한 인종적 기원을 지녔다고 주장하고 한국 중심의 동아시아관을 고취하는 것은 민족주의자들이 일본의 식민지 인종주의와 동화정책에 대해 보이는 반응에서 특히 중요해졌다.

제국과 민족

1910년에 일본의 식민지가 되면서 한국의 민족주의는 격심하게 탄압을 받았으며 민족주의 활동은 상하이, 호놀룰루를 비롯한 해외로 옮겨갔다. 10년후 일본인들은 분까세이지(文化政治)로 알려진 새로운 식민정책을 시행했다. 그 정책은 식민지 신민들의 '문화적' 활동에 약간의 제한된 공간을 허용했으며, 그 결과 민족주의운동이 한반도에서 다시 출현하기 시작했다. 급진적인 공산주의운동은 계속 탄압한 반면에 일본은 식민체제에 직접 도전하지 않는 이상 온건한 활동은 관대하게 다루었으며 심지어 장려했다. 그것은 온건한 민족주의자들을 식민체제내에 포섭하려고 계획한 협력정책이었다. 한국인들에게 신문과 잡지의 출판 같은 문화활동이 허가됐다. 그 결과 식민지 한국은 1920년대에 '인쇄자본주의'의 급속한 성장을 목격했다. 서양의 민족주의들의 출현에서처럼(Anderson 1983), 일본이 지배하는 동안 한국 민족주의의 발전은 '인쇄자본주의'의 성장에 빚을 졌다.[4] 출판에 종사하는 것 외에도 한국의 민족주의 지도자들은 한국인들 사이에 민족의 정신과 정체성을 고취하기 위해 국립대학, 조선어연구회, 물산장려회 같은 다양한 프로그램과 조직을 설립하고 증진했다.[5] 이런 활동들은 식민권력에 직접 대항하기보다는 민족의식을 고취하기 위해 비정치적·문화적 영역에 촛점을 맞추었기 때문에 로빈슨은 이를 "문화 민족주의"로 부른다(1988).

그렇지만 1920년대 한국의 문화 민족주의자들은 일반적으로 그들의 전통과 문화를 제대로 평가하거나 존중하지 않았다. 반대로 그들은 자신들의 역사적 유산, 특히 유교 유산을 퇴보적이라고 비판했으며 주로 서양의 근대적인 자유주의 사상을 바탕으로 한국의 민족성을 재건하려고 노력했다. 가장 잘 알려진 예는 이광수(李光洙)의 「민족개조론」이다. 이광수는 일본에서 '근대적' 교육을 받았으며 3·1운동 직후 한국에 돌아왔다. 그는 식민지 시기에 가장 다작하는 작가에 속했고 영향력있는 지식인들 중 한 사람이었다. 이광수는 이론의 영역에서 한국 민족주의운동의 청사진을 제공하려고 시도했다.[6]

이광수는 "신인(新人)" 혹은 새로운 민족적 인물을 창조할 필요성을 강조했다. 그는 영국과 한국을 비교하며 그들의 대조적인 운명을 각각의 민족적 성격에 돌렸다. 그에게 민족성은 지속적인 것이 아니라 개인적 수양과 대중 교육을 통해 쉽게 개조될 수 있었다. 그는 한국은 오직 민족성의 개조를 통해서만 현재의 식민 상황을 개선할 수 있다고 믿었다. 그는 민족성을 일차적인 층과 이차적인 층으로 나누었다. 한국인의 민족성의 일차적인 양상은 정의, 박애, 용기 같은 시민적 미덕이었다. 이차적인 양상은 위선, 비사교성, 낙후된 과학, 배타성을 포함했다. 비록 그는 일차적인 층의 긍정적 가치를 인정했지만 그의 주된 의도는 이차적인 층의 부정적 가치들을 바꾸는 것이었다. 민족 개조를 위한 구체적 조처로 그는 지식인들이 개조운동을 지도할 단체들을 결성하도록 요구했다. 민족성의 개조는 적어도 당시로는 정치적 독립보다 더 중요했기 때문에 그 운동은 정치적이기보다는 도덕적이고 정신적인 것이어야 했다. 이광수는 한국의 전통, 특히 유교(성리학)를 진보와 발전의 장애로 생각했다. 그 대신 그는 서양의 개인주의와 자유의지를 옹호했으며, 민족의 외적인 물질적 현시만큼이나 민족의 내적 성격의 개조를 요구했다.[7] 그의 주장은 한국의 과거를 거의 제대로 평가하지 않았으며 겉보기에는 민족주의보다는 세계주의에 더 가까운 것 같았다(이광수 1922/1962).

문화민족주의자들이 한국의 과거의 가치를 거의 인정하지 않고 세계주의적인 견해를 지니는 이런 경향은 1920년대 후반에 바뀌기 시작했다. 일본인들이 한국적인 모든 것을 일본의 상황에 동화시키려는 노력을 강화했기 때문에 한국 민족주의자들은 그들의 유산을 옹호하고 좀더 긍정적인 관점에서 재평가하기 시작했다. 더욱이 그들은 민족을 점점 더 인종적이고 집단적인 견지에서 규정했다. 유교 유산에는 여전히 비판적이었던 그들은 무가(巫歌), 민담, 신앙, 종교의식 같은 한국의 민간전승들[8]을 한국적 문화와 정체성의 독특한 특징이라고 공언하고 싶어했기 때문에 그런 것들에서 민족상징을 찾았다[9](Janelli 1986). 그런 유산을 끌어들임으로써 한국 민족주의자들은 한국의 불행에서 벗어나기 위해 새로운 정체성과 문화를 창조하기를 바랐다. 그들은 새로운 문화는 전적으로 서양의 사상과 제도로 이루어져서는 안된다고 생각했다. 그 대신 그것은 민족정체성과 자존심의 상징들로 이용될 수 있는 토착적 요소들을 통합해야 했다. 그 새로운 문화는 명백히 민족문화여야 했다. 『동아일보』가 1930년대에 주도한 문화혁신 운동은 민족(종족적 민족)을 한국의 새로운 정체성과 문화의 토대로 여겼으며 민족정신의 회복을 요구했다. 일본의 동화 노력이 내선일체 아래 강화되었기 때문에 1930년대에는 민족의 독특함, 문화, 정신을 고취하고 보존하는 것이 훨씬 더 중요해졌다.[10]

이광수의 변화된 민족관은 1920년대초에서 1930년대에 걸쳐 한국

민족주의운동에서 나타난 일반적인 변화의 가장 좋은 예가 된다. 「민족개조론」(1922/1962)과 「민족적 경륜」(1924/1962) 같은 초기의 글들에서 이광수는 한국의 과거가 식민지화라는 현재의 민족적 불행에 책임이 있다고 주장했으며 새로운 민족성을 창조함으로써 새로운 한국을 창조하려고 노력했다. 그러나 10년후 그는 「조선민족론」을 비롯한 민족에 관한 여러 논문들에서 한국민족에 대해 완전히 다른 견해를 제시했다. 여기서 그는 한국의 유산에 대한 긍지를 강조했을 뿐만 아니라 매우 인종중심적인 민족관을 제시했다. 그는 개인주의보다는 집단주의를 옹호했다. 1932년에 출판된 『조선민족운동의 3기초사업』에서 이광수는 민족을 "영원의 실체", 결코 변치 않으며 바꿀 수 없는 어떤 것으로 정의했다. 그는 종교와 이데올로기는 민족의 일부에 불과하며 종교와 이데올로기가 명멸해도 민족은 지속된다고 주장했다. 4개월 후 출판된 『옛 조선인의 근본도덕』에서 그는 개인주의와 자유주의를 비난하고 우리주의, 단체주의, 전체주의를 요구했다. 서양의 개인주의와 자유의지를 옹호한 초기의 견해에서 분명히 벗어난 그는 이제 이런 것들이 한국의 소중한 전통인 우리주의와 집단주의를 파괴하고 있다고 비난하고 이를 회복해야 한다고 주장했다.[11]

　　민족에 대한 이광수의 새로운 견해는 1933년에 출판된 『조선민족론』에서 가장 분명하게 표현됐다. 먼저, 그는 민족이라는 관념을 '운명' 개념과 비교하면서 "조선인으로 태어난 사람은 어디를 가든지 조선인이 되기가 싫어서 아무리 이민족의 언어를 쓰고, 의복을 입고, 풍속습관을 따르더라도 그는 내심에 스스로 조선인인 것을 잊을 수 없다"(이광수 1933/1962, 326면)고 주장했다. 그의 견해로는 혈통, 성격, 문화가 민족을 구성하기 때문에 민족의 본질은 변할 수 없다. 여기서 그는 초기의 견해와는 달리 민족을 종족적·인종적 관점에서 정의했다. 그는 또한 신라 왕조가 아니라 고구려와 고려 왕조에 민족적 정통성을 부여하는 방식으로 한국사를 제시하려 노력했다. 그는 신라가 민족의 영역 안에 외세를 끌어들임으로써 한국의 민족적 단일성을 파괴했다고 비난하고 고려가 그 영역을 회복했다고 찬양했다. 그는 마찬가지로 조선 왕조의 양반계급이 중국을 숭배하고 한국인들 사이에 소중화 의식을 만들었다고 비판했다. 이광수는 "조선민족이 혈통적으로, 문화적으로 대단히 단일한 민족이라는 것은 우리 조선인된 이는 분명히 의식하여 일점의 의심도 없는 바다"(1933/1962, 329~30면)라고 결론을 내렸다. 1930년대의 종족민족주의는 1920년대의 문화민족주의와는 분명히 달랐다. 이 두가지 민족주의는 비정치적인 문제에 촛점을 맞추었고 이광수의 경우처럼 동일한 인물들이 주창했지만 서로 다른 사고나 이데올로기 체계들로 다룰 필요가 있다. 민족에 대한 개념, 한국의 과거에 대한 평가, 철학적 배경이 달랐다. 민족을 인종과 종족의 견지에서 이해한 종족민족주의자들은 한국의 문화적·역사적 유산을 훨씬 높이 평가했으며 그 견해가 훨씬 덜 세계주의적이었다. 한국의 민족주의는 문화적인 것에서 인종적인 것으로 진전했으며, 이런 변천은 주로 식민지 인종주의와 국제사회주의 출현과 관계가 있었다.[12] 이광수의 민족 이론은 당시의 한국 민족주의에 영향을 미쳤을 뿐만 아니라 1945년 이후 친일분자라는 정치적 비난에도 불구하고 한반도의 양쪽에서 민족 개념의 방향을 결정했다.

초기의 문화민족주의운동들처럼 종족민족주의자들은 민족의식을 고취하기 위해 다양한 노력을 기울였다. 일본의 유적지 관련 정책에 대한 논쟁은 한 예를 제공한다. 1916년에 제정된 '조선의 옛 유적과 유물의 보존에 관한 규정'에 따라 일본 당국은 한국 '고적'의 위치를 무시했다. 유적지를 옮기는 것은 '한국의 토착 문화와 관습'에 대한 일본의 존경심을 보여주는 것으로 알려졌지만 실제로는 한국의 문화와 유산을 통제하기 위해 취해졌다. 일본은 1930년대에 동화를 강화하면서 한국, 만주, 아시아 내륙에서 그 지역 사람들이 같은 조상에서 유래했다는 것을 증명해줄 종족학적이고 선사적이고 고고학적인 증거를 찾았다(Pai 2000, 2장). 한국 민족주의자들은 유적지에 대한 식민주의적인 접근을 비난하고 일본인들이 '기질적' 양상들에만 촛점을 맞출 뿐 '정신적' 차원은 간과하고 있다고 불평했다. 그들은 단군의 출생지를 포함한 '성지들'이 한국의 민족정신과 전통을 보존하고 있기 때문에 식민지배자들이 그런 장소들을 의도적으로 선정대상에서 배제하고 있다고 비난했다. 민족주의자들은 식민지배자들에게 한국의 민족유산에 대해 충분히 인식하고 존경심을 지닌 유적지 정책을 채택하라고 요구했다.

이순신, 권율, 단군, 을지문덕 같은 '민족적 위인'의 유적 보존 캠페인은 한민족의 독특성과 위대성을 증명하고 민족정신을 보존하려는 또다른 노력이었다. 1931년에 민족영웅 이순신의 무덤이 부채를 갚기 위해 경매대에 올랐을 때 그해 5월에 이광수는 『동아일보』에 그의 영웅적 행동에 촛점을 맞춘 14편의 글을 발표했다. 다음 달 그는 같은 신문에 『이순신』이라는 제목의 연재소설을 싣기 시작했다. 그는 이 '역사적인' 장소를 지키자고 한국동포에게 요구했다. 1년 안에 46개의 단체와 21543명의 개인이 총 16021원을 기부한 것으로 보도됐다. 『동아일보』는 뒤이어 단군과 16세기말 임진왜란 때의 또다른 영웅이었던 권율 장군의 무덤으로 추정되는 곳들을 새로 단장하려는 비슷한 캠페인을 벌였다. 과거의 모범적인 인물들에 대한 그런 관심은 식민지 동화정책에 직면해 민족의식과 정체성을 보존하기 위해 기획됐다.

유적지와 역사적 기념물들을 보존하려는 노력은 한국에 대한 연구를 장려하는 더 큰 운동으로 발전했다. 안재홍(安在鴻), 정인보(鄭寅普), 최현배(崔鉉培)가 주도한 조선학운동은 한국의 고전을 출판하고, 실학을 부활시키고, 한국어를 장려하려 했다.[13] 안재홍은 조선학을 "특정한 (…) 사회가 (…) 통일된 문화적 체계 아래 유지해온 문화적 경향을 조사하기 위한 학문분야"로 정의했다. 그는 조선학 캠페인은 "한결같은 역사와 문화를 지닌 정신적 존재를 인식하고 있는 민족"을 전제로 한다고 주장했다. 그는 조선학연구에서 (1) 통계자료를 통한 사회적 역동성의 고찰, (2) 역사적·전통적 문화의 특정한 경향에 대한 조사라는 두가지 주요한 접근법을 제시했다(이지원 1994). 그는 후자는 한국의 역사에 대한 식민주의 해석을 논박하고 일본인들에게 신세를 지지 않은 한국의 독특한 민족문화를 확립하는 데 도움을 줄 것이라고 믿었다.[14] 그는 주요한 실학자인 정약용(丁若鏞)을 근대사상의 개척자로, 홍익인간을 새로운 한국의 이데올로기로 찬양했다.[15]

정인보 역시 한국의 독특한 역사와 문화를 드러낼 수 있는 조선학을 고취해야 한다고 주창했다. 그는 조선시대에 민족의 자주성이 폐절되었기 때문에 한국은 중국에 종속되어 있었으며 일본의 식민지가 되었다고 주장했다. 그는 18세기의 실학 전통을 회복하고 정약용을 그 개척자로 옹호함으로써 조선학의 학문적 지위를 회복하려고 노력했다. 게다가 그는 식민주의사학을 논박하고 한국사를 한국의 '얼'의 관점에서 제시했다. 이런 그에게 '얼'은 인간의 마음과 민족의 정수일 뿐만 아니라 한국사의 주된 동인이었다. 이런 역사적 견지에서 보자면, 한국이 독립하기 위해서는 먼저 한국의 얼을 회복해야 했는데, 이런 주장은 수십년전에 신채호와 박은식이 한 주장과 비슷했다. 1934년에 『동아일보』는 조선학에 관한 글들을 씨리즈로 실었다. '최근 조선 연구의 업적과 그 재출발 — 조선학을 어떻게 확립할 것인가'라는 제목의 씨리즈 네번째 글에서 신남철(申南澈 1934)은 일본과 중국의 민족학을 비교했다. 그는 일본의 민족학은 "부흥적이고 초민족주의적"인 반면에 중국은 "진보적이고 개혁주의적"이었다고 주장했다. 그는 "조선학은 사회적 진보와 변화와 양립할 수 있어야 하고 최신의 것이어야 하며 중국의 것과 유사해야 한다"고 주장했다.

조선학에 대한 그런 관심은 자연히 민족의 고대사에 대한 연구 붐을 일으켰다. 안재홍, 정인보, 최남선(崔南善)을 비롯한 그 시기의 많은 민족주의자들은 한국사에 관한 저서를 출판했는데, 그런 저서는 주로 한국의 과거에 대한 일본의 해석과 경쟁했다. 일본인들은 1922년에 조선사편수회를 조직했으며, 이 기관은 37권으로 된 조선사를 발간하는 임무를 맡았다. 일본 식민주의자들은 내선일체를 통해 한국인들의 동화를 정당화하기 위해 한국사를 일본 중심의 동아시아 상황의 일부로 보는 새로운 한국사를 원했다. 한국 민족주의 학자들은 일본의 공식적인 한국사위원회와 경쟁했으며, 그 대응으로 1934년에 진단학회(震檀學會)를 조직했다. 그들은 한국인들이 자신의 역사를 배우지 못하면 분명한 정체성을 잃어버릴 것이라고 예리하게 의식했다.

언어는 민족정체성을 형성하는 결정적 요소로 널리 인식되었으므로 한국 민족주의자들은 여기에도 노력을 집중했다. 일본은 한국을 지배하고, 특히 동화정책을 시작하면서 한국어를 일본어로 대체하려고 했다. 한국어의 사용은 학교를 포함한 공공장소에서는 금지되었으며, 한국인들은 이름을 일본식으로 바꿔야만 했다. 한국 민족주의자들은 이에 대응해 "우리의 언어"는 "선조들의 유산"일 뿐만 아니라 "우리민족의 정수"라고 주장했다. 그리고 그들은 언어가 민족의 정신과 의식을 살아있게 하는 데 필요하다면서 한국어의 보존을 요구했다 (정재면 1927, 2면). 그런 노력의 일환으로 그들은 조선어학회를 창립하는 한편 한국어를 보존하기 위한 다양한 프로그램과 캠페인을 벌였다. 그들은 한글 창제를 기념하는 공식 기념일을 제정하고, 방대한 한국어 사전 출판사업에 착수했으며, 『한글』이라는 잡지를 발간하기 시작했다. 한글을 보존하고 장려하려는 이런 노력들은 그 주된 의도가 한국의 민족정체성과 문화를 회복하는 것으로 좀더 광범위한 민족주의운동과 부합한다.

한국 민족주의자들은 또한 권위있는 '조선문학' 단체를 조직할 것을 요구했다.[16] 1927년 『동광(東光)』에 발표된 한 논문에서 양주동(梁柱東)은 새로운 문학운동의 목표는 '조선문학'을 확립하는 데 있다고 선언했다. 그는 과거에 한국인들은 단지 외국문학만을 정통인 것으로 받아들였다고 개탄했다. 한국문학이 부족하기 때문에 진정한 조선문학 프로그램을 확립하는 것이 "역사적 중요성을 지닌 민족적 임무"가 되어야 한다고 주장했다. 얄궂게도 바로 이 식민지시기에, 특히 1930년대에 한국은 민족의 역사, 문학, 예술, 인물과 영웅, 지리 연구의 르네쌍스를 맞이했다.

하지만 한국 민족주의자들은 한국 민족의 독특성만 강조하지는 않았다. 일부는 동아시아는 같은 유산을 물려받았다는 식민주의 논리를 전복하고 한국 중심의 다른 관점을 제시했다. 한국 민족의 독특하고 특색있는 양상들을 찾는 대신 이 범아시아주의적 관점은 아시아 민족들에게 공통된 요소들을 찾고 좀더 큰 동아시아 문화권에서 한국이 중심임을 증명하려고 노력했다. 광범위한 지역 동맹을 통해 한국과 동아시아를 방어하려고 노력한 초기의 범아시아주의자들과는 달리 이들 한국 민족주의자들의 일차적 관심은 한국의 지위를 일본의 지위까지 높이는 것이었다. 현재의 지위는 아니더라도 적어도 역사적인 지위 말이다. 최남선의 「불함문화론(不咸文化論)」과 다른 관련된 글들은 식민지배기에 한국의 민족주의 사고에서 새롭게 파생되어 나온 범아시아주의적인 관점을 나타냈다.

'한국의 독특한 종교'라는 1936년의 한 강연에서 최남선(1890~1957)은 고대 한국에는 '풍류' '부르한' 또는 '박'이라고 부르는 토착종교가 있었다고 주장했다. '박'은 우주를 하늘, 지상, 지하의 세 영역으로 나누었다. 그 종교는 천국과 그 표상인 태양을 숭배했다. 사람들은 태양을 생명을 주는 것으로 여겼다. 최남선은 강연에서 국가는 지상의 어느 높은 산 위로 내려온 하늘의 아들에서 유래했으며, 따라서 그 산은 신성하게 숭배를 받았다고 역설했다. 그 국가의 무당−사제인 단군은 하늘을 대표했으며 정치적 권력과 종교적인 권위를 행사했다. 최남선은 박이 흑해에서 카스피해, 텐샨〔天山〕, 알타이산맥을 지나서 한국과 일본과 오끼나와(沖繩)에 이르기까지 유라시아의 넓은 지역에 퍼져 있었다고 주장했다. 최남선에 따르면 박은 이 지역 혹은 그가 불함문화권이라고 부른 것에 공통되는 문화 또는 종교였으며, 인도유럽문명과 중국문명과 더불어 세계 3대문명 중 하나였다. 그는 한국이 더 큰 동북아시아문화권 혹은 동방문화권의 기원이며 단군이 그 지도자라고 단언했다(최남선 1926/1974; 1939/1974). 일본의 식민주의자들과 마찬가지로 최남선은 한국의 샤머니즘과 일본의 신또오 사이의 유사점에 주목했지만 그는 한국이 더 큰 동아시아문화권의 중심이라는 것을 보여주기 위해 그렇게 했다. 앨런이 제대로 지적하듯이, 최남선은 "정치적 권력과 경제적 수단〔에 바탕을 둔〕 (…) 일본의 범아시아주의에 대항하기 위해 한국적인 견해라고 할 문화적·종교적 범아시아주의"를 제시하려고 노력했다. 그 견해는 한국을 "일본이나 중국보다 훨씬 높은 곳에 위치한 세계사의 중심 민족"으로 묘사했다(1990, 803면).

최남선은 민족 시조로서 단군의 지위를 옹호하기 위해 몹시 노력했다. 그는 그 전설의 신빙성에 의문을 품은 시라또리 쿠라끼찌(白鳥庫吉), 이마니시 류(今西龍) 같은 일본 학자들과 격렬하게 논쟁했다. 일본 학자들은 단군이야기는 『삼국유사』(단군이야기가 처음 실린 13세기의 한국 역사책)의 저자인 일연이 조작한 것이라고 추정했다. 민속학적이고 언어학적인 접근을 통해 최남선은 단군은 신화가 아니라 실제 역사인물이라고 주장했다. 단군이 한국 민족의 시조이며 민족정신의 정수라고 단언하는 점에서 최남선은 신채호와 같은 초기의 민족주의자들과 다르지 않았다. 그러나 단군을 일본 민족의 시조의 수준으로 높이고 한국을 일본과 동등한 위치에 올려놓으려는 노력은 실제로 다른 민족주의자들의 주장과는 달랐다. 최남선의 일차적 의도는 분명했다. 박을 일본의 신또오의 수준으로 높이는 것이었다. 사실 그는 박을 조선 고신도(古神道)로 불렀으며 박과 일본 신또오의 건국설화를 포함해 그 둘 사이의 유사점을 지적했다(최남선 1936/1974). 한편으로는 한국의 샤머니즘과 일본의 신또오 사이의 유사점을 강조한다는 점에서 최남선의 견해는 식민주의자들의 견해와 유사했다. 다른 한편으로, 그는 그런 폭넓은 지역적 샤머니즘 전통은 일본이나 다른 곳이 아니라 바로 한국에서 기원했다는 것을 분명히 했다.

문일평(文一平, 1888~1936) 역시 한국이 동아시아사에서 수행해온 문화적 역할을 미화하는 관점을 발전시켰다. 『오래된 문화를 가진 민족의 새로운 도전』에서 그는 삼국에서 시작되어 일본과 만주를 포함한 동아시아 지역으로 뻗어나간 "문화적 확산"을 보여주려고 노력했다. 문일평에 따르면 만주를 포함한 고구려는 만주문화의 기원이 된 반면에 백제는 일본과 긴밀한 관계를 맺었기 때문에 일본문화의 기원이 되었다. 따라서 한국에서 보았을 때 "조선문화는 한 팔에는 만주를 다른 팔에는 일본을 끌어안고서 이 지역 전체에서 찬란하게 빛났다"(P. Lee 1996, 487면). 권덕규(權悳奎)는 1926년 11월 『동광』에 「조선에서 잉태한 지나문화(支那文化)」라는 논쟁의 여지가 있는 글을 발표했다. 일본인들이 문명의 중심에서 단순한 하나의 나라로 중국의 지위를 격하하기 위해 사용한 지나(china)라는 명칭으로 중국을 부르며, 중국문화는 한국문화보다 훨씬 뒤처졌으며 중국은 한국에서 문화를 수입해야 했다고 주장했다. 그 증거로 중국은 찬양할 전설적인 시조가 없는 반면에 한국에는 단군이 있다고 지적했다. 또 권덕규에 따르면, 한국인들은 고대부터 농업을 "천하의 근본"으로 여겼으며 언어를 발명한 세계 최초의 사람들이었다. 그는 "고대에 문화가 조선에서 지나로 흘러간 것은 역사적 사실"이라고 주장했다(권덕규 1926, 94면). 최남선과 마찬가지로 문일평과 권덕규는 한국의 과거의 문화적 성취에 촛점을 맞추어 더 큰 동아시아문화권에서 한국이 중심이었다고 주장했다.

일선동조론과 내선일체로 대변되는 식민지 인종주의와 동화정책은 한국 민족주의의 형태와 성격을 결정했다. 한편에서 한국 민족주의자들은 같은 피와 선조의 관념을 강조하여 한민족 개념을 인종화했다. 한민족의 독특함과 순수함을 옹호했다. 다른 한편에서는 다른 민족주의자들이 한국 중심의 동아시아관을 주창해 식민지 인종주의에 저항했다. 그렇게 하면서도 한국의 정체성을 버리려고 하지 않았다. 반대로 그들은 한국의 역사는 독특하다고 주장하여 한국이 더 큰 문화권의 중심이라는 주장을 조화하려고 열심히 노력했다. 결국 식민지 인종주의와 동화정책은 한국인들과 일본인들 사이의 차이점들을 제거하기는커녕 오히려 구체화했다. 또 식민지 인종주의가 (국제사회주의와 더불어) 한국의 정체성에 가한 위협은 '타협적인' 민족주의자들과 '비타협적인' 민족주의자들을 종족민족주의의 기치 아래 뭉치도록 했다. 안재홍 같은 '비타협적인' 민족주의자들은 1927년에 통일전선을 구축하기 위해 맑스주의자들과 합작했지만 1930년대 중반에 그들은 이광수와 같은 '타협적인' 민족주의자들과 긴밀하게 협력했다. 식민지 인종주의가 한국 민족주의의 화합에 기여한 것은 역사적 아이러니다.

한국 민족주의 사상의 한계

종족민족주의와 범아시아민족주의는 둘 다 식민주의 담론과 정책에 도전하려 했지만 당시 종속의 운명이나 식민주의의 지배논리를 극복하는 데는 태생적인 한계가 있었다. 이 프로그램들은 주로 문화적·역사적·수사적 영역에 남아 있었을 뿐 한국인들을 민족독립으로 인도할 어떤 정치적 힘도 없었다. 따라서 한국인들은 과거를 미화하여 아마도 심리적 자존심은 높일 수 있었겠지만 불행한 현재를 바꾸기에는 역부족이었다. 또 한국인들은 식민지 인종주의의 내용과 의의를 놓고 경쟁했지만 식민주의자들의 바로 그 논리와 언어의 사용으로부터 벗어날 수는 없었다. 채터지(Chatterjee)의 구절을 이용하자면, 한국 민족주의자들은 "이방문화의 인식론적이고 도덕적인 지배를 거부하는 동시에 받아들였다"(1986, 2면). 더욱 당혹스럽게도, 종족민족주의는 일본의 파시즘과 "선택적 친화성"을 지녔으며, 범아시아민족주의는 식민지배 말기에 친일의 구실로 이용되었다.[17]

먼저, 민족주의자들은 식민주의 담론을 전복하는 데 태생적인 한계에 직면했다. 슈미트(2002)가 보여주듯이, 일본인들은 문명개화, 사회적 다원주의, 민족, 동양 같은 근대성의 개념적 어휘를 제공했을 뿐만 아니라 한국의 지식과 한국에 관한 지식을 생산함으로써 한국 민족주의자들의 사고에 영향을 미쳤다. 또 식민지 인종주의와 동화정책을 부정하면서 한국 민족주의자들은 일본 식민주의자들이 사용한 논리와 언어를 채택했다. 로빈슨이 지적하듯이, "한국인의 독특하고 불변한 정수 — 인종의 기원 — 의 탐구와 고증은 코꾸따이(國體)에 대한 1930년대 일본의 집착과 그보다 앞선 토꾸까와(德川)시대의 코꾸가꾸(國學)파의 초기의 탐구와 비슷해 보인다"(1984, 135면)[18]고 지적했지만 이것은 일부 학자들이 암시하는 것처럼 한국 민족주의자들의 "의식의 식민지화"와 같은 뜻은 아니다(최장집 1993). 민족주의 이데올로기와 민족 개념은 서양에서 기원했으며 영국과 프랑스를 제외한 일본을 포함한 모든 다른 민족들은 민족주의 언어를 차용했다. 한국 민족주의를 "의식의 식민지화"나 식민 담론의 전면적 거부로 보는 것은 지나친 단순화다. 한국 민족주의는 반식민주의 목적을 위해 식민주의 논리와 언어를 차용했기 때문에 우리는 한국 민족주의의 특성을 그 자체의 역사적 상황 속에서 인식해야 한다.

96

게다가 한국 민족주의자들은 사회와 민족에 대한 시민적 개념보다는 "유기적" 개념에 촛점을 맞추었으며 집단주의의 중요성을 강조했다. 『동광』에 발표된 한 글에서 김윤경(金允經)은 국가, 사회, 개인에 대한 헤겔적인 견해를 소개했다. 헤겔의 저서를 인용하면서 김윤경은 "국가는 도덕적 의지의 구현체이며 (…) 개인의 최고의 의무는 국가의 일부가 되는 것이다"라고 말했다(1927, 38면). 이런 관점에서 민족 내부의 갈등은 유기적 전체, 즉 민족이나 국가의 의지, 개성, 성장을 위해 억압되어야만 했다. 민족을 영원한 존재로 규정한 이광수는 "민족이란 말을 (…) 욕하는 자는 마땅히 민족의 죄인이라고 극언하여야 할 것이다"라고 비슷하게 주장했으며, 한국인들에게 한국의 "집단주의" 전통을 회복하고 장려하도록 촉구했다(이광수 1932b/1962, 318~19면). 이광수와 당시의 다른 민족주의자들은 한국의 위태로운 상황을 고려해 개인적 관심사는 민족적 관심사를 따라야 한다고 느꼈다. 하지만 민족을 계급과 다른 사회적 분파들보다 강조하는 것은 전체주의적인 일본 파시즘과 "선택적 친화성"을 지녔다. 일본의 파시즘 역시 불멸의 민족을 위해 개인적, 인간적 권리를 희생하도록 권고했다. 사실 한국 민족에 관한 이론에서 집단주의를 요구하면서 이광수는 메이지시대 이래 추구해온 이데올로기인, "'서구화'보다는 '일본화'"를 내세우는 당시 일본의 경향을 언급했다. 이런 당시의 추세에 맞추어 그는 한민족 이론을 고취할 때 일본의 초민족주의와 파시즘의 출현을 염두에 두었다.

"일본화"는 서양에 대한 거부, 특히 서양의 보편주의—그것은 사실 세계의 나머지 지역에 강요된 서구의 지방주의(particularism)였다—에 대한 비판으로서 출현한 토착주의나 지방주의의 한 형태였다. 마찬가지로 한국의 종족민족주의는 일본의 지방주의에 대항해 한국의 지방주의를 고취하기 위한 노력이었다. 안재홍의 '세계로부터 조선으로'라는 선언은 이런 상황에서 이해될 수 있다. 서유럽의 지방주의가 세계의 나머지 지역을 향해 그랬던 것처럼 일본의 지방주의는 아시아의 나머지 지역과 견주어 도덕적으로 우월하다고 가정했으며, 한국을 포함한 다른 아시아 지역들의 "특징들"을 병합하려고 노력했다. 종족민족주의자들은 일본의 그런 노력에 저항해 한국의 토착주의를 고취했지만 그런 과정에서 일본인들이 서양의 보편주의를 비판할 때 사용한 바로 그 논리와 언어를 사용했다.

더욱이 범아시아 민족주의는 식민지 현실과 논리를 극복하는 데 더욱 심각한 한계에 직면했다. 문일평 스스로 인정했듯이, 한국의 과거 영광은 "오직 역사적 백일몽"이었으며 과거와 관련한 한국과 일본의 상대적인 문화적 지위는 현재의 상황에서는 "완전히 역전되어" 있었다. 한국의 과거를 찬양하는 것과 식민지 상황에서 한국의 문화적 영광을 회복하는 것은 전혀 다른 임무였다. 게다가 한국의 범아시아주의 수사는 일본의 식민주의 논리를 끌어들였다. 예컨대 최남선의 한국사 연구는 많은 점에서 그가 논박하려고 노력했던 일본의 코꾸가꾸와 유사했다. 최남선이 『삼국유사』를 고대 한국과 관련된 권위 있는 문서로 이용한 것은 사실 일본의 민족주의 연구가 『코지끼(古事記)』를 고대 일본을 이해하는 중심문헌으로 이용한 것에 영향을 받았다. 『코지끼』에는 『삼국유사』와 마찬가지로 신화적이고 전설적인 이야기들이 많다. 샤머니즘이 한국의 토착종교이며 단군이 샤먼 지배자라는 최남선의 발표는 식민주의 담론에 대한 반향이었다. 따라서 최남선의 주장은 한국을 일본 주도의 동아시아문화의 일부로 설정한 식민주의

98

담론을 무심코 지지한 것이다. 식민주의 담론은 단군숭배를 일본 신또오의 변형인 한국의 신또오로 여겼다. 얄궂게도 그의 견해는 한국인과 일본인은 같은 기원을 지녔다는 이유로 일본의 동화를 합리화하는 데 이용됐다.

　민족주권을 완전히 박탈당한 한국인들은 동아시아에서 일본의 것과는 다른 초민족적 실재를 건설할 어떤 정치적 권위도 지니지 못했다. 일본 제국주의 야심을 담은 책동인 대동아공영권 건설에는 한국의 목소리가 끼어들 공간이 없었다.[19] 궁극적으로 중요한 것은 군사적·경제적 면에서의 일본의 힘과 이익이었다. 한국인들이 내세우는 어떤 범아시아주의 주장도 처음부터 실패할 운명에 있었다. 그것은 일본의 대동아공영권 계획을 부추기는 역할을 했을 뿐만 아니라 결국에는 한국인들이 식민주의자들에게 협력하는 것을 정당화했다. 3·1운동 때 「독립선언문」을 작성했던 최남선이 나중에 결국 일본의 협력자가 되어 해방이후 한국에서 불명예를 초래한 것은 바로 이런 이유 때문이었다.

3장

국제사회주의와 민족주의

식민주의가 한국 민족주의를 형성한 유일한 요인은 아니었다. 맑스주의, 특히 1930년대 국제사회주의의 출현 역시 한국 민족주의의 발전에 영향을 미쳤다. 종족화는 주로 식민지 인종주의와 국제사회주의에 대한 민족주의의 대응으로 나타났다.

한국 민족주의의 종족화는 1920년대말과 1930년대초에 사회주의에 대한 반발로 출현한 민족 지방주의가 전세계적으로 발달한 현상과 일치했다. 예컨대, 독일에서는 파시즘이 독일민족(volk)에 잠재적인 위협을 가한 국제사회주의, 또는 무산주의에 대한 반응으로 일어났다. 마찬가지로 일본화 혹은 일본의 파시즘은 자유주의와 공산주의로 표현된 유럽의 '보편주의'에 대한 일본의 반발이었다. 인종주의와 민족주의는 종종 결합되어 이런 나라들에서 파시즘의 형태를 띤 지방주의를 형성하는 데 주된 역할을 했다. 한국은 식민지배하에 있었지만 이런 큰 흐름에서 예외가 아니었다.

이 장에서는 반공산주의, 인종주의, 파시즘의 요소를 담고 있는 종족민족주의가 식민지 한국에서 어떻게 국제사회주의에 대응하여 발전했는지 설명할 것이다. 마이클 로빈슨은 식민지 한국의 문화민족주의에 관해 쓴 저서(1988)에서 맑스주의가 어떻게 1920년대초에 문화민족주의에 반응해 일어났는지 훌륭하게 보여주고 있다. 그러나 로빈슨은 이 맑스주의 비평이 어떻게 거꾸로 민족주의를 자극해 인종에 바탕을 둔 한민족 개념을 고취했는지는 설명하지 않았다. 다른 나라들에서와 마찬가지로 한국에서도 지방주의의 한 형태인 종족민족주의는 부분적으로 국제사회주의 — 그것은 민족보다는 계급에 특권을 부여함으로써 보편주의를 주장했다 — 에 대한 반응으로 나타났다는 것이 나의 논점이다.[1] 그런 점에서 이 장에서는 일제강점기에 일어난 민족주의와 공산주의 사이의 변화하는 관계의 상호작용적인 본질을 드러내보일 것이다. 이는 또한 부분적으로 식민지 한국의 종족민족주의의 기원과 본질을 설명하는 데 기여할 것이다.

식민주의, 민족주의 그리고 공산주의

맑스주의 이론에서 공산주의와 민족주의는 경쟁관계에 있지 않다. 민족주의는 인류의 가장 근본적인 분열은 사람들을 종족민족적인 집단들로 갈라놓는 많은 수직적인 틈들에서 비롯된다는 신념에 기초한다. 반대로 공산주의는 인간의 가장 근본적인 범주화는 민족적, 종족적 집단화를 초월하는 수평적인 계급 구분이라는 신념에 근거한다. 그런 점에서 공산주의는 본질적으로 민족보다는 계급을 옹호하고 무산계급의 세계적인 연대와 혁명을 요구하는 초민족적인 이데올로기다. 『공산당 선언』(*Communist Manifesto*)에서 카를 맑스는 세계 노동자들의 단결을 요구했다. 레닌과 스딸린은 세계적인 공산주의 혁명을 지원하기 위해 국제공산주의(코민테른)를 조직함으로써 맞장구를 쳤다. 맑스주의자들은 민족주의가 본질적으로 자본주의와 함께 생겨난 부르주아 이데올로기이며, 따라서 공산주의적 사회정치 질서가 도래하면 사라질 것으로 여겼다. 그러나 민족주의는 세계 많은 지역의 사람들에게, 특히 식민지배를 받고 있는 민족들에게 민족해방의 이데올로기로 작용했기 때문에 실제로 민족주의는 공산주의자들에게 간단한 문제가 아니었다. 그런 복잡한 사정이 공산주의 운동에서 이른바 민족문제를 낳았다(Connor 1984).

1920년 여름에 제2차 코민테른 회의가 열렸을 때 레닌과 인도 공산주의 지도자 로이(M. N. Roy)는 식민지들에서 나타나는 민족문제로 논쟁을 벌였다. 민족주의가 지닌 대중적 호소력을 인식한 레닌은 공산주의운동이 급진적인 민족주의 세력의 일시적인 지도에 협력하고 심지어 그것을 받아들일 수도 있다는 것을 인정했다. 그렇지만 로이는 레닌의 견해는 공산주의운동을 민족 부르주아지에게 종속시키는 것이라며 거부했다. 비록 분명한 합의에 이르지는 못했지만 그 회의의 결과로 나온 「민족문제와 식민지문제에 대한 테제」(*Theses on the National and Colonial Question*)는 식민지에서 공산주의 세력과 민족주의 세력이 일시적으로 협력할 수 있는 여지를 남겨두었다(Weiner 1996). 비록 그 「테제」가 그 문제에 모호한 태도를 취했지만 중국 공산주의자들은 연합전선의 가치를 인식했으며 1920년대 중엽에는 민족주의 경향의 국민당과 제휴했다. 스딸린 역시 '일국(一國)사회주의'에 우호적인 초기 국제주의 견해를 바꾸어 공산주의 내에도 민족적 이해관계가 존재한다는 것을 인정했다.

공산주의가 1920년대에 한국에 처음 소개되었을 때 한국공산주의자들은 대부분 민족주의와 공산주의 사이에 분명한 선을 긋지 않았다. 사실, 민족주의자들 중 상당수는 민족해방 이데올로기로서 그리고 반식민주의 투쟁의 매개체로서 공산주의가 지닌 호소력 때문에 공산주의에 끌렸다(Wales and Kim 1941/1972). 러시아혁명이 성공하고 소련이 억압받는 민중의 옹호자로 등장하자, 특히 첫 민족주의운동이었던 1919년의 3·1운동 이후 서양의 자유주의에 점차 환멸을 느끼고 있던 한국 지식인들과 지도자들은 흥분했다. 그들에게 맑스레닌주의는 독립과 민족 만들기에 매력적인 대안을 제시했다. 조선공산당은 민족의 독립과 사회혁명을 지도할 목적으로 1925년에 창당되었다(한국 공산주의운동에 대한 자세한 논의는 김준엽·김창순 1967; Scalapino and Lee 1972; 서대숙 1967을 참조).

맑스주의가 도입되면서 한국 지식인사회는 분열되었지만(M. Robinson 1988), 많은 민족주의자들과 공산주의자들은 민족주의운동과 공산주의운동의 유사한 목표들을 보았으며 협력할 방법을 모색했다. 1925년 1월 3일자 『동아일보』는 "사회운동과 민족운동 — 차이점과 일치점"에 관한 (좌익에서 우익에 이르기까지) 주요 지식인 여섯명의 의견을 대서특필했다. 여섯명의 지식인들이 던진 가장 중요한 메씨지는 공산주의운동과 민족주의운동이 협력할 필요가 있다는 것이었다. 예컨대, 유명한 민족주의 승려인 한용운(韓龍雲)은 두 운동을 하나로 수렴해야 한다고 주장했다. 결국 그들은 똑같은 장애에 직면해 있다고 그는 주장했다. 그는 주권을 상실한 한국은 먼저 민족국가를 수립하지 않는 한 완전한 사회혁명을 성취할 수 없다고 보았다. 또한 한국이 사회주의국가가 될 것인지 자본주의국가가 될 것인지 하는 문제는 정치적 독립을 쟁취한 뒤에 결정해야 한다고 믿었다. 반대로 사회주의자인 조봉암(曺奉岩)은 '진정한' 민족주의운동은 제국주의를 극복하고 정치적 독립을 달성하기 위해 사회주의운동을 포용해야 한다는 이유로 협력을 지지했다. 틀림없이 그들의 의제는 달랐으며 각자 자신들의 운동에 우선권을 주어야 한다고 주장했다. 그럼에도 그들은 민족 독립이든 사회혁명이든 간에 그들의 일차적 목적을 달성하기 위해 협력이 필요하다는 데 동의했다.

협력에 대한 요구는 1927년 신간회(新幹會) 창립으로 구체화되었다. 중국에서처럼 그 연합전선은 공산주의자들과 급진적, 혹은 비타협적인 민족주의자들을 아울렀다. 타협적인 민족주의자들은 배제되었다. '민족협동전선론'은 1925년에 출현하기 시작했으며, 1926년 11월 15일에 있었던 이른바 정우회선언은 한국 사회주의자들이 신간회에 참여하는 데 이론적 토대를 제공했다. 그 선언은 민족주의자들을 개혁주의적/타협적 그룹과 급진주의적/비타협적 그룹으로 분류했으며 공산주의자들에게 비타협적 민족주의자들과 '일시적인' 연합전선을 결성하도록 촉구했다(김준엽·김창순 1986, 3권). 그들의 세력은 주요한 전국적인 조직이 되었다. 저명한 민족주의 지도자들과 사회주의 지도자들을 넘어서 그 단체는 1930년 11월에는 3만 9000명이 넘는 회원을 확보했다.

그렇지만 신간회는 오래 지속되지 못했다. 일본의 탄압으로 활동의 제약을 받았으며 공산주의자들은 민족주의자들과 협력하는 데 점점 더 불만을 품었다. 더구나 중국의 연합전선의 와해는 한국 공산주의자들에게 경종을 울렸다. 그들은 공산주의자들에 대한 국민당의 탄압을 민족 부르주아지가 봉건지주들과 다시 제휴하는 것으로 해석했다. 코민테른의 「9월테제」가 1930년에 신간회의 해산을 요구했을 때 한국 공산주의자들은 주저 없이 그 조직을 떠났다. 1930년 9월에 한국에 들어온 그 「테제」는 1930년 8월 15일부터 30일까지 열린 프로핀테른[2] 제5차 대회의 산물이었다. '조선에 있어서의 혁명적 노동조합 운동의 임무에 관한 결의'라는 제목이 붙은 그 「테제」는 주로 한국의 노동조합에 내린 지령이었지만 그것은 또한 연합전선 조직을 비난했다. 그 「테제」는 한국 공산주의운동의 방향을 바꿔놓은 점에서 중요하므로 자세히 논할 필요가 있다.

그 「테제」는 먼저 농민들의 빈곤화, 임금 감소, 노동과정 강화, 실업 증가, 공장내 스파이 조직, 노동자들과 조직가들에 대한 구타, 노동운동에 대한 무자비한 탄압 같은 당시의 세계경제 위기를 개괄했다. 그것은 또한 경제 위기가 한국 노동계급의 지위에 미치는 충격에 대해 논의했다. 코민테른은 자본주의세계의 심화되는 경제 위기를 국제적인 혁명운동에 좋은 징조로 보았다. 1930년 6월에 개최된 제16차 소련 공산당대회에서 스딸린은 현재의 경제 위기가 혁명적 대중운동으로 급속히 전환될 것이라고 예언했다. 이것을 염두에 두고서 그 「테제」는 "전반적으로 일본제국주의에 대항한 민족해방 투쟁과 특히 무산계급의 계급투쟁이 성장하고 있으며 첨예해지고 있다"고 주장했다(서대숙 1970, 284면). 그 증거로 그 「테제」는 1920년대말에 고조된 노동투쟁과 농민투쟁을 언급했으며 1929년의 원산투쟁[3]을 한국에서 혁명적 노동운동이 발전하는 전환점으로 보았다.[4]

게다가 그 「테제」는 "이런 새로운 혁명적 파도"를 막기 위해 "일본

제국주의는 지방의 자치경영을 약속함으로써 민족주의적 개혁 부르주아지를 매수하고 있다. (…) 조선에서 혁명적 파도의 성장, 중국과 인도의 혁명, 소련의 쏘비에뜨 건설을 두려워하는 민족주의적 개혁 부르주아지와 그 조직들인 『조선일보』와 『동아일보』 및 일부 천도교는 장 제스(蔣介石)와 중국의 반혁명에서 모방할 만한 사례를 보고 일본 제국주의에 협력하려고 노력하며 소련을 비방하고 있다"고 주장했다 (서대숙 1970, 284면). 그 테제는 학생운동과 노동운동 기간에 신간회가 벌인 싸보따주 정책에서 증명되었듯이 신간회가 "민족 개혁주의 조직"이라고 규정했으며, 무산계급이 한국의 민족해방운동에서 지도력을 발휘해야 한다고 요구했다. 그 「테제」는 한국은 "노동계급의 지도하에 무산계급과 농민이 협력"할 준비가 되어 있다고 선언했으며(같은책, 285면), "좌익은 개혁주의 지도자들의 기회주의적이고 반역적인 정책을 조직적으로 폭로하고 노동조합 조직원을 설득해야 한다"고 주장했다(같은책, 287면). 그 「테제」는 계속해서 동아시아 노동자들 사이의 연대를 주장했다.

일본과 조선의 혁명적인 노동자들은 중국혁명과 소련을 지키고 일본제국주의를 타도하기 위한 투쟁에서 연합전선을 구축해야 한다. (…) 좌익은 중국 노동자들을 조직하고, 국제적인 무산계급 연대의 정신으로 중국과 조선의 노동자들을 교육하고 (…) 전세계적인 혁명적 노동조합운동, 특히 일본과 중국의 혁명적인 노동조합운동과 최대한 긴밀한 관계를 유지해야 한다(서대숙 1970, 290면).

한국 공산주의자들은 다시 한번 신간회를 떠남으로써 그 「테제」의 지침을 받아들였다. 그후 한국 공산주의자들은 전반적으로 민족주의에 훨씬 더 비판적이었으며 사회혁명과 정치적 독립과 관련해 국제주의적 접근에 점점 더 기울었다. 그들은 민족주의는 반동적인 파시즘에서 생겼으며 그 목적은 '조국'과 '민족'을 고취한다는 미명 아래 계급적 이해관계를 감춘 채 대중을 오도하는 것이라고 주장했다. 그들은 오직 노동자들과 농민들의 국제적 연대를 통해서만이 한국이 사회적 파시즘과 식민주의에서 영원히 벗어날 수 있다고 주장했다.

국제사회주의 출현

국제주의를 지지하면서 한국 공산주의자들은 민족주의자들에 맞서 (그람시가 사용한 의미의) '진지전'에 뛰어들어 민족주의의 오류를 폭로하기 위해 노력했다. 그들은 민족주의운동의 계급본질, 민족주의의 역사적 위치, 민족주의와 파시즘의 긴밀한 연관성을 강조했다. 1920년대말 이래 출현한 『비판』과 『신계단』 같은 좌익 잡지들은 그들의 견해를 명확하게 표명했다.

먼저, 그들은 민족주의를 모든 사람의, 모든 사람을 위한 이데올로기가 아니라 부르주아 이데올로기로 생각하는 맑스주의 견해를 받아들였다. 맑스주의 이론에서 민족과 민족주의는 이데올로기로서 상부구조로 분류되고, 민족주의는 부르주아지의 계급적 이익을 전체 사회의 이익으로 포장하기 위한 장치다. 주로 이런 견해를 받아들인 한국의 맑스주의자들은 민족주의적 부르주아지가 그들 자신의 계급적 이익을 달성하기 위해 민족의 집단적 정서를 조작하고 있다고 비판했다. 그들은 소위 토착 부르주아지는 식민지 본국의 부르주아지와 경쟁하면서 '민족주의운동' '반외세운동' 또는 '인민운동'의 중요성을 강조하지만 이런 담론들은 한국 민중의 이익이 아니라 그들 자신의 이익을 지키는 것을 목표로 하고 있다고 주장했다. 따라서 국제사회주의자들의 관점에서는 공산주의자들이 민족주의자들과 연합전선을 구축하는 것은 커다란 실수였다(진원 1932). 그들은 유일한 혁명계급은 무산계급뿐이라고 믿었다. 농민들 같은 다른 계급은 무산계급의 지도하에서만 혁명적일 수 있었다.

1929년 12월 『계급투쟁』에 발표된 한 글은 민족주의운동의 계급 본질을 다음과 같이 지적했다.

민족주의는 (…) 아무리 전민족의 이익을 대표하는 전민족적 의식이라고 가장하더라도, 결국은 (…) 지주와 소부르주아의 이익을 대표하는 (…) 이상 (…) 혁명적일 수가 없다. (…) 〔그들은〕 일본 제국주의와 모순을 가지고 있〔지만〕 (…) 노동자 및 농민과는 한층 큰 직접 상반되는 이해를 가지고 있다. (…) 그들〔지주와 부르주아〕은 다 같이 조선의 〔독립〕을 희망하고 있음에도 불구하고 (…) 그들이 요구하는 것은 자신의 모든 소유권과 소유하는 모든 권리를 보장할 수 있는 그들 자신의 통치하의 권리이〔다〕 (…) 사회계급의 분화가 극도로 유치하여 노동계급이 독자적으로 투쟁의 무대에 등장할 수 없었던 기간에는 그들은 〔혁명〕적이었으나 계급 분화의 진전과 함께 점차 그 〔혁명〕성을 포기하고 〔말았다〕(임영태 1985, 474면).

민족주의운동의 계급적 본질을 폭로하면서 한국 공산주의자들은 민족주의자들이 부르짖는 '동족애'나 '민족애'는 계급모순을 감추기 위한 기만적인 수단이라고 비판했다. 1933년 3월 좌익잡지 『신계단(新階段)』에 실린 한 글은 민족주의자들을 다음과 같이 비판했다. "너나 없이 민족동포 등의 환상적 설교로서 그 최대의 무기를 삼는 것은 우리들이 이르는 곳마다 목도(目睹)하는 국제적 현상이다. 그러나 이따위 설교가 특히 각성한 프롤레따리아에게 대하여는 이미 깨어진 요술상자임을 어찌하라!"(황영 1933, 4면). 따라서 공산주의자들은 민족주의 환상이 혁명운동에 초래할 수 있는 위험에 대해 충고를 받았다. 1934년초에 배포된 「조선공산당 행동강령」은 그런 위험을 경고했다.

조선의 고된 대중은 여전히 천도교를 비롯한 소위 민족단체들에 환상을 지니고 있다. 그들은 이런 단체들이 조선의 고된 대중의 근본 이익에 반대하는 조선의 민족개혁 부르주아지의 계급조직들임을 이해하지 못하고 있다. 조선공산당은 민족개혁주의의 모든 양상들과 특히 천도교 지도자들이 주도하고 있는 자치주의 경향을 가차 없이 폭로할 것을 선언한다. 민족개혁주의자들에 대해 폭로하고 그들을 상대로 투쟁하는 것은 조선 공산주의자들의 주요한 임무들 중 하나이다(서대숙 1970, 338면).

국제주의자들은 시골의 빈곤을 해결하는 방법으로서 도덕적·정신적 힘을 고양하는 데 촛점을 맞추는 반면에 구조적 원인들은 무시하는 천도교 주도의 개혁주의운동에 아주 비판적이었다. 그들은 또한 민족주의자들이 단군과 조선학 ─ 이런 것들은 한국인들의 고유성과 단일성을 강조했다 — 을 장려하는 것을 비판하며, 그런 것들을 계급 분열의 현실을 감추려는 단순한 노력이자 대중에게 잘못된 민족의식을 심어주는 방법으로 단정했다.

둘째로, 한국 공산주의자들은 민족을 '항구적인 존재'가 아니라 자본주의 발달과 관련된 역사적 산물로 보았다. 『비판』 1932년 4월호에 실린 한 글은 이광수가 「조선민족론」에서 고취한 민족에 대한 본질주의적 견해를 논박했다.

> 이광수는 민족의 항구성에 대해 쓴다. 그렇지만 그는 한 민족의 출현과 몰락은 자본주의의 출현과 몰락과 상호 관련되어 있으며 민족은 항구적이지 않다는 사실을 깨달아야 한다. 만약 그가 이것을 이해하지 못한다면 그는 역사의 흐름을 역행해 달리는 사람으로 주목받게 될 것이다. 이광수가 민족 개념에 대해 지닌 망상은 역사적 증거에 의해 쉽게 논박될 수 있다. 같은 민족 집단에 속하는 사람들조차도 대립되는 이해관계를 지닌 계급들로 나누어져 있다. 이것은 같은 민족내에서 타인들에 대한 착취와 억압으로 귀착된다. 이광수는 인간사회의 이 커다란 모순을 어떻게 설명할 것인가?(박일형 1932, 4면)

『신계단』 1933년 3월호에 발표된 한 글은 "민족은 자본주의의 탄생과 함께 출현하며, 자본주의와 함께 발전하고, 자본주의와 함께 사멸할 것이다"라고 비슷한 주장을 펼쳤다(황영 1933, 7면). 한국 공산주의자들에게 민족은 자본주의의 역사적 산물에 불과했으며, 따라서 자본주의 생산양식의 폐지와 함께 사라질 것이었다.

셋째로, 한국 공산주의자들은 한국 민족주의를 파시즘이 성장하고 있는 세계적 추세의 일부로 이해했다. 그들은 파시즘을 자본주의의 마지막 단계에서 일어나는 경제위기에 대한 반응으로 보았다. 그들은 민족주의를 자본주의의 이데올로기적 기구로 보았다. 『비판』 1933년 3월호에 실린 글은 파시즘의 기원을 다음과 같이 설명한다.

> 파시즘은 (…) 경제적 침체기에 위기를 해결하기 위한 마지막 수단이며, 경제침체는 또한 자본주의의 마지막 단계에서 불가피하다. 파시즘은 자본주의가 재정상의 극단까지 발전할 때 생겨난다. 그 단계에서는 자본주의의 내부 모순 때문에 억압이 불가피하며, 파시즘은 무산계급이 억압에 대해 보이는 반동적인 반응이다 (박찬승 1933, 24면).

필자들은 또한 1920년대말 시골과 도시 지역에서 시작된 격렬한 계급투쟁과 경제침체가 한국에서 파시스트 운동을 출현시켰다고 주장했다.[5] 『신계단』 1933년 2월호에 발표된 한 글은 이런 관점을 분명히 했다. "파시즘은 이미 전지구적인 현상이 되었으며 전세계 부르주아는 새로운 '무기'의 도래에 흥분하고 있다. 조선에서도 다양한 부르주아 출판물들이 무솔리니와 히틀러의 사상을 고취하고 있다. 그러나 이런 민족 부르주아들이 추구하는 것은 민족의 보존과 민족애 같은 공허한 개념들이다"(남만희 1933, 35면). 이 글은 한국에서 종족민족주의가 출현한 것은 파시즘의 이런 좀더 큰 추세의 일부이며 한국의 무산계급 운동에 대한 반동적인 반응이라고 주장했다. 이 글은 민족주의자들이 "가짜 민족개혁주의자들"이며 얄궂게도 "민족 반역자들"이라고 비난했다.

따라서 한국 공산주의자들은 민족주의를 세계적인 파시스트 운동의 일부로 간주했으며, 민족주의운동을 경제위기와 계급투쟁에 대한 부르주아의 반응으로 여겼다. 『신계단』 1933년 1월호에 발표된 한 글은 다음과 같이 주장했다.

바야흐로 팽배해지는 〔국제〕 파시즘의 조류에 자극된 저들〔민족개혁론자들〕은 조선 민족뿌르와 소뿌르 상층과 농민의 대부대를 망라하여 가지고 이에 투합하자는 것이다. (…) 저들은 과거의 카무프라지 즉 가장 조선〔대중〕을 사랑하고 〔조선〕의 정통을 이행하는 체하던 그것조차 대담하게 벗어〔버렸다〕. (…) 그들은 파시즘을 강력의 철학 또는 철혈정책이라고 부르짖으며 그것으로 국면 타개의 유일한 복음과 같이 선전한다. (…) 그러면 이 파시즘의 찬가는 무엇을 의미하는가? (…) 저들은 문득 깨닫게 되었다. 즉 광범한 대〔중〕층을 그 조직권내에 어떻게 해서든지 몰아넣지 않으면 안될 것이다. 즉 대〔중〕을 모으는 대로 나아가게 된 것이다. 파시즘도 즉 이러한 역할을 담당한 자이다. 그것은 주로 소뿌르와 소뿌르 상층의 일군을 계〔급〕적 기초로 해가지고 그 아래에 의식이 뒤진 일반대〔중〕을 몰아〔넣는 것이다〕(한용수 1933, 4~5면).

민족주의운동의 계급적 토대, 민족주의의 역사적 위치, 그리고 민족주의와 파시즘의 밀접한 관련을 확인한 한국 공산주의자들은 운동을 전개하는 과정에서 국제주의를 필요로 했다. 그들은 또한 민족주의자들과 협력할 필요성을 인식한 이전의 자세에서 벗어났다. 새로운 시대가 도래했다는 이유로 그들은 민족보다는 계급을 옹호했다. 자본주의 시대는 종말에 가까워졌으며 공산주의라는 새로운 시대가 태어나고 있었다. 따라서 자본주의의 산물인 민족주의는 머잖아 사라질 운명이며 계급이 민족 대신 사회의 주된 조직 원리가 되는 것은 필연적이라고 그들은 주장했다. 1933년 『신계단』 3월호의 한 글이 선언하고 있듯이, "민족 단위에서 계급 단위에의 인류 집단의 새로운 편성 과정은 무엇으로도 막을 수 없는 강대한 힘으로서 낡아진 민〔족〕적 장벽을 근저로부터 무너뜨리고 있는 것이니 누구나 여기에 반역하는 자는 곧 역사의 해충인 것이다." 간단히 말해서 민족은 과거의 사회조직 원리로 여겨졌으며, 계급은 미래의 원리였다. 이 글은 한국의 맑스주의자들에게 "일체의 민족적 장애물을 예외 없이 분쇄"할 것을 요구했다(황영 1933, 4면).

국제주의적 접근을 촉진하기 위해 한국 공산주의자들은 한국의 민족주의운동보다는 외국의 비슷한 운동들과 협력할 것을 요구하였다. 그들은 한국 같은 식민지에서 전개하는 민족해방운동은 세계 무산계급혁명운동의 일부로 간주해야 하며 진정한 민족해방은 더 넓은 무산계급 운동을 통해서만 이룰 수 있다고 주장했다. 1929년 『레닌주의』에 실린 한 논문은 다음과 같이 주장했다.

조선〔혁명〕은 세계 반제국주의〔혁명〕운동의 일부분임과 동시에 세계 프롤레타리아트〔혁명〕운동의 일부분이다. 그것은 자본주의의 세계적 파멸기 — 세계 노동계급의 〔혁명〕기에 발생한 것일 뿐만 아니라 코민테른과 쏘비에뜨 연방의 존재와 발전에 의해 특징지어지고 있다. 세계 무산계급 운동 특히 중국 및 〔일본 공산〕

주의 운동과 쏘비에뜨 연방은 그 성공을 용이하게 하는 가장 강력한 예비군이다(임영태 1985, 472~73면).

한국의 국제주의자들은 코민테른과 같은 국제적인 중재자들의 지원을 받기 위해 노력해야 하며 식민 세력과 한국 '봉건계급'과 벌이는 투쟁에 동맹자들이 될 다른 나라들의 무산계급과 협력해야 한다고 믿었다. 초기에는 민족주의자들과 협력해야 한다고 주장했던 안광천(安光泉) 역시 그런 국제주의적 접근의 중요성을 주장했다.

우리는 이 투쟁을 편협한 민족주의 견지에서 수행해서는 안된다. 조선 혁명은 독선적인 혁명이 아니라 오직 반제국주의 투쟁을 통해서만 무산계급의 세계혁명과 연결되는 무산계급 혁명의 일부이다. 조선 혁명은 세계적인 무산계급 혁명에 기여할 뿐만 아니라 그것과 동맹하지 않고는 성공할 수 없다. (…) 우리는 노동자들과 일반 혁명대중을 국제주의로 끊임없이 교육해야 한다(배성찬 1987, 3면).

국제주의에 대한 이런 옹호는 맑스의 『공산당선언』에 표현된 무산계급의 전세계적인 연대 요구를 반영하고 있다.

한국 공산주의자들은 계급에 토대를 둔 보편주의에 찬성하여 민족에 기반을 둔 한국 지방주의를 논박했다. 극단화한 이런 종류의 보편주의는 과거 한국의 독특하고 토착적인 양상들을 찬양하는 것을 인정하지 않았으며, 조선학과 단군과 이순신 장군 같은 민족 영웅들의 선양(宣揚)을 편협한 것으로 치부했다. 1935년 12월호 『비판』에 실린 한

글은 다음과 같이 주장했다.

　　소위 조선 철학은 믿을 만하지도 토착적이지도 않으며 중국에서 들여온 것이다. 더구나 우리가 "근대적 사고"라고 부르는 것은 조선의 고대 철학에서 뻗어 나온 것이 아니라 여전히 서양에서 들여온 또다른 상품에 불과하다. 따라서 조선의 역사에서는 그 철학을 제대로 소화하는 것은 말할 것도 없고 "조선화하는" 것조차도 불가능하다. (…) 조선은 독창적인 철학사를 갖지 못했다(한응수 1935, 50면).

이 글은 한국의 사상과 철학에는 어떤 토착적인 뿌리도 없으므로 한국의 과거를 연구하는 것은 무익하다고 주장했다. 대신 한국의 과거를 찬미하고 역사적 인물들을 숭배하는 민족주의 활동보다는 한국이 현재 직면한 문제들을 해결하는 데 더 관심을 기울이라고 요구했다.

한국 공산주의자들은 국제적 연대를 강화하기 위한 구체적 조처로서 1930년 3월 20일에 "조선공산당 만주총국 해체 선언"을 발표했다. 조선공산당 중앙위원회는 1926년 봄에 조선공산당 만주총국을 설립했다. 그렇지만 이 선언은 조선공산당을 만주까지 확대하고 "중국공산당에 공공연히 반대하여 인종적으로 분리된 조직"을 유지하는 것은 실수라고 주장했다. 만주에 거주하는 한국과 중국의 농민과 노동자들은 국적은 다르지만 똑같이 자본주의적이고 봉건적인 억압과 착취로 고통을 받았다. 그러므로 불의를 교정하고 사회혁명을 이루기 위해서는 한국과 중국의 농민과 노동자들이 서로 협력해야만 한다는 것이 논리적인 결론이었다. 그 선언은 "이 연합투쟁은 해방에 이르는 유일한 길이며 만주에 있는 노동자들과 농민들이 투쟁하는 유일한 방법이기 때문에 만주의 조선 공산주의자들은 '일국일당'의 원칙에 따라 중국공산당의 기치 아래 재조직되어야 한다"(서대숙 1970, 387면)고 결론 내렸다. 간단히 말해서, 계급연대를 민족 이익보다 우선해야 한다는 것이었다.

종족민족주의의 반응

민족주의자들은 계급보다는 민족을 옹호함으로써 이런 국제주의 논리를 공격했다. 그들은 국제사회주의를 보편주의의 한 형태로 판단했으며 그 지령에 맞서 배타주의 또는 토착주의를 고취했다. 한국의 종족민족주의는 지방주의의 한 형태로서 반식민주의 외에도 반공산주의, 인종주의, 파시즘의 요소들을 포함하고 있었다. 식민지 인종주의에도 불구하고 한국 민족의 인종화 혹은 종족–인종 민족주의의 출현은 1920년대말과 1930년대초의 국제사회주의의 출현과 관련이 있었다.

한국에서 벌어진 국제사회주의와 종족민족주의의 경쟁은 유럽과 다른 곳에서 국제공산주의운동과 파시스트운동이 치열한 경쟁을 벌이던 당시의 큰 흐름과 일치했다. 한국 민족주의자들은 그러한 추세를 충분히 의식하고 있었으며, 종종 신문과 잡지에 그것에 관해 썼다. 예컨대 『조선일보』의 안재홍은 1930년대에 실린 다양한 기사들에서 유럽과 다른 곳들에서 최근에 출현한 민족주의를 자세하게 논의했다. 그는 민족주의를 선진국(예컨대 이딸리아, 독일, 일본)의 국민주의와 후진국(예컨대 중국과 인도)의 민족주의라는 두가지 범주로 분류했다. 그는 "교조적인 국제주의"가 아니라 민족주의가 한국인들이 취해야 할 방향이라고 주장했다. 안재홍은 민족주의를 "집단의식과 연대를 고취함으로써 후진국 국민들 사이에 생존투쟁에 필요한 에너지를 생산하기 위해 필요한 수단"이라고 변호했다(1932/1978, 462면). 그는 한 민족이 사회적 갈등을 유발할 수 있는 두가지 이상의 계급을 낳을 수도 있음을 인정했지만, 그럼에도 그것을 민족과 민족주의의 중요성을 부인할 핑계로 받아들여서는 안된다고 주장했다. 이광수는 앵글로쌕슨족의 개인주의와 자유주의의 유입으로 한국의 전통적인 "저를 희생하여 봉사하자는 정신"이 약화됐다고 탄식했으며 "옛 조선의 촌락의 도덕"에 바탕을 둔 집단주의를 회복해야 한다고 주장했다(1932b/1962, 319면). 그는 또한 맑스주의자들을 비판하면서 그들이 민족이라는 용어를 쓰기를 꺼리고 "노예 사고"를 지니고 있다고 비난했다. 안재홍과 이광수는 일본의 지배에 대해 정치적 견해를 달리했음에도 한국의 본질적인 특징들, 특히 피와 혼에 바탕을 둔 민족주의를 고취하는 것이 중요하다는 데 동의했다.

『개벽』 1934년 12월호에 실린 박영희(朴英熙)의 「조선문화의 재인식」은 한국 민족주의자들이 공산주의의 보편주의에 맞서 고취하고자 한 지방주의의 정수를 포착한 글이다. 이 글에서 박영희는 먼저 한국 젊은이들이 "조선적인 것들"을 "퇴영적(退嬰的)"이고 "보수적"이며, 심지어 "반동적"이라고 경멸하기 때문에 그것들에 대해 이야기하기를 마다한다고 탄식했다. 그 결과 "민족도, 그의 역사도, 언어도, 문화도 무비판적으로 거부되었을 뿐으로, 그 유일한 존재는 계급일 뿐이었다"고 유감스러워했다(박영희 1934, 2면). 그리고 나서 "조선을 알자"라든지 "조선 사람으로서 조선을 몰라서는 안된다" 같은 구호 아래 "조선을 알"고 "조선학"을 공부하려는 최근의 추세를 환영했다. 박영희는 이 글에서 과거를 제대로 이해하지 못하면 한국인들은 새로운 민족에 적합한 길을 발견할 수 없다고 주장했다. 그 이유인즉, "풍부한 과거의 유산은 현대 문화의 초석이 되는 까닭이며 그 반대로 이 초석이 없는 현대 문화는 공허하게 귀결되는" 까닭이다(박영희 1934, 3면). 박영희는 이 글에서 조선학의 방법을 계급적 견지에서 한국을 이해하는 것과 계급을 한국적 견지에서 해석하는 두가지로 분류했다. 그러고 나서 전자는 "조선을 세계의 일부로서 이해하는" 반면에, 후자는 "조선의 발전은 세계 건설의 구성요소가 될 것이다"는 전제에 바탕을 두고 있다고 주장했다(박영희 1934, 4면). 바꿔 말하자면, 전자는 보편주의를 고취하며, 후자는 지방주의를 옹호한다. 하지만 보편주의 원리는 우리가 특수한 상황의 복잡성을 포착하는 데 도움을 줄 수 없다. 박영희는 한국인들은 조선학을 한국 문화와 유산을 재인식하는 방법으로 이용해 지방주의를 고취해야 한다고 결론지었다.

　한국 민족주의자들은 단순히 국제사회주의자들과 '진지전'을 벌이는 데만 몰두한 것이 아니었다. 그들은 대중의 지지를 얻기 위해 다양한 프로그램과 캠페인을 도입했다. 고적과 역사 기념물들을 보존하기 위해 캠페인을 벌이고, 한국고대사에 특히 관심을 쏟는 조선학을 진작하고, 한국어를 보존하고 한국문학을 진작하기 위해 노력했다. 이런 노력은 모두 민족주의자들이 한국의 지방주의에 관심을 갖고 그것을 진작하려 한 데서 비롯된 것이었다. 또한 1931년 5월 16일에 신간회가 해산된 후 민족주의자들은 『동아일보』와 『조선일보』의 주도 아래 "민족 표현 단체"와 "민족 중심 단체"를 설립해 민족주의 진영을 재조직하려고 노력했다. 그러면서 비타협적인 민족주의자들과 개혁주의적인 민족주의자들은 식민지 인종주의뿐만 아니라 국제사회주의에 반대하기 위해 협력하기에 이르렀다. 그리하여 전자가 신간회에 참여하고 후자가 그러지 않았을 때 생겼던 분열을 극복했다. 그들은 민족의식을 불러일으키려는 공동 노력(예컨대 조선학의 장려)을 기울였으며 공산주의운동보다 더 많은 대중의 지지를 획득했다. 얄궂게도 민족주의의 적법성을 부정하려고 노력한 국제사회주의의 출현이 한때는 분열되었던 민족주의운동을 단일민족의 기치 아래 통합시키는 예기치 않은 결과를 낳은 것이다.

민족 그리고 계급과 관련해 종족민족주의자들과 국제사회주의자들이 첨예한 차이점들을 보여준 한가지 쟁점은 이른바 재만(在滿) 조선인 문제였다. 이 쟁점은 중국 당국이 만주에서 한국인들을 착취하고 탄압한 것과 관련되어 있었다. 근본적으로 민족주의자들은 "재만 조선인 문제"를 어떤 특정한 계급이해를 초월하는 민족문제라고 인식했으며, 집단행동을 요구했다. 반대로 공산주의자들은 그것을 계급문제로 이해했으며, 한국, 중국, 일본의 농민, 노동자, 공산주의자의 협력을 주창했다. 민족주의자들과 국제주의자들이 그 문제에 그토록 상반되게 접근했기 때문에 그 문제는 자세하게 논의할 가치가 있다.

1920년대에 많은 한국인들이 조국을 떠나 만주와 일본으로 갔다. 이주 동기는 다양했지만 대부분 가난했으며 한국에서 착취를 당한 이들이었다. 그들은 만주에 있는 광대한 미개간지에서 기회를 잡기 위해 이주했다. 1930년에는 60만명 이상의 한국인들이 만주에 살았다고 한다(일부 통계에 따르면 그 숫자는 훨씬 더 많다). 일부 한국 이주민들은 정치 활동에 종사했지만 대다수는 경제적·정치적 상황이 불안정한 가난한 농민들이었다. 그들은 소작농이나 반소작농으로 일하며 중국 지주들과 당국으로부터 빈번하게 사회적·경제적·정치적 차별과 탄압을 받았다. 1920년대 중엽부터 반일정서가 고조되기 시작하자 만주에 살고 있는 한국인들은 더욱더 곤경에 처했다. 그들은 종종 중국 당국으로부터 "일본제국주의의 첩자"나 "공산주의자"로 몰렸으며, 그것 때문에 정치적 차별과 부당한 폭력의 표적이 되었다. 1920년대말에 만주에 거주하는 한국인들의 불안정한 상황은 한국에서 주요한 사회적·정치적 쟁점이 되었으며, 1927년 12월까지 그 문제를 집중적으로 다루는 40여개 단체가 출현했다(지수걸 1996).

공산주의자들은 재만 조선인 문제를 계급문제로 여겼으며 한국인들이 만주에서 직면한 상황을 예외적이거나 특수한 상황으로 보지 않았다. 그들은 그것을 자본주의 국가라면 어디에서나 일어날 수 있는 계급문제로 이해했다. 1931년 11월호 『비판』에 실린 박일형의 글은 한국 공산주의자들의 접근법을 보여주는 좋은 예다. 박일형은 분석을 시작하기에 앞서 중국인들이 만주에 거주하는 한국인들을 학대하는 것은 중국 부르주아들의 관점에서 볼 때만 이해할 수 있다고 말했다. 그 이유는, 그가 주장하기로는, 재만 조선인들을 "일본 자본주의의 의식적이거나 무의식적인 첨병"으로 여겼기 때문이다. 일본군은 한국인들이 부당한 대우를 받을 때면 종종 "주민들을 보호"해야 한다는 명분으로 개입했지만 이것은 단지 중국인들의 의심을 부채질했을 뿐이다. 그 결과 재만 조선인들은 일본이 간섭한 후 오히려 중국 당국으로부터 훨씬 더 거친 대우를 받았으며, 따라서 악순환이 반복되었다. 둘째로 박일형은 모든 한국인들이 부당한 대우를 받은 것은 아니라는 데 주목했다. "조선을 떠난 바로 그 (경제적이거나 정치적인) 이유들이 사라지지 않는 한 만주를 떠날 수 없는 농민들, 노동자들, 정치 분자들을 제외한 상인들과 고리대금업자들은 비교적 좋은 대우를 받았다"면서 "우리가 재만 조선인 문제를 논의할 때는 실체가 없는 민족주의를 막연하게 언급할 것이 아니라 농민들과 노동자들을 우리의 주요한 쟁점의 중심에 두어야 한다"고 그는 계속해서 언급했다(1931, 33~41면). 박일형은 "착취 문제는 자본주의하에서는 어디에서나 일어나"며 "만주에서만 특별히 그런 것은 아니다"는 선언으로 결론을 지었다. 한국계 만주인 문제를 민족문제로 다루는 것은 잘못된 것이며 계급문제로 다루어야 한다고 주장한 것이다.

1930년의 "해소선언" 역시 계급투쟁의 관점에서 재만 조선인 문제에 접근했다. 이 선언에서는 만주에 거주하는 조선 농민과 노동자들이 그토록 고통을 당하는 것은 그들이 조선인이기 때문이 아니라 농민과 노동자이기 때문이라고 주장했다. 게다가 "중국 노동자들과 농민들 역시 그런 불행을 겪고 있기 때문에 그들이 겪는 불행은 그들만 겪는 것이 아니"므로 만주의 조선 노동자들은 "'조선의 독립'만으로는 그들을 완고한 자본주의적이고 봉건적인 억압과 착취로부터 해방시키는 데 충분하지 않다"는 것을 깨달아야 한다고 주장했다. 그리고 조선과 중국 노동자들의 협력을 요구하는 뜻에서 "만주의 조선 노동자들과 농민들은 중국 노동자들과 농민들과 연합해야 한다. 그들은 쏘비에뜨 정부를 수립하기 위해 투쟁하고 농민, 노동자, 군인의 대표회의를 위해 싸워야 한다"고 주장했다(서대숙 1970, 386~87면).

동아시아 노동자들과 농민들 사이의 그런 계급연대 요구는 민족주의자들의 강한 반발을 불러일으켰다. 공산주의자들과는 정반대로 민족주의자들은 재만 조선인 문제를 기본적으로 민족문제로 이해했다.

1928년 1월 10일부터 13일까지 『조선일보』에 실린 일련의 사설은 재만 조선인 문제를 "조선민족의 생존의 일부"로 정의했으며, "모든 조선인들"이 최선의 해결책을 찾으려는 노력에 동참할 것을 요구했다(안채홍 [1928] 1978, 261면). 1932년 10월 9일자의 또다른 사설은 만주의 한국인들은 한국인들이기 때문에 더욱 고통을 겪고 있다고 주장했으며 한국에 있는 한국인들에게 만주에 있는 동포들에게 "민족애"를 보여주라고 요구했다(안채홍 [1931] 1978, 445면). 『조선일보』는 그런 사설들에 뒤이어 만주에 있는 한국동포들을 돕기 위한 캠페인을 벌였으며, 보도에 따르면 약 6만 4300명이 6613벌의 의복을 비롯해 1만 2615원 77전을 기부했다. 심지어 일부 분노한 한국인들은 만주에 거주하는 한국인들이 탄압을 받는다는 이야기를 듣자 한국에 살고 있는 중국인들을 공격했으며, 보도에 따르면 그 결과 평양에서 약 100명의 중국인들이 살해되었다(지수걸 1996).

일부 민족주의자들은 재만 조선인 문제가 한국 민족이 지정학적 투쟁 상황에 놓인 가난하고 약한 민족이기 때문에 발생한 것이라고 믿었다. 주요한(朱曜翰)은 1931년 9월호 『동광』에 발표된 한 글에서 만주는 일본, 중국, 미국 같은 열강들의 각축장이 되었으며 한국인들은 이런 국제적 적대관계의 희생자들이라고 주장했다. 그는 한국인들의 지위를 위협할 두가지 새로운 요인 ─ (1) 중국인들이 만주로 점점 더 많이 이주해오는 것, (2) 이미 만주에 거주하는 중국인들 사이에 확산되고 있는 반외국인 정서 ─ 을 인지했다. 주요한은 한국에 돌아오는 것으로도, 중국에 동화하는 것으로도 그 문제를 해결할 수 없다고 주장했다. 대신 그는 그 해결책으로 만주에 있는 한국인들은 그들의 "독특한 민족문화"를 보존하고 "한국인 자치 마을들"을 건설해야 한다고 주장했다(주요한 1931, 5면).

재만 조선인 문제를 민족문제로 바라본 한국 민족주의자들은 중국 당국을 비판하였을 뿐만 아니라 (아마 그 이상으로) 한국 공산주의자들이 재만 한국인들의 비극에 책임이 있다고 비난했다. 그들은 그 비극이 중국 공산주의자들과 협력해 중국 정부를 공격하라는 코민테른의 명령을 어리석게도 따른 것을 비롯해 공산주의자들이 저지른 무분별한 행동의 직접적인 결과라고 보았다. 이광수는 1931년 1월호 『동광』에 실린 글에서 한국 공산주의자들은 코민테른의 명령에 따라 "중국공산당(조선공산당이 아니라)"의 일원으로서 중국군을 공격했다고 주장했다. 하지만 그런 행동은 "만주에 거주하는 수만명의 조선인들에 대한 중국인들의" 심각한 탄압을 불러일으켰기 때문에 순진한 한국동포들에게 커다란 해를 끼쳤다고 비난했다. 신언준(申彦俊) 역시 1931년 10월 『동광』에 실린 글에서 한국 공산주의자들이 한국동포를 자신들의 "국제적인 전략"의 희생양으로 삼고 있다고 비난하고 "조선의 영혼"을 지닌 사람으로서 그는 그런 좌익의 행동을 용서할 수 없다고 선언했다(신언준 1931, 9면).

따라서 공산주의자들과 민족주의자들은 재만 조선인 문제의 근본 원인, 본질, 해결책을 두고 논쟁을 벌였으며, 그러한 논쟁은 양쪽 모두에게 식민지 상황에서 민족과 계급에 대한 그들의 견해를 표명할 좋은 기회를 제공했다. 공산주의자들은 그 문제를 일본 자본주의와 관련이 있는 계급문제로 간주했으며 그 해결책으로 국제적인 계급연대를 요구했다. 정반대로, 민족주의자들은 그 문제를 민족문제로 간주했으며, 그 해결책으로 만주 거주 한국동포들에 대한 원조 캠페인에 착수했다. 민족주의자들은 코민테른의 전략을 따른 어리석은 공산주의자들이 그 문제를 초래했다고 단언했다. 민족주의자들이 보기엔 코민테른의 전략은 한국동포들을 희생하는 데 일조했을 뿐이었다.

계급에 대한 민족의 승리

마이클 와이너(Michael Weiner)는 1919년에서 1939년 사이에 중국에서 다음 세가지 요인에 의해 코민테른 정책의 기본 윤곽이 결정되었다고 지적한다. 즉, (1) 세계혁명은 통합과정이라는 가정, (2) 볼셰비끼 모델은 '성공적인' 혁명 모델로서 보편적으로 적용될 수 있다는 믿음, (3) 코민테른 활동은 쏘비에뜨 국가의 변화하는 대외정책 요구에 점점 더 종속된다는 사실이 그것이었다. 그렇지만 볼셰비끼혁명 개념을 중국의 반식민주의 투쟁에 적용하면서 코민테른은 중국혁명의 진전에 기초가 되는 근본적인 과정과 절충하는 데 실패했다고 와이너는 주장한다. 러시아혁명에 의해 제공된 틀과는 달리, 민족주의와 반식민주의 투쟁, 농업문제와 농민운동 같은 다양한 세력이 중국의 혁명운동을 결정했다(1996).

와이너의 지적은 한국에도 적용할 수 있다. 코민테른의 「9월테제」역시 한국의 독특한 식민지 상황을 이해하는 데 실패했다.

먼저, 그 테제는 식민지 한국 하층계급의 혁명 잠재력을 과대평가했다. 그리고 공장과 촌락에서 계급투쟁의 성장을 사회혁명의 징후로 해석했다. 그 결과 그 테제는 한국 공산주의자들에게 정치적인 집단행동을 위해 노동자들과 농민들을 조직하고 동원하는 데 노력을 집중하라고 지시했다. 그렇지만 그들의 기대와는 달리 노동자들과 농민의 계급투쟁은 혁명운동으로 발전하지 않았다. 1930년대중반에 그 투쟁은 대부분 주변화되거나 제도화되었다. 노동파업과 급진적인 농민활동(예를 들면 적색농민조합운동)은 식민지정부의 가혹한 탄압을 받았으며 1930년대중반에 거의 사라졌다. 소작쟁의 같은 온건한 계급투쟁은 식민지정부가 1932년 조선소작조정령과 1934년 조선농지령 같은 농업 관련 법령들을 시행함으로써 식민지 법체계내로 제도화되었다(G. Shin 1996). 1932년에 식민지정부는 또한 시골의 빈곤과 촌락내 사회적 갈등을 해결하는 데 역점을 둔 포괄적인 농촌회생 캠페인에 착수했다. 그런 협동조합주의 정책은 탄압과 더불어 식민지 한국에서 계급투쟁을 효과적으로 억눌렀다.

둘째로, 「9월테제」는 무산계급과 가난한 시골사람들의 혁명적 잠재력을 과대평가한 반면에 종족민족주의의 대중적 호소력을 과소평가했다. 일제강점기 이전에 한국인들은 수세기 동안이나 단일한 정치공동체 속에서 살았으며 최근에야 주권을 상실했다. 많은 한국인들은 여전히 그들의 혈통과 씨족을 공경했다(1930년에 실시한 식민지정부 조사결과에 따르면 당시 한국에는 15000곳의 씨족마을이 있었다). 따라서 피에 토대를 둔 민족 개념은 계급, 계급투쟁, '동무들' 같은 새로운 '외래' 용어보다 한국인들에게 훨씬 강한 호소력을 지녔다. 게다가 한국의 과거를 부인하는 식민지 인종주의와 동화정책은 쓰라린 분노감을 자아냈다. 이런 상황에서 종족민족주의는 단지 식민주의의 현실을 가리며 부르주아의 이익을 고취하는 이데올로기에 불과하다는 공산주의의 주장은 대중의 심금을 울리지 못했다. 심지어 "총력전" 동안에도 한국인들은 민족의식을 훨씬 더 고양하는 "일상적인 형태의 저항"에 종사함으로써 식민지배에 저항했다(G. Shin 1996). 일제강점기 동화정책을 상징한 지방의 신사(神社)가 해방이후 가장 먼저 보복의 표적이 된 것은 우연의 일치가 아니다.[6]

물론 모든 한국 공산주의자들이 「9월테제」를 따라 국제주의를 주창한 것은 아니다. 어떤 사람들은 민족주의가 공산주의운동에서 지니는 힘을 분명히 이해했으며, 사실 국제공산주의가 아니라 이런 종류의 민족주의적 공산주의가 1945년 이후 마침내 북한에서 승리를 거두었다. 비록 그들은 재만 조선인들에 대한 원조 캠페인 같은 민족주의운동을 "애국심의 중요성을 주장하기 위해 문제를 과장하고 왜곡하고 있다"고 비판했지만 그것이 더 많은 대중의 지원을 얻는 데 효과적이라는 점은 인정했다(박일형 1932). 일부 공산주의자들은 "코민테른의 가장 큰 실수는 공산주의 혁명의 방향을 그들이 문화적, 인종적으로 다른 세계의 다른 나라들에서 얻은 경험에 토대를 두고 있다는 데 있다"고 인정했다(서대숙 1970, 214면). 또 어떤 이들은 국제사회주의를 "좌익 소아병"의 산물이라고 비판하기까지 했다. 그들이 보기에 국제사회주의는 민족연합전선을 조직하는 데 반대하고, 무산계급 운동의 독립을 기계적으로 고수하고, 독자적인 무산계급 정당을 설립하고자 하는 잘못된 전략이었다. 그들은 한국의 무산계급은 이 시기에 계급 의무와 민족 의무를 분리할 수 없다고 주장했다. 국제주의의 한계와 민족주의의 힘을 인식한 일부 한국 공산주의자들은 1930년대 중반 이후 다시 연합전선 전략으로 돌아섰다.

백남운(白南雲)은 국제공산주의자들과는 다른 민족주의적 공산주의자의 대표적 예였다. 그는 신채호, 이광수 같은 종족민족주의자들이 고취하는 "단군 민족주의"는 계급, 민족, 국가를 과학적으로 이해하는 데 아무런 도움도 주지 못하며, 따라서 식민지 현실을 극복할 어떤 틀을 제공해줄 것이라 기대할 수 없다고 믿었다. 그럼에도 그는 단군 민족주의가 평범한 한국인들 사이에서 지닌 대중적 호소력을 인정했다. 한민족은 세계사에서 유례가 없는 오랜 단일민족의 역사를 지니고 있으며 그런 특징들이 근대적인 민족의 형성에서 "객관적인 요소들"로서 역사적 의미를 지녔다고 생각했기 때문이다. 또한 그는 지방주의를 무조건 거부하기보다는 지방주의와 보편주의 사이의 긴장을 해소할 변증법적 해결책을 제시하려고 노력했다. 『동아일보』 1934년 10월 20일자에 발표한 「조선 특유의 사회제도」라는 글에서 백남운은 "〔역사적〕 인식이론의 실제 문제는 세계사적 일반성과 개별적 특수성과의 모순대립을 여하히 해결하느냐 하는 점〔이다〕"라고 말하면서 질문을 제기했다. 그러나 지방주의에 대해 보편주의를 옹호하기보다는 "특수성에 관한 문제는 일반성의 발전을 통하여서만 해결할 것이고 일반성에 관한 문제는 특수적 현실을 통하여 더욱 충분하게 이해할 수 〔있다〕"고 주장했다(『동아일보』 1934년 10월 20일자). 마침내 백남운은 한민족이 "세계사에서 예외적인, 수천년 동안 같은 피, 영토, 언어, 문화, 역사적 운명을 지닌 단일민족"이라는 이광수의 생각에 동의했다(방기중 1992, 124면).

그런 민족주의적 공산주의는 1945년 이후 북한에서 출현했다. 북한은 "맑스레닌주의의 창조적 적용"을 강조했지만 궁극적으로 승리한 것은 국제사회주의나 맑스레닌주의가 아니라 '우리식 사회주의'를 주장하는 주체사상 형태를 띤 호전적인 민족주의였다. 주체사상은 공산주의의 보편주의적 사상을 북한의 상황에 맞게 변용한 토착주의의 변형으로 이해해야 한다. 백남운 같은 민족주의적 공산주의자들이 1945년 이후 북한정권에서 일한 것은 우연의 일치가 아니다.

한국의 민족주의, 공산주의 및 파시즘

민족주의와 식민주의와 공산주의는 종종 서로 대립한다. 한국의 많은 공산주의자들은 식민주의는 제국주의 이데올로기이며 민족주의는 부르주아 이데올로기라는 이유로 식민주의와 민족주의를 반대했다. 마찬가지로 민족주의자들은 식민주의자들과 공산주의자들과 경쟁했다. 한국의 학계와 대중은 한국 민족주의는 일본의 식민주의에 대응하여 발생했다고 상투적으로 믿고 있다. 그러나 국제사회주의와 종족 민족주의 사이의 논쟁은 한국 민족주의가 그 형성기에 반공산주의였다는 사실을 증명한다. 그러나 민족주의와 식민주의와 공산주의 사이의 관계는 그런 이분법적인 개념들이 제시하는 것보다 훨씬 더 복잡했다.

첫째, 한국에서 종족민족주의의 출현과 발전은 식민주의와 공산주의 둘 다와 관련이 있었다. 종족민족주의는 민족보다는 계급을 우선시하는 공산주의뿐만 아니라 동화정책에 이르게 한 식민지 인종주의에 대한 반발로서 나타났다. 한국 민족의 유기적 불멸성을 주창함으로써 그 지지자들은 한국 민족은 일본 민족과는 다르며 민족은 계급보다 훨씬 더 중요하고 오래 지속되는 집단 정체성이라는 것을 보여줄 수 있었다. 이런 의미에서 같은 피와 문화에 토대를 둔 민족에 대한 종족적-인종적 개념은 우익의 식민지 인종주의와 좌익의 맑스주의에서 표현된 보편주의에 대응하는 한국적 지방주의의 표현이었다.

둘째, 한국의 민족주의자들은 공산주의자들과 경쟁하면서도 그들과 마찬가지로 식민주의에 반대했다. 종족민족주의자들은 식민지 인종주의에 저항하기 위해 문화적·정신적 양상들에 촛점을 맞춘 반면, 공산주의자들은 일본의 지배에서 야기되는 사회적·정치적 쟁점들에 더 관심을 기울였다. 그럼에도 그 둘은 모두 식민주의에 반대했으며 반식민주의 노력에 협력하기 위해 1927년에 불운한 연합전선을 결성 하기까지 했다. 바꿔 말하자면, 그들의 관계는 고정된 것이 아니라 경 쟁과 협력 사이에서 왔다 갔다 하며 시간과 더불어 변했다.

셋째, 종족민족주의와 국제주의는 모두 집단주의를 강조했다. 1920년대초에 많은 한국 민족주의자들은 서양의 자유주의와 개인주 의를 받아들이면서 과거의 집단주의 전통을 퇴보적인 것으로 격하시 켰다. 그렇지만 1920년대말과 1930년대초에 한국 민족주의자들은 한 국의 과거를, 특히 과거의 집단주의 전통을 좀더 잘 이해하게 되었으 며 그것을 민족의식을 고취하는 데 이용하려고 노력했다. 국제사회주 의자들은 그런 종족민족주의자들과 논쟁하면서도 계급연대의 형태로 집단주의를 고취했다. 종족민족주의와 국제사회주의 모두에서 개인 들은 독립된 인식론적 지위를 지니지 못했다. 개인은 민족이든 계급 이든 간에 단지 추상적인 집단의 일부로서만 의미를 지녔다.

넷째, 종족민족주의는 식민주의와 마찬가지로 반공산주의 입장을 취했다. 식민주의자들과 종족민족주의자들 모두 계급보다는 제국이 나 민족이 우선이라고 설교했으며 인종 파시즘과 밀접한 관계가 있었 다. 사실 계급과 공산주의를 바라보는 이런 공통된 견해는 일부 민족 주의자들이 식민주의자들에게 협력할 근거나 구실을 제공해주었다. 이것은 민족주의, 식민주의, 공산주의 사이의 관계를 일반화하는 것은 위험하다는 사실을 예증한다. 그것들 사이의 각각의 관계는 상황과 제기되는 쟁점에 따라 결정된 것 같다. 일례로, 민족주의자들은 계급

운동에 반대하는 점에서는 식민주의 논리를 받아들였지만 식민주의에 저항하기 위해 공산주의자들과 협력했다.

다섯째, 국제사회주의의 출현은 민족주의운동을 통합하는 의도치 않은 결과를 가져왔다. 3·1운동이 소멸하고 이른바 문화정치가 도입되면서 한국 민족주의자들은 개혁주의적 혹은 타협주의적 진영과 급진적인 혹은 비타협적인 진영으로 분열되었다. 1927년 신간회가 설립되었을 때 후자만이 공산주의자들과 함께 그 조직에 참여했다. 그러나 국제사회주의의 출현과 뒤이은 신간회의 해산으로 안재홍 같은 비타협적 민족주의자들은 이광수 같은 개혁주의자들과 협력해 종족민족주의 형태의 지방주의를 고취했다. 따라서 얄궂게도 민족주의를 무시하려는 사회주의의 의도는 그것을 강화하는 뜻밖의 결과를 낳았다.

끝으로 해방 이후 종족민족주의는 남북한에서 각각 파시즘과 공산주의와 결합해 권위주의 정치를 낳았다. 종족민족주의가 지닌 파시스트 경향은 반공산주의와 결합되었으며(혹은 그런 가면을 썼다), 민족주의는 남북한 모두에서 주된 이데올로기원이 되었다. 북한에서는 맑스레닌주의를 종족민족주의와 융합한 정권이 출현한 반면에 남한에서는 그 정치적 의제를 위해 종족민족주의를 광범위하게 동원한 파시스트적인 권위주의 정권이 수립된 것은 역사적 우연이 아니다. 이런 의미에서 일제강점기에 민족주의와 공산주의가 분열한 것이 1945년 이후의 분단에 역사적 조건을 제공했다는 것은 지나치게 단순하거나 잘못된 주장이다(Cumings 1981; Robinson 1988). 민족주의는 남북한 모두에서 아주 효과적인 조직력과 동원력이 되었다. 일제강점기에 있었던 민족 세력과 초민족 세력의 상호작용을 이해하기 위해선 민족주의가 식민주의, 공산주의와 맺은 복잡한 관계를 이해해야 한다.

4장

북한과 '우리식 사회주의'

일본이 연합군에 항복함으로써 한국은 1945년 8월 15일에 식민지 배에서 해방되었다. 그해 여름은 해방의 기쁨과 새로운 독립국가를 건설하려는 희망으로 가득 찼다. 그러나 그런 희망과는 반대로 민족 문제는 여전히 해결되지 않았으며 훨씬 더 복잡해졌다. 한국인들은 독립의 전망을 환영하긴 했지만 해방 이후 국가와 사회에 대한 비전을 두고 의견이 갈렸다. 40년에 걸친 식민지배는 한국 사회와 정치의 풍경을 눈에 띄게 바꿔놓았으며, 이전의 친일 부역자 처리 문제는 한국 지도자들에게 특히 곤란한 문제를 제기했다. 또한 이전처럼 한국인들만이 한국문제에 관심을 가진 것이 아니었다. 이제 미국과 소련이 한반도를 점령하고서는 해방된 한국에서 사회적·정치적 질서를 수립하기 위해 서로 경쟁했다. 이런 내적, 외적 힘들의 상호작용이 민족분열, 사회적·정치적 긴장 그리고 마침내는 전쟁을 초래했다.

외세가 점령한 3년 후 한국에는 두개의 독립국가인 남한의 대한민국과 북한의 조선민주주의인민공화국이 수립됐다. 표면상으로 남북한은 정치 이데올로기와 체제가 각각 자본주의와 공산주의로 상반된 것처럼 보였으며, 실제로 남북한은 정권의 정당성을 획득하기 위해 치열하게 경쟁했다. 그렇지만 주의 깊게 살펴보면 한민족을 바라보는 관점, 정치에서 민족주의의 이용, 민족주의 의제를 위한 초민족주의 세력의 전유에서 보듯 많은 유사점이 드러난다. 해방의 여파 속에서 민족주의는 약화된 것이 아니라 강화되었다.

이전처럼 남북한에 나타난 민족주의는 종족주의적이고 집단주의적이었다. 이광수 같은 부역자로 전향한 민족주의자에게 정치적 비난이 쏟아졌지만 해방 이후 한국의 민족주의는 앞 장들에서 살펴본 식민지 시기의 민족주의와 유사했다.[1] 해방 이후 민족주의는 북한에서는 반제국주의(반미주의와 반일주의) 이데올로기로서, 남한에서는 반공산주의 이데올로기로서 계속 작용했다. 북한에서는 일본의 식민주의와 미국의 (신)제국주의에 대한 분노를 바탕으로 형성된 민족주의가 호전적인 주체민족주의로 진화했다.

오늘날 북한이 민족주의국가라는 것을 논박하는 학자는 거의 없다. 역사가인 찰스 암스트롱(Charles Armstrong)이 말하듯이, 북한은 "북한의 '쏘비에뜨화'가 아니라 쏘비에뜨 공산주의의 '조선화'"를 주장한다(2003, 241면). 그러나 북한은 처음부터 지금과 같은 형태의 민족국가는 아니었으며, 또한 하룻밤 사이에 그렇게 되지도 않았다. 북한은 결코 소련의 위성국가는 아니었지만 상대적으로 소련의 지배를 받는 나라에서 중국과 중요한 관계를 맺은 나라로 진화했다. 그리고 마침내 북한은 민족국가가 되었다. 이 장에서는 공산주의나 사회주의가 북한에서 민족주의 목표를 위해 전유되고 마침내 "우리식 사회주의"의 건

132

설에 이르는 방법들에 특별히 관심을 기울이며 그런 진화의 역사적 과정을 밝힐 것이다.[2]

레닌, 스딸린 그리고 마오 쩌뚱(毛澤東)

『맑스레닌주의 이론과 전략에서 민족문제』(*The National Question in Marxist-Leninist Theory and Strategy*)에서 워커 코너(Walker Connor)는 맑스주의에서 드러나는 "민족주의의 세가지 경향"을 확인한다. 첫째 "고전적 맑스주의"는 계급을 민족보다 우선시했으며, 따라서 민족주의와는 화해할 수 없었다. 일제강점기에 국제사회주의자들이 한국에서 요구한 것이 바로 이런 것이었다. 두번째 계통인 "전략적 맑스주의"는 추상적인 차원에서는 민족정서의 힘을 인정하고 민족자결권을 공식적으로 지지하였지만 실제 승인과정에서는 선택적이고 심지어 내켜하지 않았다. 이것은 한국 맑스주의자들이 1927년 연합전선 조직인 신간회에 참여했을 때 한 생각과 유사하다. 세번째인 "민족주의적 맑스주의"는 고전적 맑스주의와는 반대로 주요한 역사적 세력으로서 민족의 역할을 인식하였다(1984, 19~20면). 이것은 오늘날 북한에 존재하는 것과 비슷하다. 민족주의를 바라보는 견해와 관련한 맑스주의의 이런 경향들은 그것들의 복잡한 관계를 드러내 보여준다. 특히 자국에서 다른 상황들에 부딪힌 공산주의운동 지도자들은 공산주의가 민족주의와 갖는 관계에 대해서 다양한 입장을 취했다.

레닌과 국제사회주의

　의심할 여지없이 레닌은 맑스와 마찬가지로 국제사회주의의 옹호
자였다. 그는 세계의 무산계급이 단결해야만 공산주의혁명을 성공할
수 있다고 믿었다. 반대로 그는 민족주의는 부르주아 이데올로기로서
공산주의운동에 유해하다고 생각했다. 「기회주의와 제2인터내셔널의
붕괴」(1916)에서 레닌은 민족주의를 '쇼비니즘'(chauvinism)으로 낙인
찍었다. 그의 견해로는, 민족주의는 다른 나라들의 인민을 노예화하
는 희생을 치르고서라도 자신의 조국만을 지키도록 부추겼다. 그는
민족주의는 민족 부르주아내의 단결을 강조하기 때문에 국제 프롤레
따리아 운동을 민족성(nationality)을 경계로 분열시킬 것이라고 경고
했다. "레닌주의 민족정책"은 "민족주의의 강력한 힘들을 혁명에 이
용하는 임무를 수행하고 나서는 그것들을 폐지하는 공식"이었다
(Connor 1984, 13면).

　민족주의와 국제사회주의에 대한 레닌의 견해가 가장 잘 드러난 글
은 아마도 그가 1920년에 쓴 「민족문제와 식민지 문제에 대한 테제 초
고」(*Preliminary Draft Theses on the National and Colonial Questions*)
일 것이다. 제2차 코민테른 회의에서 토론하기 위해 제출한 그 초고는
열두가지 사항을 지적하면서 모든 사회주의자들이 제국주의자들과
부르주아 민주주의에 대항해 단결해야 한다고 요구했다. 레닌은 먼저
부르주아 민주주의가 어떻게 모든 사람은 평등하다는 가정 아래 피억
압 계급들을 기만하는지 지적했다. "모든 사람은 절대 평등하다는 변
명에 대해" 그는 "부르주아지는 그 자체 상품생산 관계를 반영하고
있는 평등 개념을 계급의 폐지에 대항하는 투쟁에서 무기로 변형시키
고 있다"고 주장했다(2면). 이런 평가에 근거해 레닌은 피억압 계급의

이익과 전체 민족의 이익이라는 일반 개념—그것은 지배계급의 이익을 함축하고 있다—을 분명히 구분하도록 요구했다. 그는 코민테른의 정책 목표는 "일차적으로 지주들과 부르주아지를 전복하기 위한 연합 혁명투쟁을 수행하기 위해 모든 민족과 국가의 프롤레따리아들과 노동 대중들이 긴밀하게 단결하는 데 두어야" 한다고 요구했다. 레닌은 이런 종류의 "프롤레따리아 국제주의"는 두가지 요소로 이루어져 있다고 정의했다. 즉, (1) "어떤 한 나라에서 거둔 프롤레따리아 투쟁의 이익은 세계적 규모의 프롤레따리아 투쟁의 이익에 종속되어야 한다." (2) "부르주아지에게 승리를 쟁취한 민족은 국제 자본의 전복을 위해 가장 큰 민족적 희생을 할 수 있으며 기꺼이 그렇게 해야 한다." 그는 "자본주의에 대한 완전한 승리는 모든 나라와 민족의 프롤레따리아뜨와 그것을 추종하는 노동 대중이 동맹하고 단결하기 위해 자발적으로 분발하지 않는 한 성취할 수 없다"(5면)고 결론 내렸다.

그럼에도 레닌은 민족 세력과 전략적 동맹을 맺을 필요가 있음을 인식하고 있었다. 특히 그는 식민지들에서 피억압 민족에게 미치는 민족주의의 호소력에 주목했다. 이런 상황에서 레닌은 1920년 여름에 개최된 제2차 코민테른에서 식민지들에서의 민족문제에 관해 로이와 논쟁하는 가운데 급진적 민족주의 세력들과 협력 가능성(만약 일시적이라면)을 시인했다. 코너는 이런 레닌주의를 '전략적 맑스주의'의 한 형태로 규정한다.

스딸린과 '일국사회주의'

스딸린은 처음에는 레닌의 국제사회주의를 지지했지만 나중에는 그것을 자신의 '일국사회주의' 이론으로 대체했다. 1924년까지만 해도 스딸린은 한 나라의 노력이 그 나라의 부르주아지를 전복하는 데 충분하더라도 사회주의의 완전한 승리를 위해서는 여러 선진국들의 연합 노력이 필요하다고 말하며 국제사회주의를 지지했다. 그러나 1926년 11월에 정치권력을 공고히 했을 때 스딸린은 "당은 사회주의의 승리는 항상 (…) 단 한 나라의 힘을 통해 성취될 수 있다는 사상을 그 출발점으로 삼았다"(Cooper 2000, 2면)라고 말함으로써 이전의 국제주의 입장을 바꾸었다. 스딸린의 '일국사회주의' 이론은 사회주의운동이 어떤 것이든 간에 특정한 나라의 최선의 이익에 적응하도록 격려했으며 소위 부르주아 계급의 진보분자들과 '대중전선'을 형성할 가능성을 열어놓았다. 그는 나라마다 특수한 상황을 고려한 사회주의운동의 전략적 가치를 인식했다.

자신의 '일국사회주의' 이론을 공식적으로 제기하기 전에 이미 스딸린은 민족과 민족주의 문제에 예리한 관심을 보였다. 그는 민족을 "같은 언어, 영토, 경제생활 및 같은 문화에 명시된 심리적 구조의 기반 위에 형성된, 역사적으로 구성되고 안정된 사람들의 공동체" (1913/1954, 307면)로 정의했다. 그의 정의는 다른 곳의 공산주의운동 지도자들 사이에 널리 받아들여졌다. 그는 또한 부르주아지가 그들의 대의가 마치 민족 전체의 대의인 양 조국을 위해 '토착민'에게 호소하는 데 유익할 수 있다는 것을 인정했을 때 민족주의의 잠재적 힘을 인식했다. 그럼에도 불구하고 많은 민족주의자들이 민족을 영원한 존재로 본 것과는 달리 스딸린은 민족을 모든 다른 역사적 현상과 마찬가지로 변화의 법칙에 종속되는 존재로 보았다. 스딸린은 그의 공산주의 혁명운동을 위해 민족주의의 힘에 편승할 준비는 되어 있지 않았다. 더구나 소련내 15개 공화국들의 민족정서를 탄압하는 한편 '사회주의 애국심'과 소련에 대한 충성을 고취했다.

마오 쩌뚱과 '합작'

민족주의가 공산주의운동에서 지닌 진정한 가치를 알아차린 사람은 중국의 마오 쩌뚱이었다. 민족주의를 부르주아 이데올로기로 여겼기 때문에 그 용어를 쓰지는 않았지만 마오 쩌뚱은 일본제국주의에 대항한 민족투쟁을 공산주의운동의 필수적인 일부로 분명히 인식했다. 마오 쩌뚱은 외세와 싸우기 위해 민족 부르주아 세력과 기꺼이 협력했다. 중국공산당이 1920년대중엽 국민당과 연합전선을 구축한 것은 이런 상황에서였다. 중국공산당은 몇년 후 동맹을 파기하고 국민당의 탄압을 받았지만 공산당 운동의 민족주의적 성격은 중국을 '반(半)식민지'로 만든 1931년 일본의 만주 침략 이후 더욱 분명하고 중요해졌다. 또한 마오 쩌뚱은 프롤레따리아 계급독재를 주창한 정통 맑스레닌주의 이상과는 달리 '인민공화국'을 수립하고 싶어했다. 사회주의혁명을 달성하기 위한 국제적 연대를 요구하는 대신 그는 일본의 제국주의와 "중국의 제국주의 종복들"에 대항해 '합작'을 하는 데 촛점을 맞추었다.

마오 쩌뚱의 민족해방 이론은 1935년 「일본제국주의에 대항하는 전술에 대하여」라는 보고서에 잘 표현되었다. 그는 당시 중국에서 일어난 "거대한 변화", 즉 일본의 중국 침략을 지적했다. 중국공산당은 이런 위태로운 상황에 비추어 그 임무를 재정의해야 한다고 주장했다. 마오 쩌뚱이 보기에 가장 긴급한 임무는 전체 인류의 해방을 목표로 한 국제사회주의 운동이 아니라 일본제국주의에 대항한 민족투쟁이었다. 이러한 목적을 위해 민족 부르주아지와 광범위한 민족연합전선을 구축하고 중국인민공화국을 수립하자고 요청했다. 이 광범위한 대표기관은 민족혁명에 기꺼이 참여하려는 모든 중국인을 포함할 것이었다. 이 포괄적인 대의기관은 "중국에서 계급관계를 바꾸어 놓은" 일본의 침략으로 불가피해졌으며, 공산주의가 주도하는 반일 투쟁에 민족 부르주아지가 참여하도록 만들었다.

중국공산당 제6차 전국위원회 제6차 전체회의에 마오 쩌둥이 제출한 1938년 보고서는 민족주의와 국제사회주의의 관계에 대한 그의 관점을 가장 직접적으로 보여준다. '애국심과 국제주의'라는 제목이 붙은 그 보고서는 "공산주의자는 국제주의자인 동시에 (…) 애국자가 될 수 있으며 그렇게 되어야 한다"고 분명하게 선언했다. 중국의 애국심을 일본과 독일의 민족주의와 구분하면서 마오 쩌둥은 중국공산주의 운동에서 애국심과 국제주의가 어떻게 결합될 수 있으며 왜 결합되어야 하는지 아래와 같이 설명했다.

조국을 지키기 위해 싸움으로써만이 우리는 침략자들을 물리치고 민족해방을 달성할 수 있다. 그리고 민족해방을 달성함으로써만이 프롤레타리아트와 다른 노동자들은 그들 자신의 해방을 성취할 수 있다. 중국의 승리와 제국주의 침략자들의 패배는 다른 나라들의 인민을 도와줄 것이다. 따라서 민족해방전쟁에서 애국심은 응용된 국제주의이다. 이런 이유로 공산주의자들은 주도권을 최대한 이용하고, 민족해방전쟁의 전선으로 용감하고 단호하게 행진하고, 일본의 침략에 총을 겨눠야 한다(마오 쩌둥 1938/1975, 196~97면).

마오 쩌둥은 분명 국제주의적 접근을 불신하지는 않았지만 그가 지도하는 중국 공산주의운동에서는 여전히 국제사회주의보다는 민족주의를 옹호했다. 그의 사회주의는 코너의 분류에 따르면, "민족주의적 사회주의"였다.

한국에서 공산주의와 민족주의의 관계는 복잡하며 시간에 따라 바뀌었다. 일제강점기에 많은 한국 지식인들은 초기에는 민족해방의 이데올로기로서 공산주의에 끌렸으며, 1927년에 비타협적인 민족주의자들과 함께 불운한 신간회를 조직했다. 그러나 1920년대말에 국제사회주의가 출현함에 따라 그들은 민족주의자들과 결별했으며 농민과 노동자의 조직화와 동원에 촛점을 맞춘 계급운동으로 돌아섰다. 한국의 국제주의자들 역시 한국에 쏘비에뜨 공화국을 건설하려고 노력했다. 그런데 1930년대중반 이후 민족주의가 대중을 동원하는 데 지닌 가치와 힘을 알고서 그들은 민족연합전선 전략으로 돌아섰다. 비록 한국 공산주의자들이 모두 같은 뿌리에서 갈라져 나온 것은 아니었지만 김일성이 식민지시기에 벌인 활동을 살펴보는 것이 중요하다. 그의 활동이 1945년 이후 북한의 정치이데올로기와 체제를 결정적으로 형성하기 때문이다.

김일성과 '일족 사회주의'

정치학자인 케니스 쥬이트(Kenneth Jowitt 1987)는 한명의 강력한 지도자와 가족이 지배하는 북한의 사회주의체제를 언급하면서 북한을 '일족(一族) 사회주의'로 규정했다. 틀림없이 그 구절은 세계사회주의 혁명을 포기한 채 '일국 사회주의'를 건설할 것을 주장한 스딸린의 주장을 냉소적으로 변형한 것이었다. 그럼에도 '일족 사회주의'는 사회주의, 민족주의, 가족주의에 바탕을 둔 북한정권의 정수를 포착한다. 북한은 한국인들을 한가족이나 김일성을 아버지로 한 같은 혈통을 지닌 '사회정치적 조직체'로 본다는 점에서 전전(戰前) 일본의 가족국가와 유사하다. 실제로 김일성은 북한사람들 사이에서 단순히 정치적 지도자가 아니라 '어버이 수령' 혹은 '민족의 태양'으로 숭배되었다. 그는 심지어 자신을 한민족의 건설자인 단군의 현신으로 불렀다.

일제강점기 동안 김일성의 경력과 활동에 대해서는 논쟁이 비등하다. 남한 정부는 그 북한 지도자를 식민지배 동안 한국인들 사이에 전설적인 투사로서 많은 존경을 받은 김일성 장군의 이름을 사칭하는 사람으로 낙인찍었다. 정반대로 북한의 문서는 식민지배 동안의 김일성의 활동을 과장해 그를 광범위한 항일운동의 지도자로 묘사했다. 대부분의 학자들은 이제 이 북한의 지도자가 비록 만주지역에서 한줌의(아마 기껏해야 수백명의) 게릴라 병사들을 이끌었지만 실제로 식민지배 동안 일본인들과 투쟁했다는 것을 인정한다(Suh 1988). 만주에서의 게릴라 경험은 북한의 공식적인 입장이 주장하는 것보다 훨씬 더 제한되어 있었지만 이는 1945년 이후 북한정권의 정치체제와 이데올로기를 형성하는 데 결정적인 역할을 했다. 이들 게릴라 전사들은 북한의 핵심 정치엘리뜨를 구성하였으며 그들의 경험은 '신화화'되었고 널리 알려진 주체사상의 근간을 형성했다(C. Armstrong 2003).

'일족 사회주의'의 형성을 이해하려면 특히 만주에서의 경험을 이해하는 것이 중요하다. 「상처받은 민족주의」(Wounded Nationalism)라는 박사논문에서 역사가 한홍구(韓洪九)는 왜 북한이 김일성의 지도하에 민족주의적인 가족국가가 되었는지 설득력있는 역사적 설명을 제시한다. 그는 김일성이 1930년대에 만주에서 겪은 국제사회주의와 관련한 쓰라린 경험에 깊은 관심을 보인다. 일본이 만주를 접수한 직후인 1932년 2월 만주에 거주했던 한 친일한국인단체가 민생단(民生團)을 조직했다. 그러나 중국공산당은 당내 한국계 당원들이 민생단과 제휴하고 있다고 오해하여 민생단원 혐의자들을 숙청했다. 많은 한국 공산주의자들은 코민테른의 '일국일당(一國一黨)' 원칙을 준수해 중국공산당에 가입하고 있었다는 것을 염두에 두어야 한다. 중국공산당은 2년반에 걸쳐 2천명이나 되는 한국 공산주의자들과 지지자들을 살해했다. 김일성 역시 민생단 혐의자로 중국공산당에 체포되었으며 "구사일생으로 처형을 모면"한 것으로 알려졌다(한홍구 1999, 16~17면).

민생단 숙청은 북한에 두가지 중요한 유산을 남겨놓았다. 먼저 김일성은 민족독립에 집착하게 되었으며 열강과 국제사회주의를 불신했다. 김일성을 포함한 한국 공산주의자들은 공산주의의 국제주의 전략의 일부로 중국공산당에 참여했지만 그 군대에 참여한 결과는 결국 외국 당인 중국공산당이 한국 당원들을 숙청한 것이었다. 김일성은 외국 공산당들이 한국 공산주의자들에게 가한 비통한 박해를 잊지 않았다. 이것은 김일성이 격렬한 중소논쟁이 진행되는 동안 왜 양쪽으로부터 거리를 두고 독립적인 입장을 지켰는지 설명해준다. 한홍구가 지적하듯이, "김일성의 경험은 그에게 그들 자신의 민족이익을 위해 작은 나라들의 혁명을 희생한 공산진영의 자칭 두 대형(大兄)들의 정치적 행동에 대해 가르쳐주었다"(1999, 356면). 비록 주체라는 용어가 1955년에 와서야 북한에서 공식적으로 사용되긴 했지만 김일성은 1930년대의 반일무장투쟁 동안에 기본적인 주체 개념을 공식화하기 시작한 것으로 알려졌다.[3]

많은 민생단 혐의자들과 민생단 희생자들의 자녀들은 김일성의 반일투쟁에 참여했다. 한홍구가 지적하듯이, 김일성은 조사문서를 불태워 혐의자들에게 "새로운 정치적 삶"을 주었다. 김일성은 또 부모가 민생단 숙청 때 처형당한 후 고아가 된 어린아이들에게는 새로운 부모같이 되었으며, 고아들은 마치 그의 자녀들인 것처럼 김일성과 함께 살며 싸웠다. 1945년 이후 이 게릴라들이 김일성과 함께 한국으로 돌아와 북한 엘리트의 근간이 되었다.[4]

북한의 이데올로그들은 모든 북한사람들을 포괄하는 "위대한 혁명가족" 이론을 고안해냈다. 북한사람들은 "'어버이 수령'에게 좀더 귀중한 '정치적 삶'을 부여받았다"고 배웠다. 한홍구에 따르면, 이 이론의 기원은 민생단사건까지 거슬러 올라간다. 이렇게 볼 때, '일족 사회주의'는 단순한 정치적 수사나 신화적인 슬로건이 아니라 깊은 역사적 뿌리를 지녔다.

사회주의와 민족주의 사이에서

김일성의 주체사상이 아무리 중요했다 하더라도 1945년 이후 곧바로 북한에서 제도화되지는 않았다. 해방이후 첫 5년(1945~50) 동안 북한은 사회주의국가나 민족주의국가라고 주장하지 않았다. 오히려 북한은 인민공화국이라고 선언했으며, 그 당인 조선노동당은 실제로는 이름이 시사하는 것과 같은 노동자들의 당은 아니었다. 당은 성격상 대중적이었으며 사회의 다양한 부문의 사람들에게 개방되어 있었다. 조선민주주의인민공화국이 1948년에 공식 수립되었을 때 조선노동당

당원 중 62퍼센트는 농민계급 출신이었으며 오직 20퍼센트만이 노동자들이었다(C. Armstrong 2003, 242면). 한국전쟁 이후 맑스레닌주의가 북한정권에 좀더 확고하게 정착됐으며 북한은 쏘비에뜨 제국에 꼭 필요한 일부가 되었다. 북한은 중공업을 강조하고 아주 억압적인 정보조직을 수립하는 등 쏘비에뜨 모델의 많은 요소들을 채용했다.

그렇더라도 북한은 단순히 쏘비에뜨 모델을 추종하는 레닌주의나 스딸린주의정권이 되려는 열망을 지니지는 않았다. 북한은 여전히 사회주의와 민족주의를 전유해 그 자체의 독특한 체제를 만들려고 노력했다. 1950년대와 1960년대의 거의 전기간에 걸쳐 김일성은 맑스레닌주의를 한국 상황에 맞게 창조적으로 적용할 필요가 있다고 강조했다. 예컨대 1955년의 한 연설에서 김일성은 "우리는 어떤 다른 나라의 혁명이 아니라 오로지 조선 혁명에 종사하고 있다. (⋯) 우리가 소련 공산당사, 중국혁명사 또는 맑스레닌주의의 보편적인 진리를 공부할 때 그것은 전적으로 우리 자신의 혁명을 올바르게 수행하려는 목적 때문이다"(1955/1977, 135~36면)라고 주장했다. 마찬가지로 10년후 행한 또다른 연설에서 그는 "조선공산주의자들은 조선에서 혁명을 수행하고 있다. 조선 혁명은 조선공산주의자들의 기본의무이다. (⋯) 맑스레닌주의는 그것이 우리나라의 현실과 연결될 때만이 우리 혁명의 강력한 무기가 될 수 있다. (⋯) 다른 나라의 좋은 경험을 도입할 때는 우리 자신의 실제적인 조건에 맞게 재조직하고 변형해야 한다"(1965/1972, 45~46면)고 주장했다. 이런 연설들은 '독단주의'와 '수정주의'를 비난하고 맑스레닌주의를 북한에 기계적으로 적용하려는 노력과 스딸린의 사망 이후 소련에서 진행된 것과 같은 수정을 거부했다. 그 대신 김일성은 외국의 경험을, 주로 맑스레닌주의를, "삼킬 것"이 아니라 "소화"하도록 요구했다. 그는 맑스레닌주의를 북한 상황에 맞게 전유해 독특한 북한식 체제를 창조하려고 노력했다.

김일성은 사회주의와 민족주의를 동시에 추구해서 생기는 잠재적 모순과 딜레마를 의식했으며, 따라서 그는 그 둘 사이에 존재하는 어떤 긴장들을 조화시키려고 했다. 위에 인용한 1955년 연설에서 주체의 중요성을 강조한 직후에 그는 다음과 같이 선언했다.

> 우리가 주체를 건설하는 게 필요하다는 말을 듣고 일부 동지들은 그것을 단순하게 받아들여 우리가 외국에서 배울 필요가 없다는 잘못된 생각을 가질 수도 있다. 그것은 전혀 틀렸다. 우리는 사회주의국가들의 긍정적인 경험들로부터 배워야 한다. (…) 국제주의와 애국심은 서로간에 불가분하게 연결되어 있다. 조선 공산주의자들이 조국에 대해 지니는 사랑은 노동자계급의 국제주의와 대립되는 것이 아니라 완전히 일치한다는 것을 깨달아야 한다 (1955/1977, 143~44면).

이런 견해는 「애국심과 국제주의」라는 마오 쩌뚱의 1937년 보고서를 연상시킨다. 1967년 이후에야 주체사상은 북한 체제에서 주요한 이데올로기적 토대가 되었으며, 그것의 출현은 김일성이 자신의 권력에 한층 확신을 갖게 된 것뿐만 아니라 중소논쟁과 밀접하게 관련이 있었다.[5] 20년후 소련 제국이 붕괴하면서 북한은 점점 더 위태로운 국제환경에서 생존전략으로 민족주의를 추구하는 데 몰두했다. 최근인 1992년 4월에 북한은 개헌을 하면서 헌법에서 맑스레닌주의를 삭제했다. 북한은 공식적으로 민족주의국가가 되었다.

144

또한 북한은 초기에 민족과 민족주의라는 용어를 의도적으로 피했는데, 그것은 이 용어들을 부르주아 이데올로기로 여겼기 때문이다. 대신 '애국주의'라는 용어를 사용했다. 그럼에도 애국주의는 단순히 종족적 민족에 반대되는 국가에 대한 충성을 의미하지는 않았다. 그것은 한민족에 대한 충성을 의미했으며, 북한 상황에서는 애국주의와 민족주의 사이의 어떤 의미있는 차이를 흐리게 만들었다. 이 점에서 북한과 일부 다른, 특히 다민족으로 이루어진, 공산주의국가들과 결정적인 차이가 있다. 그런 나라들에서는 의도적으로 민족주의보다는 애국심을 고취했다. 예컨대 옛 유고슬라비아와 소련에서는 애국심은 국가통합 이데올로기로 받아들여진 반면에 민족주의는 각 종족집단의 개별이익을 추구하는 분열 이데올로기로 비판을 받았다. 그러나 단일민족의식이 강한 북한에서는 그렇지 않았다. 한국에서는 단순히 종족적 민족에 대한 충성과 대립되는 국가에 대한 충성을 요구할 수 없다. 만약 북한의 용법에서 애국주의와 민족주의 사이에 어떤 차이가 있다면 그것은 단지 의미론에서만 그러했다. 실제적인 의미상 차이는 없었다.

북한이 민족과 민족주의 같은 용어를 분명하게 사용하기 시작하고 민족주의국가가 되는 것은 단지 시간문제였다. 비록 북한이 원래 민족에 대한 스딸린의 유명한 정의를 받아들였지만 1973년 북한 지도부는 (언어, 영토, 경제생활, 심리 구조 외에도) '혈통'을 민족의 주요한 기준 중 하나로 추가했다. 1980년대중엽 북한은 더이상 민족주의 언어를 사용하는 데 주저하지 않았다. 1987년에 김정일(金正日, 그는 아버지 김일성이 1994년에 사망한 후 권력을 이어받았다)은 '조선민족 제일주의'라는 슬로건을 공식적으로 사용했다. 1990년대에 북한은 계급 언어나 공산주의 언어가 아니라 민족주의 언어를 명확히 표명했다.

사회주의에 우선한 민족주의

1970년대 들어서면서 북한은 주체사상을 최고의 이데올로기로 끌어올렸다. 김정일은 1974년에 주체사상은 단순히 맑스레닌주의 같은 현존하는 의례적인 사상의 단순한 번역이 아니라 위대한 영도자 김일성의 독창적인 사상으로 이루어져 있다고 명백히 주장하는 연설을 했다. 비록 맑스레닌주의에는 배울 것이 많으며 맑스레닌주의적 사고가 실제로 주체사상의 탄생에 기여했다고 인정했지만 여기서 김정일은 맑스주의 또한 결점이 있다고 주장했다. 맑스레닌주의의 결점을 밝힘으로써 김정일은 민족을 통치할 새롭고 독특하고 견고한 정치적 이데올로기 창조의 이론적 근거를 마련했다. 그는 "비록 〔맑스주의 고전들이〕 인간문제에 관한 유물론적 변증법이라는 관점을 확립했지만 그것들은 자연과 사회의 지배자와 변혁자로서 인간의 본질적인 특징에 대한 완전한 설명을 제공하지 못했다"고 주장했다(1974/1985, 2면).

주체를 맑스레닌주의와 멀리 떼어놓은 후 김정일은 아버지의 사상을 다루기 위해 '김일성주의'라는 용어를 만들어냈다. '김일성주의의 독창성을 옳게 인식할 데 대하여'라는 1976년 연설에서 김일성주의는 북한 특유의 이상에 바탕을 둔 주체에서 파생한 독창적 사상체계라고 주장했다. 김정일에 따르면, 김일성주의는 "주체사상과 이 사상에서 진화된 광범위한 혁명이론과 지도방법"을 포괄한다(1976/1985, 11). 김일성 사상은 예전에는 "현대의 맑스레닌주의"라고 불린 반면에, 김정일은 김일성 사상은 독특한 철학으로 진보했기 때문에 이제 그것에 김일성주의라고 이름을 붙이는 것이 더 적절하다고 주장했다.

김일성주의는 주체사상과 일치하며 구성상 그 사상, 이론, 방법에 바탕을 둔 체제를 형성한다. 내용과 구성에서 김일성주의는 맑스레닌주의 틀 안에서 설명할 수 없는 독창적인 사상이다. 김일성주의의 정수를 담고 있는 이 주체사상은 인류의 사상사에서 새롭게 발견해낸 사상이다(1976/1985, 7면).

이것은 주체사상과 맑스레닌주의 사이의 차이를 강조하는 최초의 명백한 설명 중 하나였다. 그는 주체사상을 맑스주의의 변형으로서가 아니라 그 자체의 정당성을 지닌 것으로 연구하는 것이 중요함을 되풀이했다. 또 김정일은 자기 아버지의 사상을 '김일성주의'라고 명명함으로써 그것을 스딸린주의와 마오쩌뚱주의 같은 주요한 이데올로기의 수준으로 격상시켰다. 김정일은 다음과 같이 주장했다.

김일성주의의 혁명이론은 맑스레닌주의를 낳은 시대와는 다른 새로운 시대의 혁명활동에서 일어나는 문제들에 해결책을 제공해주는 혁명이론이다. 주체(사상)의 토대 위에 지도자는 우리 시대의 민족해방, 계급철폐, 인간해방에 관한 이론, 전략, 전술에 대해 심오한 설명을 제공했다. 따라서 김일성주의의 혁명이론은 주체시대의 공산주의에 관한 완벽한 혁명이론이라 할 수 있다(1976/1985, 9면).

김정일은 주체의 새 시대의 출현으로 맑스레닌주의는 폐기되었으며 그것을 대체할 김일성주의라는 새로운 혁명이론이 필요하게 되었다고 선언했다. 간단히 말해서, 김일성주의의 출현은 역사적 필연이라고 그는 선언했다.

본질적으로 주체사상과 김일성주의는 아마 좀더 보편적인 맑스레닌주의에 대한 북한식 지방주의의 표현이었다. 그런 지방주의 지향은 1982년 3월 김정일이 김일성의 70세 생일과 주체사상의 발전을 축하하기 위해 행한 연설에서 잘 표현되었다. 그는 연설 서두에서 당은 전체 북한사회를 주체사상에 기반한 모델로서 건설하는 독특한 임무를 지니고 있다고 명확히 밝혔다. 김정일은 조선혁명은 역사적 선례가 없는 것이기 때문에 이런 임무는 급박하다고 주장했다. 그는 이미 확립된 다른 이데올로기들의 "기계적인 모방"에 의존하는 대신 그들의 경험의 독특성을 이해하지 못하고 주체의 독립정신을 추구하지 않은 과거의 사람들을 통렬히 비난했다. 김정일은 다음과 같이 선언했다.

우리가 조국에 대해 잘 알 때만이 우리는 혁명과 건설의 과정에서 생기는 모든 문제들을 독자적인 방식으로 해결하고, 우리의 특수한 상황에 맞추고 우리 인민의 열망과 요구에 순응해 혁명과 건설을 수행할 수 있을 것이다. 오직 그때만이 우리는 우리 조국과 인민을 열렬히 사랑할 수 있으며 고도의 애국적 헌신과 혁명적 열정을 증명할 수 있을 것이다. (…) 조선인은 조선의 역사, 지리, 경제, 문화 및 조선민족의 관습을, 그리고 특히 우리 당의 정책, 당의 혁명사 및 혁명전통을 잘 알아야 한다. 그때만이 그들은 주체를 건설할 수 있으며 진정한 조선의 애국자들, 조선 공산주의자들이 될 수 있다(1982/1985, 43면).

어조가 북한이 사회주의와 민족주의 사이에서 미묘한 균형을 유지하려고 애쓴 때와는 사뭇 다르다. 이 연설은 사회주의보다는 민족주의를, 보편주의보다는 지방주의를 옹호한다. 사실 이것은 초기 민족주의자들이 고취했던 것과 별로 다르지 않았으며 또한 남한의 지도자 박정희의 입장과도 별반 다르지 않았다.

주체사상과 김일성주의에 표현된 북한의 지방주의는 1990년대에 나타난 '조선민족 제일주의'와 '우리식 사회주의'에서 정점에 달했다. 그 두가지는 주체사상과 김일성주의의 논리적 확장이며 변화된 국제환경, 특히 북한을 외부로부터 더욱 고립시킨 소련제국의 소멸을 반영했다. 중소논쟁이 주체사상 출현에 기여했듯이 소련제국의 붕괴 역시 그런 민족주의 논쟁들의 출현에 영향을 미쳤다. 그 논쟁들은 중국의 개방정책과 소련의 글라스노스뜨와 뻬레스뜨로이까 정책이 자본주의 세계정책에 타협하는 것이라고 강도 높게 비판했다.

1990년 12월 27일 김정일은 "우리나라의 사회주의는 주체사상이 구현된 우리식 사회주의다"라고 연설했다. 그는 소련제국의 붕괴 직후 출현한 동유럽 공산주의가 왜 실패했는지, 점점 더 위태로운 국제환경에서 왜 북한이 '우리식 사회주의'를 필요로 하는지 숙고했다. 여기서 김정일은 "전면적인 붕괴의 소동"에 빠진 동유럽을 "아주 유리한 사회주의 사회"인 북한과 대조했다(1면). 먼저, 그는 동유럽은 "소련의 경험을 단순히 기계적으로 모방했기" 때문에 실패했다고 주장했다. 그렇지만 소련 모델은 특정한 역사적 조건에 바탕을 둔 것이었으며 "세월은 변하고 각각의 나라의 특수한 상황이 다른 나라와 다르기 때문에 만약 〔그들의〕 경험이 절대적인 것으로 인식되고 교조적으로 받아들여진다면 사회주의를 적절하게 건설하는 것은 불가능하다"고 김정일은 주장했다(1~2면). 그의 견해로는,

맑스레닌주의는 사회주의와 공산주의 건설에 대한 일련의 의견을 제시했지만 그것은 그들의 시대와 실제 경험의 조건들에 제약되었기 때문에 전제와 가정에 국한되었다. (…) 그러나 많은 나라들은 역사에 관한 맑스레닌주의의 유물론적 원칙을 교조적으로 적용했으며, 그 결과 사회주의체제 수립 이후 혁명을 지속적으로 수행하는 데 실패했다(5면).

반대로 북한은 주체 덕분에 독창적이고 창조적인 사회주의를 건설하여 그런 실패를 피할 수 있었다. 김정일에 따르면, 식민지배에서 해방되었을 때 "퇴보적인 식민지반봉건 사회"였던 북한은 유럽의 자본주의 경험에 바탕을 둔 맑스 이론이나 소련의 상황 위에 건설된 레닌주의이론을 받아들일 수 없었다. 그 대신 북한은 "우리 자신의 머리를 쥐어짜고 우리 자신의 노력을 우리나라의 사회역사적 조건에 맞춤으로써 혁명에서 일어나는 모든 문제에 대한 해결책"을 찾아야 했다. 김정일은 그 상황은 국토의 분단과 남한내 미제국주의자들의 존재로 인해 더욱 복잡해졌다고 주장했다. 그러나 위대한 지도자 김일성은 "우리 인민의 열망과 우리나라의 특수한 상황에 맞는 독창적인 방침과 정책을 밀고 나갔다"(2면)고 김정일은 주장했다. 그는 주체사상이 독창적이며 창조적인 사회주의로 발전하도록 이끈다고 주장했다.

주체사상은 노동계급의 혁명이데올로기의 발전에서 최고단계를 차지하는 혁명이론이다. 우리식 사회주의의 토대가 되는 주체사상의 독창성과 우월성은 후자의 특별한 특징과 장점을 규정한다. 주체사상은 우리가 조국의 실제 조건에 부합하도록 전적인 책임감을 지니고 스스로 노력해 우리나라의 혁명과 건설을 떠맡을 것을 요구한다. 주체사상의 지도를 받아 우리 인민은 그들이 선택한 길을 따르고 그들 자신의 힘을 동원해 우리나라의 특수한 상황에 맞는 사회주의를 건설해왔다. (…) 우리식 사회주의는 인간 중심의 사회주의, 주체사상의 구현체다. 우리 당과 인민은 주체사상에 토대를 두고 우리 방식대로 사회주의를 건설해왔다(2면).

김정일에 따르면, 북한 사회주의는 맑스레닌주의자들이 주장하는 것처럼 물질의 힘이 아니라 인간을 역사 발전의 중심에 두고 있다. 그것은 북한 사회주의를 다른 형태의 사회주의들, 특히 실패한 동유럽의 사회주의와 구분짓는 것이라고 그는 주장했다.

'우리식 사회주의'를 주창하며 김정일은 사회정치적 유기체 이론을 제시했다. 그는 다음과 같이 주장했다.

혁명의 원동력의 정치적이고 이데올로기적 힘은 지도자와 당과 대중의 혼연일체된 단결력에 다름 아니다. 우리식 사회주의 사회에서는 지도자, 당, 대중은 서로 운명을 함께하며 단일한 사회정치적 유기체를 형성한다. 지도자와 당과 대중 사이의 **혈연관계**의 연대는 단일한 이데올로기와 통일된 지도력이 보증한다(4면, 강조는 인용자).

이 글에는 맑스레닌주의에 대한 언급은 없고 오직 인민주의와 유기적 민족주의의 언어만 있을 뿐이다.

북한이 1990년대에 민족 전통과 유산을 의욕적으로 고취한 것은 놀랄 일이 아니다. 북한정권은 심지어 한민족의 신화적 건설자인 단군의 무덤을 발견했다고 주장했다.[6] 북한의 지도부는 또한 한때는 반동적인 봉건제도의 유산이라고 비난했던 유교를 주체사상을 지원해줄 정치윤리로 재평가했다(김정훈 1999). 김정일이 '전민족의 대동단결을 통해 조국을 자주적이고 평화적으로 통일하자'는 제목으로 행한 1998년 연설은 북한이 어떻게 민족주의적으로 되었는지 보여준다.

조선민족은 같은 피를 이어받았으며 수천년 동안 같은 땅에서 살며 같은 언어를 사용해온 동질적인 민족이다. 북과 남과 해외의 모든 조선인들은 조선민족의 피와 영혼을 지닌 같은 민족에 속하며 같은 민족적 이익과 같은 역사적 심리와 감정으로 불가분리하게 연결되어 있다. 어떤 세력도 오랜 역사 동안 형성되고 발전해온 하나의 조선민족을 영구히 두개로 갈아놓을 수는 없으며, 우리 민족과 우리의 민족적 특징들을 제거할 수도 없다. (…) 외세에 의해 갈라진 우리 민족의 재통일은 우리 민족사의 불가피한 추세이며 민족발전의 법칙이다(5면).

다시 한번 이 연설에는 맑스레닌주의나 스딸린주의적 민족개념의 흔적은 없다. 그 대신 김정일은 신채호, 이광수, 최남선 같은 이전의 한국 민족주의자들의 견해를 그대로 되풀이해 한국의 혈통, 영혼, 그리고 민족적 특성의 중요성을 강조한다. 그는 더이상 맑스레닌주의를 북한 상황에 적용하는 데 관심이 없다. 실제로 그것은 더이상 북한에 유용하지 않다. 북한은 독자적인 사회주의 양식을 확립할 만큼 진화했지만, 김정훈(1999)이 제대로 지적하듯이, 그것은 사실 "사회주의가 없는 사회주의"에 불과했다. 바꿔 말하자면, 이는 이름은 사회주의이지만 내용상으로는 사회주의가 아니었다. 내용은 민족주의로 가득했다. 북한은 이전의 한국 민족주의자들이 민족의 위기에 직면해 주창했던 것과 유사한 유기적이고, 방어적이고, 국수주의적인 민족주의를 발전시켰다. 사실 오늘날 북한은 조선왕조가 한세기전에 직면했던 것과 유사한 상황—적대적인 국제환경에서 민족의 생존—에 직면해 있다.

결론

『북한의 혁명』(*The North Korea Revolution*)에서 암스트롱은 "북한 공산주의는 쏘비에뜨 모델과 전혀 다를 뿐만 아니라 어떤 점에서는 맑스레닌주의를 뒤집어놓았다"(2003, 243면)라고 쓴다. 그는 북한이 유물론보다는 이데올로기를, 계급투쟁의 언어보다는 가족적 이미지들과 민족통일의 어휘를, 사회주의의 평등주의적 에토스보다는 사회적 구분과 위계질서를 강조한다고 지적한다. 이렇게 볼 때, 북한은 "형식상으로는 스딸린주의"였을지 모르지만 분명히 "내용상으로는 민족주의"였다고 결론 내린다(2003, 245면). 커밍스의 말을 빌리자면, 북한은 "맑스레닌주의에서 그것이 원하는 것을 취하고는 나머지 대부분의 것은 거부했다"(1997, 398면). 바꿔 말하자면, 북한사람들은 공산주의를 그들의 민족주의적 목표를 위해 전유할 도구로 받아들였다.

그렇지만 오늘날 북한이 이룬 민족주의 국가는 하루아침에 건설된 것이 아니며, 그 정권이 태어날 때부터 존재했던 것도 아니다. 그 대신 북한정권은 변화하는 국제환경에 적응하면서 진화했다. 비록 주체사상은 1945년 이전의 김일성의 연설에서도 찾아볼 수 있지만 일관된 정치적 이데올로기로서는 1960년대말에야 패권적 위치를 차지한다. 북한은 소련제국의 위성국가는 아니었지만 건국 초기에는 소련의 영향을 강하게 받았다. 한국전쟁 이후 북한은 중국과 중요한 관계를 맺었으며 1960년대의 중소논쟁 동안에는 균형을 유지하기 위해 노련하게 처신했다. 김일성은 경쟁관계에 있는 공산주의자들을 몇차례에 걸쳐 숙청한 후 정치적 지도력을 공고히 하자마자 중국, 소련에 대해 좀더 독립된 자세를 추구했으며 주체사상이 이런 전략의 이데올로기적 토대가 되었다.[7] 1970년대에 주체사상은 북한정권의 중심이 되었으며 결국에는 최고 이데올로기의 지위로 격상되었다. 1980년대 중국의 개방정책과 소련의 글라스노스트, 특히 소련제국의 붕괴로 인해 북한은 '우리식 사회주의'와 '조선민족 제일론'에 표현된 민족주의의 중요성을 강조하게 되었다. 맑스레닌주의는 북한 헌법에서 삭제되었으며, 북한은 1990년대에 민족주의 국가가 되었다.

북한을 김일성을 어버이로 하는 혈연에 바탕을 둔 민족주의 위에 건설된 나라로 보는 것은 우리가 그 나라의 정치체제를 이해하는 데 도움을 준다. 브루스 커밍스는 북한은 민족이 역사 변화의 단위로서 계급을 대신하는 일종의 "신사회주의적 조합주의"를 유지하고 있다고 주장한다. 그는 북한의 조합주의를 아시아 조합주의의 반향으로 간주한다. 북한정권은 전전(戰前)의 일본이 그랬던 것처럼 북한을 '가족국가'로 만들려고 노력했다. 커밍스는 "천황은 모든 국민의 아버지였고, 국민은 혈연으로 연결되었으며, 그 피는 일본인의 혈관 속에 흐르고 있었다"(1997, 402면)라는 타나까 찌까꾸(田中智學)의 말을 인용한다. 전전의 일본과 북한(즉 김일성은 단군에서 시작된 같은 혈통을 지닌 조선 인민의 아버지다) 사이의 유사점을 주목하고서 커밍스는 북한의 조합주의 체제에 영향을 미치는 인체와 가족에 대한 성리학적 견해를 언급한다. 그러나 북한의 정치체제 발전에 강한 영향을 미친 것은 신채호와 이광수가 1945년 이전에 주창했던 유기적인 민족 개념이었다. 종족민족주의는 전체주의 체제의 토대를 제공했다. 이광수적인 민족주의가 전전 일본의 파시즘과 '선택적 유사성'을 지녔다는 것을 인정한다면 북한의 정치체제에서 일본의 파시스트적인 요소들을 발견한다고 해서 그리 놀라울 것은 없다.

끝으로 북한의 주요 이데올로기가 사회주의나 공산주의가 아니라 민족주의라는 것은 그 결점뿐만 아니라 힘과 탄력을 설명해준다. 1989년 소련제국이 붕괴되었을 때 (당시 미중앙정보국 CIA 국장을 포함해) 많은 박식한 사람들과 전문가들은 북한정권이 곧 붕괴될 것이라고 예언했다. 그러나 북한은 1990년대에 외부세계로부터의 극단적인 고립, 유일한 지도자인 김일성의 사망, 가뭄과 기아, 경제적 곤경 같은 일련의 위기에서 살아남았다. 치로트(D. Chirot 1991)는 공산주의정권의 운명은 그 기원과 밀접하게 연결되어 있었다고 지적한다. 대부분의 동유럽 공산주의정권은 소련의 위성국으로 수립되었으며, 소련이 구해주려 하지 않았을 때 붕괴되었다. 반대로 베트남, 중국, 북한, 꾸바 같은 독자적으로 수립된 공산주의국가들은 모두 여전히 살아있다. 북한은 대체로 1960년대 이후 소련제국에서 독립했으며, 그것은 소련이 붕괴된 이후 왜 북한이 여전히 살아있는지 설명해준다. 동시에 호전적인 주체민족주의는 경제를 개혁하려는 북한의 노력에 부담이 되고 있다. 중국이 20년전에 그랬던 것처럼 나라를 외부세계에 개방하는 대신 북한은 매우 국수주의적이고 방어적인 민족주의에 의존하고 있다. 북한은 '은자의 나라'로 남아 있기를 선택했다. 북한은 최근의 '경제개혁' 노력에도 불구하고 진로를 바꿀 것 같지는 않다. 북한은 방어적인 민족주의를 주된 민족생존 전략으로 계속 고취할 것이다. 하지만 그런 전략은 북한정권이 생존하기 위해 몹시 필요한 (경제적이거나 다른) 어떤 진지한 개혁에도 장애가 될 것이다.

5장

일민주의와 '조국근대화'

북한과 마찬가지로 남한도 해방후 새로운 공화국을 건설할 때 민족주의의 힘을 빌렸다. 비록 미국의 패권 아래 자본주의 세계체제에 편입되긴 했지만 남한 역시 매우 민족주의적인 국가를 발전시켰다. 이 장에서는 대한민국의 첫 두 행정부인 이승만(1948~60)정권과 박정희(1961~79)정권 동안 민족주의의 발전을 살펴볼 것이다. 특히 이승만의 일민주의(一民主義)와 박정희의 '조국근대화'를 살펴볼 것이다.

이승만과 박정희는 서로 다른 배경과 경력을 지녔기 때문에 그들을 같은 범주에 넣는 것이 이상해보일 수도 있다. 이승만은 유교 집안에서 태어났으며 독립협회에 참여했다. 구정권을 개혁하려는 정치적 활동으로 인해 5년 이상 감옥에서 보낸 후, 그는 한국을 떠나 미국에서 교육을 받았으며 프린스턴대학에서 박사학위를 받았다. 정치학자 이종식은 이승만을 "그 생애가 두개의 상반되는 세계에 걸쳐 있는 사람"으로 묘사한다. 그는 "뿌리 깊은 유교문화의 산물"이었지만 "서양의 자유주의 원칙들의 강력한 대표자가 되었다"(2001, 50면). 그는 생애의 상당한 기간을 미국에서 지냈으며 1945년 한국에 돌아오기 전에 한국 독립운동을 주도했다. 3년후에 그는 대한민국의 초대 대통령이 되었다. 1960년 봄에 학생들의 봉기로 그의 정부가 전복되었을 때 그는 다시 미국으로 망명했다.

박정희는 가난한 농민 집안에서 태어났으며 식민지기에 일본사관학교에 들어가기 전에 교사로 일했다. 일본군에서 가장 훌륭한 한국인 장교 중 한 사람으로 알려진 그는 그 학교를 우등으로 졸업했다. 한국이 일본의 식민지에서 해방될 무렵 박정희는 일본군에서 입신출세한 장교였다. 1945년 이후 그는 대한민국 군에 참여하기 전에 공산주의 활동을 했던 것으로 추정된다. 그 결과 박정희가 1961년 봄에 쿠데타를 일으켰을 때 미국인들은 그가 공산주의자가 아닌가 의심했다. 일단 권력을 쥐자 그는 1965년 일본과의 관계를 정상화했으며 미국과 일본을 주요한 무역 상대국으로 해서 수출주도형 산업화를 의욕적으로 추진했다. 그는 1979년까지 18년 동안 대한민국을 철권통치하다 그의 권위주의통치에 저항해 대중폭동이 일어난 가운데 한국 중앙정보부 부장에게 암살당했다.

따라서 이승만과 박정희는 한국의 지도자가 되기 전에는 매우 다른 배경과 이력을 지녔다. 또한 박정희는 이승만정권을 무능하고, 부패했으며, 권위주의적이라고 비난했다. 그럼에도 둘 다 민족주의의 힘을 정치에 어떻게 동원하는지 알았으며 단일종족이라는 대중적 인식에 바탕을 둔 비슷한 종류의 민족주의를 발전시킨 정치가들이었다. 하지만 그런 민족주의 정치를 이 지도자들의 단순한 산물로 간주하는 것은 잘못이다. 그랬더라면 그들은 각자의 개성과 배경에 따라 매우 다른 종류의 민족주의와 민족주의 정치를 발전시켰을 것이다. 그런 민족주의 정치가 해방이후의 한국에 널리 퍼지게 된 특수한 상황이 결정적이다. 이런 점에서 1945년 이후의 남한에서 종족민족주의의 식민지 유산을 논의하는 것은 꼭 필요하다.

종족민족주의의 식민지 유산

해방이후 일본의 지배에 대한 정치적 비난에도 불구하고 식민지 유산은 특히 남한에서 식민지 이후의 한국사회에 영향력을 행사했다. 그 유산은 넓고 깊었다. 포괄적인 '일제잔재 청산'이 이루어지지 않았으며, 국회가 특별법으로 친일부역자들을 처벌하려고 했을 때 긴장이 고조됐으며 이승만정부는 마침내 그 법안에 거부권을 행사했다. 대신 일본이 만든 많은 정부기구, 특히 관료주의와 경찰이 재조직되었고, 일본에 협력했던 많은 한국인들이 새 정부의 요직에 재기용되었다. 예컨대 일본 경찰에 복무했던 한국인들 중 약 85퍼센트가 1945년말에 한국의 국가경찰에 고용되었다.

관료제도와 경찰은 해방된 한국에 남은 식민지배의 흔적들을 발견할 수 있는 유일한 곳이 아니었다. 똑같이 중요하지만 간과되고 있는 것은 일제강점기 동안 발전한 종족민족주의가 1945년 이후의 정치에 남긴 유산이다. 한민족의 순수성, 단일성, 불멸성을 설교하는 종족민족주의가 1930년대에 만연하였으며, 그것은 해방이후에도 한국의 사상과 정치를 계속 형성했다. 한국의 지도자와 학자 들은 그것이 지닌 반식민주의적, 반제국주의적, 반일적 성격과 역할은 강조했지만 한국의 종족민족주의에 잠재된 파시스트적 잠재력 — 그것은 해방후 현실화됐다 — 은 무시하고 간과했다. 민족주의 사학은 주로 민족주의의 긍정적 측면만 제시하고 그것의 부정적인 양상들은 무시했다. 얄궂게도 권혁범이 지적하듯이, 민족주의가 지닌 반제국주의적인 본질 때문에 한국인들은 그것의 어두운 면에 눈이 멀게 되었다. 하지만 식민지배 동안 발전한 종족민족주의는 김일성의 주체사상과 이승만의 일민주의와 같은 권위주의적인 국가이데올로기의 토대가 되었다.

해방직후의 민족주의 열정, 특히 초민족주의적인 사상과 세력을 압도한 민족주의의 힘은 미국, 소련, 중국, 영국이 제안한 신탁통치에 대해 한국인들이 보인 반응에서 가장 잘 드러났다. '해방된' 한국을 신탁통치하려는 구상은 1943년 3월 로우즈벨트(Roosevelt) 대통령이 미국을 방문한 영국 외무장관 앤서니 이든(A. Eden)에게 언급한 때로 거슬러 올라갈 수 있다. 그해 말 카이로 회담에서 미국, 영국, 중국이 "적절한 절차에 따라 한국은 자유를 찾고 해방될 것이다"(Cumings 1981, 106면)라고 알리는 선언을 발표했을 때 그것은 더욱 구체화됐다. 여러 나라가 참여하는 신탁통치 구상은 1945년 여름 일본의 항복에 뒤이어 한반도가 분할되고 미국과 소련이 남한과 북한을 점령했을 때도 사라지지 않았다. 그 대신 1945년 12월에 미국, 영국, 소련의 외무장관들은 전시 협상에서 해결되지 않은 채 남아 있는 다양한 전후문제를 논의하기 위해 모스끄바에서 만났다. 한국은 중요한 의제가 되었으며, 세 열강은 한국에서 여러 나라가 참여하는 신탁통치를 실시하는 데 동의했다.

신탁통치 소식이 한반도에 전해지자 세기의 전환기에 취한 일본의 보호국 조처에 여전히 감정이 상한 한국인들은 좌우를 막론하고 분노했다. 그것은 즉시 1905년 을사조약과 비교되었고, 또다른 제국주의 음모로 비난을 받았다. 일제강점기 동안 민족주의 운동의 지도자였던 안재홍은 「신탁통치 반대 선언」(1946/1978)에서 신탁통치 지지는 한국이 1905년에 범했던 실수를 반복하게 될 것이라고 경고했다. 그는 반탁운동을 일제강점기에 시작된 외세로부터의 민족해방운동의 연장으로 규정했다. 공산주의자들이 나중에 반탁을 중단했을 때 그들은 반민족주의자들이라고 가차없이 비난을 받았다. 『건국공론(建國公論)』 1946년 4월호에 실린 한 글은 신탁통치 제안을 한국을 일본의 보호국으로 만든 을사조약에 비교하며 공산주의자들이 "민족을 배신"했다고 비난했다(최해종 1946). 식민지배의 역사적 기억과 민족주의 열정을 참작해볼 때 신탁통치는 처음부터 실패할 운명이었다. 그 역사적 유산은 지금도 지속되고 있다. 한국인들은 범아시아 지역 통일체나 조직을 건설하자는 일본의 어떤 제안도 여전히 의심한다. 그런 조직이 지닌 어떤 경제적 합리성에도 불구하고 한국인들 사이에 정치적 지지를 얻기는 쉽지 않을 것이다.[1]

신탁통치 계획이 재로 사그라들면서 분단된 두개의 국가가 출현했다. 비슷하게 강한 종족적이고 유기적인 민족주의가 나찌와 연루된 것 때문에 불신을 받은 독일에서와는 정반대로 민족주의는 한반도 양쪽에서 효과적인 자원이 되었다. 임지현이 지적하듯이, "두개의 한국은 자유주의와 사회주의라는 그들의 공식적인 이데올로기에도 불구하고 민족주의 정신에 호소했다"(1994, 117면). 특히 남한정권은 북한의 조선인민공화국과 구분하고 남한의 종족적 민족 혹은 인종의 유일한 정당성을 주장하기 위해 남한을 대한민국이라 명명했다.[2] 단기(檀紀)의 채용에서 예시된 것처럼 단군신화는 불가결한 민족적 상징이 되었다. 개천절은 한민족의 탄생을 축하하기 위한 국경일로 지정되었다. 또한 최초의 총선이 1948년 봄에 실시되었을 때 국회 100개의 의석을 북한에서 총선이 치러지면 채울 수 있도록 비워두었다. 남한정부는 여전히 북한 지역의 도지사들을 임명하고 있다. 이것은 대한민국 정부가 전체 한민족의 유일한 합법정부라는 주장의 명백한 표현이다. 대한민국 초대 대통령 이승만은 한국인들은 단일민족이라는 것을 가리키는 일민주의를 '새로운 국가의 국시'로 내세웠다. 일민민족주의는 (종족적) 한민족을 대표한다는 그의 주장과 '북진통일론'의 토대가 되었다. 박정희는 이승만의 유산을 비난했음에도 한국의 민족주의 정신에 계속 호소했다. 그는 이승만이 직접 주창했고 이광수가 1930년대에 주장했던 것처럼 "이데올로기는 바뀌지만 민족은 상존하고 지속된다"(1973c, 22면)라고 선언했다. 박정희는 근대화계획에도 불구하고 "위대한 한민족"의 단일성과 불멸성을 강조하는 것은 피하지 않았다. 그 대신 그는 그런 종족민족주의의 힘을 알아챘으며 그것을 그의 근대화계획뿐 아니라 권위주의정치에 이용하려고 노력했다.

따라서 식민지배 동안 종족민족주의를 주창한 주요한 인물들에 대한 비난에도 그들이 지녔던 생각은 보존되고 심지어 고취됐다. 일제강점기에 계발된 이광수류의 종족민족주의는 해방이후 한국정치에 꾸준히 영향을 끼쳤으며, 각각의 권위주의정치에 이데올로기적 토대를 제공했다. 일제강점기에 종족민족주의에 잠복해 있던 파시스트적 잠재력이 남북한이 주권과 정치적 권능을 획득한 후 남북한 모두에서 실현되었다는 것이 나의 주장이다. 비록 종족민족주의는 반제국주의와 반식민주의, 특히 반식민지 인종주의 이데올로기였지만 해방이후 한반도 양쪽에서 권위주의정치에 기여했다. '과도하게 발달된 국가'

와 그것의 억압적인 기구가 1945년 이후 한국의 권위주의정치를 형성한 주된 식민지유산으로 지적되어 왔다(Cumings 1984). 그러나 민족주의 정서의 유산은 훨씬 더 깊어서 한국인들의 문화적·정치적 의식에 침투해 들어갔다. 남북한의 정치지도자들이 각자 권위주의정치를 정당화하기 위해 유기적이고 집단주의적인 민족 개념을 이용한 것은 역사적인 우연이 아니었다. 의심할 여지도 없이 종족민족주의의 식민지유산은 해방이후에 잘 살아남았다.

일민주의

이승만은 대한민국의 대통령이 되기 전부터 오랫동안 일본과 러시아를 증오한 것으로 유명했다(C. Lee 2001). 권력을 쥐자 그는 반일과 반공을 정치에 능숙하게 이용했다. 그는 자신의 정치적 이익과 의제를 위해 대중을 동원하는 방법으로 반일감정을 조종하는 법을 알고 있었다. 일본의 식민지배에 대한 한국인들의 경험과 기억이 여전히 생생했기 때문에 '일본 때리기'는 그 시기 대부분의 한국 정치가들의 공통된 정치 전략이었다.[3] 한편 이승만은 지독한 반공주의자였으며 분단된 국토를 '북진' 통일해야 한다고 주장했다. 그는 공산주의를 동질적인 한민족 공동체의 통일을 파괴하는 질병으로 보았으며, 공산주의를 자유와 맞붙게 했다. 그에게는 "자유와 공산주의는 대립된다. 그것들은 결합될 수 없다. 공산주의와 타협하는 것은 불가능하다. 그것은 기름과 물을 섞으려는 것과 같다. (…) 유일한 선택은 공산주의의 전체주의적인 통제에 굴복하거나 그것에 반대하는 것이다. 한국 민족주의의 유일한 구원은 신탁통치 거부를 포함해 공산주의를 철저하게 거부하는 것이었다"(Oliver 1978, 31·391면). 이런 맥락에서 이승만은 소련이 포함될 국제적인 신탁통치를 반대했으며, 미국에 민족통일을 이룰 수 있게 군사원조를 해달라고 꾸준히 요구했다. 그는 또한 한국전쟁이 끝날 때 휴전을 반대했다. 그의 반일주의와 반공산주의는 잘 알려져 있으며 학문적 관심을 끌고 있지만 이런 '반일주의와 반공산주의'에 영향을 미친 민족주의에 대한 그의 견해는 적절하게 규명되지 않았다. 일민주의는 이승만 정치의 민족주의 요소들을 포착할 수 있다.

대한민국 건국 1년 뒤 이승만은 「일민주의는 무엇인가?」라는 글에서 공식적으로 일민 민족주의를 제안했다(1949a). 그 글에서 그는 "오랜 역사를 지닌 단일민족인 우리는 항상 하나이며 둘이 아니다. 하나의 민족으로서 우리는 항상 하나가 되어야 한다"(1949a, 2면)고 선언했다. 그는 한민족은 계층분열, 빈부격차, 지역의식으로 인해 분열되어 있다고 탄식했다. 독립협회 활동과 미국에서의 독립운동을 회고하면서 이승만은 "일민이라는 두 글자는 50년에 걸친 나의 운동의 시작이자 끝이다"(1949a, 3면)라고 주장했다. 그러고 나서 그는 일민주의를 새로운 한국의 국시로 불렀다. 그는 심지어 한국은 이런 일민 이데올로기로 과거에 일부 잃어버린 영토를 되찾을 수도 있었다고 주장했다. 이승만은 한국인들에게 계급, 부, 지역의 차이를 벗어나도록 요구했다. 그는 "우리는 흩어지면 죽지만 뭉치면 살 것이다"(1949a, 5면)라고 선언하면서 이 글을 마무리했다.

그 다음주에 발표된 「일민주의와 민족주의 운동」이라는 또다른 글에서 이승만은 특히 일민주의를 반공주의의 토대로 제시했다. 공산주의자들은 한국의 주적(主敵)이었으며, 일민주의는 공산주의자들과 싸울 이데올로기적 무기를 제공하고자 했다. 이승만은 "다른 민족들처럼 우리는 공산당과 싸우고 있으며 이 전쟁은 군사적 전쟁으로 발전할 때까지는 여전히 이데올로기적이다. 민주주의는 공산주의의 이론적으로 복잡한 선전을 다루기에 너무 단순하며 우리는 공산주의를 제거하고 민족주의의 영원한 토대를 마련하기 위해 일민주의를 필요로 한다"(이승만 1949b, 5면)고 주장했다. 이승만은 한국인들에게 조선왕조의 운명을 상기시켰다. 그에 따르면, 조선왕조는 내부분열과 계속된 당쟁의 결과 식민지배로 떨어졌다. 이승만은 종족민족주의를 그의 반공 이데올로기의 수사적 토대로 이용했다.

초대 교육부 장관 안호상은 이승만의 일민주의를 더욱 명확하게 표현했다. 1950년에 발표된 『일민주의의 본바탕』 서문에서 안호상은 "우리는 일민이다. 일민은 핏줄도 하나요, 운명도 하나요, 또 주의(主義)도 하나이다. (⋯) 일민주의는 우리 민족의 새 역사와 인류의 새 평화를 창조할 지도원리이다"(7면)라고 선언했다. 그는 과거에 한국은 중국의 도전을 받을 때면 군사적으로는 이길 수 있었지만 사상과 이데올로기에서 정복을 당했다고 주장했다. 안호상에 따르면, 바로 그런 이유 때문에 조선은 중국에 종속되었다. 따라서 한국은 외국 사상을 무조건 포용할 것이 아니라 그것을 한국의 이익과 목적에 맞게 이용할 수 있도록 비판적으로 소화해야 한다고 말했다. 안호상은 한국이 그가 외세의 노예가 되는 것과 동일시한 신탁통치를 막아서 기뻤다. 그는 또한 한국인들은 공산주의에 대항해 싸워야 하지만 민주주의는 너무나 미약하고 일천하기 때문에 한민족의 지도원리가 될 수 없다고 주장했다. 그는, 공산주의자들조차도 그들의 체제를 민주적이라고 주장하는 만큼 한국인들은 자유국가가 되기 위해 그저 민주주의에 호소할 것이 아니라 독특한 이데올로기를 계발해야 할 필요가 있다고 생각했다. 그에게는 오직 일민주의만이 전통과 근대성이라는 두가지 요소를 창조적으로 결합함으로써 그런 원리가 될 수 있었다. 그것은 단군의 홍익인간과 신라 화랑도의 원리를 계승하고 있기 때문이다.

일민주의는 분명히 식민지배 동안 출현했던 것과 유사한 종족민족주의의 한 표현이었다. 민족은 유기적이고 집단주의적인 용어들로 이해되었으며 같은 혈통과 선조를 특징으로 하는 선천적인 존재나 운명으로 여겨졌다. 한국인들은 단일민족으로 받아들여졌으며 같은 생각과 행동을 하지 않으면 안되었다. 동일성과 단일성을 지나치게 강조함으로써 개인들과 사회집단들 사이의 차이와 다양성은 무시되었다. 마찬가지로 유기적인 민족됨 의식은 민족을 다른 형태의 집단 정체성들과 사회적 분파들로부터 특권화했다. 안호상이 요약하는 바에 따르면, "민족은 어떠한 개인과 계급보다도 더 귀중하며 국가는 어떠한 개체나 정당보다 더 크다. 민족과 국가를 가장 높게, 또 귀중히 여김은 인생의 본성이요 한 백성 일민의 본무(本務)이다. (…) 만일 하나의 겨레인 일민이 전체를 돌보지 않고 단지 저마다 제가 가진 그 외래사상과 주의만을 고집한다면, 우리 일민의 분열은 물론이려니와, 과거에 교육시키던 사대사상을 되살리[再生]며 되풀이하는 데 지나지 못한다"(1950, 32, 56면). 민족은 선천적이고, 분리될 수 없으며, 불멸한 것으로 받아들여졌으며, 모든 개인적 이익과 생각은 민족이라는 전체의 이익과 생각에 종속되어야 한다. 이것은 바로 신채호와 이광수 같은 초기 한국 민족주의자들이 주창했던 것들이었다. 비록 그들은 그런 민족주의를 제국주의를 극복하고 주권을 되찾는 방법으로 이용했지만 이승만정권은 똑같은 논리를 반공 권위주의를 합법화하는 데 이용했다.

'조국근대화'

박정희는 1961년 5월에 쿠데타로 권력을 장악했으며 1972년에는 가혹한 유신체제를 수립했다. 그는 의심할 여지도 없이 나라를 철권 통치한 독재자였다. 동시에 박정희는 이승만과 북한의 김일성처럼 민족주의가 국가를 통치하는 데 차지하는 힘을 인식한 정치가였다. 박정희는 대통령 재직기간 동안 불법적인 권력쟁취와 그외의 독재행위를 정당화하기 위해 민족주의 수사에 몹시 의존했다. 박정희는 쿠데타를 '조국근대화'를 달성하기 위한 노력으로 표현했으며 1972년의 유신체제는 변화하는 국내외 정세로 말미암은 "구국운동"으로 묘사했다. 권력을 장악하자 국가의 '안녕'과 '발전'을 민족이 직면한 주요한 임무로 삼았으며 그의 행동을 애국적 사명으로 정당화했다. 박정희는 권위주의 정치를 정당화하기 위해 민족주의를 반공과 개발주의와 노련하게 혼합했다.

이광수와 이승만처럼 박정희는 종족 동질성의 기본전제와 단군에서부터 내려오는 한민족의 영원성을 받아들였다. 그는 또한 공산주의자들이 한민족 공동체의 단일성을 파괴하고 있다고 비난했으며, 대한민국은 유일하게 민족 전체를 대표한다고 되풀이해 주장했다. 박정희를 이승만과 갈라놓는 가장 큰 차이점은 개발주의의 고취였다. 독립운동의 지도자였으며 보통선거를 통해 당선된 이승만과는 달리 박정희는 군사쿠데타로 권력을 장악했기 때문에 정당성 문제에서 고통을 겪었다. 그 반응으로 박정희는 개발을 정권의 주된 목표들 중 하나로 삼았으며, 경제적 업적을 지배의 정당성과 연결했다. 비록 한국은 식민지배 동안 약간의 발전을 보였지만(Eckert 1991; Kohli 1994; G. Shin 1998) 남한(앞으로는 그냥 한국이라고 부른다) 경제는 이제 박정희 시기에 비약적으로 발전한 것으로 널리 인정되고 있다. 박정희가 한국의 지도자였던 20년 동안 한국은 주목할 만한 경제성장을 이루었으며(1960년에서 1982년까지 연평균 GDP 성장률은 8.6퍼센트에 달했다), 한국의 경제를 농업에서 공업으로 전환했다(1950년대에서 1980년대초에 이르기까지 공업의 비율은 21.5퍼센트에서 39퍼센트로 늘어난 반면에 GDP에서 농업의 비율은 41.8퍼센트에서 16퍼센트로 줄어들었다). 특히 한국의 근대화는 '수출주도형' 산업화에 토대를 두었다. 외부요인들, 특히 외국 자본, 시장, 수출이 한국 근대화과정에 결정적인 요인들이었다. 한국은 대만, 씽가포르, 홍콩과 더불어 "네마리 작은 용" 중 하나로 알려지게 되었으며(Vogel 1991), 일본을 뒤이을 "아시아의 다음번 거인"(Amsden 1989)이라는 칭송을 받았다.

한국의 근대화에 대한 최근의 연구들은 국가와 세계체제의 상호역할을 강조한다. 국가주의자들은 다른 비서양 민족들의 '약탈적인' 역할과는 전혀 다른 한국정부의 '개발' 역할을 강조한다. 한국정부는 사회와는 대체로 분리된 '자율성'을 지녔을 뿐만 아니라 베버류의 효과적인 관료제도로 변화를 주도할 '능력'을 가졌다고 한다(Evans 1995; E. Kim 1997; Woo 1991). 학자들은 한국의 발전을 설명하는 데 종속이론이 부절적하다고 대체로 거부하는 한편, 한국이 먼저 일본의 체제에 통합되고 그 다음에는 미국의 체제에 통합된 것이 급속한 경제성장에 결정적이었음을 예로 들며 좀더 세련된 세계체제 이론을 발전시켰다. 나는 특히 서양의 초기 산업국가들과 비교해보았을 때 국가와 세계체제가 상호작용해 한국의 그리고 더 나아가 동아시아의, 산업전환을 상

168

대적으로 짧은 기간에 낳았다는 것을 논박하지 않는다. 그럼에도 이런 연구들은 한국의 근대화과정의 좀더 사회학적인 양상들을 평가하는 데 결함이 있다. 내가 한국 변화의 '발달 심리학'이라고 부르는 것에 대해 더 잘 이해할 필요가 있다. 청교도 윤리가 서양의 인식론적 토대를 제공했다면(Weber 1976), 한국의 근대화과정에서 동일한 기능을 한 것은 민족주의 윤리였다.

그런 발달 심리학은 박정희가 1960년대와 1970년대에 주도한 '조국근대화' 계획에서 가장 잘 예증된다. 박정희는 근대화를 개개 국민의 삶의 수준을 개선하거나 회사들이 이익을 창출하는 것 이상으로 여겼다. 그것은 집단주의적이고 민족주의적인 용어로, 즉 통일되고 자급자족적인 한국을 성취하기 위한 주된 수단으로 이해되었다. 그는 근대화 계획을 "우리의 경제성장을 가속화하고, 조국을 근대화하고, 자립, 독립, 번영의 토대 위에 우리나라의 평화통일을 성취하기 위한"(박정희 1976, 31면) 분명한 역사적 사명이라고 주장했다. "부유한 국가, 강한 군대"를 수립하려고 노력한 일본의 메이지 개혁가들처럼 한국의 근대화는 대한민국이 또다른 식민지나 공산주의 지배에 떨어지는 것을 막기 위한 유일한 방법이라는 의미에서 민족의 생존문제로 받아들여졌다. 박정희는 자신을 "최고의 사명과 가장 무거운 책임을 앞에 두고 희생과 헌신의 제단"에 자기 자신을 바칠 준비가 된 "민족의 양심"으로 불렀으며 다른 한국인들이 그를 따르도록 촉구했다(박정희 1972c/1973, 135면).

그럼에도 박정희의 민족주의가 외국인 혐오증에까지 이른 것은 아니었다. 그는 개발목표를 달성하기 위해 서양은 물론 일본에서도 배울 필요가 있음을 인식했다. 그는 한국인들이 "유해하거나, 퇴폐적이거나, 우리의 문화전통과 양립할 수 없는 요소는 거부하고 논박하는 한편 외국문명의 뛰어난 양상들을 받아들이고 동화하고 소화해야 한다"(1979b, 196면)고 확고하게 믿었다. 박정희에게 "외국 문명"은 적절하게만 이용한다면 한국의 민족이익을 향상하는 데 유용할 수 있었다. 이것은 왜 그가 대중적 항의에도 불구하고 별 망설임 없이 일본과 관계를 정상화했으며 수출주도형 산업화 정책을 적극적으로 추진했는지 설명해준다. 그러나 밖을 내다보는 동안 그의 시선은 궁극적으로는 안을 향했으며, 한국을 강하고 자립적인 주권국가로 끌어올리는 데 촛점을 맞추었다. 그는 한국에 민족적으로 이익을 가져오기 위해 초민족 세력들을 이용하려 했다. 박정희에게 근대화는 기껏해야 "중간" 목표였으며, 통일되고 자립적인 한민족을 건설하는 것이 궁극적 목표였다(박정희 1976, 21~22면).

근대화에 대한 그런 도구주의적 견해는 한국에 새로운 것이 아니었다. 한국인들은 민족주의 목표를 달성하기 위해 다양한 형태의 초민족 세력들을 도구로 전유했다. 또 예전에도 그랬듯이 근대화에 대한 박정희의 도구주의적 견해는 주로 과거와 현재의 세계에 대한 사회적 다원주의적 이해에서 생겼다. 박정희는 "만약 우리가 약하면 우리나라는 위험에 빠질 것이다. 이것은 민족들이 흥망성쇠하는 인류역사의 살아있는 교훈이다. 한 나라가 멸망하지 않으려면 스스로 힘을 길러야 한다"(1976, 31면)고 선언했다. 박정희는 종종 식민지화의 역사적 기억을 환기시켰으며 과거의 불행한 민족적 운명을 민족투쟁의 세계에서 한국이 근대화에 실패한 탓으로 돌렸다. 그는 또한 한국은 열강들 사이에 있기 때문에 사람들에게 한국의 지정학적 위치를 상기시켰으며 한반도를 외세로부터 방어하기 위해 근대화를 통해 민족의 힘을 강화할 필요가 있다고 강조했다. 박정희는 한국인들에게 "독립을 향한 길이 아무리 가시밭길일지라도 우리의 민족 자존심과 전통에서 용기를 얻을"(1976, 47~48면) 것을 요구했다.

박정희는 민족과 국가에 대한 헤겔식 유기적 견해를 지니고 있었다. 신채호와 이광수 같은 초기 한국 민족주의자들이나 이승만과 김일성 같은 해방후 한국 지도자들처럼 그는 민족을 "무한한 생명력을 지닌 생물학적 유기체"로, 국가를 "민족의 보호자"로 보았다. 박정희가 주장한 것처럼, "국가가 없으면 민족의 번영과 발전 같은 것은 있을 수 없다. (…) 우리는 (…) 나라가 번영할 때만이 개인이 번영할 수 있으며, 나라가 부유해지고 강해질 때만이 개인도 그렇게 될 수 있으며, 영광이 나라에 속할 때만이 목적에 도달할 수 있다고 확신해야 한다"(1979b, 192~93면). 민족과 국가에 대한 그런 견해는 정부의 개발역할을 정당화하고 근대화에 대한 집단주의적인 접근을 고취하기 위한 것이었다. 박정희가 1972년 2월 7일 연설에서 지적했듯이, "이 땅의 모든 사람은 수행해야 할 역사적 사명을 지니고 있다. 각자는 자신의 의무를 수행해야 하며, 모든 개인이 자신의 의무를 수행할 때 건전한 경제적 토대가 가족을 위해 창조될 것이다. 그가 속한 공동체는 협동 노력을 통해 발전할 것이며, 전체 국가도 전진할 것이다"(1979b, 120면). 다시 한번 말하자면, 민족과 국가에 대한 이런 집단주의적 개념은 국가가 주도하는 조국근대화 계획을 정당화하는 데 이용되었다.

비록 박정희는 민족주의 과제를 위해 "외국 문명"을 전유했지만 또한 민족문화와 정체성을 보존하고 소생시키기 위해 노력했다. 『다시 태어난 한국』(Korea Reborn)에서 그는 각국은 근대화를 위해 분발하지만 분명한 "자기 정체성"을 지닌 나라들만이 성공할 수 있다고 주장했다. 그 이유는 "한 민족의 잠재력은 그 물질적 자원이나 영토의 크기로 결정되는 것이 아니라 민족의 집단적인 삶의 정신과 지혜로 결정되기 때문이다"라고 설명했다. 바로 그 때문에 박정희정권은 문화유적의 수리와 복원 같은 "역사상 우리 선조들을 지도한 정신과 지혜를 회복하기" 위해 노력하고 있다고 말했다. 그는 "우리 자신의 유산을 거들떠보지 않고 (…) 우리 자신의 것을 희생시켜서 다른 나라들의 역사를 공부하고 문화를 습득하는" 한국 지식인들을 "불행하고 수치스럽다"고 비판했다. 박정희는 근대화 혹은 "민족의 재탄생"의 첫걸음은 "우리의 문화와 전통에 상속된 우리의 가치들을" 재발견하여 한국의 민족문화와 정체성을 재확립하는 데 달려 있다(1979a, 20~21면)고 주장했다. 그는 한국의 소중한 역사에서 발견되는 그런 가치들의 구체적인 예로 "자주정신" "삶의 방식으로서 조화" 그리고 "창조력"을 들었다.[4]

1971년에 박정희는 한민족의 정신력을 더 잘 동원하기 위해 새마을운동을 시작했다. 시골다운 것을 한민족의 정수로 여기는 한국의 농촌주의 전통을 반영해 '민족 재생'을 위해서는 시골사람들을 교육하고, 조직하고, 동원할 필요가 있다고 믿었다. 그는 "경제건설은 정신계발 없이는 불가능하며 그 반대도 마찬가지이기 때문에 경제건설과 정신계발은 두개의 별개 개념이 아니라 병행되어야 한다"(1979b, 71면)고 여겼다. 원래 시골사람들을 겨냥했던 새마을운동은 곧 공장들과 사회적·경제적 삶의 다른 영역들로 확대되었다. 이 사회운동에서 한국인들은 그들의 역사, 문화, 전통의 장점들을 보존하고 발전시키도록 요구되었다. 한국은 "우리의 전통에서 전근대적인 요소들을 일소"하여 "기적적으로" 근대화를 이룰 수 있었지만 "우리의 오랜 전통의 힘을 부활시킴으로써" "우리 민족은 더 큰 발전을 향해 빠르게 움직여야 한다"(1979a, 142면)고 박정희는 믿었다. 그 운동은 물질적 복지뿐만 아니라 정신적 복지를 향상시키기 위해 계획된 삶의 다양한 양상들을 건드리는 포괄적인 캠페인으로 발전했다.[5]

1970년대에 토착적인 문화와 정체성을 장려한 것은 대내외적인 위기의식과 깊은 관련이 있었다. 내부적으로 박정희는 1971년 선거에서 야당 후보 김대중을 근소하게(53.2% 대 45.3%) 이겼으며, 대중 특히 시골의 지지를 확보해야 할 긴급한 필요성을 느꼈다. 시골주민은 여당의 주된 지지층이었지만 1971년 선거는 그런 지지의 침식 징후를 보여주었다. 국제적으로는 닉슨독트린과 베트남의 공산화가 박정희 정권에게 깊은 불안감과 긴박감을 불러일으켰다.[6] 그는 민족정체성과 민족의식에 대한 확고한 인식을 심어줌으로써 민족적 힘을 강화하려 했다. 하지만 민족과 국가를 다른 사회적 분파들과 집단정체성들보다 우선시하고 강조하여 박정희정권은 점점 더 전체주의적으로 되어갔다. 박정희는 정치단체들이나 정당들이 "당파적 투쟁과 알력에 집착하고" 있다고 비판하고 그들에게 "당파주의, 지역주의, 종파주의를 초월해 민족통일의 대의에 참여하라"고 요구했다(박정희 1972a/1973, 22면). 박정희는 "자유를 구실로 한 무질서, 민주주의의 이름을 내세운 비능률"이 "과거처럼 득세하도록" 내버려두지 않을 것이라고 경고했으며 "민족에 대한 충성"과 "국가에 대한 사랑과 충성"을 요구했다(박정희 1973b, 185면). 민족, 민족통일, 조국근대화의 이름으로 박정희정권은 다른 모든 집단정체성들과 경쟁관계에 있는 목소리들을 억압했다. 유신체제 수립과 더불어 박정희나 그의 정권에 대한 어떤 비판의 기미도 무자비하게 처벌을 받았다. 식민지배에 대한 대중의 기억, 공산주의의 침략, 빈곤, 대중 교육체제의 광범위한 동원, 그리고 (특히 베트남의 공산화 이후) 위태로운 국제적 환경은 민족주의 정치에 대한 그의 호소를 아주 효과적으로 만들었다.[7]

민족주의, 반공 그리고 파시즘

안또니오 그람시(Antonio Gramsci)는 현대 정치의 한가지 주된 양상을 예리하게 포착했다(1971). 그는 근대적인 지배의 양태들은 전적으로 경제적이거나 정치적인 것이 아니라 문화적이고 이데올로기적이기도 하다고 주장했다. 어떤 정권도, 심지어 독재정권조차도, 오로지 억압적인 조처들에만 의존하지는 않으며 대중의 자발적인 동의를 얻으려고 노력한다. 비록 완전한 패권은 좀처럼 획득할 수 없는 이상형을 대변하긴 하지만 말이다(Scott 1985). 그람시의 주장은 공산주의혁명을 성공적으로 방지한 선진 자본주의 패권의 본질을 설명하기 위해 나온 것이었지만 한편으로는 근대적 정치체제를 설명하기 위해 쉽사리 확장될 수 있다. 한국의 민족주의는 권위주의 정치에 대한 대중의 동의를 획득하기 위한 주된 수단으로서 여러 면에서 동원되었다.

이승만과 박정희는 둘 다 단군에서 내려오는 단일한 혈통에 바탕을 둔 유기적 민족의식을 공유하고 고취했다. 단군을 역사적 인물로 여겼으며, 단군이 지배한 고대 한국의 정치이데올로기인 홍익인간 이념은 남한의 원칙이 되었다. 그들의 배경이 서로 달랐으며 박정희가 이승만을 부패하고 무능하다고 비난했음에도 둘 다 종족민족주의에 대한 같은 믿음을 지녔다. 그 두 지도자는 민족을 다른 사회적 분파들보다 우선시했으며 각자의 권위주의 정치를 정당화하기 위해 민족주의 수사를 이용했다. 그러나 약간의 성공에도 불구하고 그들은 궁극적으로는 패권을 장악하는 데 실패했다. 결국 그들의 민족주의 수사는 추상적이고 전체론(全體論)적인 민족의 이름으로 인권과 자유에 대한 억압을 정당화한 것에 불과함이 밝혀졌다. 국가주도의 민족주의는 민주주의를 위해 싸우는 활동가들과 지식인들의 끊임없는 도전을 받았다. 마침내 이승만정부는 학생들의 봉기로 붕괴되었고, 박정희는 민중항쟁 와중에 한국 중앙정보부 부장에게 암살당했다.

식민지배 동안에 국제사회주의에 대한 반동으로 발전한 종족민족주의는 또한 반공과 단단하게 결합되었다. 민족주의와 반공의 융합은 남한에서 해방이후 계속되었다. 이승만은 특히 일민주의를 공산주의에 대한 대응 이데올로기로 주창했으며 박정희는 근대화 계획을 이용해 한국을 공산주의로부터 방어하는 수단으로 삼았다. 둘 다 공산주의자들이 단일민족의 오랜 역사를 파괴했으며 한국전쟁을 통해 동족상잔을 저질렀다는 이유로 그들의 반공을 정당화했다. 남한에서 대중은 공산주의와 권위주의 중 하나를 택하라는 잘못된 선택을 강요당했다. 후자는 전자보다 선호되거나 적어도 그 당시 많은 사람들에게 남한이 북한 공산주의정권의 '형제자매'를 해방시킴으로써 민족통일을 성취할 수 있을 때까지 권위주의는 불가피한 것으로 여겨졌다.

그러나 종족민족주의의 식민지유산을 고려하지 않으면 1945년 이후 출현한 민족주의 정치를 제대로 설명할 수 없다. 이승만과 박정희가 사용한 유기적 민족 개념과 민족주의 정치의 수사는 이미 일제시대에 발전했다. 특히 유기적 민족 개념, 민족의 영원성, 다른 집단정체성에 대한 민족의 우선권을 설교한 이광수적인 민족주의는 해방이후 한국에서 다시 나타났다. 또한 이광수의 민족주의에 잠재된 강한 반공산주의, 권위주의 경향이 해방이후 지도자들의 민족주의 정치를 형성했다. 일본의 지배와 이광수 같은 당시의 주요한 종족민족주의 주창자들에 대한 비난에도 종족민족주의의 식민지유산은 넓고 깊었으며 해방이후 한국의 민족주의 정치를 결정적으로 형성했다. 하지만 민족주의의 이런 어두운 측면은 민족주의사관에서는 간과되었다. 한국 민족주의가 일본의 민족주의/파시즘의 영향을 받았다고 가정하면, 남북한이 1945년 이후 전전의 일본국과 유사한 민족주의적이고, 군국주의적이고, 파시스트적인 체제를 발전시킨 것은 우연의 일치가 아니었다.

끝으로 민족주의의 열정과 힘으로 인해 초민족 세력들은 불신되거나 민족주의 의제를 위해 전유되었다. 초민족적인 신탁통치를 식민지배를 되살리며 따라서 한국의 민족이익에 반한다고 거부한 것은 해방의 분위기에서는 예상할 수 있는 결과였다. 또한 남한이 세계 자본주의체제에 편입된 것이 남한이 북한에서처럼 외국인을 혐오하는 민족주의로 발전하는 것을 억제했다고는 말할 수는 있지만 그것이 민족주의의 힘을 약화하지는 못했다. 실제적인 혹은 인지된 외부(예컨대 일본과 북한)의 위협은 남한에서 깊은 종족민족주의 충동을 일으키는 계기가 되었다.

논쟁적인 **정치**

한국의 정체성 정치에서 민족은 규범적으로 옳은 것이 무엇인지도 규정한다. 이때 민족에 대한 정의를 둘러싸고 벌어지는 경쟁은 아주 격해지고 정치적으로 해결하기 어려워진다. 심지어 민주화조차도 그런 민족정체성 정치를 뿌리 뽑지 못했으며, 사회적 토대로서 종족 민족주의는 여전히 한국인에게 호소력이 있다.

2 부

비록 한국 민족주의의 기원은 어떤 형태의 정언적인 정체성이 적절한가에 대한 논쟁에서 찾을 수 있지만 민족이라는 바로 그 개념 역시 논쟁의 대상이었다. 민족 만들기 과정은 근대적인 기획이었으며, 한국인들은 무엇이 한민족을 구성하는지에 관해 기준을 정하지 못했다. 2부에서 나는 민족 혹은 민족정체성이 무엇을 가리키는지에 대한 토론을 추적한다.

6장에서는 근대적인 민족 만들기의 중심은 서양에서 빌려온 '보편주의적' 개념들과 함께 시작되었음을 설명한다. 한국의 지도자들과 지식인들은 한국이 근대적인 민족이 되려면 한국은 그들이 모든 근대 민족국가들에 보편적으로 적용될 수 있으리라 여기는 서양의 정치적·사회적 가치들을 이해하고 통합해야 한다고 주장했다. 이런 동기로 그들은 과학, 기술, 시민권 심지어 도덕교육에 대한 서양의 사상을 도입했다. 그러나 보편적인 가치들과 지식을 차용하려는 이런 초기의 노력은 1905년 을사조약 이후 쇠퇴하기 시작했다. 민족의 주권에 가해지는 위협을 깨닫자 한국의 지식인들은 한국의 역사와 문화의 지방주의를 새로운 근대 한민족의 토대로 보기 시작했다. 민족을 구성하는 실제적인 내용은 서양적이거나 보편적인 주제에서 한국 자체의 역사적 경험들과 문화에 특수한 속성들로 바뀌었다. 한민족의 그런 지방화는 1920년대말 한민족의 독특함을 부정하는 식민지 인종주의나 민족보다는 계급을 설교하는 국제사회주의가 발흥하면서 가속화됐다. 한민족의 토대로서의 보편적인 관념으로부터 지방적인 관념으로의 변화는 식민지시기에 힘을 얻었다.

비록 지방주의적인 요소들의 통합을 점점 강조하기는 했지만 한국의 지식인들은 대부분 근대화가 민족 만들기 과정에서 중요함을 인정했다. 이것에 대한 반작용으로 일부 사람들은 과거 한국의 풍부한 농촌유산이 무시되는 것을 개탄했다. 농촌주의자들은 종족적인 한민족의 순수성과 독특함을 받아들이면서도 식민지시대에 점증하는 산업화에서 생겨나는 근대성을 비판했다. 그들은 한국의 미래를 자본주의적 견지나 공산주의적 견지에서 이해하지 않았다. 그들은 한국의 미래를 한국의 농촌 전통과 분명한 연계를 지닌 자립적인 공동체사회의 관점에서 보았다. 그렇다고 한국의 농촌주의자들이 전근대적인 사회체제로 돌아가자고 부르짖은 것은 아니었다. 오히려 그들은 이런 반근대적인 전통적 요소들을 새로운 민족 만들기 과정에 통합하기를 바랐다. 그들은 근대성에 의문을 품었지만 농촌주의 사상을 민족주의와 연결해 민족주의 패러다임을 포용했다.

8장에서는 해방이후 시기의 민족 만들기 궤도를 계속 서술한다. 분단 현실을 고려해볼 때 해방이후 한국의 상황은 통일된 동질적인 종족적 한민족을 주창하는 사람들에게는 어려운 문제를 제기한다. 나는 어떻게 두개의 한국의 지도자들이 단일한 종족적 한민족이 있다는 것을 받아들이면서도 민족에 대한 그들 자신의 정치적 기준을 계발했는지 보여준다. 나는 또한 양쪽이 종족적 한민족을 대표하고 지도하는 유일한 정당성을 얻기 위해 어떤 방식으로 투쟁해 부조화를 해결하려 했는지 논의한다. 또 민족대표성을 둘러싼 논쟁적인 정치가 두개의 한국 사이에 집중적이고 격렬한 종족 내부의 투쟁을 촉발했다고 주장한다. 양쪽은 정체성의 차원에서 바깥집단이 아니라 내부의 '배반자들'이 가장 큰 위협이 되는 단일종족의 비전에 집착했다. 결국 종족적 민족에 대한 강력하고 문제있는 공통된 집착은 통일의 추진력으로 기능한 것이 아니라 오히려 지난 반세기 동안 한국 내부의 갈등을 강화했다.

9장에서는 남한에서 민족정체성을 둘러싸고 국가와 사회 사이에 벌어진 논쟁적인 정치로 관심을 옮긴다. 특히 반공과 개발주의에 바탕을 둔 강한 민족국가를 형성하려는 남한의 국가적 계획에 도전한 민중주의의 출현을 분석한다. 민중운동에 참여한 사람들은 한민족의 단일한 종족적 토대에 도전하지는 않았지만 그들은 여전히 한국사회에서 내집단(內集團)의 다양성을 분출하게 했다. 특히 그들은 민족 만들기 과정은 권위주의적이며 오직 한국사회의 엘리트에게만 유리하고 경제발전의 주역인 대중에게는 손해를 끼쳤다고 주장했다. 그들에게 민중은 한민족의 핵심이 되어야 했다. 더불어 나는 민중운동 내부의 반미운동을 추적하고자 한다. 민중운동은 민주주의와 인권이 한민족에게 긴요하다고 주장했으며, 한국의 독재정치와 민중운동에 대한 강력한 탄압을 미국과 결부시켰다. 그렇지만 민중민족주의는 권위주의적 국가민족주의에 효과적으로 도전하긴 했지만 민주적인 민족 정체성을 계발하는 데는 못 미쳤다. 한국의 정체성 정치에서 민족은 건설적인 세계관을 기술할 뿐만 아니라 규범적으로 옳은 것이 무엇인지도 규정한다. 규정적으로 받아들일 때 민족에 대한 정의를 둘러싸고 벌어지는 경쟁은 아주 격해지고 정치적으로 해결하기 어려워진다. 심지어 민주화조차도 그런 민족정체성 정치를 뿌리 뽑지 못했으며, 사회적 토대로서 종족민족주의는 여전히 한국인에게 호소력이 있다.

따라서 종족적 한민족을 한국인의 저변에 흐르는 공동의 지표로 받아들일 때 실제 민족은 어떤 모습이어야 하는지 여전히 논쟁거리였다. 보편주의적 주제들이 지방주의에 굴복하고, 농촌주의가 재도입되고, 정치적 분열이 이해되고, 민주주의와 인권이 민족 만들기 과정에서 전면으로 나오게 된 것은 이런 논쟁의 범위 내에서다. 다음의 장들은 한국민족의 실체는 무엇이어야 하는지에 관한 이런 논쟁들을 설명한다.

6장

민족 만들기에서 보편주의와 지방주의

    한국 역사학에는 한민족의 종족화가 어디에서 유래했는지 진지하게 조사하지 않고 그것이 당연하거나 논리적인 것이라고 여기는 경향이 있다. 비교적 동질적인 종족을 포함한 안정된 영역 내에서 농업 관료제도를 유지해온 한국의 오랜 역사를 고려해볼 때 한국인들이 민족에 대해 그런 유기적인 견해를 지니는 것은 당연하거나 불가피하게 보인다. 이런 견해는 20세기 전환기에 신채호 같은 초기 민족주의자들이 먼저 제시했으며, 나중에 식민지배기에 다음 세대의 한국 민족주의자들(예컨대 이광수)이 명확하게 표명했다. 오늘날까지도 많은 사람들은 종족과 민족 사이에는 긴밀한 연관성이 있다고 가정한다.

    나는 한국이 적어도 10세기 이래 아주 발달된 중앙집권적인 관료국가를 지니고 지리적으로 경계가 분명한 공동체를 유지해왔다는 역사적인 사실을 논박하려는 것이 아니다. 또 과거의 낡은 한국 공동체가 민족과 민족주의의 새로운 근대적 언어로 재구성되고 재개념화되었다는 이론에 도전하려는 것이 아니다. 그러나 나는 한민족을 종족화하는 것이 선재하는 정치적 공동체 개념들의 논리적이거나 당연한 연장선은 아니었다고 믿는다. 그러나 이러한 종족화는 한국이 근대적 민족 만들기 과정의 초기단계에서 직면한 구조적이고 역사적 상황들에 따라 결정적으로 형성되었다고 본다. 민족은 사회적이고 역사적인 실체이며, 모든 민족은 시민적 요소와 인종적 요소를 다양한 정도와 형태로 지니고 있다. 때로는 시민적이고 영토적인 요소들이 지배적인 반면에, 어떤 경우에는 종족적이고 토착적인 요소들이 강조된다. 한국은 이런 일반적인 경향에서 예외가 아니었다. 형성기에는 새로운 근대적인 한민족의 이데올로기적 기초를 결정하는 데 시민적·정치적·개인주의적 요소들이 종족적·문화적·집단주의적인 생각들과 경쟁했다. 비록 후자가 결국 우세했지만 이것을 역사적인 운명으로 받아들이는 것은 실수일 수도 있다. 오히려 한국이 근대세계로 전환하면서 직면한 특수한 역사적 상황, 특히 제국주의와 식민주의 환경이 이런 우세를 초래했다. 이 장은 한민족을 규정하는 데 종족적이고 집단주의적인 요소들이 시민적이고 개인주의적 가치들을 지배하게 된 역사적 과정들을 논증한다.

근대 초기의 보편주의와 지방주의

19세기말에는 서유럽에서 생긴 근대적인 민족사회의 일반 모델이 세계적으로 아주 인기가 있었다.[1] 이런 서양의 모델은 사회의 기본단위로서의 개인과 개인의 집합체로서의 민족의 개념을 포함하며, (민족적·개인적) 진보와 정의 같은 가치들을 강조한다(Meyer et al. 1997). 민족의 위기에 직면한 한국 지도자들은 '근대적' 가치와 제도 들을 도입해 한국의 지배체제를 개혁하려고 노력했다. 예컨대 고종은 근대적인 사상과 제도를 배우기 위해 일본(1880~81)과 미국(1883)에 외교사절을 파견했다. 1895년에 고종은 '교육입국조서(敎育入國詔書)'를 발표했는데, 그 조서는 "세계적 추세는 모든 풍요롭고 독립된 나라는 교육을 잘 받은 시민들 덕분에 형성되었다는 것을 우리에게 가르쳐준다. 지식은 교육을 통해 확보된다. 따라서 교육은 민족 생존의 기본적인 토대가 된다"고 주장했다. 이런 맥락에서 서양적이고 보편적인 가치들과 사상들이 학교의 교과과정에 통합되었다.

구한말 세계적인 근대적 주제들의 제시는 해외의 한국학생들과 지식인들의 경험으로 촉진되었다. 유길준 같은 사람들은 서양 여러 나라들과 일본을 여행하고 그곳에서 공부하는 동안 본 것에 관해 글을 써 서양의 지식을 소개했다.[2] 그들은 또한 서양의 책들을 한국어로 번역하기도 했다. 서재필(徐載弼)을 포함한 여러 사람들은 서양의 사상과 제도를 새로운 한국을 창조할 모델로 장려하려는 특별한 목적을 지닌 단체들을 만들었다. 서재필은 독립협회를 창립하고, 『독립신문』을 발간했고, 독립문 건립운동을 벌였다. 그는 한국에서 두루 강연했으며, 미국의 독립전쟁과 프랑스혁명 같은 서양의 자유주의 사상이 낳은 대표적인 사건들에 대해 가르쳤다. 또한 젊은 학생들에게 '민주주의' 같은 단어를 소개했다. 이승만은 훗날 서재필에게 정치적 자유라는 개념을 배웠다고 회상했다. 19세기말 한국은 외국의 언어, 전통, 역사, 예술, 사상, 지리 및 사회제도를 소개하고 논의하는 잡지와 신문과 교과서의 성장을 경험했다. 그 결과 한국인들은 사회적 다원주의, 문명, 개화, 자유주의, 개인주의, 민족주의, 제국주의, 민주주의, 인종주의 같은 근대 서양사상들에 친숙하게 되었다.

이런 광범위한 대중적 토론과정을 통해 민족이라는 새로운 근대적 언어가 한국에 도입되었다. 민족이라는 개념이 출현하고 발전한 영국과 프랑스에서 민족은 다양한 종족집단을 중앙집권적인 관료국가 아래 통합하는 새로운 정치공동체를 의미했다. 민족의 형성은 특정한 종족집단이나 종족의식을 초월하는 것으로 여겨지는 공통된 시민적·정치적인 요소들에 바탕을 두었다. 그렇지만 독일과 일본에서는 민족은 인종 같은 문화적·인종적 특징을 지닌 집단이라는 관념에 토대를 두었으며, 종족의식 또는 인종의식은 근대적 민족의 표시로 장려되었다. 마찬가지로 한국에서 민족은 종족성(ethnicity)과 인종이 융합된 것이었다. 그럼에도 민족에 대한 한국적 개념이 처음부터 종족 중심적이었다거나 이 과정이 불가피했다고 가정하는 것은 잘못된 것일 수 있다. 그런 종족화는 단지 확산이나 모방과정 때문에 일어났다고 말하는 것 역시 잘못된 것일 수 있다. 그렇지 않다는 것을 보여주는 풍부한 증거가 있다. 세기의 전환기에 한국 지식인들은 민족에 대한 정치적이고 시민적인 관념들을 호의적으로 받아들였다. 그들은 개개 한국인들의 시민적 권리가 한국의 민족적 힘을 강화하는 방법으로서 중요하다고 강조했다. 실제로 개인을 '신성한 존재'로, 민족을 '개인들의 집단'으로 보는 논의는 20세기 전환기에 대중적 담론에서 중심적 지위를 차지했다.

김민환의 1988년 연구는 한국의 지도자와 지식인 들이 구제도를 개혁하고 새롭고 강력한 한국을 창조하기 위해 노력하는 과정에서 종족 민족주의 이외의 다양한 사상을 포용한 것을 보여준다. 그는 한국인들이 주창한 사회적·정치적 사상의 주요한 흐름들을 확인하기 위해 19세기말에서 20세기초에 발간된 5대 주요 신문에서 1950편의 기사를 표본으로 뽑았다. 그는 20세기까지 민족주의가 민족독립의 이데올로기로서 지배적이지 않았다는 것과, 한국인들이 서양의 문화와 가치를 받아들이도록 설복당했음을 발견했다. 김민환의 조사결과는 많은 한국 지식인과 지도자 들이 한국을 강하게 하는 주요 수단으로서 개인의 시민적 권리를 개선하는 것이 중요하다고 강조한 것을 보여준다 (김민환 1988).

김동택(2003)의 연구는 한국 지식인과 지도자 들이 한국을 강하게 하기 위해 시민적·개인적 권리의 가치를 호의적으로 받아들였다는 것을 분명히 증명한다. 그는 1896년부터 1899년까지 『독립신문』의 사설에 나타나는 주요한 용어들을 부호화했다. 『독립신문』은 한국을 강한 근대적 국가로 만들기 위해 서양의 사상과 제도를 고취하려고 노력한 독립협회에서 발간했다. 김동택의 계량분석에 따르면, '자아' (1021번), '권리'(471번), '문명'(323번), '진보'(264번), '평등'(101번)이 가장 빈번하게 언급된 용어였다. 더구나 민족과 관련한 용어들로서는 정치적·시민적 용어들(백성, 인민)이 인종적이거나 종족적인 용어들(동포, 형제)을 압도했다. 예컨대, '백성'이라는 용어는 2466번 언급되었으며, '인민'은 1522번 나타났다.[3] 반대로 '동포'와 '형제'는 각각 148번과 145번만 나타났다. 이 분석을 통해 김동택은 한국 지식인들이 민족주의자보다는 세계주의자에 더 가까웠다는 결론을 내린다. 어떤 때는 그들이 집단을 위해서 개인적 이익을 희생해야 한다고 강조하는 것처럼 보이기도 한다. 그렇지만 그 희생은 훗날의 민족주의 사학이 주장하는 것과 같은 방식으로 민족주의나 국가주의에 직접 관련되어 있지는 않았다. 대신 개인의 희생은 보편적인 인간적 가치의 성취를 위해 요구되었다. 김동택은 한국이 근대로 전환하는 초창기에 지식계급은 전근대적인 (중국 중심의 관점에 바탕을 둔) 보편주의에서 근대적인 서양의 보편주의로 입장을 바꾼 것을 발견했다. 비록 김동택의 연구가 친서양적인 신문에 바탕을 두었기 때문에 연구의 정당성에 의문을 품을 수도 있지만 민족에 대한 시민적·정치적 개념은 20세기 전환기에 한국 지식인들 사이에서 광범위하게 논의되고 받아들여졌음을 무시할 수는 없다.

의심할 여지 없이 이런 연구들은 민족 만들기의 초기단계에 '보편적인' 시민적·개인적 권리 개념에 대한 보도와 논의가 많았다는 것을 증명한다. 이러한 조사는 최근에 민족, 종족, 인종을 뒤섞어 쓰는 것을 자연스럽거나 어쩔 수 없는 것으로 보는 상투적인 견해에 도전한다. 한편 이런 연구들은 민족 만들기의 초기단계에 시민적·보편주의적 접근법들이 존재했음을 보여주지만 종족적·지방주의적인 요소들이 시민적·보편주의적 요소들을 지배하게 된 역사적 과정을 상술하는 데는 실패한다. 한국 민족 개념의 종족화(ethnicization)는 일본제국주의의 침략, 특히 을사조약이라는 특수한 역사적 상황에 커다란 영향을 받았다는 것이 내 생각이다. 이런 '민족의 위기'가 시작되면서 개인의 시민적·정치적 권리를 주창했던 사람들조차도 침략해 들어오는 제국주의에 맞서 싸우기 위해 분명한 한국 민족/인종의 개념을 확립하고 한국인들 사이에 집단의식을 고취하는 것이 중요하다고 인식했다. 이런 상황에서 한국인들은 새로운 민족 만들기 과정에서 지방주의적인 (한국적인, 토착적인, 전통적인) 요소들을 보편주의적인(서양의, 외국의, 근대적인) 요소들보다 점점 더 강조했다. 20세기 전환기에 한국 민족 개념의 종족화가 진행되는 역사적 과정을 보여주기 위해 나는 다음과 같은 가설을 검증한다.

A-1) 보편주의적 요소들과 지방주의적 요소들이 둘 다 1890년대부터 1900년대까지의 시기에 근대적인 민족 건설에서 출현했다.
A-2) 1890년대초에 보편주의적 요소들이 민족의 토대로서 지방주의적 요소들을 압도했다.
A-3) 초기 보편주의의 지배는 점차, 특히 을사조약 이후 지방주의에 밀려났다.

자료와 방법

이런 가설들을 검증하기 위해 19세기말, 20세기초에 초등학교와 중등학교에서 사용된 교과서들을 조사했다. 1894년 갑오경장(甲午更張)의 일환으로 선택된 학생들에게 '근대적인' 사상과 제도를 배울 기회를 제공하기 위해 (공립학교와 사립학교에서 다 같이) 근대적인 교육과정이 만들어졌다. 그 결과 많은 교과서들이 공공기관—주로 교육부—이나 국민교육회와 사립학교(예컨대 보성) 같은 사설 교육기관들에서 출판되었다. 이런 교과서들은 당시 대중담론의 광범위한 추세를 반영했으며 지금의 주된 이슈인 보편주의와 지방주의 사상의 일반적인 수용 수준을 보여주었다. 게다가 교과서에 대한 조사는 신문기사에 대한 앞의 조사를 보충해준다. 교과서 『국민소독』(1895)과 『심상소학』 1~3권(1896)은 1905년 이전을 분석하기 위해 검토했으며, 『유년필독』 1~4권(1907), 『초등소학』 5~8권(1906) 및 『고등소학』(1906)은 1905년 이후 시기를 위해 조사했다.[4]

나는 이런 교과서들에서 논의된 주제들을 분석하기 위해 내용분석을 이용하고자 했다. 이런 조사방법은 전형적으로 광범위한 텍스트들에 사용된 단어와 구절 들을 조사한다(Krippendorf 1980). 따라서 나는 해당 교과서들의 각 장에 제시된 단어/용어, 개념, 예문에 세심한 관심을 기울였고, 실제 내용분석을 위해서 먼저 학교 교과과정에 대한 교차민족연구(cross-national studies)를 변형해서 여러 주제 범주를 만들었다(Meyer, Kamens, and Benavot 1992). 메이어(Meyer)와 그의 동료들이 나눈 범주들은 언어, 수학, 자연과학, 사회과학, 미학교육, 종교교육 혹은 윤리교육, 체육교육, 실용/직업교육을 포함한 것이다. 내 연구목적에 좀더 잘 맞도록 하기 위해 나는 메이어의 틀을 변형해 역사, 인물(예컨대 저명한 사람들), 지리, 도덕교육, 지식/사상, 예술, 시민교육, 과학기술을 포함했다. 이런 핵심적인 범주들은 연구된 그 시기 대부분의 교과과정에서 나타났다. 교육 범주는 민족에 대한 시민적 개념이 논의된 범위를 정하기 위해 두 하위 집단 — 도덕적, 시민적 — 으로 더욱 세분화되었다. 부호화하기 위해 교과서들에 있는 각 장의 주요한 주제를 이런 각각의 주제 범주들에 지정했다. 예컨대 만약 어떤 장이 로우즈벨트 같은 미국 대통령들을 다루었다면 그것은 '인물'로 부호화되었다.

각 장의 주요 주제를 부호로 만든 뒤 나는 교과서에 나타난 지방주의적 요소와 보편주의적 요소의 범위를 평가하려고 했다. 이런 평가를 위해 나는 아래 세개의 하위범주들을 간단한 부호화 틀(coding scheme)로 이용했다. (1) 한국의/전통적인/토착적인, (2) 서양의/근대적인/외국의, (3) 혼합된(부호화 틀에 대한 자세한 논의는 보충자료 1을 보라). 예를 들면 만약 어떤 장이 효도 같은 유교적 가치를 다루거나 전통적인 도덕 이야기를 논의했다면 그것은 '전통적인' 도덕교육으로 분류되었다. 만약 어떤 장이 시간의 중요성 같은 가치들을 강조하거나 이솝 우화를 소개했다면 그것은 '서양의' 도덕교육의 범주에 속하는 것으로 분류했다. 나는 첫째 범주는 지방주의를, 둘째는 보편주의를 반영하는 것으로 가정한다. 어떤 범주에도 넣을 수 없으면 '혼합된'이라는 셋째 범주에 배정했다. 선택한 교과서에서 추출해낸 총 426개 주제들(138개는 1905년 이전이고 288개는 1905년 이후)은 이런 부호화 틀에 따라 부호화되고 분석되었다.

조사결과

〈표 1~3〉과 〈그림 1〉은 분석의 결과를 보여준다. 〈표 1〉은 '도덕교육'(26.29%), '과학기술'(15.73%), '인물'(15.26%), '시민교육'(13.85%)이 교과서에서 발견된 상위 네가지 주제였음을 보여준다.[5] 이것은 20세기 전환기에 시민의 자격, 시민권, 애국심, 미덕, 효도 같은 도덕·시민교육과 관련 있는 많은 주제들을 학교에서 널리 가르쳤다는 것을 분명히 보여준다. 그 시기의 교육에서 세계적인 경향과 일치하는 것은, 광범위한 교과과정에 대한 선행 연구들에서 나타난 것처럼(Meyer, Kamens, and Benavot 1992), 과학기술(생물학, 화학, 물리학, 공학, 보건학)과 시민교육(국가, 정부, 권리와 의무, 애국, 경제, 직업, 학교)의 출현이었다.

〈표 2〉는 근대 초기의 지적 발전이 주로 두개의 큰 범주인 보편주

<표 1> 교과서의 내용

주제 범주	빈도	백분율(%)
역사	50	11.74
인물	65	15.26
지리	38	8.92
도덕교육	112	26.29
지식/사상	23	5.40
예술	3	0.70
시민교육	59	13.85
과학기술	67	15.73
기타	9	2.58
합계	426	100.00

의적인 것과 지방주의적인 것으로 나뉠 수 있음을 보여준다. 1895년
부터 1907년까지 207개의 장(48.6%)이 전통적/토착적인 주제들을 다룬
반면에 186개의 장(43.7%)은 서양의/외국의 주제들을 다루었다. 단지
33개 장(7.75%)의 주제들만이 어떤 범주에도 분명히 속하지 않기 때문
에 '혼합된'으로 분류되었다. 전체적으로 추세는 근대 초기의 지적 발
전은 두가지 큰 조사범주—서양의 정치이론과 사회발전에 대한 논의
와 한국의 전통에 대한 재평가—로 분류될 수 있다는 마이클 로빈슨

<표 2> 교과서: 지방주의 대 보편주의

출판년도	전통적인	서양의	혼합된	합계
1895	10/24.39	27/65.85	4/9.76	41/100.00
1896	35/36.08	47/48.45	15/15.46	97/100.00
1906	62/39.74	82/52.56	12/7.69	156/100.00
1907	100/75.76	30/22.73	2/1.52	132/100.00
합계	207/48.59	186/43.66	33/7.75	426/100.00

피어슨 상관계수 $chi^2(6)=66.13$; $P=0.000$

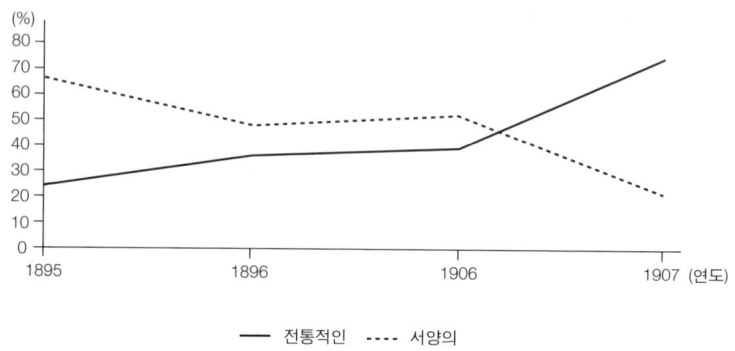

〈그림 1〉교과서 내용의 변화: 1890년대와 1900년대의 '전통적인' 대 '서양의'

— 전통적인   ···· 서양의

(M. Robinson)의 관찰(1988)과도 일치한다.

　이제 나는 위에서 가설로 내세운 것처럼 학교 교과과정에서 어떤 중심 변화가 있는지 살펴본다. 가설은 보편주의적 요소들이 초기에는 민족의 토대로서 지방주의 요소들을 지배했지만 그 추세는 을사조약으로 역전되었다는 것이다. 〈그림 1〉은 보편주의 요소와 지방주의 요소의 구성에서 장기적인 추세를 제시하고 있다. 그것은 1895년에 교과서의 65퍼센트 이상의 장들이 보편주의 요소들을 다루었지만 이런 주제들에 대한 교과서들의 수용이 점차 줄어들었다는 것을 보여준다.[6] 이런 보편주의적인 주제들은 시민교육, 과학기술, 서양의 도덕교육(예컨대 시간의 가치)을 포함했다. 그렇지만 1907년에는 보편주의적 주제들은 전체 장들의 25퍼센트 이하로 나타났다. 반대로 지방주의적 주제들은 25퍼센트 이하에서 75퍼센트 이상으로 극적으로 늘어나 보편주의적 주제들의 수용을 분명히 압도했다. 특히 〈표 3〉은 민족사, 인물, 지리의 수용이 가장 크게 늘어난 것을 보여준다.

　끝으로 이런 변화가 실제적인지 보기 위해 나는 통계적 분석을 사

<표 3> 교과서: 시기별 내용

항목별 내용	1905년 이전	1905년 이후	합계
국어	1/0.72	0/0.00	1/0.23
국사	4/2.90	37/12.85	41/9.62
외국사	3/2.17	2/0.69	5/1.17
혼합된 역사	0/0.00	1/0.35	1/0.23
민족 인물	3/2.17	55/19.10	58/13.62
외국 인물	3/2.17	3/1.04	6/1.41
혼합된 인물	1/0.72	0/0.00	1/0.23
국토 지리	3/2.17	27/9.38	30/7.04
외국 지리	5/3.62	2/0.69	7/1.64
혼합된 지리	1/0.72	0/0.00	1/0.23
전통적인 도덕교육	29/21.01	31/10.76	60/14.08
서양의 도덕교육	15/10.87	21/7.29	36/8.45
혼합된 도덕교육	7/5.07	9/3.13	16/3.76
전통적 지식	4/2.90	10/3.47	14/3.29
서양의 지식	4/2.90	1/0.35	5/1.17
혼합된 지식	3/2.17	1/0.35	4/0.94
민족 예술	0/0.00	2/0.69	2/0.47
서양 예술	1/0.72	0/0.00	1/0.23
시민교육	10/7.25	49/17.01	59/13.85
과학기술	34/24.64	33/11.46	67/15.73
기타	7/5.7	4/1.39	11/2.58
합계	138/100.00	288/100.00	426/100.00

용했다. 〈표 2〉가 보여주듯이, 시기와 내용 사이에는 통계적으로 유의
미한 연관관계가 있다(chi^2=66.13, P〈.01). 이 통계치는 보편주의 주
제들이 시간에 따라 쇠퇴한 반면에 지방주의적인 견해들은 증가했으
며, 이런 변화는 유의미하다는 것을 보여준다. 바꿔 말하자면, 이 분석
은 1905년을 기점으로 교과서의 주제들이 보편주의적인 것에서 지방

주의적인 것으로 결정적으로 변했음을 증명한다.

종합적으로 이런 조사결과는 근대적인 민족 만들기 초기에 시민권과 시민의 자격 같은 다양한 '보편주의적' 주제들이 한국의 교과서들에서 강조되었다는 것을 보여준다. 그런 점에서 이는 한민족이 처음부터 종족화되어 있었다는 상투적인 지식에 이의를 제기하며, 시민적·정치적 민족 개념들이 1905년 이전 시기에 한민족의 토대로서 광범위하게 논의되었다는 내 논점을 뒷받침해준다. 더욱이 학교 교과과정에 '보편주의적' 주제들이 포함된 것은 당시 근대적 교육의 세계적인 추세와 일치한다. 따라서 그것은 한국이 일부 사람들이 생각하는 것처럼 고립되어 있지 않았다고 주장할 만한 증거가 될 수 있다. 오히려 한국은 당시 좀더 폭넓은 '근대적인' 추세에 예민했다. 그러나 보편주의의 강조는 1905년 이후 점차 쇠퇴했으며 한국의 민족사와 역사인물들 같은 좀더 '지방주의적' 수용에 굴복했다. 을사조약은 교과과정에서 강조점의 극적인 변화를 주도한 전환점인 것 같다. 1905년 이후 주로 제국주의에 대한 방어전략으로 한국의 토착적인 뿌리와 유산을 강조하는 지방주의가 훨씬 더 우세해졌다. 제국주의 상황 속에서 한민족 개념은 종족화되었다. 다시 한번 이야기하자면, 한민족의 종족화는 역사적 운명이 아니라 특별한 역사적 조건의 산물, 주로 일본제국주의라는 외적인 위협이 현실화된 것이다.

일제시대의 보편주의와 지방주의

식민지화와 더불어 민족주의를 고취하려던 한국의 초기 노력은 적어도 일시적으로 끝났다. 그렇지만 1920년대에 주로 '문화정치'에 자극을 받은 새로운 세대의 한국 지식인들과 지도자들이 한민족에 대한 공적인 토론을 재개하기 시작했다. 새로운 식민정책에 따른 교육의 확장, 도시의 성장, 통신기술의 발전은 한국인들이 인쇄자본주의에서 효과적인 소비자 겸 참여자가 될 능력을 향상시켰다.

식민지시기 이전처럼 이 새로운 세대의 한국 지식인들은 보편주의적 사상과 지방주의적인 사상을 둘 다 호의적으로 받아들였다. 그들은 한국의 민족정체성과 문화를 재건하는 것을 그들의 주요한 임무로 보았으며, 서양의 사상과 제도를 포용함으로써 그렇게 하려고 노력했다. 동시에 한국의 민족성을 재건하는 가운데 한국의 전통과 유산을 재평가하려 했다. 물론 새로운 민족문화와 정체성을 창조하는 과정에서 서양 사상과 한국 사상의 상대적 중요성에 대해 의견 차이가 있었다. 그럼에도 한민족을 종족화하려는 어떤 강한 시도도 1920년대말까지는 출현하지 않았다. 1920년대중엽까지는 서양의 자유주의에 바탕을 둔 보편주의나 세계주의가 한국 지식인들의 토론을 지배했다.[7]

1920년대초 다양한 잡지에 발표된 글들은 그 시기에 서양의 가치와 사상이 널리 퍼져 있었다는 풍부한 증거를 제공한다. 예를 들면 1920년 6월 25일에 발간된 '세계를 알라'라는 『개벽』 창간사는 『개벽』의 창간이 '세계적 재건 추세'와 일치한다고 말해 세계주의를 강조했다. 새로운 문화는 평화와 조화를 장려하고, 그래서 크고작은 모든 나라들의 천부적 권리들을 확인하는 문화여야 했다. 로빈슨이 지적하듯이, 그 사설은 "1차세계대전 이후 동아시아를 휩쓴 윌슨의 민족자결에 바탕을 둔 전파력이 강한 전후(戰後) 이상주의를 소리 높이 외쳤다"(1988, 58면). 잡지에 실린 또 한편의 글은 "나의 정체성은 아버지나 형제나 그밖의 어떤 다른 사람들이 만들어준 것이 아니라 나 스스로 만들었다"(1920, 1:282면)고 진술했으며, 개인을 사회와 사회의 모든 집단체들의 기본단위라고 선언했다. 서양의 개인주의와 자유의지를 옹호한 이광수의 민족개조론은 1920년대초에 출현한 세계주의적인 보편주의를 예증한다. 이런 모든 예들은 한국 지식인들이 고립되어 있지 않았다는 것을 보여준다. 그들은 세계의 최신 흐름에 친숙했다.

한민족이 종족화된 것은 1920년대말에 와서였다. 식민지 인종주의와 국제사회주의에 대응해 한국 지식인들은 점차 독특한 전통과 민족문화의 중요성을 강조했다. 예컨대『동광』에 발표된 한 글은 "각 민족은 독특한 특징들을 지니고 있으〔며〕 오직 독특한 조선 민족만이 자신의 민족을 세계적 차원으로 번영시킬 수 있다. (…) 어떤 형태들을 취하든 모든 민족은 지방주의적인 성격을 발전시킨다"(1927, 3:56면)고 주장했다. 많은 이들이 개인주의보다 집단주의를 장려했으며, 그 기원을 한국의 토착문화에 돌렸다(1927, 3:56면). 한국 지식인들은 1920년대말과 1930년대에 민족의 역사, 전통, 지식 및 언어를 되살리려고 애썼다.

1920년대에서 1930년대의 시기에 보편주의에서 지방주의로 강조점이 전환한 것을 평가하기 위해 나는 다음과 같은 가설들을 세운다.

B-1) 보편주의적 요소와 지방주의적 요소는 둘 다 식민지배하에서 한민족의 건설에 이바지했다.

B-2) 식민지배 초기에는 보편주의적 요소들이 민족의 토대로서 지방주의적 요소를 압도했다.

B-3) 초기 보편주의의 지배는 1920년대말에 식민지 인종주의

와 국제사회주의의 출현으로 점차 지방주의에 밀려났다.

자료와 방법

이 가설들을 검증하기 위해 1920년대와 1930년대에 출판된 주요 잡지들에 실린 글들을 분석했다. 잡지, 저널, 신문이 만든 공적 영역은 유럽에서 근대성이 출현하는 수단이 되었다고 일반적으로 이해되고 있다(Habermas 1991). 식민지 한국에서 이런 공적 영역은 '문화정치' 이후 주목할 만큼 성장했으며 지도자들뿐 아니라 대중의 감정과 견해를 반영했다. 그런 점에서 이런 대중매체의 주제별 내용에 대한 체계적인 연구는 한국인들이 개인에 대한 생각에서 공동체, 사회, 외부세계에 이르기까지 다양한 개념들을 이해한 방식을 설명하는 데 도움을 줄 수 있다.

나는 『개벽』과 『동광』에 발표된 글들을 분석했다. 사실 『개벽』과 『동광』은 성격이 다른 잡지다. 전자는 좀더 종합적이었고 후자는 명확히 민족주의적이었다. 하지만 두 잡지는 1920년대와 1930년대에 민족주의사상을 대변하는 양대 잡지였다.[8] 또 서로 다른 출판 시기(『개벽』 1920~26, 1934, 1935년; 『동광』 1926~33년) 때문에 나는 1920년에서 1935년까지 민족주의사상의 일반적 추세를 보여줄 수 있도록 이 두개를 결합해야 했다.

교과서 분석의 경우처럼, 나는 이 두 잡지에서 취한 글들의 주요 주제를 분류하기 위해 내용분석을 이용한다. 원래의 범주들(부록 2를 보라)을 약간 변형하고 확장해서 교과서 분석에 사용한 부호화 틀을 다시 적용했다. 새로 추가한 범주들은 여성문제와 스포츠를 포함한다. 부호화하기 위해 『개벽』과 『동광』에 실린 각 글의 주요 주제를 이 각각의 주제 범주들에 할당했다.

이 잡지들에 드러난 지방주의적인 요소들과 보편주의적인 요소들의 범위를 평가하기 위해 교과서 분석에 사용한 세개의 범주를 지닌 부호화 틀―(1) 한국의/전통적인/토착적인, (2) 서양의/근대적인/외국의, (3) 혼합된― 을 사용한다. 예컨대 만약 어떤 논문이 페미니즘이나 여자의 공적 영역 참여를 다룬다면 그것은 주제상으로는 '여성문제'로 분류했으며, 성격상으로는 '서양의/근대적인/외국의'로 분류했다. 그렇지만 가정의 중재자 같은 여성의 전통적인 미덕을 주장하는 글은 주제상으로는 '여성문제'에 속하는 것으로 할당했지만 성격상으로 '한국의/전통적인/토착적인'으로 분류했다. 총 2626편의 기사(『개벽』 1810편, 『동광』 816편)가 이 틀에 따라 부호화되고 분석되었다.[9]

조사결과

〈표 4〉는 『개벽』과 『동광』에 나타난 주된 주제들을 보여준다.[10] 이 잡지들의 상위 네가지 주제는 '예술'(31.57%), '시민교육'(15.88%), '역사'(14.93%), '지리'(9.44%)였다.[11] 비록 교과서 주제들을 잡지의 주제들과 곧장 비교하는 것은 공평하지 않지만 주제의 수용에서 차이를 발견할 수 있다. 예술과 역사는 잡지에서 더 많이 수용되었다. 도덕 교육과 과학기술의 수용은 실제로 줄어들었다. 명백히 잡지는 예술 같은 좀더 일반적인 관심사를 다루는 반면에 교과서는 학생들을 가르치는 것을

<표 4> 잡지의 내용

주제 범주	빈도	백분율(%)
언어	66	2.51
역사	392	14.93
인물	198	7.54
지리	248	9.44
도덕교육	166	6.32
지식/사상	48	1.83
예술	829	31.57
시민교육	417	15.88
과학기술	92	3.50
사설	100	3.81
여성문제	24	0.91
스포츠	20	0.76
기타	46	1.83
합계	2,626	100.00

목표로 한 도덕교육과 같은 주제들을 포함한다.

〈표 5〉는 시간의 경과에 따른 보편주의와 지방주의의 범위를 측정하기 위해 고안된 세개의 하위범주들의 빈도 분포를 보여준다. B-1의 가설과 일치하여 보편주의적 주제와 지방주의적인 주제는 둘 다 1920년에서 1935년까지의 잡지들에서 다루어지고 있는 것을 알 수 있다. 그렇지만 식민지 이전의 교과서들과는 달리 두 잡지의 부호화된 글들의 대부분은 '혼합된' 범주(39.09%)에 속한다. 이것은 주로 예술(『개벽』 기사의 22.49퍼센트와 『동광』 기사의 20.47퍼센트는 이런 혼합된 범주에 속했다)에 관한 글들의 실제적 비율 때문인 것 같다. '예술'로 분류된 많은 글들은 근대적인, 서양의 방법들과 형식들을 채용한 반면에 그 내용들은 한국적이거나 토착적인 것들로 채워졌다. 이런 글들은

<표 5> 잡지: 지방주의 대 보편주의

출판년도	전통적인	서양의	혼합된	합계
1920	22/13.66	58/36.02	81/50.31	161/100.00
1921	45/19.91	90/39.82	91/40.27	226/100.00
1922	40/16.88	105/44.30	92/38.82	237/100.00
1923	69/23.71	112/38.49	110/37.80	291/100.00
1924	96/32.00	114/38.00	90/30.00	300/100.00
1925	88/39.11	60/26.67	77/34.22	225/100.00
1926	100/28.01	148/41.46	109/30.53	357/100.00
1927	36/23.68	60/39.47	56/36.84	152/100.00
1931	59/2622	62/27.56	104/46.22	225/100.00
1932	71/25.18	86/30.50	126/44.33	283/100.00
1933	8/38.10	3/14.29	10/47.62	21/100.00
1934	25/33.78	10/13.51	39/52.70	74/100.00
1935	18/24.32	14/18.92	42/56.76	74/100.00
합계	677/25.79	922/35.12	1,026/39.09	2,625/100.00

피어슨 상관계수 $Chi^2(24)=120.41$; $P=0.00$.

'혼합된'으로 분류되었다.

〈그림 2〉는 잡지들에서 지방주의적 문제와 보편주의적 문제의 수용 추세를 보여준다.[12] 이는 시간 경과에 따른 보편주의적 주제들의 일반적인 감소 추세와 지방주의적 주제들의 상승 추세(『개벽』이 한반도의 다양한 지역의 독특하거나 특별한 양상을 소개하는 특집을 발표한 1925년은 예외다)를 드러낸다. '서양의/근대적인/외국의'로 범주화된 기사의 비율은 1920년대에 70퍼센트 이상이었지만 1933년과 1934년에는 30퍼센트 이하로 점차 줄어들었다. 반대로 '한국의/전통적인/토착적인' 문제들을 다루는 글의 비율은 1920년에는 30퍼센트 이하였지만 점차 늘어나 1933년에 정점에 달했다(전체 수용의 70퍼센

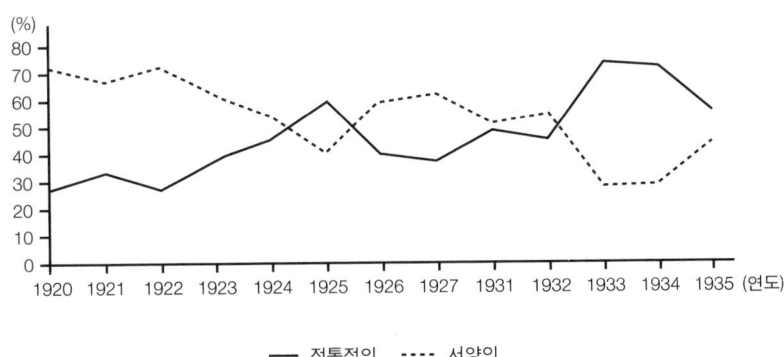

〈그림 2〉『개벽』과『동광』의 내용상 변화:
1920년대와 1930년대의 '전통적인' 대 '서양의'

(%)
80
70
60
50
40
30
20
10
0

1920 1921 1922 1923 1924 1925 1926 1927 1931 1932 1933 1934 1935 (연도)

—— 전통적인 ···· 서양의

트 이상이었다). 특히 〈표 6〉을 보면 한국어, 전통적인/토착적인 역
사, 민족인물에 대한 논의는 증가한 반면에 시민교육의 수용은 줄어들
었다.[13] 〈표 5〉와 〈그림 2〉에 나타난 기술(記述)적인 조사결과는 보편
주의적 요소들이 식민지배 초기에 민족의 토대로서 지방주의적 요소
들을 지배한 반면 그 추세는 1920년대말부터 역전되었다는 가설 B-2
와 B-3을 폭넓게 뒷받침한다.

끝으로 이런 추세들이 통계학적으로 의미가 있는지 보기 위해 간단
한 이변수 분석(bivariate analysis)을 실시했다. 〈표 5〉의 카이스퀘어
(chi-square) 분석은 시기와 내용 사이의 통계적으로 의미있는 관련을
보여준다(Chi^2=120.41; p<.01).[14] 이 결과는 1920년에서 1935년 사이
에 두 잡지에서 주제별 강조점이 보편주의적인 것에서 지방주의적인
것으로 실제로 변했음을 증명한다.

일괄해서 생각해볼 때, 이런 조사결과는 1920년대초 보편주의적 개
념과 관념 들이 한국의 공적 영역에서 광범위하게 논의되었다는 것을

글의 내용	1920~23	1924~26	1927~35	합계
한국어	1/0.11	7/0.79	39/4.70	47/1.79
외국어	4/0.44	0/0.00	8/0.97	12/0.46
혼합된 언어	2/0.22	2/0.23	3/0.36	7/0.27
사설	23/2.51	28/3.17	49/5.91	100/3.81
민족사	37/4.04	76/8.62	54/6.51	167/6.36
외국사	23/2.51	47/5.33	68/8.20	138/5.26
혼합된 역사	11/1.20	17/1.93	37/4.46	65/2.48
민족 인물	33/3.61	34/3.85	55/6.63	122/4.65
외국 인물	29/3.17	11/1.25	29/3.50	69/2.63
혼합된 인물	0/0.00	0/0.00	7/0.84	7/0.27
민족 지리	34/3.72	113/12.81	13/1.57	160/6.09
외국 지리	24/2.62	19/2.15	6/0.72	49/1.87
혼합된 지리	20/2.19	12/1.36	7/0.84	39/1.49
전통적 도덕교육	0/0.00	5/0.57	6/0.72	11/0.42
서양의 도덕교육	26/2.84	8/0.91	3/0.36	37/1.41
혼합된 도덕사	75/8.20	20/2.27	23/2.77	118/4.49
전통적인 지식	0/0.00	0/0.00	3/0.36	3/0.11
서양의 지식	13/1.42	19/2.15	3/0.36	35/1.33
혼합된 지식	7/0.77	2/0.23	1/0.12	10/0.38
민족 예술	46/5.03	13/1.47	27/3.26	86/3.27
서양 예술	84/9.18	61/6.92	24/2.90	169/6.44
혼합된 예술	209/22.84	168/19.05	197/23.76	574/21.86
전통적 시민교육	20/2.19	32/3.63	15/1.81	67/2.55
서양적 시민교육	131/14.32	133/15.08	34/4.10	298/11.35
혼합된 시민교육	14/1.53	5/0.57	33/3.98	52/1.98
과학기술	21/2.30	25/2.83	46/5.55	92/3.50
서양의 여성문제	5/0.55	3/0.34	8/0.97	16/0.61
혼합된 여성문제	2/0.22	0/0.00	6/0.72	8/0.30
전통적인 스포츠	0/0.00	0/0.00	1/0.12	1/0.04
서양의 스포츠	7/0.77	0/0.00	7/0.84	14/0.53
혼합된 스포츠	0/0.00	0/0.00	5/0.60	5/0.19
기타	14/1.53	22/2.50	12/1.45	48/1.83
합계	915/100.00	882/100.00	829/100.00	2,626/100.00

보여준다. 그러나 초기 보편주의의 지배는 시간이 지나면서 점차 지방주의에 밀려났다. 이런 변화는 1920년대말 이후 한국에서 나타난 식민지 인종주의와 국제사회주의에 대한 한국 민족주의자들의 반응을 반영했다. 식민지 인종주의와 국제사회주의는 둘 다 보편주의 형태를 띠었으며 제국이나 계급 같은 초월적인 개념을 위하여 민족의 중요성을 부인하거나 평가절하했다. 이런 상황에서 이광수의 『조선민족론』에 표현된 한민족의 종족화가 출현했으며 그의 초기 견해들을 포함한 보편주의적 견해들을 능가했다. 그럼에도 『개벽』과 『동광』에 실린 많은 글이 '혼합된' 범주로 분류되었다는 것은 많은 한국인들이 한국적이거나 토착적인 주제들을 다루면서도 여전히 서양 사상, 방법 혹은 기술을 실험하고 있었다는 것을 시사한다.[15]

종족민족주의의 지배와 자유주의의 결핍

역사적 상황 탓에 한민족이 종족화되었다고는 해도 이 과정은 한국 사회와 정치에 댓가를 요구했다. 추상적인 불멸의 집단(즉 종족적 민족)을 명목으로 사람들은 개인적·시민적·정치적 권리들을 희생해야만 했다. 틀림없이 그런 민족주의적 요구는 외국의 침략에 대항해 한국을 지키고 외세가 지배하는 동안 민족의 문화와 정신을 보존하는 중요한 기능을 했다. 그럼에도 집단주의적 종족민족주의의 지배는 공적 영역에서 자유주의의 공간을 제한했다. 칼훈(1994)의 용어를 빌리면, 민족은 다른 형태의 집단정체성이나 정치적 분파를 압도하는 '으뜸패'가 되었다.

자유주의의 주된 관념 중 하나는 개인주의다. 즉 개인은 "그가 인간이기 때문에 당연히 열거될 수 있는 '권리들', 사회에서 그 기능이나 위치에 관계없이 부여되며 어떤 다른 사람과도 동등하게 만드는 권리들을 지닌"(Manent 1994, 16면) 존재로 여겨진다. 그리고 칼훈(1997)이 지적하듯이, 그런 자유주의적 개인주의는 하나의 정언적인 정체성으로서 근대적인 민족 개념, 다시 말해 개인은 (매개집단들을 통해서가 아니라) 곧장 민족구성원이라는 개념의 출현에 수단이 되었다. 그렇지만 근대 한국에서 개인주의는 자기본위나 이기주의와 동일시되었으며 개인의 자유와 시민권에 대한 논의는 집단주의와 민족의 생존을 위해 억압되었다. 식민지배 동안 이광수 같은 종족민족주의자들은 서양의 개인주의와 자유주의가 한국의 귀중한 전통인 우리주의와 집단주의를 파괴하고 있다고 비난했으며 그런 전통을 되살리자고 요구했다. 박노자가 지적하듯이, 민족 만들기 초기에 자유주의는 민족주의와 반대되는 것으로 잘못 규정되었다(2003, 98면).

그 추세는 민족의 영토가 분할되고 남북이 각각 권위주의 정권 아래에서 집단주의와 생존정신의 중요성을 계속 강조한 1945년 이후에도 지속됐다. 한국이 근대화나 민족통일을 성취할 때까지 개인은 민족을 위해서 권리를 기꺼이 희생해야 한다고 자주 얘기됐다. 두개의 한국에 들어선 권위주의 국가는 개인의 권리 희생을 요구하고 정당화하기 위해 민족주의 윤리를 고취했다. 다른 사회들의 경우와 마찬가지로(Chirot 1997; Greenfeld 1992) 혈연에 바탕을 둔 공동체적 민족주의는 한국에서 권위주의적 집단주의의 발전을 조장했다.[16] 민족주의의 억압적인 힘이 한국 내에서 심각한 도전을 받기 시작한 것은 최근에 와서다(조한혜정·이우영 2000; 권혁범 2000; 신형기 2003; 임지현 1999).[17] 임지현이 지적하듯이, 민족은 '도덕적이고 역사적인 판단의 골격'이었으며, 그 것 때문에 민족주의의 유해한 영향에 대해 이의를 제기하는 것이 아 주 어려웠다(1996, 6면). 민주화와 지구화에도 오늘날 한국인들은 혈연 에 바탕을 둔 정체성 개념을 넘어서지 못한다.

집단주의적 민족주의의 지배 때문에 자유주의는 한국에 뿌리를 내 리기 어려웠다. 자유주의의 전반적인 빈곤함이나 일천함은 한국에서 보수주의와 급진주의의 발전에 영향을 미쳤다. 자유주의에 의거하거 나 자유주의와 대화를 나누는 대신 보수주의와 급진주의는 둘 다 대 중의 지지를 얻기 위해 민족주의로 돌아섰다. 김동춘(1993)이 지적하듯 이, 한국의 맑스주의는 자유주의와 건설적인 대결 속에서 발전한 것이 아니라 자유주의에 대한 전면적인 거부나 부정을 통해 발전했다. 그 결과 한국은 이론적으로나 방법론적으로 세련된 맑스주의 이론을 낳 는 데 실패했으며, 다만 유사 맑스주의 이론들만 나타났다. 김동춘은 이러한 까닭으로 1990년대에 한국에서 맑스주의가 갑자기 붕괴됐다 고 설명한다.[18] 한국 보수주의 사상의 빈곤함에 대해서도 마찬가지 설 명을 할 수 있다. 사회주의와 공산주의에 대항한 공동방어에서 자유 주의에 기대는 대신 한국의 보수주의자들은 권위주의 정치의 산물인 반공, 개발주의, 민족주의에 기댔다.[19] 바로 이런 까닭으로 한국의 보 수주의는 수구주의와 결합했다. 한국에서 (좌와 우의) 근대적 사상이 일천한 까닭은 자유주의의 빈곤과 민족주의의 지배력과 깊은 관련이 있다.

얄궂게도 좌익과 우익은 둘 다 종족민족주의와 결합될 때만이 이데 올로기적인 힘을 행사할 수 있었다(북한에서도 마찬가지다). 그러나 그 이유는 단순히 한국이 자유주의를 풍요롭게 할 토양을 지니지 못했거나 한국인들이 자유주의를 고취하려 하지 않아서가 아니었다. 사실 자유주의나 개인주의나 보편주의의 여러 특징은 민족 만들기 초기에 널리 논의됐다. 그러나 자유주의는 집단적인 생존이 위협에 처해 있으며 절박하다는 의식을 낳은 제국주의, 식민주의, 민족분단의 역사적 조건 때문에 억압됐다. 그런 역사적인 상황에서 유기적이고 인종적이고 집단적인 민족주의는 개인의 자유와 시민의 권리를 억압할 위험을 감수하고서라도 시민적이고 자유주의적이고 개인주의적인 민족주의를 지배하게 되었다. 자유주의의 빈곤은 개개 한국인들이 사회와 정치에서 종족민족주의의 지배를 위해 지불한 댓가였다. 이것은 일본 식민주의의 고통스러운 유산이자 오래 지속된 민족분열의 결과다. 1980년대 민주화운동조차도 인종적이고 집단주의적이고 유기적인 한민족 개념을 확실하게 뿌리 뽑지 못했다.

7장

전통, 근대성, 민족

1945년에 한반도가 남북으로 갈라진 이후 남북한은 자신을 정당화하기 위해 자신의 반식민주의 활동을 내세웠으며, 한민족을 대변할 배타적인 권리를 주장했다. 어느 쪽도 종족적 한민족의 독특함과 동질성에 의문을 품지 않았으며, 각자 자체의 민족주의 담론을 정당화하고 그것에 내용을 부여하기 위해 역사적인 민족주의운동의 특정한 노선—맑스주의적 민족주의와 부르주아 민족주의—을 전유했다. 그 결과 북한은 부르주아 문화주의자들을 친일분자들과 동일시했으며 남한은 맑스주의자들이 국제주의와 결탁한 공산주의자들이기 때문에 민족주의자들이 될 수 없다고 말했다. 그렇지만 그런 정치적 역사 이용은 식민지배를 지나치게 단순화했을 뿐 아니라 한국의 분열이 1945년 이전의 이데올로기적 분열에 기인한다는 잘못된 인상을 주었다. 정치적이고 이데올로기적인 입장의 명백한 차이에도 불구하고 이 두 개의 민족주의와 그것들의 토대가 되는 담론들은 놀라운 유사성을 보여준다.

부르주아 민족주의자들과 맑스주의 민족주의자들은 주로 일직선적이고 진보 지향적인 역사관을 받아들였다. 비록 그들은 새로운 정치 공동체에 대한 견해가 달랐지만(미국이나 서유럽의 영향을 받은 자본주의적이고 자유주의적인 사회 대 러시아 공산주의의 영향을 받은 사회) 주된 이데올로기와 역사관은 근대주의 입장을 반영했다. 따라서 부르주아 민족주의자들과 맑스주의 민족주의자들은 둘 다 한국의 전통, 특히 성리학 사상을 퇴보적인 '진보의 걸림돌'로 보았다. 이광수의 유명한 민족개조론과 성리학에 대한 공산주의의 공격은 양측이 어떻게 한국의 과거를 근대화를 향한 진보에 방해가 되는 것으로 부인했는지 예증한다.

두 집단은 식민지근대화에 명시적으로 참여하거나 적어도 암묵적으로 그것을 역사적 진보의 과정에서 불가피한 것으로 받아들였다. 부르주아 민족주의자들은 식민지산업화를 미래의 정치적 독립과 경제발전을 위해 요구되는 '민족자본'을 창출할 기회로 환영했다 (Robinson 1988; Wells 1990). 맑스주의자들은 물론 부르주아 민족주의자들이 그랬던 것처럼 식민지근대화에 참여하지는 않았다. 그러나 그들은 근대성을 궁극적으로 공산주의화되고 독립된 한국으로 인도하게 될 역사적 과정에서 불가피하게 여겼다. 맑스주의자들은 분명히 식민주의를 거부했지만 근대성에 대해서는 더 양가적이었다.

더욱이 부르주아 민족주의자들과 맑스주의 민족주의자들은 도시 중심의 운동을 전개했다. 전자는 농촌의 중요성을 완전히 간과하지는 않았지만 분명히 한국의 미래를 도시에서 보았다. 농촌주민은 부르주아의 동정의 대상이긴 했지만 도시 지식인들이 교육하고, 계몽하고,

208

변화시켜야 할 집단 정도로만 여겨졌다. 마찬가지로 맑스주의자들은 그들이 사회변화의 주역으로 본 도시 프롤레타리아뜨에 그들의 의도를 맞추었다. 한국의 맑스주의자들이 농촌의 중요성에 관심을 기울이도록 요구한 코민테른의 「12월테제」에도 불구하고 농촌사람들은 여전히 조역으로만 여겨졌다. 그들은 결코 사회혁명의 주도 계급으로 생각되지 않았다. 부르주아 민족주의자들과 맑스주의 민족주의자들은 도시적인 것과 근대적인 것을 전원적인 것과 전통적인 것보다 새로운 한국의 미래로서 호의적으로 받아들였다.

공산주의적이든 자본주의적이든 간에 근대화를 향한 역사적 진보를 강조하는 이 두개의 민족주의를 1945년 이후 전유한 것은 남북한의 국가민족주의에 잘 기여했다. 그렇지만 이런 분기(分岐)는 민족적이거나 초민족적인 다른 중요한 담론들을 가렸을 뿐만 아니라 식민주의와 민족주의와 근대성의 복잡한 관계를 지나치게 단순화하기도 했다.

두 담론은 식민주의의 다양한 층들을 인식하는 데 실패했다. 식민지사회는 몹시 분화되어 있었으며, 제국의 활동이 지닌 함의와 영향은 획일적이지 않았다. 식민주의는 전통적인 엘리뜨 같은 일부 집단들에게 최후의 일격을 가했을 수도 있지만 또한 상인들과 백정[1]을 포함한 다른 집단들에게는 사회적 이동의 기회를 낳았다. 마찬가지로 1920년대와 1930년대에 근대성은 주로 도시 엘리뜨의 현상이었던 반면에 시골은 점차 주변화되고 사실상 '내부 식민지'가 되었다.

식민주의의 영향이 고르지 않았으므로 그것에 대한 반응 역시 복잡하고 다양했다. 위에 언급된 부르주아 담론과 맑스주의 담론 외에도 민족적이고 초민족적인 다른 정치적 공동체의 담론들이 출현했다. 그렇지만 그런 담론들은 당시 남북한의 이데올로기들과 어긋났기 때문에 양쪽의 민족주의 담론들은 그런 대안적인 역사적 목소리들을 무시했다. 우리는 식민주의의 다양한 층들을 꿰고 있는 복잡하고 서로 겹치는 관계들을 상술하고 서로 경쟁관계에 있는 다양한 민족주의와 정치 공동체의 담론들을 정확하게 파악해야 한다.

최근 담론들의 친근대적인 태도는 어떤 특정한 형태의 담론이 전통적/토착적 근원과 근대적/외국의 영향으로부터 파생되는 복잡한 방식들을 적절하게 인식하는 것을 가로막는다. 전통은 근대성으로 대체되지 않으며, 오히려 반작용으로 종종 반복되고 심지어는 재창조된다 (Hobsbawm and Ranger 1983). 더욱이 민족주의자들은 전통과 토착적인 문화의 어떤 부분을 그들의 대의를 위해 채택해야 할지를 두고 오랫동안 논쟁적인 정치에 종사해왔다. 다시 말하면, 전통과 근대성 혹은 토착적인 자원과 외국의 정치 문화가 상호작용해 독특한 담론을 낳는 복잡한 방식들을 상술할 필요가 있다.

이 장은 반근대적이고 농촌주의적인 민족정체성 개념을 주창하는 담론과 운동을 살펴본다. 그 주창자들은 한국의 미래를 자본주의적이거나 공산주의적인 견지에 따라 이해한 것이 아니라 오히려 한국의 농촌주의 전통과 분명히 연결된 자족적인 공동체사회의 관점에서 이해했다. 그들은 한국을 '근대의 질병들'로부터 구하기 위해 농촌주의적인 생각과 농촌의 제도들을 부활하려고 노력했다. 그 주창자들은 근대이전의 한국의 농촌 전통을 근대적인 민족주의의 언어와 결합하려 노력했기 때문에 나는 이것을 농촌주의 혹은 농촌민족주의라고 부른다. 이 운동은 민족에 대한 중요한 반근대적인 개념을 대변했으며, 그에 대한 고찰은 한국에서 근대주의자들과 반근대주의자들이 민족정체성을 두고 벌인 논쟁적인 정치를 밝혀줄 것이다.

식민주의, 농촌의 변화 그리고 위기

민족주의의 기원과 발전은 근대성의 도래와 밀접한 관계가 있다. 근대화가 '전통적인' 사회에 침투함에 따라 불균등 발전에 대한 인식은 민족주의를 배태한다. 민족주의는 '보편적인' 규모 내에서 좀더 발전된 주민과 좀 덜 발전된 주민이 문화적 관점에서 쉽게 구별될 수 있는 곳에서 태어난다. 이런 논제는 기꺼이 확장하면 한 사회 **내에서** 정치적 공동체의 다양한 대의체들의 발전을 설명할 수 있다. 근대화는 사회를 분열시킬 뿐만 아니라 더욱 중요하게는 불균등하게 분열시켜 다양한 사회 집단 사이에서 공동체에 대한 경쟁적인 관점들을 조장한다. 따라서 근대화는 보편적인 민족문화의 확립에 이르지 못할 수 있다. 반대로 그것은 특정한 사회집단들, 특히 그것에 의해 불행하게 영향을 받은 집단들의 독특한 문화적이고 종족적인 정체성들을 강화할 수 있다. 마이클 헥터(M. Hechter)가 켈트의 주변부와 관련해 지적하듯이, "영국과의 관계는 켈트 지역의 농촌 지배계급 사이에서 영국화를 고무한 (…) 〔반면에〕 이 지역들의 대다수의 주민들은 켈트적인 문화양식들을 고수하였다. (…) 켈트문화의 존재는 무기가 되었으며, 그 점에서 그것은 이런 전통적으로 불리한 조건하에 놓인 지역들에서 반영(反英) 정치적 동원의 토대로 이용될 수 있었다"(1975, 343면). 마찬가지로 한국의 농촌주의는 식민지근대화의 불균등한 확산에 대한 반작용, 주변부적인 시골지역이 도시에 집중된 자본주의 세력과 문화의 점증하는 지배에 가한 반작용으로 이해될 수 있다.

농촌주의가 발생한 역사적이고 구조적인 상황을 이해하려면 먼저 자본주의가 식민지 경제와 사회에 미친 영향을 고려해야 한다. 한국이 일본의 식민지로 전락했을 때 한국은 인구의 80퍼센트 이상이 농업에 종사하고 있는 거의 전적인 농업사회였다. 일본은 1930년대까지는 한국의 산업화를 적극적으로 추진하지 않았으며, 본국인 일본에 식량을 공급하려는 그들의 일차적 관심사와 관련해 농업 생산품(특히 쌀)의 중요성을 간과하지도 않았다. 그 결과 농업생산품의 증가, 대일수출, 시장의 확장, 곡물가격의 파동, 농업의 상업화 강화가 있었다. 한국과 일본의 시장은 긴밀하게 연결되었다. 오사까와 토오꾜오의 시장 상황은 한반도의 쌀가격에 직접 영향을 미쳤다. 비록 식민지 이전의 한국에서 상업화와 시장의 발달이 두드러지긴 했지만 식민정책은 의심할 여지없이 이를 가속화했으며 한국의 농업을 더 큰 일본시장에 단단히 통합했다.

상업농을 위한 시장의 확장과 가격 등귀는 확실히 1920년대 한국 농촌에 어느정도 경제적 번영을 가져왔다. 그렇지만 농업자본주의의 영향은 농촌계급들에게 고르지 않았다. 한국의 농촌계급은 지주, 자영농, 반자영농, 소작농으로 분화되어 있었으며, 따라서 상업화가 이런 다양한 농촌계급에 미친 영향은 다양했다. 대지주들은 확장된 상업화로 이익을 보았지만 대부분의 소작농들은 그렇지 못했다. 이 집단은 종종 오직 살아남기 위해 곡물, 특히 쌀을 이윤도 없이 시장에 내다 팔아야 했으며, 남은 쌀에 소비용으로 수입한 기장을 보충했다. 예컨대 1925년의 정부통계는 20정보(町步; 1정보는 약 3천평) 이상을 소유한 사람들은 평균 5582원의 잉여이익을 낸 반면에 대부분의 소작농들은 적자를 냈다. 잉여노동력과 토지 부족은 농업생산에 값싼 노동력을 더 많이 투여할 수 있도록 했고, '발전 없는 성장'과 농촌의 불평등 심화를 초래했다. 많은 지주들은 도시지역에 재정착했다(1930년까지는 약 31퍼센트의 지주들이 자신의 토지가 있는 시골을 떠났다). 한편 대부분의 가난한 농민들은 출현하고 있는 도시문화의 주변에, 따라서 식민지근대성의 주변에 머물렀다.

더욱이 한국의 농촌이 자본주의체제로 통합되면서 보기에 따라서는 인간적인 관점에서 명백히 파멸적인 시장의 힘에 더욱 의존하게 되었다. 제임스 스콧(J. Scott)은 세계시장이 20세기초에 동남아시아의 농업체계를 극적으로 바꾸어놓았으며 농민들의 생존한계를 줄이고 그들을 점점 더 취약하게 만들었다는 것을 보여준다(1976). 이런 취약성은 절대적인 의미에서 생존위기와 수입의 파동이라는 두가지 형태를 띠었다. 이 두가지의 결합은 파괴적이었다. 식민지가 대공황의 심한 타격을 받은 1920년대말과 1930년대초에 한국농민들은 유사한 상황에 직면했다. 1927년에는 1925년과 견주어 이미 현미 가격이 22퍼센트 떨어졌으며, 1931년에는 그 가격이 1925년 가격의 39퍼센트에 불과했다. 농업의 상업화는 초기에 농촌사회에 일시적인 번영을 가져다주었지만 1929년 이후 세계시장 붕괴는 한국농업에 심각한 타격을 주었으며 대지주들을 제외한 대부분의 시골 주민을 부채로 몰아넣었다. 쌀가격이 다른 곡물의 가격보다 더 심하게 요동쳤기 때문에 쌀이라는 단일작물의 집중적인 수출은 특히 파멸적이었다. 1932년 조사에 따르면, 조사된 2만 6160개 농촌가구의 약 3분의 2가 부채를 지녔으며, 연간 전체소득의 3분의 1 이상인 평균 107엔에 달했다(G. Shin 1996, 6장 참조). 계급의 양극화는 가속화되었으며 굶주림은 흔해서 신문은 그 상황을 "사람들이 죽지 못해 사는" "굶주림의 지옥"(『동아일보』1932.3.24)으로 묘사하기까지 했다. 한국의 농촌은 스스로를 지킬 어떤 기제도 없이 시장의 힘에 좌우되었다.

자본주의시장에 통합되는 것 외에도 한국의 농촌사회는 또한 1920년대에 점증하는 계급투쟁을 목격했다. 문화정치가 시작됨에 따라 농민들은 다른 사회집단들과 마찬가지로 점점 더 스스로를 조직화하고 결집시켰다. 반드시 반식민주의적이거나 혁명적이지는 않았지만 그들은 소작, 소작계약, 농지의 세 문제를 두고 지주들에 대항해 집단적인 논쟁을 주도했다. 또 소작농의 복지는 지주들의 시혜적인 행위에 달려있는 것이 아니라 오직 소작농의 집단행동의 결과라고 주장했다. 1920년부터 1932년까지 7만 4581명의 소작농들과 지주들이 관련된 총 4804건의 쟁의가 전국적으로 일어났다. 식민정부의 말에 따르자면, 쟁의는 농촌사회에서 "빈번하게 발생하는 현상"이었다(G. Shin 1996).

공산주의자들은 소작투쟁의 분출을 그들의 대의를 농촌에 전파할 기회로 보고 그 투쟁을 적극적으로 지원했다. 농촌문제를 "한국에서 공산주의활동의 가장 중요한" 문제로 본 코민테른의 관점에 따라 한국의 공산주의자들은 농촌에서 일어나는 쟁의에 더욱 깊이 관여하고 좀더 급진적인 '적색농민조합운동'을 조직하려고 애썼다. 이런 노력은 동북지역에 집중되었으며, 그 지역에 집중된 운동은 세금과 농촌문제에 대한 경찰의 개입을 두고 관청을 상대로 다양한 항의를 했다. 비록 이런 활동들이 항상 혁명적이거나 반식민주의적인 것은 아니었지만 한국의 농촌은 점차 좌익의 영향 아래 들어갔다. 이제 임박한 경제적 위기에 더하여 마을사람들 사이의 —지주와 소작인 들, 좌익과 보수주의자 들 사이의 — 사회적 갈등이 농촌을 분열시켰다. 상황이 아주 심각한 단계에 이르자 식민정부는 조합주의적인 사회정책을 채택했으며 불만을 완화하고 사회적 조화를 회복하기 위해 새로운 농지법과 '농촌진흥운동'에 앞장섰다(Shin and Han 1999). 간단히 말해서 1920년대와 1930년대 한국의 농촌은 위기에 처해 있었다. 농촌은 상업주의와 자본주의에서 초래된 긴장, 갈등, 모순의 한가운데에 있었으며, 식민국가와 사회의 다양한 반향을 불러일으켰다.

농촌주의: 식민지근대성에 대한 비판

식민지정부뿐만 아니라 사회의 다른 다양한 부문들도 농촌의 갈등과 위기에 반응했다. 공산주의자들은 시골의 위기를 자본주의의 모순 탓으로 돌렸으며 농촌혁명을 그들의 궁극적인 목표인 프롤레타리아혁명을 향한 한 단계로 발전시키기 위해 농촌의 투쟁을 지원했다. 반대로 부르주아 문화주의자들은 점점 열악해지는 농촌상황에 관심을 갖기는 했지만 그것을 개인적 관점에서 이해했으며, 그것을 농민들의 '교육과 계몽' 부족 탓으로 돌렸다. 당시 민족주의 담론에서 배제된 반응인 셋째 반응은 농촌주의자들에게서 나왔다. 농촌적인 것을 단순히 근대사회로 가는 과도기적인 것으로 생각한 맑스주의자들이나 부르주아들과는 달리, 농촌주의자들은 시골의 위기를 해결하기 위해 농촌국가의 수립을 주창했다. 그들은 "최근 농민운동의 침체"를 좌익이 농촌 빈민들을 동원한 탓으로 돌렸으며 부르주아 프로그램(예컨대 『동아일보』가 주창한 생활개선운동)은 "농민의 복지"를 위한 것이 아니라고 비판했다(I. Chong 1932; Ma 1932). 농촌주의자들은 자족적인 농촌 공동체, 즉 한때 존재했던 것 같은 조화로운 농촌생활을 회복할 수 있는 공동체의 건설을 주장했다. 또한 농민을 동원하거나 교육해야 할 수동적인 백성으로 간주한 맑스주의자들이나 부르주아지와는 달리 농촌주의자들은 농민을 한민족의 정수로 여겼다.

농촌주의는 한국에만 나타난 현상이 아니었다. 다른 나라들도 특히 산업화의 초기단계에서 비슷한 운동을 목격했다. 예컨대 20세기초에 러시아는 브나로드운동을 경험했는데, 레닌은 이를 낭만주의적이며 심지어 반동적이라고 비판했다.[2] 일본에서 일어난 비슷한 운동 — 노오혼슈기(農本主義)로 가장 잘 알려졌다 — 은 1870년대부터 1940년대까지 일어났다. 톰 헤이븐즈(Tom Havens)에 따르면, 농촌주의는 한 사회가 "농업에 토대를 둔 경제에서 상업과 산업에 지배되는 경제로 전환"할 때 출현한다. 일본의 농촌주의는 "농업에 대한 유교적 존경심" 이상의 것을 의미했다. 그것은 "급속히 변하는 사회에서 불균형을 바로잡기 위한 일련의 처방"을 제공하려고 시도된 "농촌 중심의 사회적·정치적 관념들"을 수반했다. 그 주의의 주된 신념은 "농업경제에 대한 신뢰, 농촌자치주의에 대한 긍정 그리고 농업이 일본 민족을 독특하게 만드는 그런 특징들에 필수불가결하다는 확신"(1974, 317~18면)을 포함했다.

마찬가지로, 한국의 농촌주의는 시장의 힘이 농촌에 경제적 문제들과 사회적 갈등을 초래한 1920년대와 1930년대초에 출현했다. 일본에서와 마찬가지로 농민을 '세상의 근본'(農者天下之大本)으로 존경하는 유교 전통이 한국의 농촌주의에 개념적 토대를 제공했다. 그렇지만 새로운 시대에 독특하게 한국적인 공동체를 창조하려는 목적에 기여하기 위해서는 한국의 농촌주의 사고는 민족과 민족주의의 새로운 언어로 재구조화되어야 했다. 1932년에 『혜성』에 발표된 한 글은 농업은 "조선의 최후의 생명줄"이며, 따라서 "농촌의 위기는 민족의 위기"(Ma 1932, 2면)라고 주장했다. 마찬가지로 이성환(李晟煥)은 『조선농민』 창간호에서 한국이 가난한 것은 "농민들이 가난하기 때문이며 (…) 따라서 조선이 생존하느냐 못하느냐는 농민들이 생존하느냐 못하느냐에 달려 있다"(1925, 4면)고 주장했다. 농촌 전통을 경멸하고 그 것을 발전의 장애물로 생각한 공산주의자들이나 부르주아지와는 달리 농촌주의자들은 한국이 근대(식민)사회로 변화하는 가운데 그런 전통을 잃어버렸다고 개탄했으며 농촌주의가 새로운 한민족을 창조하는 데 지니는 가치를 인식했다(이성환 1923). 그들은 한국의 미래가 농촌에 달려 있다고 믿었으며, 유토피아적 농민국가를 새로운 한국의 정치형태로 마음속에 그렸다.[3]

어떤 단순한 설명도 이런 농촌주의자들의 다양한 견해와 운동을 올바로 평가할 수 없다. 농촌주의자들은 잘 조직된 천도교와 그것이 발전된 형태인 동학에 바탕을 둔 조선농민사(朝鮮農民社)에서부터 유토피아적인 마을(이상향, 이상촌)을 건설하려는 시골 특유의 유교지향적인 노력에 이르기까지, 또 만주에 농촌사회를 건설하려고 시도한 김춘건 같은 무정부주의적인 농촌주의자에 이르기까지 걸쳐 있었다.[4] 조선농민사를 제외하면, 이런 집단들은 지속적인 운동을 하지 못했으며, 조선농민사조차도 1930년대말에 정부가 주도하는 농촌운동에 흡수되었다.[5] 그럼에도 이들 농촌주의자들은 『개벽』, 『농민』, 『조선농민』, 『혜성』 같은 잡지들을 통해 그들의 견해를 분명히 밝혔으며, 부르주아나 맑스주의 관점과는 확연히 구분되는 반근대적인 농촌주의 견해를 드러냈다.

1) 자본주의적 통합을 넘어선 자급자족

한국 농촌주의자들은 농촌사회를 새로운 한국을 건설하는 한 단계로 재건하면서 강한 반자본주의, 반도시화 그리고 더 나아가 반근대적인 입장을 취했다. 그들은 도시 지역을 '현대 사회의 모순된 공간이자 상징'으로 보았으며 농촌적인 것이 '사회의 경제와 문화의 중심지'가 되어야 한다고 주장했다. 도시주의, 상업주의 또는 금본주의에서 해방된 사회를 성취하기 위해서 농촌주의자들은 자급자족적인 농촌사회의 건설을 주창했다.[6]

틀림없이 '자급자족'은 그 시대의 인기있는 주제였으며, 조만식(曹晚植) 같은 부르주아 민족주의자들은 실제로 "자급자족적인 경제" (Wells 1990)를 주장했다. 그러나 그들은 이것을 **산업**사회 내에서 상상했다는 점에서 농촌주의자들과는 전혀 달랐다. 농촌주의자들의 새로운 한국은 자급자족적일 뿐만 아니라 농촌적이었다. 농촌주의자들은 자본주의의 발전이 외세 의존을 강화하고 도시화가 한국의 풍부한 전통과 문화를 파괴한다고 보았다. 그들은 자급자족적인 농촌공동체들을 보존하고 있는 농촌 전통에서 한민족의 정수를 찾아야 한다고 주장했다.

좀더 자세하게 말하자면, 한국의 농촌주의자들은 농촌문제, 특히 경제적 위기와 사회적 갈등을 자본주의 세력이 농촌으로 침투한 탓으로 돌렸다. 한국의 농촌이 1920년대에 점점 더 상업화되면서 그들은 자본주의의 파괴적인 힘 때문에 깊은 고통을 겪었다. 예컨대 1932년 『농민』에 발표된 「농민은 왜 가난한가?」라는 글은 "농민의 삶이 자급자족적이었던 옛날과는 달리 오늘날의 농민들은 자본주의 경제에 종속되어 있기 때문에 아무리 근면하더라도 기아를 피할 수 없다"(정탄 1932, 10면)는 의견을 피력했다. 마찬가지로 1932년 1월에 『혜성』에 발표된 한 글은 "(1) 농촌은 자본주의의 발전과정에서 필연적으로 붕괴될 것이다, (2) 식민지배 아래서 농촌의 붕괴 과정은 식민모국의 농촌 붕괴과정보다 더 빠를 것이다, (3) 불황은 그런 붕괴과정을 더욱 촉진할 것이다"(마명 1932, 4면)라고 지적했다. 농촌주의자들은 자본주의는 필연적으로 농촌의 경제적 위기와 쇠퇴 ─ 그것은 한국에서는 식민주의와 농업의 침체로 악화되었다 ─ 를 예언한다고 느꼈다. 같은 맥락에서 1926년에 『개벽』에 발표된 한 글은 "오늘날 문제의 주된 원인은 우리사회를 지배하고 있는 자본주의에 있다. 따라서 농촌문제는 자본주의와 떼서 논의할 수 없다. 농촌의 빈민화는 자본주의 세력, 특히 외국자본이 주도하는 세력에 기인한다"(김경재 1926, 29~30면)고 주장했다.

자본주의세력의 파괴적인 힘과 그 결과로 말미암은 농촌사회의 위기를 인식한 농촌주의자들은 한국의 농촌이 더이상 손상되는 것을 막으려면 마을에서 자본주의의 영향력을 몰아낼 필요가 있다고 주장했다. 이것 때문에 한국 농촌주의자들은 과거에 존재했으며 시장의 힘에서 벗어나 한국에 '황금시대'를 가져다주었던 자급자족의 가치에 주목했다. 따라서 『개벽』, 『농민』, 『조선농민』에 실린 많은 글들은 과거의 자급자족적인 농촌사회를 현재의 자본주의 재앙과 대비했으며, 이전의 농촌사회가 더욱 안정되어 있었으며 자본주의세력이 현재의 농촌의 빈곤을 낳았다는 것을 분명히 했다. 이런 글들의 요지는 분명했다. 농촌사회를 빈곤에서 구하는 길은 '자립정신'이나 '독립정신'에 바탕을 둔 농업경제를 확립함으로써 상업주의와 자본주의 세력을 제거하는 것이었다(이성환 1926, 36면).

1923년 『개벽』에 실린 사설인 '신조선의 운명과 농민의 지위'는 자급자족적인 농업사회 질서에 바탕을 둔 새로운 한국을 수립하기 위한 좀더 철학적인 토대를 제공했다. 그것은 다음과 같이 주장했다.

돈이라는 것은 일종의 우상일 뿐이다. (…) 농업 하나뿐은 그 본질에서 영원 신성의 지위를 안보할 것이다. 왜냐하면 농업은 곧 인류의 생명인 고로써이다. (…) 이 세계가 만일 농업의 천질(天質)과 같이 자기 노동력에 창조로 살고 자기 자연력에 이용으로 산다 할 것 같으면 그들에게는 (…) 은행의 거래를 요할 필요가 무엇이며 자본의 성쇠를 물을 사건이 없을 것이다. 따라서 경제적 계급차별 경제적 고통과 같은 현대문명의 폐해를 받을 이유가 없을 것이다. 이러한 이유하에서 현대문명이 가령방면(假令方面)을 변한다 하면 농업의 신성은 더욱 가치를 나타내게 될 것이다.

농업이 상업과 산업 이상으로 지니는 보편적 가치를 주장한 후 그 사설은 왜 새로운 한국이 농업에 바탕을 두어야 하는지 설명하기 위해 문화적인 의미가 함축된 순결의 비유를 이용한다. "만일 농업을 버리고 상공에 달아난다 하면 그는 현명순실(賢明淳實)한 본처를 버리고 유두분면(油頭粉面)의 애첩에게 혹하〔고〕 농업을 버리고 신사회를 이상한다 하는 것은 애인을 버리고 결혼을 이상함과 같다." 사설은 계속 주장한다.

설사 우리 조선이 (…) 상공문명을 획득한다 할지라도 그 문명

220

은 필연적 세(勢)로 자본주의의 외래의 세력에 의하여 건설될 것이
므로 그러한 문명은 필경 조선인의 문명이 되지 못할 (…) 것이겠
다. (…) 그러므로 조선인으로 금일 경제전쟁에 취할 도(途)는 (…)
굳건히 농업을 지키고 농업을 향상케 하고 농민을 계발하여 인내
와 노력으로써 우리의 특유적 농업문명을 이뤄놓음에 있으며 나
아가는 현대문명의 개조로부터 새로이 건설될 신사회에 영합할
만한 이상적 농국(農國)을 준비함에 있다 하는 말이다. (…) 농촌의
흥미 농촌의 모든 행복이 현대 상공문명이 일찍이 맛보지 못한
〔것이다〕(4~6면).

그 운동은 농촌생활이 한국의 정신적 정수라고 옹호했으며, 따라서
농업을 새로운 한국의 적절한 토대로 인식했다.

분명히 자치와 자립의 원칙은 1920년대와 1930년대에 수많은 농촌
주의운동을 지도했다. 조선농민사는 농촌 자치를 확립하기 위해 집단
농업과 소비재의 구매를 장려했으며, 1933년까지 180개의 공생조합을
설립했다(조동걸 1979). 1929년 3월호 『신민』에 실린 특집인 '이상향 건
설'은 마찬가지로 상업적인 도시세력에 대항해 싸우면서 자립을 성취
한 27개의 시범마을을 대서특필했다. 사회주의 계열의 무정부주의자
인 김충건은 집단 농업과 물품의 공동소유와 분배에 바탕을 둔 자치
적인 농촌들로 이루어진 '자치농촌연맹'의 수립을 주창했다. 한국의
농촌주의자들에게는 새로운 한국은 부자연스러운 근대 산업사회가
아니라 농촌의 자급자족적인 자연스러운 공동체 유산 위에 건설되어
야 했다.

2) 제도 개혁에 앞선 도덕의 재건

자치 외에도 한국의 농촌주의자들은 농촌을 되살리기 위한 방책으로 정신적·도덕적 재건이 필요하다고 주장했다. 그들은 좌익이 지주계급과 식민정부에 맞서기 위해 농민을 동원한 것이 "심각한 억압을 초래하고 그 운동의 최근의 침체를 유발했다"고 비판했다. 그들의 더 깊은 관심사는 농촌사람들 사이의 "정신적·도덕적 빈민화와 부패" 및 점증하는 물질만능주의였다. 조선농민사의 주요한 인물인 이성환은 현재의 위기는 자본주의 탓만은 아니라고 주장했다. "우리는 그것을 막기 위한 우리의 의식적인 노력 부족을 **회개해야** 하며 '한국이 구원되느냐 멸망하느냐는 우리 자신에게 달려 있다'는 **신념**을 지녀야 한다"(1926, 36~37면; 강조는 인용자). 마찬가지로 『혜성』에 발표된 한 글은 농촌문제의 주요 이유는 "농민의식의 빈곤"(서춘 1931, 7면)이라고 탄식했으며, 김기전(金起田)은 농촌의 위기는 주로 "농촌의 발전을 촉진하기 위한 공동의 미래지향적인 정책〔통시〕의 결여"(1921, 14~15면)에서 생겨난다고 주장했다. 한국의 농촌주의자들에게는 농촌의 위기는 경제적이고 사회적인 것만큼이나 정신적이고 도덕적인 것이었다. 따라서 농촌재건은 소작제도, 재정, 관개에서의 제도적인 개혁 이상의 것을 요구했다. 한국의 농촌은 무엇보다도 정신적이고 도덕적인 힘을 회복해야만 했다(마명 1932, 5~11면).

따라서 한국의 농촌주의자들은 농촌의 재생은 '농민도' '농촌사상' '농본사상' '농민심리' 같은 강령에 표현된 정신적·도덕적 힘을 회복하고 발전시키는 것을 의미한다고 믿었다. 1926년의 한 『조선농민』 기사는 "농촌마을로 돌아가자. 그곳은 우리의 어머니이고 큰집, 우리가 5천년 동안 살아왔고 여전히 살고 있는 곳이다. (…) 현재의 빈곤의 주된 이유는 우리가 농촌마을을 버렸기 때문이다. (…) 우리는 농촌사상과 농민중심의 사상을 촉진해야 한다"(김태 1926, 7면)라고 주장했다. 마찬가지로 이성환은 "독립 자영정신으로 현재의 상황을 고칠" 것을 주장했으며 김기전은 농촌사람들의 정신적·도덕적 힘을 동원할 수 있는 미래지향적인 정책 혹은 통시를 대변했다. 1932년 『혜성』에 발표된 한 글은 농촌사회를 재건하기 위해 "새로운 정신" 혹은 그 필자가 "강력적 생활주의"라고 표현한 것을 개발하는 것이 중요하다고 지적했다. 이 새로운 생활은 "육체적 힘과 정신적 힘을 개발하고", "검약한 생활방식을 유지하고", 게다가 "현재의 위기를 극복하기 위한 생활의 긴장화"(마명 1932, 5~11면)를 포함했다. 정신력의 강조는 자립의 원칙과 일치했다.

한국의 농촌주의자들은 "한국사회의 도덕적 부패를 고치기" 위해 도덕 재무장운동을 시작했다. 『신민』의 특집인 '이상향 건설'에 소개된 대부분의 마을들은 교평회를 조직했다. 그 단체는 근면, 절약, 저축, 사회적 조화, 효도, 여성의 정숙의 미덕을 옹호했다. 이 독특한 단체는 음주, 마약, 도박에 취해 "사람들의 도덕의식을 타락시키는" 사람들을 처벌했다. 다른 단체들은 지주들과 소작인들을 중재하기 위해 소작쟁의에 간여했다.[7] "도덕 교정"이라는 표어에 부여된 의미가 언제나 같지는 않았지만 그것은 주로 성리학적이었으며, 식민정부는 종종 그런 보수적인 가치들을 가르치는 도덕 재무장운동을 지지했다(이철우 1996, 179~81면).

정신적·도덕적 재무장의 강조는 이광수의 '민족개조론'에서 예시되듯이 당시에 민족주의 진영에서는 아주 흔한 것이었다는 데 주목해야 한다. 그럼에도 한국의 성리학에서 새로운 동력원을 발견하려는 농촌주의자들의 노력은 특별했다. 다른 민족주의자들은 서양의 자유주의나 샤머니즘 같은 한국의 민간전승으로 방향을 돌렸다. 게다가 농촌주의자들이 정신과 도덕을 강조한 것은 분명히 맑스주의와는 구분되었다. 맑스주의는 농촌문제를 구조적 관점(예컨대 식민주의)에서 보았으며 따라서 식민당국은 물론 한국 엘리뜨와의 정치적인 정면대결을 주장했다. 따라서 농촌주의자들이 농촌재생에 촛점을 맞춘 것은 농촌문제의 구조적 맥락과 제도적 개혁의 중요성을 무시한 것으로 비판을 받을 수도 있다. 그것은 심지어 가부장제적인 도덕체계를 회복하려고 노력했다는 점에서 반동적이라는 비판을 받을 수도 있다. 그럼에도 한국의 농촌주의자들은 정신적·도덕적·농업적인 것을 자연스럽고 토착적인 것으로서, 시골의 재생과 새로운 한민족 건설의 정당한 토대로 고양했다.

3) 집단주의 대 개인주의

서유럽, 특히 영국과 프랑스에서 발전한 계몽주의 사상의 주요 특징인 개인주의는 19세기말 이래 한국 지식인들에게 영향을 미쳤다. 한국의 많은 지도자들은, 특히 초기의 애국계몽운동에 종사한 사람들은, 개인을 집단의 구성원으로만 보는 개인에 대한 전통적인 개념과는 전혀 다르게 천부인권, 자치, 개인의 자유를 전제한 개인주의 개념에 매혹되었다. 그들은 전통적인 한국사회의 강한 집단주의 본능이 바로 정체의 원인이라고 인식했으며 효도, 사회적 조화, 가족제도, 형식주의를 강조하는 유교가 개인의 재능과 창의력을 억압한다고 비판했다.

그런 한국의 계몽주의 지도자들 (및 훗날의 부르주아 민족주의자들)과는 반대로 한국의 농촌주의자들은 유교 전통을 중시했으며 농촌문제를 해결하기 위한 집단주의적 접근법을 옹호했다. 그들은 성리학을 정체의 근원으로 여긴 것이 아니라 한국사회를 되살리는 데 유익한 자원으로 생각했다. 그들은 그런 성리학적인 제도를 농촌의 재생에 결정적인 확장된 가족으로 간주했다. 1931년에 『농민』에 발표된 한 글은 "협력적이고 균형이 잡힌 생활 정신"을 촉진하기 위해 3~7가구가 하나의 단위로 구성된 "확장된 가족의 개념"에 바탕을 둔 집단농업을 수립할 것을 제안했다(김활선 1931, 31면). 한국의 농촌주의자들은 동계, 동회, 향약 같은 전근대적인 마을제도들을 자치적인 마을제도들의 원형으로서 되살려야 한다고 주장했다. 독일민족주의자들이 독일민족을 계몽주의적 개인주의에서 방어하기 위해 집단주의에 호소한 것만큼이나 한국의 농촌주의자들은 시골 사회를 상업주의적이고 자본주의적인 세력들의 질병에서 구하기 위한 원칙으로서 집단주의 전통에 의존했다.

1923년 11월호 『개벽』의 사설은 농촌재생은 농민들의 개인적 노력에 의해서가 아니라 그들 사이의 협력을 통해 성취될 수 있다는 것을 분명히 했다. "장래(將來)할 신사회에 영합할 만한 이상적 농업을 실질부터 얻고자 하면 실제적 농업노동자(소작인)로 하여금 (…) 권력적 단결을 취케 하는 도(道)로 나아가야 할 것이다. (…) 그들로 하여금 가장 근기(根氣)있고 사체(事體)다운 단결방법을 취하고자 하면 (…) 자발적인 소작인조합, 자발적인 소작인 소비조합, 소작인 농회, 소작인 자조회 등과 여(如)한 단합"[8]을 할 필요가 있다. 하지만 농촌이 단결해야 한다는 이런 요구는 맑스주의의 주장과는 달리 지주계급이나 식민지당국과의 대결을 조장하려는 의도를 지니지는 않았다. 오히려 그것은 사회적 조화, 마을의 연대, 협동을 고취하려는 목표를 지녔다. 그때만이 농촌은 상인들의 중간착취를 효과적으로 제거하고, 산업제조업자들을 상대로 한 농민들의 흥정 능력을 향상시키고, 농민들을 고리대금의 짐에서 구할 수 있다.

　그들의 구체적인 제안들 가운데 농촌주의자들은 농촌을 되살리기 위한 기본단위로 리회(里會)를 설치해 농민들의 운명을 개선할 것을 제의했다. 1932년에 『혜성』에 발표된 한 글은 마을모임을 "자치적인 제도들의 기능을 해온 전통적인 마을들의 동회나 동계처럼 각각의 마을에 바탕을 둔 조직"으로 생각했다. "이런 놀라운 유산을 농촌생활을 되살릴 주된 수단으로" 평하면서 그 필자는 그런 자치적인 마을제도들은 위에서 논의한 유형의 자치적이고 공동체적인 시골 사회와 경제를 효과적으로 촉진할 수 있다고 주장했다(마명 1932, 6~8면). 농촌주의자들은 전통적인 자연 부락은 일본인들이 설치한 '인공적'이고 '임의적'인 행정부락들보다 시골을 되살리기 위해 사람들을 동원하는 데 훨씬 더 효과적이라고 주장했다. 게다가 그들은 부채와 고리대금을 집단적으로 제거하고 집단 농업을 실행하기 위해 세 가구에서 다섯 가구로 구성된 단위들을 형성할 것을 주장했다(Nonggyŏng hagin 1931, 53면; 백민 1933, 5면). 조선농민사는 농촌에 있는 지부들에 집단적인 농업단위들을 조직하도록 요구해 이런 생각을 실천했다. 『신민』의 특집판에서 이상화된 27개의 마을들의 대부분 역시 집단농업을 실행했고 다양한 상호원조 조합과 기관을 조직했다.

　흥미롭게도 많은 농촌주의자들은 두레나 품앗이 같은 민간 전통들보다는 동계나 향약 같은 농촌의 엘리뜨 조직들을 회복할 것을 주장했다. 이혜준이 지적하듯이, 조선의 양반 엘리뜨는 중앙정부에 대해 자신들의 이익을 지키고 지역사회를 통제하기 위해 동계와 향약을 시

226

행했다. 예컨대 향약은 "풍속을 서로 장려하고, 비행을 서로 감독하고, 사회관계에서 서로 예의를 지키고, 재난에는 서로 돕는다"[9]고 강조했다. 이런 목표들은 물론 집단주의적 본능을 표현했지만 엘리뜨의 지배를 보장하는 것이었다. 사실 동계 내에서의 사회적 위계질서는 양반 엘리뜨인 상계와 평민인 하계를 구분했다(이혜준 1996). 물론 농촌주의자들은 그런 내부의 차별을 주장하지는 않았지만 엘리뜨제도에 대한 선호는 그들의 친유교적인 본능을 드러내 보이며 민간전통을 회복하기 위한 다른 민족주의 노력에서 벗어났다. 부르주아 민족주의자들이 샤머니즘 같은 민간전승을 한국의 민족정체성을 표현하는 독특한 상징과 관습 들의 풍부한 저장소로 보아 관심을 기울인 것과는 반대로(Janelli 1986), 농촌주의자들은 성리학적인 마을제도들을 상업주의와 자본주의 세력에 저항할 수 있는 자족적인 공동체조직이라며 옹호했다.

식민지 한국은 민족공동체에 대한 부르주아와 공산주의 담론과는 전혀 다른 농촌주의자들의 개념을 목격했다. 부르주아와 공산주의 담론과는 달리 농촌주의 담론은 일직선적인 진보로서의 근대적인 역사관에 동의하지 않았다. 한국의 농촌주의자들은 자신들을 반자본주의자, 반도시주의자, 더 나아가 반근대주의자로 규정했다. 그들은 도시의 지배와 식민지근대화에 확실하게 맞서기 위해 사상과 제도에서 한국의 성리학적 전통을 되살리려고 노력했다. 클라크 쏘렌슨(C. Sorensen 1999)이 지적하듯이, 도시적인 것은 무엇이든 "외국적이고, 위험하고, 유혹적인" 것이 되었으며, 시골적인 것은 무엇이든 "한국 종족의 저장소"이며 따라서 한국 민족됨의 토대였다. 비록 그들은 민족에 대한 근대주의 개념에 관해서 논쟁했지만 그들은 한국 민족/인종은 타고난 것이며 불멸이라는 것을 받아들였다. 그런 점에서 농촌주의자들은 "현상(現狀)을 자연적으로 정해진 질서로서" 합리화하기 위해 성리학의 도덕주의를 사용한 19세기말의 위정척사 주창자들에게서 결정적으로 벗어났다(Chung 1995). 한국의 농촌주의자들은 근대화에는 의문을 품었지만 민족에는 의문을 품지 않았다. 따라서 그들의 반근대적인 담론에도 불구하고 그들의 반응 양식은 그 자체로서 아주 근대적이었다.

지배담론과 주변화의 정치학

『민족으로부터 역사 구하기』(Rescuing History from the Nation)에서 두아라(1995)는 근대 중국과 인도에서 민족국가가 역사 담론을 형성하는 데 미친 억압적인 힘에 도전한다. 두아라에 따르면 그 두 나라에서 지배적인 담론은 이상주의적인 진화론이든, 반제국주의든, 맑스주의든 관계없이 근대화를 향한 민족의 진보를 강조하는 일직선적이고 진화론적이고 계몽주의적인 역사 모델에 토대를 둔다. 그 결과 그런 담론들은 근대주의적인 사고 양태를 거부하는 정치적 공동체에 대한 다른 중요한 담론들을 배제했으며, 그 결과 불완전한 역사적 설명들로 귀착되었다. "정치적 공동체의 역사적 대변체들의 다양성"(81면)을 제시하기 위해 그는 민족국가 이외의 연방주의 같은 다른 목표를 고취한 일련의 대안적 담론들이나 "아시아적 가치"를 고취하는 가운데 근대화를 비판한 담론들을 살펴본다. 이렇게 하여 "시간이 지남에 따라 진화하는 똑같은 민족적 주제의 잘못된 통일"을 고취하는 민족국가의 지배적이고 억압적인 힘에서 역사적 담론들을 "구출하기" 위해 노력한다.

두아라가 중국과 인도와 관련해 지적하는 근대적 담론의 미심쩍은 본질은 한국(남북한)의 민족주의 담론에도 존재한다. 남북한은 자신들의 방식으로 민족주의를 발전시키고 "지원함에" 따라 식민 역사를 지나치게 단순화했을 뿐만 아니라 그들 각각의 정치 이데올로기의 성질에 반하는 담론들을 억압했다. 반근대적이고 농촌적인 민족정체성 개념은 특별히 중요하다. 해방 이후 한국은 반도의 양쪽에서 근대적이고 산업적인 민족국가의 수립을 경험했기 때문에 그런 반근대적인 농촌적 관점은 대체로 무시되었다. 그러나 여기서 살펴본 농촌주의는 식민지배하에서 민족 공동체 대변체들의 다양성을, 남북한에서 패권적인 담론 형성과정에서 잃어버린 다양성을 예증한다. 그것은 반근대적이고 농촌적인 한민족 개념이 어떻게 근대적이고 산업적인 개념들과 경쟁하면서도, 한민족의 종족적/인종적 토대는 대체로 당연시했는지 보여준다. 근대성에 의문을 품으면서도 농촌주의자들은 농촌주의적인 생각을 민족주의와 연결해 여전히 민족주의 패러다임을 포용했다. 특별한 점이라면 그들이 한국의 집단적인 정체성이나 한국의 종족적/인종적 기원에 대한 '민족'의 요구들을 인식하기를 거절했다는 것이 아니라 그들이 근대주의자들이 주창하는 진보와 역사 발전에 대한 스펜서적이고 맑스적인 개념을 거부했다는 것이다.

농촌주의는 정치제도에 일관성 있는 토대를 제공할 능력이 없었기 때문에 해방이후에 순조롭지 못했다. 또한 특정한 형태의 정치공동체를 초월할 수 있고 따라서 남북한에서처럼 서로 다른 정치체제와도 쉽게 결합될 수 있는 종족민족주의와는 달리 농촌주의는 한반도에서 새롭게 나타난 정치질서에 맞지 않았다. 근대적인 것과 산업적인 것은 남북한 모두에서 전통적인 것과 농촌적인 것보다 특권적 지위에 있었다. 그러한 산업화의 정점에서도 농촌 전통과 농민을 한민족의 정수로 보는 견해는 완전히 망각되거나 간과되지 않았다. 박정희정권이 1970년대에 추진한 새마을운동은 한국의 농촌 전통을 한국의 근대화과정에서 정신적 자원으로 받아들이려는 노력이었다. 최근에 농민들을 반지구화운동에 동원하는 것도 비슷한 방식으로 이해할 수 있다. 따라서 근대화론자들의 거대담론에 의해 정치적으로 주변화되었지만 농촌주의는 해방이후의 한국에서 반근대주의 담론을 위한 중요한 문화적 토대를 계속 제공해왔다.

8장

분단과 민족대표성의 정치

2000년 6월에 남한의 김대중 대통령은 그의 상대인 김정일을 만나러 북한의 수도 평양을 방문했다. 이는 한반도가 1945년에 분단된 이후 남북한 지도자들 사이의 첫 대면이었다. 대부분 남한사람들은 결국 그 역사적인 정상회담을 열광적으로 받아들였지만 공산정권에 대한 그들의 의심과 두려움은 뿌리 깊었기 때문에 그들의 첫 반응은 충격과 혼돈이었다.[1] 예컨대 내가 남한에서 자랄 때 나는 북한사람들은 거의 인간이 아니라고 믿었다. 나는 학교에서 김일성은 국민을 독재와 기아로 몰아넣고 식민지기에 일본과 싸운 전설적인 김일성장군을 가장한 사기꾼이라고 배웠다. 심지어 1990년대중반에 로스앤젤레스 소재 캘리포니아대학에서 가르칠 때도 나는 종종 의심스러운 남한 기관들에서 나온 소책자들을 받았는데, 그중 하나는 북한의 현 지도자인 김정일을 실성한 바람둥이로 묘사했다.[2] 이런 모든 책자들에서는 김일성 일가의 세습독재에 의해 유지되는 북한정권은 한민족을 지도할 어떤 정당성도 지니지 못한 소련의 단순한 꼭두각시로 기술되었다. 물론 남한의 지도자들, 사회, 국민에 대한 북한의 묘사도 이것과 별로 다르지 않았다. 그런데 그 두 지도자가 만나 악수를 했으니 그런 주장은 쓸모없게 되었고, 두개의 한국은 마침내 상대의 존재와 정치적 지도력의 정당성을 인정하게 되었다. 이런 점에서 정상회담은 참으로 역사적이었다.[3]

그럼에도 불구하고 여러 의문이 든다. 왜 양 정부는 같은 종족정체성 의식을 공유했으면서도 서로의 존재를 인정하려 하지 않았는가? 민족통일의 깊은 열망이 한반도를 뒤덮고 있음에도 불구하고 왜 남북한의 지도자들이 만나는 데 반세기 이상이나 걸렸는가? 종족동질성 의식이 한반도의 긴장과 갈등을 막는 데 왜, 어떻게 실패했는가? 민족대표성을 둘러싼 두개의 한국 사이의 논쟁적인 정치 뒤에는 무엇이 있었는가? 이 장은 이러한 문제들을 제기한다.

영토분할과 민족정체성의 부조화

겔너의 유명한 구절을 이용하자면, 영토의 분할은 "국가와 민족의 일치라는 민족주의 원칙"을 위반했으며 민족대표성 문제를 야기했다. 한국인들은 여전히 한국의 종족공동체에 강한 일체감을 지녔지만 영토분할은 일체감의 일차적 근원과 일치하지 않는 추가적인 정치적 정체성을 만들어냈다. 각 정권은 존재이유(즉 남한의 반공과 북한의 반식민주의/반제국주의)를 정당화하기 위해 민족과 민족정체성에 대한 특정한 (정치적) 개념을 전유했으며, 상대의 견해를 반박하고 전체 한국의 (종족적) 공동체의 대표권을 독점할 권리를 주장했다. 게다가 영토의 분할은 강한 종족동질성 의식과 더불어 잃어버린 민족통일을 회복하려는 저항할 수 없는 압력을 낳았으며, 그것은 한국전쟁을 포함한 한반도의 긴장과 갈등을 이해하는 데 주된 요인이다.[4]

두개의 한국 사이에서 정체성을 둘러싼 논쟁적인 정치를 밝히기 위해 이 장은 김일성과 이승만에 촛점을 맞춰 국가주도 민족주의에 대한 비교분석을 제시한다. 비록 그들의 연설과 글은 선전적인 요소들을 담고 있지만 나는 "민족주의자들의 연설과 선언은 민족주의 연구를 위한 비옥한 영역이다"는 코너의 관점에 동의한다. 왜냐하면 여기서 촛점은 "선전가의 진지함이 아니라 그가 호소하고 있는 대중의 본능의 성격"이기 때문이다(1994, 198면).

면밀히 조사해보면 김일성과 이승만의 배경과 경험이 서로 다름에도 불구하고 그들의 민족주의 수사의 본질은 놀랍도록 유사하다. 두 지도자는 한국인들이 똑같은 민족에 속하며 단일혈통을 지녔다는 데 동의했다. 이승만은 일민주의를 새로운 국가의 국가정책으로 고취했는데, 이는 가족이나 하나의 유기체로서의 한국인, 민족, 인종의 영원한 동질성을 주장했다. 1949년 10월 25일 북한 군인들을 겨냥해 해주에 뿌린 남한의 삐라(傳單)들은 이승만정권이 지닌 한민족에 대한 그런 유기적 사고를 보여준다.

제군의 혈관에는 대한민족의 '피'가 흐르고 있다. 제군의 '피'나 우리 국군의 '피'는 같은 피다. (…) 제군은 어째서 소련의 노예가 되기 위해서 그 귀중한 '피'를 흘리고 있는가? 제군은 할 수 없이 소련이나 김일성 집단 앞에 복종하고 있음을 우리는 안다. 제군이

여, 제군이 흘리려는 '피'는 결코 민족을 위한 희생은 아니다. 제군이여! 대한의 젊은 '피'가 파동치는 국군의 품으로 하루바삐 들어오라. 우리 국군은 제군을 대우할 만반의 준비를 갖추고 있다.

친애하는 조국의 동지 여러분들이여! 한겨레끼리 싸움을 붙여 놓고 이렇게 그대들을 총끝으로 떠밀어 보내는 놈은 누구인가? 깨달으라! 그리고 결심하라! 헛되인 죽음은 좋아도 조국을 위한 죽음은 싫단 말인가? 일어나자! 일어나 대한의 자유를 찾아서!(박명림 1996, 833면)

그 삐라는 한국인들이 같은 종족적 민족(한겨레)에 속한다고 주장했으며 북한 병사들이 소련과 김일성 도당에 대항해 봉기를 하도록 설득하기 위해 한국 인종의 단일한 혈통, 위대한 한민족에 호소했다.

김일성 역시 종족적 민족의 순수성과 단일성을 선언했다. "우리 민족은 수천년 동안 같은 땅에서 단일한 민족으로 살아왔습니다. 그들은 하나의 언어를 말하고 썼으며, 그들의 역사적, 문화적 전통은 같습니다. 우리나라에는 소수민족이 없습니다"(1965/1972, 175면). 게다가 그는 계속해서 한국인들은 "일본이 식민지배 동안 호전적인 동화정책으로 파괴하려고 시도했음에도 불구하고 민족정신〔과〕 (…) 민족적 순수성을 유지한 것을 자랑스러워"(김일성 1979, 305~15면)해야 한다고 주장했다. 과거 한국의 언어적, 문화적, 종족적 순수성에 대한 그런 자부심을 갖고 김일성은 한국동포들에게 도전했다. "오랜 역사와 유서 깊은 문화를 지닌 우리민족이 어떻게 미국의 제국주의적 식민지배를 참고 견디며 민족의 수치와 박해를 관대히 다룰 수 있겠습니까?"(1965/1972, 222면). 이런 관점에서는 심지어 한국전쟁조차도 그 파멸적인 결과에도 불구하고 남한 동포를 미국의 제국주의와 꼭두각시 정권으로부터 해방시키려는 민족주의 노력으로 정당화될 수 있었다.

김일성에게는 조국을 제국주의 세력들에게 팔아넘긴 소수의 "민족 반역자들"의 무리가 있었지만 모든 한국인은 같은 종족적 민족에 속하기 때문에 대다수의 "평범한" 한국인들은 재통일을 위한 투쟁에 쉽게 참여할 수 있었다. 그는 심지어 다양한 종족과 민족 집단으로 된 나라들조차도 같은 목표를 위해 힘을 합쳐 투쟁하는 것에 주목했으며, 그래서 그는 "하나의 같은 혈통과 민족으로 이루어진 우리 인민이 왜 민족통일의 노력에 손을 맞잡을 수 없겠는가? (…) 우리는 남한 동포들을 적대시하지 않으며 우리의 이데올로기와 사회체제를 그들에게 강요하지 않는다"(1982, 178면)라고 말했다. 비록 한국인들은 서로 다른 이데올로기와 서로 다른 정치체제 아래서 살고 있지만 통일문제와 관련해서는 그들 사이에 반대가 있을 수 없다고 김일성은 주장한다. 이데올로기가 아니라, 심지어 공산주의가 아니라, 민족이 우선이다.

김일성과 이승만은 둘 다 수천년 동안 동질성을 유지해온 한민족의 종족적 토대를 논박하지 않았다. 그리고 영토의 분할과 정치적인 분열도 식민지기 동안 보존되어온 공동의 단일종족의식을 약화시키지 못했다. 그러나 한민족에 대한 정치적 개념에 이르게 되면 이승만과 김일성은 서로 확연하게 달랐다.

개념으로서의 민족은 두가지 요소인 종족적/문화적 요소와 시민적/정치적 요소를 포함하고 있다. 한국이 주권을 잃었을 때는 한민족에 대한 이해에서 종족적/문화적 요소가 강조되었다. 이제 두개의 한국은 그들 자신의 주권국가를 수립하기 위해 노력하고 있었으므로 그들 각각의 정권에 속할 구성원의 어떤 정치적 기준—즉 누가 대한민국의 국민을 구성하며, 누가 조선민주주의인민공화국의 인민을 구성할 것인가 ― 을 적용할 필요가 있었다. 비록 모든 한국인은 같은 종족적 민족에 속했지만 일부는 외세에 한국을 팔아먹는 반역을 저질렀기 때문에 그들 모두가 새로운 한국공동체의 정당한 구성원이 될 자격이 있지는 않았다. 각 정권은 그런 반민족 분자들을 딛고 자유로운 한국을 건설하기 위해 어떤 정치적 토대를 확립해야 했다. 이런 목적을 위해 서로 상반되는 기준 ― 북한의 반식민주의 혹은 반제국주의와 남한의 반공 ― 이 적용됐다. 바꿔 말하면 북한은 반식민주의, 반제국주의 국가가 되어야 했으며 남한은 반공국가가 되어야 했다. 그리고 나서 양측은 자신들이야말로 (종족적) 한민족 전체를 대표하는 유일하게 합법적인 중앙정부라고 주장했다(박명림 1996). 이런 관점에서 보면 상대방은 단지 북쪽과 남쪽이자 회복해야 할 잃어버린 영토였다.[5]

민족에 대한 김일성의 정치적 개념은 그의 이데올로기적 입장을 반영하며 일본과 미국의 제국주의에 대한 저항의 형태를 띤다. 김일성은 민족분단과 미군의 남한 주둔에 분개했다. 김일성의 연설은 종종 서두에서 한민족을 찬양하는데, 그것은 한국이 민족정신을 고취하고 잃어버린 통일을 회복하기 위해 미제국주의와 남한의 민족반역자들과 투쟁해야 하는 이유를 정당화하는 하나의 방법이었다. 김일성에게는 외세에 대항해 민족해방투쟁을 해온 전통 위에 세운 조선민주주의인민공화국만이 한국이 통일된 독립민족국가가 되도록 지도할 수 있으며 지도해야 했다. 김일성이 보기에 한국은 "애국적, 민주적인 세력들과 '전체 조선인민의 증오를 받고 배척당하는 한줌의 친일분자들과 민족반역자들'로 구성된 반역적이고 반민주적인 세력들 사이의 격렬한 투쟁"에 직면해 있었다(김일성 1984). 김일성에게는 반식민주의 혹은 반제국주의는 새로운 한국공동체의 토대가 되어야 했다. 식민주의와 제국주의 세력에 대항해 투쟁하는 조선공화국만이 민족적 정당성을 주장할 수 있으며 그래야 했다.

남한은 1945년 이후에는 미제국주의자들에게, 그 이전에는 일본의 식민정권에 붙잡힌 꼭두각시정권에 불과하다고 여겨졌다. 김일성이 보기에 북한은 강한 반제국주의 전통을 이어받아 "제국주의에 대항해 투쟁한" 반면에 남한은 "미국에 의해 강요된 새로운 제국주의 아래 있는 반식민지"(1984, 418~41면)로 남아 있었다. 당장의 재통일투쟁은 단순히 두개의 한국 사이의 투쟁이 아니라 애국자들과 반역자들, 혹은 민족해방 세력과 호전적인 제국주의 세력 사이의 투쟁이었으며, 한국의 민족적 무결성이 위험에 처해 있었다. 그런 관점은 궁극적으로는 정치, 경제, 문화, 이데올로기에서 자치와 자립을 고취하는 최고의 이데올로기인 주체사상으로 발전되었다.

반대로 이승만은 반공을 새로운 한국의 토대로 삼았다. 그는 공산주의를 "콜레라" 같은 질병으로 불렀으며 "콜레라와는 타협할 수 없다"고 선언했다. 그는 공산주의를 "자유와 민주주의"와 대비했으며 "그 두개는 결합될 수 없다"고 주장했다(Oliver 1978, 352~91면). 이승만에게는 공산주의자들이 신탁통치를 지지한 것은 공산주의가 민족주의와 양립할 수 없다는 것을 증명했다. 1946년에 『건국공론(建國公論)』에 실린 한 글은 신탁통치 안을 한국을 일본의 보호국으로 만든 을사조약과 비교했으며 공산주의자들이 "쏘비에뜨를 우리의 조국"으로 부르는 것을 비난했다. 그 글은 "5천년 동안 하나의 혈통을 지닌 단군의 자손인 우리가 어떻게 외국을 조국이라 부를 수 있는가"라고 물었으며 그것을 "민족반역" 행위로 비난했다(최해종 1946, 12~14면). 같은 맥락에서, 이승만은 공산주의자들에게 새로운 한민족 공동체의 구성원이 될 자격이 없기 때문에 한국을 떠나 그들의 조국인 쏘비에뜨로 가라고 무례하게 요구했다(유영익 1997, 42면).

이승만에 따르면, 북한은 단지 2차대전 후 소련에 의존하는 많은 위성 공산국가들 중 하나에 불과하므로 정치적 독립도 한민족 전체를 대표한다고 주장할 정당성도 없었다. 그는 또한 한국전쟁을 공산주의자들의 호전성의 결과라고, 민족의 풍부한 전통과 정체성을 파괴하기 위한 반역적인 시도라고 기술했다. 김일성이 남한의 정치체제를 (종족적) 민족의 정의에서 배제한 것처럼 이승만도 북한의 정치체제를 배제했으며, 오직 대한민국만이 한민족의 진정한 특징을 구현한다고 강조했다. 이승만과 김일성이 지닌 민족에 대한 정치적 개념은 상호 배제의 원칙, 공동의 단일종족의식과 엇갈리게 경쟁하는 원칙을 예증한다.

새로운 한국을 건설하기 위한 그들 각자의 정치적 토대를 마련함으로써 양쪽의 지도자들은 그들만이 전체 한민족을 대표해야 한다고 주장했다. 그들은 상대방을 '민족반역자들'이나 '괴뢰정부'라고 비난했다. 서로 '우리 민족과 조국을' 외세에 팔아먹고 있으며, 따라서 새로운 한국공동체의 구성원이 될 자격이 없다고 주장했다. 양측은 분단을 일시적이며 부자연스러운 것으로 생각했으며 한민족을 분열된 채 남아 있을 수 없고 그래서도 안될 하나의 유기체로 가정했다.

민족대표성을 둘러싼 논쟁적인 정치

한국에서 민족대표성을 둘러싸고 벌어진 논쟁적인 정치를 어떻게 설명할 수 있을까? 왜 강력한 단일종족의식이 한반도를 긴장과 갈등으로부터 막지 못했을까? 상투적인 지식과는 반대로 단일종족 혹은 좀더 정확하게는 종족동질성에 대한 인식은 두개의 한국의 평화로운 공존을 낳지 못했으며, 오히려 반세기에 걸친 심각한 갈등과 긴장을 야기했다. 내가 "상투적인 지식과는 반대로"라는 표현을 쓰는 것은 종족민족주의에 관한 대부분의 연구는 종족간의 분열이 근본적이며 항구적이라고 주장하기 때문이다. 이 주장은 단일종족—혹은 종족 분열의 부재—은 한국 같은 분단된 민족에게 통일의 힘으로서 기능을 할 것이며 그래야 한다는 것을 암시하기 때문이다. 예컨대 코너는 종족집단에 대한 충성과 국가에 대한 충성이 "화해할 수 없는 갈등으로 인식될" 때는 정치적 충성은 종족정체성과 "〔같은〕 수준의 정서적 헌신을 불러일으킬 수 없기"(1994, 208면) 때문에 일반적으로 물러설 수밖에 없다고 주장한다. 종족통합에 기여하는 힘을 생각해볼 때, 공유하는 종족의 힘이 서로 다른 정치체제의 분열을 가로질러 작용해 통일을 낳을 것이라고 기대하는 것은 논리적인 것처럼 보일 것이다. 즉 종족민족주의는 영토상으로는 분열되었지만 공동의 종족정체성에 몰두하고 있는 한국과 같은 나라들에서는 통합력으로서 적절하게 기능해야 한다(Breuilly 1994, 특히 14장). 만약 그렇다면 단일종족이라는 한국인들의 강한 믿음이 왜, 어떻게 오히려 심각한 갈등을 낳았는가 하는 점은 수수께끼로 남는다. 다종족국가를 배경으로 한 최근의 종족민족주의 이론들은 이런 수수께끼를 푸는 데 별다른 도움이 되지 않는다.

　해결책을 찾기 위해 나는 사회정체성 이론에서 얻은 통찰력에 의존한다. 이런 이론적인 차용은 종족민족주의와 갈등에 대한 최근의 이론화 단계에서는 용인될 수 있고 심지어 필요한 것 같다. 물론 나는 특히 분석수준의 면에서 사회심리학과 민족주의 연구라는 두 분야 사이의 간극을 인식하고 있다. 종종 사회역사학적 견지를 취하는 종족성과 민족주의 연구는 상대적으로 크고 복잡한 사회집단의 특징들을 가정하는 반면에 실험적 사회심리학은 일반적으로 국지적인 "자연발생 집단들" 혹은 좀더 흔히 내적 차이와 경쟁이 최소화된 실험적으로 고립된 집단들에 제한된다. 그럼에도 불구하고, '상상의 공동체' 형태들로서 민족과 종족은 인지된 집단정체성에 적합한 사회정체성 이론의 기본적 필요조건들을 충족시키며, 공동의 문화, 언어, 역사, 지리에 대한 인식에 바탕을 둔 충분한 집단 특징을 제공한다(Tajfel and Turner 1986). 사실 코너와 호로비츠(D. Horowitz) 같은 민족주의 연구자들은 실험심리학이 종족민족주의, 특히 그것의 정서적·심리적 차원을 더 잘 이해하는 데 기여할 잠재적 가치를 인식하고 있다.

　관례적으로 사회심리학자들은 내집단 구성원들은 그들의 긍정적인 특별한 성향을 드러내기 위해 외집단 구성원들에 대한 편리한 편견을 받아들인다고 주장한다. 그러나 최근에 많은 학자들은 내집단 선호의 좀더 복잡한 기능에 주목하기 시작했다. 예컨대 마르끄스와 그의 동료들은 "호감이 가는 내집단 구성원들과 호감이 가지 않는 내집단 구성원들에 대한 판단은 외집단 구성원들에 대한 판단보다 더 극단적이다"라고 주장한다(Marques, Yzerbyt, and Leyens 1988, 1면). 그들의 연구에 따르면, 집단정체성과 집단간의 경쟁의 아주 상식적인 결과인 내집단 선호는 "바람직한 구성원들에 대한 내집단의 편견"뿐만 아니라 "바람직하지 않은 구성원들에 대한 내집단의 비방에까지 확장된다. (…) [어떤 점에서는] 호감이 가지 않는 내집단 구성원들을 격하시키는 것은 내집단의 전반적인 긍정성을 보존하려는 목적을 지닌 인지적 전략이 될 수도 있다"(Marques and Yzerbyt 1988, 288면). 한 실험에서 마르끼스와 동료들은 많은 긍정적/부정적 성향들에 관해 벨기에 학생들과 벨기에에 살고 있는 북아프리카 학생들을 비교평가하기 위해 벨기에 대학생 표본과 인터뷰를 했다. 이 연구에서 내집단은 호감이 가는 성향과 호감이 가지 않는 성향 둘 다(내집단 선호와 내집단 비방)에서 더 극단적인 평가를 받았다. 내집단 구성원들의 좀더 부정적인 판단은 집단의 정체성과 관련이 있는 것으로 '검은양 효과'(Black Sheep Effect)라고 불린다(Marques, Yzerbyt, and Leyens 1988, 7면).

검은양 효과는 "내집단을 평가하는 마니교도적인 전략"으로서 활성화된다. 이 전략에서는 집단간의 혹은 외부의 도전에 직면해 일관된 집단정체성을 유지하려는 압력이 실제로는 그 자체 불화를 일으키는 순응 압력으로 귀착한다. 바꿔 말해 내집단 정체성은 외집단에 반대하여 형성될 뿐만 아니라 전반적으로 긍정적이고 단일한 정체성을 조성하기 위해 내집단 내부의 차이점들에 대한 적극적인 억압을 포함한다. 하지만 내부의 순응 압력은 누가 그 집단의 기준을 정할 것인가 하는 근본문제를 제기하기 때문에 불화를 유발할 수 있다.

만약 우리가 종족과 민족성을 사회적 정체성의 형태들로 본다면, 내집단의 극단적으로 부정적인 판단이 검은양 효과를 낳는 과정에 대한 이론적 통찰은 한국 내부의 민족갈등을 이해하는 데 기꺼이 적용될 수 있다. 내집단 구성원들의 바람직하지 못한 행동이 내집단의 정체성을 위협한다고 인식될 때 검은양 효과는 전반적으로 내집단의 인식된 긍정성을 보존하거나 회복하기 위해 활성화될 수 있다. 그렇지만 누가 '검은양'인지를 누가 규정할 것인지를 두고 갈등이 일어날 수도 있으며 실제로 일어나기도 한다. 그리고 그것은 집단 내의 갈등을 촉발한다. 내집단은 그 자체가 정체성을 보존해야 할 장소이며 따라서 그 집단이 경쟁하고 있는 다른 집단들에 대하여 그 집단이 효율적으로 기능을 발휘하도록 허락해야 하기 때문에 집단 내 갈등은 좀더 다루기 어렵다.

따라서 단일종족의식을 깊이 공유하고 있을 때 그 의식은 내집단의 동질성을 위한 강한 압력과 한국다움(Koreaness)이라는 추상적 개념 같은 본질화된 정체성에 대한 순응을 낳을 가능성이 있다. 그 까닭은 그런 (상상의) 단일성은 모든 구성원들이 어떤 공동의 기준이나 관습을 따를 것이라는 기대를 높이기 때문이다. 그렇지만 영토분할의 현실은 다양하게 포진하고 있는 강력한 국제적인 타자들과 더불어 종족적 이상을 실현하는 것을 방해한다. 그 결과 초래되는 정치적/이데올로기적 틈은 그런 종족정체성의 단일성을 위협할 수 있으며 선택적인 내집단의 비방과 순응 감시의 과정을 촉발한다. 이것은 공동체를 오염시키거나 배반하는 것처럼 보이는 이질적인 관념과 사상을 일소해 종족공동체를 정화한다는 미명으로 행해질 수 있다. 여기서 우리는 검은양 효과가 민족주의 정치에서 작용할 잠재력을 관찰한다. 즉 양쪽 — 남한과 북한 — 은 상대방을 내집단의 (종족)동질성에 대한 심각한 위협으로 본다. 누가 종족적 민족을 규정하고 대표할 것인가 하는 문제를 두고 치열한 경쟁이 벌어지게 되며, 정치적·인종적 정화운동은 종족 내 갈등을 강화하고 격심하게 할 수 있다. 양쪽은 단일종족의 환상에 집착해 그런 수준의 정체성에 가장 큰 위협은 외집단의 구성원들이 아니라 내부의 '반역자들'(바람직하지 않은 내집단 구성원들, 즉 남한의 관점에서는 김일성과 그의 공산주의 추종자들, 북한의 관점에서는 이승만, 박정희와 그의 지지자들)이기 때문에 그 갈등은 격심하고 항구적이다. 따라서 종족적 민족에 대한 이런 아주 억지스럽고 문제있는 공동 집착은 통합력으로 작용한 것이 아니라 오히려 지난 반세기 동안 한국 내부의 갈등을 강화해왔다.

한국전쟁을 유발시킨 정치심리학

두개의 한국이 민족대표성을 두고 벌인 논쟁적인 정치의 가장 비극적인 결과는 의심할 여지도 없이 한국전쟁이었다. 두개의 한국뿐만 아니라 미국, 중국, 소련 같은 열강들까지 연루된 3년간의 전쟁은 적어도 3백만의 한국인들을 죽음으로 내몰았으며 한국의 많은 것들을 잿더미로 만들었다. 학자들은 한국전쟁의 기원과 본질에 대해 논쟁을 벌였으며 주된 토론은 그 전쟁이 국제전이냐 내전이냐 하는 문제를 두고 일어났다(Cummings 1981, 1990; Merrill 1989). 그러나 아직도 하나의 간단한 문제가 탐구되지 않고 있다. 왜 그리고 어떻게 한국인들이 지닌 강한 '단일' 혈통의식이 전쟁을 막는 데 실패했는가? 왜 같은 인종에서 기원했다는 인식이 분단문제의 평화로운 해결보다는 파괴적인 해결을 초래했는가? 왜 한국인들의 종족동질성의식이 영토의 반대편에 있는 '형제자매들'의 살해를 막지 못했는가? 어떤 종류의 전쟁심리가 한국의 지도자들인 김일성과 이승만에게 작용했는가?

최근에 정치학자 박명림(1996)은 민족주의가 한국전쟁의 기원과 본질을 이해하는 데 중요하다고 지적하면서 이런 질문들에 답변하려고 애썼다. 특히 그는 한국전쟁을 북한과 남한으로 각각 대변되는 혁명세력과 반혁명세력, 민족해방 세력과 반동세력 사이의 전쟁으로 보는 브루스 커밍스의 견해를 논박한다. 대신에 그는 1945년 이후의 한국에서 이데올로기적·정치적 틈은 그런 식으로 둘로 갈라져 있지 않았다고 주장한다. 북한정권은 조만식(曺晩植) 같은 일부 민족주의자들을 탄압한 반면에 남한은 일부 반식민주의 세력을 포용했다. 따라서 박명림은 한국전쟁은 민족해방전쟁이나 단순한 내전이 아니었다고 주장한다. 그것은 1945년 이후의 분단으로 무산된 단일민족국가를 수립하기 위한 전쟁이었다.

박명림은 민족주의를 한국전쟁을 이해하는 주된 변수로 받아들인다. 그의 견해로는 남북한은 똑같이 각각의 정권을 정당화하기 위해 민족주의 정치에 의존했다. 남한은 반공을 민족주의와 결부시켰으며, 북한은 반식민주의/반제국주의를 민족주의와 융합했다. 박명림은 "남북한은 이데올로기상의 위반과 방어의 방법과 정도가 서로 아주 유사했다"(1996, 840면)고 주장한다. 이런 중요한 비평은 진지하게 받아들일 필요가 있지만 그는 민족주의가 전쟁에 미친 미세한 작용이나 전쟁을 야기하는 정치심리를 설명하지는 않는다. 게다가 사회정체성 이론에서 끌어낸 통찰력은 이 부분에서 민족대표성을 둘러싼 논쟁적인 정치를 설명하는 데 유용하다.

1945년 이후의 분단은 연쇄반응을 일으켜 한국인들이 공유하는 단일종족의식을 위협하고 남북한으로 하여금 민족적 불행의 원인을 찾게 만들었다. 분단은 또한 통일을 회복하려는 강한 압력을 낳았다. 특히 당면한 상황을 이해하기 위해 노력하는 가운데 김일성과 이승만은 외세뿐 아니라 내부의 반역자들을 비난하고, 내부의 반역자들이 민족의 정신을 외세에 팔아먹었다고 비난했다. 바람직하지 않은 구성원들을 비방하거나 소위 동질적인 집단을 오염시키는 '검은양'을 찾아내는 것은 깨진 통일을 회복하기 위한 중요한 첫 단계일 수 있다. 즉 그것은 전체 집단의 긍정적 의식을 보존하는 것을 목표로 한 인지적 전략으로 이용될 수 있다. 따라서 김일성과 이승만이 상대방을 '민족반역자' '조국과 민족을 팔아먹은 꼭두각시정부' '반역적인 괴뢰집단' '제2의 이완용(李完用)' 따위로 규정한 것은 우연한 사건이나 우연의 일치는 아니었다. 그들은 민족반역자들로서 처벌을 받고 새로운 한국 공동체에서 배제돼야 했다.

바람직하지 않은 내집단 구성원들을 찾아낸 후 김일성과 이승만은 깨진 종족단일성을 회복하려고 노력했다. 어떤 유기체도 영원히 분리된 채 남아 있을 수 없기 때문에 분단은 부자연스럽고 일시적인 것으로 여겨졌다. 그 결과 김일성과 이승만은 그들의 목표는 한반도에 통일국가를 세우는 것이라고 거듭 분명히 밝혔다. 1946년 8월에 북한 조선로동당 창당에 즈음한 취임연설에서 김일성은 "우리 조선인민의 가장 절박한 임무는 단일독립국가를 세우기 위해 남조선의 반동전선을 극복하고 북조선에서처럼 민주적인 개혁을 수행하는 것이다"(김일성 1946/1988, 15~24면)라고 선언했다. 이승만에게도 대한민국 건국은 그 자체가 목적은 아니었다. 오히려 그것은 단일한 한국공동체를 성취하기 위한 첫 단계에 불과했으며, 그러기 위해서는 북한에 있는 민족반역자들을 추방할 필요가 있었다. 또한 김일성과 이승만은 둘 다 인지적 추론에서 정권과 국민을 분리했다. 그들은 국경의 반대편에 있는 국민들을 민족반역자들로 이루어진 꼭두각시정권의 순진한 희생자들로 간주했으며 이런 반역자들로부터 그들을 해방시키는 것을 그들 각 정권의 최고 목표로 정했다. 김일성은 일단 전쟁이 일어나면 남한 인구의 상당수가 그와 그의 '인민해방군'에 참여할 것으로 믿었다고 한다. 마찬가지로 이승만은 "한국공산군의 상당수가 반란을 일으켜 우리가 김일성과 다른 공산주의 하수인들을 우리나라에서 쫓아내는 데 도와줄 준비가 되어 있다. 그리고 북한 민간인들은 그들이 테러분자들 같은 공산분자들을 청소하고 지배하는 데 참여할 것이다"(1949c, 22면)라고 주장했다.

김일성과 이승만은 그것이 미국이 되었든 소련이 되었든 외세의 꼭두각시정권으로부터 국경의 맞은편에 있는 형제자매들을 해방시키기 위해 성실하게 일해야 했다는 셈이다. 1946년 8월 29일 북조선노동당 창당대회에서 행한 보고에서 김일성은 당원들에게 "모든 노동자들과 전체 인민의 통일된 힘에 의지해 (⋯) 반역적인 반동세력을 패배시키고 우리의 민주적인 혁명을 성공적으로 완수하자"고 요구했다. 이승만 역시 김일성을 제2의 이완용(그의 서명으로 일본은 1910년에 한국을 공식적으로 합병했다)이라고 규정했으며 북한 동포들을 소련 제국주의의 꼭두각시정권으로부터 해방시켜야 한다고 주장했다. "이북에 7백만 우리 형제자매들은 적생학정 아래서 피를 흘리고 애통하고 있는 것을 우리가 구해내지 않고서는 잠시라도 평안히 쉴 수 없는 것입니다"(김정훈 1999, 61면).

한국동포를 외세와 외세의 꼭두각시정권으로부터 해방시켜야 한다는 그런 주장은 북한의 국토완정론(國土完整論)과 남한의 북진통일론(北進統一論)으로 발전했다. 비록 후자는 전자에 대한 반응이었겠지

246

만 그 둘은 분단된 한국의 잃어버린 종족단일성을 회복하려는 극도의 집착을 반영했다. 전쟁을 민족해방과 통일의 유효한 수단으로 포함한 것은 이런 새로운 발전에 중요했다. 한국전쟁이 발발하던 날에 '전조선 인민'에게 행한 연설에서 김일성은 "반역적인 이승만 일당은 인민에 대해 동족상잔의 전쟁을 시작한 반면에 우리나라의 모든 애국적인 인민은 조국의 평화통일을 위해 모든 노력을 다하고 있다"고 선언했다. 그는 청취자들에게 "남조선의 반역적인 꼭두각시정권을 몰아내고 남조선을 반역적인 이승만 도당의 반동지배로부터 해방시키자"(김일성 1950/1979)라고 주장했다. 이승만 역시 "우리가 전쟁으로서 이 사태를 해결해야 할 때에는 필요한 모든 전투는 우리가 행할 것이다. 우리는 우리의 우인에게 우리를 위하여 싸워달라고 요청하지 않는다. 이 대사상냉정전쟁(大思想冷靜戰爭)에 있어서 우리는 공산주의를 저지하기 위하여 가능한 한 모든 일을 할 것이다"(김정훈 1999, 60면)라고 주장했다. 로버트 올리버의 견해로는, 이승만은 "한국의 유일한 안전은 조국을 무력으로 통일하는 것에 달려 있다"(1978, 220면)고 확신했다. 이런 의미에서 한국전쟁은 민족대표성을 둘러싼 김일성과 이승만 사이의 격렬한 경쟁과 1945년 이후의 분단으로 깨진 단일종족을 회복하기 위한 시도의 논리적 결과였다.

이렇게 볼 때, 김일성과 이승만 모두에게 한국전쟁은 외세와 그 협력자들에게서 동포를 구하는 민족해방전쟁이었으며, 그 결과 한국은 분단으로 초래된 잃어버린 종족단일성을 회복할 수 있었다. 나는 민족주의만이 한반도에서 전쟁을 불가피하게 만들었다고 주장하는 것이 아니다. 그 대신 나는 민족주의에 촛점을 맞춤으로써 종족동질성을 지닌 나라에서 전쟁을 야기하는 정치심리를 이해하고자 한다. 전쟁을 일으키는 데는 외국의 원조가 필요했기 때문에 민족주의가 필요하긴 하지만 불충분한 조건으로 다루는 것이 공정할 것이다. 북한은 소련의 원조를 확보한 다음에야 전쟁에 착수할 수 있었으며, 이승만 역시 미국으로부터 충분한 군사력을 공급받았더라면 공격했을 것이다.[6] 1949년 4월 10일에 당시 대미특사였던 조병옥(趙炳玉)에게 보낸 편지에서 이승만은 "우리는 이제 한가지만 제외하면 통일을 할 만반의 준비가 되어 있다. 말하자면 무기와 화약이 없다 (…) 우리는 북한으로 진격해 그곳에 있는 애국적인 군대와 합류해 철의 장막을 삼팔선으로부터 압록강 너머로 밀어버릴 수 있도록 충분한 군사력을 확보해야 한다"(이승만 1949c, 22면)라고 썼다. 그러고 나서 이승만은 조병옥에게 군사적 요구의 분명한 가이드라인을 제시했다. "이 작전을 위해 압록강과 두만강을 방어할 8천톤급의 해군함정 2척과 18인치 대포가 필요하다. 공산주의자들이 우리 해안을 따라 비밀 이동하는 것에 대항할 고속순시선이 필요하다. 북쪽 국경을 지키기 위해 20만명의 훈련되고 조직된 병사들이 필요하다. 방어용 비행기와 대공포가 필요하다. 그리고 그것들이 당장 필요하다"(22면). 그는 조병옥에게 남북한의 통일을 위한 이런 계획을 "확신을 갖고 유엔과 미국의 고위 관리들과" "솔직하게 토론"하라고 지시했다(21면). 이것이 대중연설이나 선전이 아니라 특사에게 준 비밀편지인 것으로 보아, 이승만은 무기만 공급된다면 군사적 수단을 통해 북한을 접수할 생각을 진지하게 했던 것 같다. 그렇지만 미국은 이승만의 군사원조 요청을 결코 받아들이지 않았다. 실망한 이승만은 오랜 친구인 로버트 올리버에게 미국에게 무기를 달라고 "수많은 요구"를 했는데 미국은 "국제전이 일어나는 것이 두려워 아주 조금만" 준다고 불평했다(Oliver 1978, 223면).

3년간의 비극 후 전쟁은 끝났지만 민족대표성을 둘러싼 고통스러운 문제는 여전히 해결되지 않았다. 남한과 북한은 둘 다 민족적 정당성을 두고 계속 경쟁했다. 사실, 전후에 반제국주의와 반공주의는 북한과 남한에서 각각 논쟁의 여지가 없는 국가이데올로기로 더욱 견고하게 자리잡았다. 홉스봄이 지적하듯이, "정부가 의식적이고 의도적인 이데올로기 공학에 확실하게 종사할 때 (…) 정부는 실제로 이미 존재하고 있는 비공식적인 민족주의 감정에 의지할 때 가장 성공한다"(1990, 92면). 남북한 모두에게 전쟁의 경험은 상대측의 비민족적 성격을 분명하게 보여주었다. 한국전쟁은 동족상잔의 행위로 여겨졌다. 이런 종류의 경험과 고발행위는 한국 내부 관계들의 발전을 아주 어렵게 만들었다. 바로 이런 이유 때문에 두 한국이 2000년 6월의 정상회담으로 마침내 서로를 인정하기까지 50년이 걸렸다. 그 회담은 상대의 정당성을 인정하는 상징이었다.

이론적 함의들

어니스트 겔너(Ernest Gellner)는 민족주의 감정이 "국가와 민족의 일치라는 민족주의 원칙의 위반"으로 말미암아 심하게 훼손되더라도 "그 원칙에 대한 모든 다양한 종류의 위반으로 인해 똑같이 훼손되는 것은 아니다"라고 주장했다. 그것은 "지배자들과 피지배자들 사이의 종족적 불일치에 의해 가장 예리하게 훼손되는" 반면에 "그 문화와 관련된 하나의 나라 이상"을 지닌 집단에게는 "덜 불만"스럽다(1983, 134면). 겔너의 주장이 함축하는 뜻은 분명하다. 즉 하나의 국가 내에서 종족간 틈은 하나의 종족집단이 여러 국가로 나뉜 반대상황보다 더 심각하고 다루기 어렵다는 것이다. 논리적으로 확장하자면, 단일종족 혹은 그것에 대한 인식은 분열된 체제를 넘어서 통합력으로 작용하게 되어 있다는 것이다. 그러나 그것은 최근의 민족주의 연구에서 명백한 편견이다.

이 장은 왜 반드시 그렇지는 않은지 보여준다. 단일종족에 대한 원시적인 집착이 영토의 분할로 훼손될 때 잃어버린 종족단일성을 회복하려는 강한 압력이 일어난다. 그러면 그 압력은 집단 내에서 비난의 역동성을 활성화하는데, 그것을 사회정체성 이론에서는 '검은양 효과'라고 부른다. 그 과정은 어떤 바람직하지 않은 내집단 구성원들을 민족정체성에 대한 주된 위협, 즉 민족반역자로 규정하는 작용을 한다. 그 결과 누가 종족적 민족의 범주와 관련된 근본적인 기준과 정체성을 규정할 것인가, 그리고 누가 민족을 대표하고 정당성을 주장할 수 있는가 하는 문제를 두고 불가피하게 갈등과 긴장이 일어난다. 이런 '대표성의 정치'는 다시 지난 반세기 동안 한반도에서 그랬던 것처럼 아주 격앙되고 격렬한 갈등을 유발한다.

이 장은 또한 종족과 민족성 같은 복잡한 실제 세계의 사회적 정체성들을 유지하거나 해체하는 데 필수불가결한 집단 내의 과정에 대해 더 큰 관심을 기울이기를 제안한다. 비록 최근의 연구들은 외집단의 존재나 그것과의 갈등은 내집단의 연대를 강화하고 정체성을 증강한다고 강조하는 경향이 있지만 사회정체성 이론가들은 일이 항상 그렇게 단순하지는 않다는 것을 보여준다. 반대로 외집단의 존재는 내부적인 사회적 정체성 압력을 강화할 수 있으며, 그것은 결과적으로 내집단에게 불화를 야기할 수 있다. 그 까닭은 긍정적인 내집단 정체성을 강화하려는 압력이 단순한 내집단 선호보다는 바람직하지 않은 내집단 구성원들에 대한 비난으로 이어질 수 있기 때문이다. 이런 관점에서, 반유태주의와 반화국주의는 가장 "동화된" 유태인들과 중국인들에 대해 일어난다는 치로트(Daniel Chirot)의 최근의 관찰은 시사적이다. 다수 인종집단의 눈에는 이렇듯 동화가 심한 소수 인종집단은 덜 동화된 사람들보다 "외국 사상과 행동을 도입함으로써 민족의 순수성"(1997, 9면)을 훼손하는 데 더 책임이 있다. 이처럼 겉보기에 아이러니한 종족갈등의 특징을 이해하려면 종족 사이의 상황에 촛점을 맞추는 최근의 경향을 넘어선 내집단 과정과 집단 내의 역동성에 대한 좀더 학문적인 조사가 필요하다.

끝으로 이 장에서 다루는 논의들은 종족단일성은 궁극적으로 재통일로 통해야 한다는 전제에 토대를 둔 남북한의 최근의 통일 접근법을 다시 생각해볼 이론적 토대를 제공할 수 있다. 기왕의 분석은 이런 전제가 정당화되지 않을 수 있는 가능성을 암시한다. 남북한정권이 민족대표성 정치에 공모하는 한 평화로운 재통일의 진행은 거의 기대할 수 없다. 게다가 하버마스가 지적한 것처럼, "민주주의는 동질적인 민족의 결속력으로 뒷받침 받을 필요가 있다"고 주장하는 진부한 정치적 문구는 "경험적으로 잘못되었을 뿐만 아니라 정치적으로 위험하다"(1996, 10면). 확대 해석하면 오직 종족동질성과 민족주의의 전제조건에만 토대를 둔 재통일 노력은 마찬가지로 분열적이고 정치적으로 위험할 수도 있다고 추론할 수 있을 것이다.

상황이 그렇다면, 한국인들은 오직 순응 요구와 폭력적인 배제과정을 통해서만 실현될 수 있는 잘못된 통일관을 설교하는 그런 종족민족주의에 호소하기보다는 좀더 민주적인 민족정체성을 고취할 필요가 있다. 달리 말해 한국인들은 단순히 종족적으로 하나이기 때문이 아니라 민주적 정치조직의 동등한 시민이기 때문에 함께 살 수 있는 사회를 마음속에 그려야 한다. 비록 반세기에 걸친 종족 내의 정치가 그런 임무를 아주 어렵게 만들었을 수도 있지만 그것은 여전히 공동의 노력을 통해 성취될 수 있다. 결국 민족정체성은 사회적이고 역사적인 구조물이며 그런 점에서 정치제도와 사회운동을 통해 변형되고 변환될 수 있다. 단일종족에 대한 잘못된 인식과 그 결과로 말미암은 종족 내 정치의 유해한 영향을 극복하기 위해 민주적인 민족정체성을 고취하는 것이 시급하다.

9장

민족, 역사, 정치

우리 선인들은 이 운동〔3·1운동〕을 통해서 근대 사상 최초로
(…) **일치단결**했던 것입니다. (…) 10월유신은 우리 **민족의 위대한
자아**를 발판으로 해서 당파와 계급을 초월하여 **온국민이 일치단결**
〔하고〕 (…) 민족의 영광을 드높이는 데 그 목적이 있는 것입니다.

　　　　　— 박정희 대통령의 1973년 제54주년 3·1절 기념연설에서(강조는 인용자)

한국사회는 미제국주의와 그 꼭두각시정부에 의해 지배되고 있
다. (…) 반미자립은 **민족해방**을 위해 미제국주의를 몰아내는 것
이며 (…) 우리의 개혁운동의 일반적 이데올로기는 **민족해방, 민중**
민주주의이며, 그것은 **민족독립을** 성취하기 위한 것이다.

　　　　　— 1986년 급진적인 학생운동단체 자민투의 팸플릿에서(강조는 인용자)

인용한 두 구절은 남한에서 정부와 사회 사이의 민족과 민족정체

성의 아주 경쟁적인 본질을 잘 묘사하고 있다. 박정희 대통령은 연설에서 유신의 수립을 "민족의 영광"을 위해 "민족의 자아"에 바탕을 둔 "일치단결"을 성취할 수단으로 정당화한다. 그렇게 하기 위해 그는 유신체제를 1919년의 3·1독립운동과 비교하고 그 두가지를 '구국'운동으로 규정한다. 독재자 박정희는 단순히 국가보안법과 중앙정보부 같은 억압적인 수단들에만 의존하지는 않았다. 그는 민족주의의 힘에 관심을 기울였다.

두번째 인용문은 1980년대 민주화운동 시절 학생운동가들 역시 민족주의에 의존한 것을 드러내 보여준다. 그들은 한국사회가 미국 제국주의에 지배받고 있다고 규정하며, 따라서 민족해방과 민중해방을 동시에 요구하고 있다. 박정희의 민족 "통일"과는 달리 이들 운동가들은 민족을 외국의 지배에서 "해방"시켜야 한다고 강조한다. 그들에게는 민족과 민중은 운동의 주된 요소이며, 그 기원은 1894년의 동학농민전쟁 같은 예전의 민족독립운동에 있다. 분명히 학생운동가들은 권위주의정권에 대한 정치적 항의의 자세를 취하지만은 않았다. 그들은 또한 권위주의 국가의 민족과 민족정체성 개념에 대하여 그람시(1971)가 "진지전"이라고 부르는 것에 종사했다.

민족정체성을 두고 벌어진 투쟁은 남북한 사이의 국가 수준에만 제한된 것은 아니었다. 그것은 국가와 사회 사이에서도 일어났다. 특히 독재정권들이 민족주의를 정치에 동원했을 때 그들의 노력은 시민사회의 잠재적 도전을 야기했다. 민족주의 연구자들이 지적하듯이, 민족 혹은 민족정체성은 종종 정치적 정당성 이론을 제공해 근대국가의 '정치적 합리화'에 이용되었다. 하지만 한국에서처럼 민족이 대중정치와 밀접하게 연결되어 있을 때는 "어떤 정의도 일부 주장을 정당화하며 다른 주장들을 불법화하기" 때문에 그 개념은 "본질적으로 경쟁적이" 된다(Calhoun 1993, 215면). 한국이 바로 그런 경우였다. 이 장은 권위주의정부의 민족정체성 개념에 대표적으로 도전한 1980년대 민주화운동 시기 반미 민중민족주의의 출현과 발전을 살펴본다.

민족과 민중

박정희정권은 민족의 '안전'과 '발전'을 한국이 직면한 주요 임무로 규정했다. 박정희는 쿠데타를 '민족부흥'을 실현하고 '조국근대화'를 달성하기 위한 노력으로 묘사했으며, 1972년의 10월유신은 변화하는 국내외 환경에 따라 불가피한 '구국운동'으로 묘사했다. 특히 대중을 동원하고 권위주의정치를 정당화하기 위해 반공주의와 개발주의를 강조했다. 비록 박정희는 한민족의 종족적 토대를 받아들였지만 국내외의 도전에 더 잘 맞설 수 있는 새로운 민족정체성을 창조하고 싶어했다.[1] 그러나 민족, 민족통일, 혹은 조국근대화의 이름으로 박정희정권은 다른 집단정체성들과 경쟁관계에 있는 목소리들을 억압했다. 반정부 세력과 민주화 세력—이들은 종종 동일했다—은 친(親)공산주의자들이며 따라서 반민족으로 묘사되었으며 가혹하게 탄압을 받았다. 예컨대 조국근대화라는 역사적 임무에 대한 박정희의 강조는 노동계급의 이익을 추상적인 민족에 맞서게 했으며, 따라서 후자의 이름으로 전자를 억압했다.

반공과 개발주의에 토대를 둔 권위주의적인 국가이데올로기는 1980년대에 심각한 도전에 직면했다. '조국근대화'라는 표어는 정치적 힘을 상실하기 시작했으며, 인권과 정치적 권리 및 확장된 경제적 파이의 공정한 분배 요구가 늘어났다. 그리고 통일이 쟁점으로 떠올랐다. 디트머와 김은 저개발국가의 정부가 그 진로를 정당화하기 위해 개발을 지지하는 경향이 있는 한 그들이 선택한 길이 실패하거나 성공하거나 설득력있는 대안의 도전을 받을 때면 정당성의 위기에 직면하기 쉽다고 시사한다(Dittmer and Kim 1993, 1~31면). 한국에서는 박정희정권 시기 성취한 경제적 성공은 주된 목표를 성취해 그런 위기를 재촉했다. 더구나 관심은 점차 민족분단에서 미국이 행한 역할과 1980년 5월 광주학살에서 미국의 공모 쪽으로 바뀌었다. 그 결과 1980년대 거의 내내 반미/민중/통일운동이 점점 대중적 지지를 받았으며, 국가의 후원을 받은 민족관에 대항혜게모니로서 도전했다. 물론 이런 모든 대항운동은 상호연관되어 있었지만 나는 반공과 개발주의에 도전한 새롭고 도전적인 민족주의 형태인 반미 민중주의에 촛점을 맞춘다. 한국의 민중이데올로기는 1970년대 반유신 포퓰리즘으로 처음 출현했지만 1980년대에 와서야 민족주의적 수사를 표현하기 위해 반미와 연결되었다.

반미 민중민족주의의 발전에서 전환점은 1980년 광주항쟁 동안 일어난 대량학살이었다. 그때까지 대부분의 한국인들은 반미주의에 동의하지 않았으며 여전히 미국을 호의적으로 대했다. 잘 알려진 한국통인 그레고리 헨더슨(Henderson 1986)이 지적하듯이, "우리〔미국인들〕는 한국에는 친구 이상이었다. 우리는 유일한 친구였다. (…) 1980년 5월 하순의 광주항쟁 이전까지는 (…) 반미주의는 남한에서는 나무에서 고기를 구하는 것이나 다름없었다." 쇼록은 이런 호의적인 태도를 "반공과 한국전쟁에 대한 기억 —〔그것은〕소련과 북한에 대한 강한 두려움과 남한을 지키기 위해 무수한 젊은이들의 목숨을 바치고 수백만 달러를 원조한 미국에 대한 진정한 온정의 감정을 (…) 〔낳았다〕—이 남긴 유산"(Shorrock 1986, 1198~99면)으로 설명한다. 심지어 한국의 많은 활동가들은 미국을 우방, 민주화운동의 동맹자로 생각했다. 그런 만연한 감정은 인권과 민주주의에 대한 미국의 헌신이 광주항쟁 동안 시험대에 올랐을 때 산산이 부서졌다.

광주에서 학생들의 데모로 시작된 이 항쟁은 전두환 장군의 권력쟁취에 반대하는 수십만명의 시민을 동원한 무장투쟁으로 발전했으며, 전두환은 야만적인 탄압으로 응답했다. 많은 한국인들은 미국이 그 무력대결을 멈추는 데 도와줄 것이며 도와주어야 한다고 기대했다. 그러나 실망스럽게도 미군 사령부는 남한군이 광주에서 배치전환을 하도록 허락한 것으로 추정되었다. 그런데 그 군대가 광주에서 수백명의 반정부 항의자들을 살육하는 일이 벌어졌다(Shin and Hwang 2003). 미국은 "한국의 전진방어와 관련해 일상적으로 직접 관련되지 않은" 미군의 작전통제권을 남한 군대에 넘겨준 1978년의 미발표 합의를 제시하며 그런 관여를 부인했다.[2] 그러나 많은 한국인들은 미국이 광주학살에서 한 역할을 의심했다. 레이건 대통령이 1981년초에 전두환 대통령을 백악관으로 국빈 초대한 것은 한국인들의 의심을 더욱 확실하게 했다. 미국은 한국정부가 통제하고 있는 언론이 그 비극에서 미국의 역할에 대해 왜곡된 그림을 그리고 있다고 불평했지만 많은 한국인들은 미국이 한국을 미국의 전략적 목적을 위해 이용하고 있으며 민주주의와 인권에 대한 모든 말은 미사여구에 불과하다고 믿게 되었다.

미국의 광주항쟁에 간여한 혐의와 전두환독재정권 지지는 이후 반대이데올로기의 발전을 구체화했다. 운동 지도자들이 이전의 투쟁을 반성했을 때, 특히 그들이 왜 광주에서 일어난 그런 비극을 막지 못했는지 반성했을 때, 그들은 잘 조절된 전략과 이데올로기 없이 싸워왔다는 것을 깨닫게 되었다. 그 결과 과거와 같은 실수를 저지르지 않으려면 한국사회의 본질을 적절하게 관찰하고 이런 분석에 바탕을 둔 일관된 이데올로기와 전략을 명확히 표명해야 한다고 믿었다. 이런 상황에서 1980년대의 이른 중반에는 활동가들과 진보적 지식인들 사이에서 "사회구성체 논의" "한국자본주의 논의" "근현대 한국에 대한 논의" 및 "한국사회의 성격에 관한 논의"(G. Shin 1995) 같은 광범위한 토론이 벌어졌다. 특히 한국 지식인과 활동가 들은 미국에 대한 그들의 입장에 의문을 품었으며 민주화운동에 대한 미국의 지원을 구하는 이전의 전략을 재평가했다. 한국의 민주화는 미국의 헤게모니로부터 민족을 해방시키지 않는 한 이룰 수 없다고 주장하기 시작했다. 쇼록이 지적하듯이, 한국의 민주화 운동은 "주로 박정희의 군사독재에 대한 중산층의 분노에 기반을 둔 서양 지향적인 운동"에서 1980년대의 "외국의 간섭으로부터의 독립과 궁극적인 통일을 달성하기 위한 **민족주의 투쟁**"으로 바뀌었다(T. Shorrock 1986, 1205면; 강조는 인용자). 운동의 성격과 전략의 이런 변화과정에서 한국의 활동가들은 "진지전"이라는 그람시의 전략을 수용해 권위주의정부에 대항한 이데올로기투쟁, 특히 미국의 지원을 받는 반공과 개발주의라는 국가민족주의에 대항한 이데올로기투쟁을 벌였다.

그렇지만 반미감정은 의심과 공론의 차원에 머물지는 않았다. 그것은 미문화원과 미국상공회의소 같은 미국기관들에 대한 학생활동가들의 직접적인 행동을 촉발했다. 1982년에 일어난 부산 미문화원 방화사건의 지도자인 문부식(文富軾)은 카디널 김(Cardinal Kim)에게 보낸 편지에서 "우리는 이〔전두환의〕 독재정권의 대모(代母)로 행동하고 있는 미국을 징벌할 다른 방법이 없다고 느꼈기 때문에 백주에 건물에 방화하는 방법을 선택했다"(문부식 1982)라고 설명한다. 그 방화는 처음에는 심지어 학생운동가들 사이에서도 '급진적인 행동주의'로 받아들여졌지만 1980년대중반에는 미국기관들에 대한 일련의 공격이 이어졌다. 1985년 5월 23일부터 25일까지 73명의 학생들이 서울에 있는 미문화원을 점령하고선 '광주학살에서 미국이 한 역할'을 공식사과하라고 요구했으며, 8월 12일에는 5명의 학생이 같은 이유로 미대사관에 진입하려다 실패했으며, 11월 4일에는 14명의 학생들이 서울에 있는 미국상공회의소를 점령해 한국이 농산물 수입을 늘리도록 미국이 압력을 넣고 있다는 보도에 항의했다. 동원모가 지적하듯이, "1980년에는 학생운동가들 중 오직 극소수만이 반미감정을 공유했다. 그러나 1985년에는 대부분의 학생활동가들이 미국이 군사 독재정권의 존재에 일차적인 책임이 있다는 견해에 공감하고 있음이 명백했다"(1987, 246면). 더욱이 반미감정은 점차적으로 대중에게 퍼져나갔다. 1990년 6월에 실시된 한 조사는 응답자의 3분의 1 이상(37.2%)이 반미운동을 지지했으며 3분의 2 이상(72.7%)이 "한국에서의 반미감정이 심각하다"는 데 동의했다. 반미운동에 대한 지지는 20대(56.5%), 대학생(63.4%), 교육받은 사람(45.3%), 신중산층(42.9%), 노동자(45.1%), 광주항쟁이 일어난 전라도 지역(46.3%)에서 가장 분명했다.

1980년대의 또다른 중요한 이데올로기상의 발전은 민중주의 또는 민중론에서 민족주의 감정을 점차 강조한 것이었는데, 이것은 민중주의가 반미와 융합될 길을 열어놓았다. 민중이데올로기는 1970년대에 유신독재에 대항한 정치적 포퓰리즘의 한 형태로 한국의 정치풍경에 처음 나타났지만 그것은 대체로 민족주의적 호소력을 지니지 않았다. 그러나 민중주의의 중요한 변형인 민중신학에 대한 다음과 같은 토론이 예증하고 있듯이, 1980년대 전반 민중주의는 점점 민족주의적으로 되었다.

한국교회의 중요한 일부의 이런 지향은 의심할 여지도 없이 기독교를 4천년에 걸친 한국의 문화전통의 역사적 성취로 만드는 데 많은 기여를 했다. 민중신학은 (…) 교회를 정치적으로 억압받고 경제적으로 착취당하고 사회적으로 소외된 사람들과 동일시하는 교회의 역사적 경험을 표현하고 있다. 그것은 교육을 받고 힘있는 사람들의 공인된 매개체인 한자 대신 경멸을 받고 무시당한 한국의 고유문자인 한글을 사용하기로 의식적으로 선택한 교회의 신학이었다. 맑스주의의 분석에 빚을 지고 있는 라틴아메리카의 해방신학과는 달리 민중신학은 4천년 이상에 걸친 한국의 독창적인 전통의 문화적 토양에서 생겨난다.[3]

이 진술은 민중신학을 서양의 교리뿐만 아니라 라틴아메리카의 해방신학과 구분하려는 한국인들의 노력을 명백히 한다. 민중교리는 1980년대 민주화운동 동안 반미운동을 주요 대항이데올로기로 이끈 학생운동가들에 의해 민족, 민주, 민중을 주창한 삼민주의에 통합되었다.

좀더 구체적으로 반체제 지식인들은 민족을 민주적이고 독립된 실체로서의 민중과 동일시했다. 최장집(崔章集)이 지적하듯이, 민중은 몇가지 서로 겹치는 영역에서, 즉 정치적·경제적·사회적 상황에서

260

규정될 수 있다. 정치적인 차원에서 민중은 "정치적 과정에서 주변화되거나 소외된 사람들"을 포함한다. 자본주의적 생산관계에서는 민중은 "노동자, 농민, 하층 중산계급, 도시 빈민"으로 이루어진다. 그리고 민족적 차원에서 민중은 "한반도의 분단과 남한의 대미의존적이고 종속적인 관계에 의해 불리하게 영향을 받는 사회의 분자들"(J. Choi 1993, 17면)을 포함한다. 비록 반체제 지식인들은 기술(記述)적인 범주에서 누가 민중에 포함되어야 하고 누가 배제되어야 할지에 대해 의견이 달랐지만 그들은 분석적 개념으로서 그 범주가 한국의 민족투쟁 역사의 주체인 한민족과 민족정체성을 가장 잘 대변한다는 데 동의했다 (Abelmann 1993, 139~65면).

반체제 지식인들의 민족주의 이데올로기인 반미 민중주의는 반공이나 국가안보 수사, 개발주의나 성장제일주의 논리에 도전했다. 한 학생운동단체의 항의전단은 박정희정권을 "'안보'라는 이름으로 민주주의를 희생하고" "민족을 위험에 빠뜨리고" "국민을 노예로 바꾸고" 있다고 표현했다.[4] 반공 역시 "민족통일에 불가결한 최소한의 정체성"을 왜곡하고 "민족의식을 팔아먹는" 것으로 비판을 받았다. 따라서 반체제 지식인들은 "반공 독재정권이 우리 민족의 일부인지" 의문을 제기했다.[5] 마찬가지로 개발주의/성장제일주의 수사는 사람들에게 "그것〔박정희정권〕이 그들에게 자유를 주지는 않을지라도 빵을 줄 것이라는" "환상"을 낳는다는 의심을 받았다. 그 수사는 또한 "민족경제를 실제적으로 마이너스 성장의 와중에 파멸로 몰아가는 종속적인 경제구조 아래에서 대중의 생존요구를 무시하고 매판자본가들의 이익 외에는 아무것도" 보장하지 못하는 것으로 비판을 받았다.[6] 더 나아가 학생운동가들과 반체제 지식인들은 반공과 자본주의의 발달을 주로 동아시아에서의 미국의 전후 전략의 산물로 생각했다. 이 전략은 공산주의의 확산을 '봉쇄'하는 것을 목표로 하며 아마도 공범자인 미국에 의해 지탱되는 한국의 권위주의정부를 정당화하기 위해 광범위하게 이용되었다. 따라서 한국사회와 정치의 민주화는 미국으로부터의 민족해방과 불가분의 관계에 있다는 결론에 도달했다.

국가이데올로기와 첨예하게 대립하는 반미민중담론은 민족의 민주주의와 통일을 한민족의 주임무로 강조했다. 한국기독교교회협의회(KNCC)의 1986년 3월 14일자 '민족의 현 정세에 관한 선언'은 이런 반대담론의 정수를 예증한다.

우리 한국인들과 교회는 민족분단에도 불구하고 민주주의와 통일의 실현을 우리의 임무로 지켜왔다. (…) 경제성장과 국가안보를 위해 민주주의는 연기되어야 한다는 독재정권 시절에 만들어진 주장은 전혀 설득력이 없음이 밝혀졌다. 한국인들은 더이상 경제성장이 먼저이고 민주주의와 정의는 나중이라고 주장하는 사람들에게 설득당하거나 기만당할 수 없다. (…) 이 결정적인 국면에서 민주화를 계속 방해하거나 주저하는 사람들은 민족과 역사의 냉혹한 심판에서 자유로울 수 없을 것이다.[7]

한국천주교정의평화위원회는 "정치적 민주주의는 민족의 경제적 에너지의 중심요소〔이고〕 통일을 위한 아주 결정적인 조건이"며, "통일운동은" "지금 민주주의와 독립을 위해 자신들의 삶을 희생하고 있는 사람들", 즉 민중에 의해 "외세에 대항한 민족해방운동의 관점에서 시작되어야 한다"는 데 동의했다.[8]

민족과 민족정체성과 관련된 지배층의 수사와 반대담론 사이의 차이는 분명하다. 이 새로운 반대담론에서 반공과 근대화는 더이상 민족을 규정하지 않았다. 대신 민족과 민족정체성은 외세의 지배로부터 해방되기 위한 민족투쟁과 한민족 통일의 관점에서 정의되었다. 틀림없이 박정희의 수사에서처럼 반대담론은 한국인들이 같은 민족에 속하는 동질적인 사람들이라는 것을 부정하지 않았다. 그것은 "5천년의 역사와 전통을 지닌 한국인들"의 자부심을 분명하게 선언했으며 북한 사람들을 "이데올로기와 체제의 차이점들에도 불구하고 (…) 형제자매"라고 불렀다.[9] 바꿔 말하자면, 두 담론은 민족의 종족적 토대에 동의했다. 그러나 민족에 대한 정치적 개념이 전혀 달랐다. 반대담론은 서유럽에서 민족과 민족주의의 출현은 근대국가 만들기와 자본주의의 발전과 밀접하게 연결되어 있으며, 이런 구성요소들은 한민족의 형성에 결정적이라는 역사적 사실을 인식했다. 반대담론에 따르면, 한국의 경우는 한민족과 민족정체성이 식민주의와 신식민주의 — 레닌의 용어를 쓰자면, 자본주의 또는 마지막 단계의 자본주의의 한 형태 — 의 상황에서 발전했다는 점에서 서양의 경험과는 달랐다. 따라서 한민족과 민족정체성 개념은 식민주의, 민족분단, 신제국주의, 신식민주의 국가인 미국의 보호를 받는 권위주의국가의 형성 같은 역사적·구조적 발전을 고려하지 않고는 충분히 이해될 수 없다(백우진 1989, 311~58면).

반대담론을 형성하면서 반체제 지식인들은 당시의 민족주의운동을 정당화하고 합법화하는 방식으로 근대한국사를 재해석하려고 노력했다. 그들은 외세의 지배로부터 민족을 해방시키기 위해 기울인 민중의 노력을 강조하는 사회적이고 대중적인 역사를 위해 제도적이고 학술적인 역사에 무게중심을 두기 거부했다.[10] 따라서 그들은 1894년 동학농민운동과 같은 '새로운' 민족해방운동사를 위해 박정희의 민족주의 수사의 핵심인 3·1운동과 같은 부르주아 민족운동사를 평가절하했다. 한 급진적인 독서단체는 민족해방의 전망에 따라 민족문제에 접근할 필요가 있다고 설명했다. "서양에서는 민족문제는 주로 부르주아혁명과 근대국가 만들기와 관련이 있었다. 그러나 19세기말 이래 자본주의의 제국주의적 속성으로 인해 민족문제는 더이상 이런 두요소에 제한될 수 없다. 그것은 식민주의로부터의 해방과 자족적인 민족국가의 형성문제를 포함해야 한다."[11] 이남희가 지적하듯이, "역사적인 현상을 현대적으로 이용하기 위해 전유하는 것을 정당화해줄 이론이 무엇인가는 부차적인 문제이다. 당면한 문제는 사람들의 지식으로부터 감추어져 있고 당대의 권력에 오랫동안 흡수되고 왜곡되어 온 역사적 사실들에 '이름을 붙이'고 재해석하는 힘이다"(N. Lee 1994, 210면). 바꿔 말하면 재해석은 민중의 의식을 "탈식민화"하거나 민중의 시각에 따라 저항의 "대중적 기억"을 재건하고 현재 운동의 정당성을 1945년 이전의 시기까지 거슬러올라가 확보하려는 노력이다(C. Choi 1993). 반체제 지식인들은 한 걸음 더 나아가 이런 한국사 새로 읽기를 민중의 입장에서 대중화하려고 시도했다. 두권으로 된 『한국민중사』(1986)와 『근대한국민중운동사』(1989)는 좀더 광범위한 대중 독자를 위해 쓰인 책들의 대표적 예다. 이 책들은 모든 식민지기의 노동자들과 농민들의 사회적·정치적 운동을 전통적인 학자들이 주장하는 민족주의나 공산주의 대의보다는 민족해방투쟁으로 설명한다. 이런 대안적인 해석은, 로빈슨이 지적하듯이, "부르주아 독립운동의 지도자들—민족주의 지식인들, 지주 엘리뜨들, 자본가들—을 근대 한국사의 주체적 지위로부터 제거하고 해방후 사회에서 그들이 누린 정치 지도자로서의 역할의 정당성을 박탈한다." 그 대신 민중을 역사의 주체로 평가하며, 그들을 당시의 반미민중운동을 포함해 외세의 지배로부터 해방을 추구한 민족투쟁의 중심에 놓는다.

교사들은 국가에서 부과하는 정치적 교육에 도전하고 '참교육'을 촉진하려는 의도로 조직된 전국교직원노동조합을 통해 근대 한국사를 재해석하기 위한 그들의 노력을 보충했다. 박정희정권은 1968년 국민교육헌장을 공포하고 1972년 통일주체국민회의를 설치해 '정치적 교육'을 적극적으로 추진했다. 1989년 5월 28일 전국교직원노동조합 창립을 선언하는 선언문에서 전교조는 독재정권이 "자신을 합리화하고 유지하기 위하여 교육을 악용하여" 왔다고 비난했으며 "우리의 교육은 수십년 군사독재를 청산하여 민주화를 이루고 분단된 조국의 통일을 앞당길 동량을 키우는 민족사적 성업을 수행하는 데 기여해야만 한다"고 선언했다.[12] 전교조는 현재의 교과서들이 "민족정신을 제거하고" "독재를 미화하며" "민중의 고통을 기만하고" "민족분단을 고착화시키고" 있다고 비판했다.[13] 비록 전교조는 훨씬 훗날까지 합법성을 쟁취하는 데 실패하고 탄압을 받았지만 1989년 6월 25일까지 1873명의 회원과 464개의 지부를 조직하는 데 성공했다. 이 노조운동은 반공과 개발주의라는 국가이데올로기를 정당화하기 위한 정치적 교육에 대한 도전들의 분명한 예다.

이것은 민중이 대변하는 정치적 공동체인 민족은 권위주의정권의 지배담론에서 말하는 민족에 대한 설명과는 전혀 다르다는 것을 분명히 하고 있다. 지배담론은 북한공산주의로부터 민족을 지키기 위해 자신을 기꺼이 희생하고 조국근대화를 위해 헌신하는 사람들을 민족의 핵으로 칭찬했다. 반대로 새로운 반대 담론은 반공과 근대화의 가면으로 다른 사람들을 억압하는 사람들은 누구든 반민중이며, 따라서 반민족이라고 비난했다. 그것은 또한 정치적·경제적·민족적 발전과정에서 억압받거나, 소외되거나, 불이익을 당한 사람들을 민중의, 따라서 민족의 핵으로 규정했다. 반체제적인 정체성 정치인 반미민중운동은 1980년대중반부터 국가주도의 민족주의에 효과적으로 대항하며 대중적 지지를 획득했다.

민주화와 민족정체성의 정치

예컨대 1997년의 경제위기 동안 산발적으로 분출하긴 했지만, 민주화와 더불어 반미 민중민족주의는 1990년대에 점차 쇠퇴했다. 남한에서 실시된 1994년의 한 갤럽조사에서는 응답자들 중 64퍼센트가 미국을 호의적으로 보는 것으로 나타났다. 또 민주화운동의 조직개념으로서 민중은 1980년대의 지배력을 잃고 시민사회 개념으로 대체되었다 (Sun-Hyuk Kim 2000). 비록 민중은 민주화와 같은 급박한 문제를 다루기 위해 계발된 개념이지만 시민사회 개념은 민주화투쟁 동안 무시된 많은 주제를 겨냥한 사회운동 진영의 다양화를 대변한다. 시민사회단체들은 오늘날 환경주의, 이주노동자들의 권리, 동성애자의 권리 같은 다양한 주제를 구체화한다. 그렇지만 한국인들의 민족정체성 정치는 사라지지 않았다. 북한과의 관계개선, 경제력의 강화, 국제적 지위의 향상에 힘입어 남한사람들은 다시 한번 북한과 미국을 상대로 정체성을 재정의하기 위해 노력하고 있다. 2002년 12월 실시된 대통령선거

266

에서 반미 슬로건과 항의가 거리를 메웠으며, 따라서 친미 이미지를 조성하는 후보는 방해를 받았다. 여론조사는 남한이 베트남과 인도네시아를 포함한 어떤 아시아 국가들에서보다도 미국에 대해 더 비판적인 태도를 취하고 있음을 보여주었다.[14] 반체제 지도자들이 민족정체성 정치를 주도했던 과거와는 달리 오늘날에는 주요 주창자들이 정부에 있다.

2002년 2월 실시된 한 갤럽조사는 응답자들 중 오직 3분의 1만이 미국을 우호적으로 보고 있으며, 60퍼센트는 미국을 비우호적으로 보고 있음을 보여준다. 그것은 1994년 조사와 견주면 급격한 변화다. 미국의 경제적·정치적 지배에 대한 인식이 반미감정에 기름을 부은 1980년대와는 달리, 오늘날의 분개는 주로 미국이 점점 더 한국의 민족이익에 반한다는 한국인들의 믿음에서 싹튼다. 그들은 부시가 최근 북한을 '악의 축'으로 규정한 것, 미국방부가 미군에서 더이상 사용하지 않을 예정인 'F-15이글(Eagle)'을 구매하라는 압력, 그리고 미군 장갑차에 치어 죽은 두 한국소녀의 죽음—그 범인은 미군법원에서 곧 기소유예되었다—과 같은 최근의 사건들을 증거로 언급한다. 최근의 한 조사는 남한사람들 중 62퍼센트가 부시의 '악의 축' 발언을 "한반도에서 긴장을 고조시키는 지나친 발언"으로 보고 있으며 단지 31퍼센트만이 그것을 "북한의 위협을 지적하는 적절한 발언"으로 보고 있다. 반미는 이제 과거처럼 젊고 교육을 받은 화이트칼라 한국인들 사이에서 더 강하다(표 1을 보라). 이런 결과는 랜드연구소(Rand Corporation)가 시행한 최근의 연구로 확인된다. 이 연구는 미국에 대한 호의적인 태도가 줄어드는 것을 보여줄 뿐 아니라 위의 사건들에 대한 좀더 즉각적·감정적 반응 외에도 역사적이고 구조적인 원인들을 지적하고

(1)	미국에 대한 비우호적인 태도		
	나이	30대	74%
		50대 이상	39%
	교육	중학교 이하	33%
		대학 이상	68%
	직업	농민	37%
		화이트칼라	70%
	수입(월간)	1백만원 이하	38%
		2백만원 이상	66%
	합계		60%
(2)	부시의 '악의 축' 발언에 대해		긴장을 고조한다
	나이	30대	72%
		50대 이상	46%
	교육	중학교 이하	47%
		대학 이상	69%
	직업	농민	36%
		화이트칼라	68%
	정당	여당 지지	69%
		한나라당(제1야당) 지지	56%
	합계		62%

출처: 한국갤럽, (1) 2002.2.26; (2) 2002.2.7

있다(Larson and Levin 2004).

일부 사회조직은 심지어 스타벅스 커피와 맥도날드 햄버거, 에스티 로더 화장품 같은 미국상품 불매운동까지 주도했다. 직장인들을 주로 상대하는 인터넷 싸이트(Salaryman.co.kr)가 2002년 3월 4~12일에 실시한 조사에 따르면 조사에 참여한 481명 중 59.3퍼센트가 '미국상품 불매'운동에 참가하고 있으며, 34.4퍼센트는 "불매운동을 지지하지만 참가하고 있지는 않다"고 대답했으며, 단지 2.5퍼센트만이 반미상품 불매운동에 반대한다고 말했다(『코리아헤럴드』 2002.4.22). 이런 종류의 캠페인은 반미운동의 전성기인 1980년대에도 볼 수 없었던 새로운 것이다. 게다가 1980년대와는 달리 최근의 파도는 20대와 30대의 사무직 노동자들인 '네티즌'이 주도하는 인터넷을 통해 퍼지고 있다. 맥도날드 한국 홈페이지는 "맥도날드에 가는 사람들은 뒈져야 한다"(ID 롯데리아), "맥도날드는 현재의 한국 역사이다"(ID 맥도날드 싫어), "햄버거를 80원에 팔아도 나는 안 간다. 만약 가면 나는 개다"(ID 김동성)(『인터내셔널 헤럴드트리뷴』, 2002.4.17; 『코리아헤럴드』 2002.4.22.) 같은 네티즌들의 거친 문구로 넘쳐났다. 한국정부가 F-15군용기를 구입하겠다고 발표했을 때 국방부의 웹싸이트는 비판과 항의로 뒤덮여 싸이트가 폐쇄됐다.

그러나 이런 사건들이 지닌 중요성은 부차적이다. 더 깊은 뿌리가 최근의 반미운동에 기름을 부었다. 특히 최근 반미운동의 분출은 남한사람들이 북한과 미국을 바라보는 관점의 변화를 반영하는 새로운 민족주의의 발흥과 깊은 관련이 있다. 한가지 변화는 특히 2000년 6월에 열린 김대중과 김정일의 정상회담 이후의 남북관계를 포함한다. 그 회담의 실제적인 결과들은 대단한 것 같지 않으며, 그 결과들 중 일부는 심지어 아직 아주 분명하지 않은 것 같지만 '햇볕정책'의 지속적인 추구는 강력하고 지속적인 심리적 효과를 낳고 있다. 많은 남한사람들은, 특히 젊은 세대들은 더이상 북한을 남한의 생존에 잠재적인 위협으로 보고 있지 않다. 오히려 북한은 동정과 연민의 대상이 되었다. 이런 환경으로 인해 남한사람들 중 미국의 방기(放棄)를 걱정하는 사람들도 점점 줄어들고 있다. 대신 남한사람들은 남한의 수도를 잿

더미로 만들 수도 있는 미국과 북한의 전쟁이라는 '함정에 빠질 것'을 두려워한다. 만약 북한이 더이상 남한사람들을 위협하지 않는다면 미군은 전쟁 억제제로서의 가치가 줄어든다. 기껏해야 미군은 불필요하고 불편한 존재다. 최악의 경우 미군은 남한의 주권을 간섭하고 남한의 정치에 개입한다.

미국 9·11테러사태 이후 워싱턴은 핵확산방지에 대해 서울보다도 더 높은 관심을 두고 있다. 워싱턴은 평양의 미사일/핵무기 프로그램과 그런 품목들이 불량국가들이나 테러집단에 수출되지 않을까 더 많이 염려한다. 따라서 워싱턴은 평양에 대한 압력을 가중하기를 원하며 북한정권의 교체를 환영할 것이다. 반대로 서울은 한반도의 안정에 관심이 있으며 현상의 급격한 변화를 우려한다. 바꿔 말하면 서울은 조선민주주의인민공화국의 붕괴가 높은 경제적 비용뿐만 아니라 정치적·군사적 불안정을 초래할지도 모르기 때문에 피하거나 적어도 연기하기를 바란다. 북한의 위협에 대한 서로 다른 인식은 북한에 대한 다른 정책적 반응을 일으켰다. 미국은 외교적인 해결을 채택하기 위해 조선민주주의인민공화국을 압박하기를 바란다. 서울은 그런 주장이 평양을 궁지로 몰아넣지 않을까 두려워한다. 미국은 장래의 사건을 피하기 위해 미군을 휴전선 후방으로 배치하고 미군의 억제력을 증명하지도 않은 채 유동성을 장악하고 싶어한다. 남한은 두가지 면에서 우려하고 있다. 하나는 북한이 미군의 재배치를 오판할 수도 있다는 것이며, 다른 하나는 미군의 작전이 북한에 대한 고압적인 선택을 쉽게 고려할 수 있음을 가리킬 수도 있는 점이다. 워싱턴은 미국과 북한의 외교적 이웃국가들과 좀더 강한 연대를 모색하는 반면 서울은 중재자 역할에서 더 큰 영향력을 행사하기를 열망한다.

탁월한 지위에 오른 새로운 세대의 정치지도자들이 출현하면서 그들은 한미동맹의 일방적이고 불평등한 성격으로 인식하고 있는 것에 대해 불행하게 느낀다. 이전 지도자들보다 좀더 풍요한 경제적 환경에서 성장한 그들은 더 큰 자존심과 자기 확신을 지니고 있으며 이 관계를 재정의하려고 노력한다. 그들의 관점에서는 그런 재정의는 중요한 산업국가이자 안정된 참여민주주의국가로서 남한의 지위를 반영할 것이다. 많은 한국인들은 미국이 남한의 주권에 둔감하고 한반도에 미국의 국가이익을 강요하기로 결심하고서는 한국에서 패권을 쥔 나라처럼 행동하고 있다고 믿는다. 남한의 젊은 세대는 한반도를 수세기에 걸친 외세의 지배에서 해방시키기를 열망한다. 그들은 민족정체성 정치가 호소력이 있다는 것을 발견한다. 비록 남한의 '진보주의자들'은 북한을 한국의 종족정체성의 일부로 다루지만 많은 사람들은 미국의 역할과 정책이 남한의 민족이익과 전혀 모순이 없는지 의문을 품는다. 미국의 간여에 대해 가장 깊은 불신을 품은 사람들은 최근 노무현(盧武鉉)정권의 구성원들이다. 이것은 남한정부가 주로 미국의 간여를 지지했던 과거와는 변했음을 의미한다.

　　따라서 민주화에도 불구하고 한국인들의 민족정체성 정치는 사라지지 않았다. 공동체에 기반을 둔 혈연(즉 인종)민족주의는 여전히 한국인들에게 호소력이 있으며, 그것은 최근 반미 정체성 정치의 토대가 되었다. 19세기말 한국인들이 변화하는 지역적·국제적 질서 속에서 그들의 지위를 재정의하려고 했던 것처럼, 오늘날의 남한사람들은 북한과 미국에 대해 그들의 지위를 재정의함으로써 그들의 정체성을 재정의하려고 분투하고 있다.

정체성 정치의 한계

민족주의가 정치에 이용될 때 민족 개념은 정치적 정당성과 긴밀하게 연결되며, 따라서 경쟁적인 정치영역이 된다. 박정희정권이 민족주의 수사를 장려했듯이, 심지어 아주 억압적인 정권조차도 권위주의 정치를 합법화하고 정당화하기 위한 수단으로 스스로를 민족의 관점에서 규정할 수 있다. 그렇지만 민족 개념은 고정된 것이 아니라 아주 논쟁적이고 정치적 정당성과 연결되어 있기 때문에 그것은 또다른 민족이나 또다른 민족 개념을 대변하고 있다고 주장하는 민족주의의 반대에 직면하기 쉽다. 반미민중담론은 민족과 민족정체성에 대한 권위주의국가의 정의(定義)에 도전하는 것을 목표로 했다.

비록 정부와 반체제 지식인들이 민족정체성 정치에 종사하긴 했지만 그들은 좀처럼 한민족의 종족적 토대에 대해 논쟁을 벌이지는 않았다. 정치적 입장에 관계없이 거의 모든 사람들은 한민족은 손상되지 않은 채 전해진 전통을 지니고 아득한 옛날부터 존재했다고 주장하여 민족됨을 '당연시했다'. 그들이 논쟁한 것은 오히려 민족에 대한 정치적 개념, 즉 반공과 개발주의에 바탕을 둔 민족에 대한 지배 개념과 반미와 민중주의에 바탕을 둔 반대 개념이었다. 오직 정치적인 양상만이 논쟁의 대상이었다는 것은 왜 현대 한국에서 민족주의 정치가 아주 감정적이고, 격렬하고, 타협의 여지가 없고, 따라서 잠재적으로 비민주적인지 그 실마리를 제공해준다. 같은 종족적 민족 개념을 받아들임으로써 양측은 상대방이 같은 (종족적) 민족구성원으로서 자신들과 똑같이 행동하기를 기대한다. 하지만 민족에 대한 대립되는 정치적 개념들에 서명함으로써 양측은 상대방을 가족의 규범을 어기는 아이처럼 비민족적이거나 심지어 반민족적 행위를 한다고 비난한다. 하루미 베푸(Harumi Befu)가 일본의 니혼진론(日本人論; 일본의 독특함에 대한 담론)에 대해 지적하듯이, 현대 한국에서 민족과 민족정체성에 대한 개념은 단지 확립된 세계관을 단순히 '기술하는' 것이 아니라 무엇이 규범적으로 옳으며 따라서 우리가 어떻게 행동해야 하는지 **지시한다**"(Befu 1993, 126면; 강조는 인용자). 그런데 지시적으로 받아들일 때, 민족에 대한 정의를 둘러싼 경쟁은 아주 감정적이고 정치적으로 해결하기 어려워진다. 심지어 민주화와 지구화조차도 그런 민족정체성 정치를 뿌리 뽑지 못했으며, 종족민족주의 혹은 인종민족주의는 한국인들에게 여전히 호소력이 있다.

일본의 종족민족주의에 대한 케빈 도크(Kevin Doak)의 관찰은 한국의 민족정체성 정치를 이해하는 데 실마리를 제공한다. 도크에 따르면, 근대국가의 출현과 천황 제도를 강조하는 일본 민족주의에 대한 표준적인 설명과는 달리 종족민족주의는 "시민사회" 대신에 "〔권위주의〕국가에 대한 대중의 공격" 형태로 작용했다. 심지어 전후 "자유주의적인" 일본국조차도 "아직 '조국애'를 완전히 뿌리 뽑고 그것을 '사회애'로 대체하지 못했다." 따라서 "전후 일본의 시민사회"는 "여전히 반국가 감정의 대안적 근원으로서 종족민족주의와 경쟁해야 한다"(Doak 1997, 299면). 일본처럼 한국의 민중운동은 '조국애'를 '사회애'로 대체하려고 노력하지 않았다. 그들은 권위주의국가가 조장한 민족정체성을 논박하는 데는 효과적이었지만 사회적·정치적 다양성을 억압하는 본질주의의 덫에 빠지는 것을 피할 수 없었다. 민중은 젠더(gender)에서 지역에 이르기까지 다른 형태의 정체성들에 우선하는 무엇보다 중요한 지시적인 범주로서 '으뜸패'였다. 비록 민족정체성에 대한 반미민중 공식은 주로 반체제 지식인들의 수많은 공개토론의 결과였지만 1980년대후반 이래 반대운동의 급진화 — 그것은 특히 북한의 주체사상이 학생운동가들에게 미친 막강한 영향에서 명백하다 — 는 불행하게도 풍부한 대중적 담론을 막았다(G. Shin 1995). 결국 민중담론의 근본적인 구조는 사회의 다양한 요소들을 통합할 능력을 제한했다. 누가 민중을 구성하는가 하는 기준, 혹은 적어도 누가 그들을 위해 싸울 것인가 하는 기준은 필연적으로 사회의 특정한 파벌(예컨대 좀더 높은 사회경제적 지위를 지닌 사람들, 정치엘리뜨 등)을 배제했다. 이런 근본적인 내집단과 외집단의 구분은 부분적으로 왜 민중이데올로기가 포괄적이라는 스스로의 주장에도 불구하고 남한사회 전체와 조화를 이루는 데 실패했는지 설명해준다. 민중민족주의는 대중적인 지지를 상실했으며, 1990년대 남한의 대중 담론에서 거의 사라졌다.

한국인들은 여전히 좀더 시민적이고 민주적인 민족정체성을 발전시켜야 한다. 1990년대에 민중운동을 대신한 시민사회운동의 출현은 아직 종족민족주의를 넘어서 민주적인 민족정체성을 함양하는 임무를 충분히 포용하고 있지 못하다. 하버마스가 지적하듯이, 시민들의 충성심이 동질적인 민족이 공유하는 같은 본성과 운명에 대한 의식에 뿌리를 두고 있을 때 정부는 현대사회의 "실제적인 복잡성과 점증하는 다양성에 맞서 어떤 단일성을 **강화하지**" 않을 수 없을 것이다(1996, 10면, 강조는 원저자). 사실 외국인 노동자들, 특히 중국과 동남아에서 온 가난한 노동자들에 대한 최근의 차별은 이런 맥락에서 이해될 수 있다. 비록 지식인과 시민활동가 들이 외국인 노동자들에 대한 편견과 차별에서 생겨나는 문제들을 제기하기 시작했지만 그들의 노력은 여전히 민족정체성에 대한 어떤 대안적 개념을 형성하기에는 턱없이 모자란다. 한국인들은 단지 잘못된 동일성을 장려하는 경향이 있는 종족 중심의 민족주의에 복종하도록 호소하고 강화하기보다는 외국인 노동자들을 포함한 대중의 다양성과 유연성을 용인하는 시민적 민족정체성을 고취할 필요가 있다. 민주적인 정치형태에 걸맞은 민족정체성을 형성하는 것은 한국의 사회운동 진영에게는 주요한 과제가 될 것이다.

최근의 **경향**

한국사회에서 여전히 강한 영향력을 지닌 민족주의는 오늘날 한국인들이 직면한 중요한
문제들을 알려주고 있다. 한국인들은 수천년 동안 종족적 동질성을 유지해왔기 때문에 한
국은 다시 통일돼야 하며 그렇게 될 것이라고 가정한다. 비록 이는 남한사람들에게 인기있
고 통일 담론과 정책에 반영되어 있지만 경험적인 검증을 거쳐야 한다.

3 부

현대 한국사회에서 여전히 강한 영향력을 지닌 민족주의는 오늘날 한국인들이 직면한 많은 중요한 문제들을 계속 알려주고 있다. 그러나 한국 민족주의는 경직된 이데올로기가 아니며 변화하는 상황에 적응하고 있다. 3부에서는 어떻게 종족민족주의가 오늘날 남북 문제들―특히, 통일의 전망―과 점증하는 세계화 추세 속에서 한국의 지위와 관련해 명백하게 드러나는지 탐구한다.

10장에서는 '종족동질성에 바탕을 둔 민족통일 테제'를 살펴본다. 이 테제는 한국인들은 수천년 동안 종족적으로 동질성을 유지해왔기 때문에 분단 한국은 재통일되어야 하며 그렇게 될 것이라고 가정한다. 비록 이 테제는 남한사람들에게 인기있고 통일 담론과 정책에 반영되어 있기는 하지만 경험적인 검증을 거쳐야 한다. 2000년 가을에 수집된 조사자료를 그 테제를 비판하는 사람들이 만든 논쟁뿐만 아니라 그 테제에서 추론한 특정한 가설들을 검증하는 데 이용하였다. 조사자료를 분석한 결과는 종족동질성에 대한 믿음과 통일에 대한 태도 사이에 상관관계가 있음을 입증한다. 비록 그것이 행동으로 나타난 결과는 아주 의심스럽지만 말이다. 그것은 또한 종족정체성은 통일된 한민족의 이상에 연료를 공급하는 동시에 남한사람들이 여전히 북한사람들과 민족분단을 어떻게 이해하고 있는지 알려주고 있다. 나는 한국인들이 단일종족 의식을 만병통치약으로 받아들이거나 그것을 단순한 환상으로 치부하여 무조건 불신하는 대신 종족민족주의를 이용하는 건설적인 방법을 찾을 필요가 있다고 제안한다.

11장에서는 민족주의와 세계화 사이의 관계에 촛점을 맞추면서 민족 세력과 초민족 세력 사이의 상호작용을 탐구한다. 나는 문헌에서 흔히 그러는 것처럼 그 두가지를 서로 대항시키기보다, 한국 민족주의가 남한사람들이 경험하는 세계화의 방식들을 알려준다고 주장한다. 한국 민족주의가 범아시아주의(1장), 사회주의(3~4장), 근대화(5장) 같은 초민족적인 추세를 해석하는 렌즈로서 작용한 방식과 흡사하게 세계화는 똑같은 민족주의 감정이라는 병목을 통과하고 있다. 현재의 한국정부는 세계화를 한국의 민족 경쟁력을 강화하는 목적에 전용하면서도 동시에 한국의 민족유산과 문화를 보존하고 강화하려 노력하고 있다. 좀더 최근에는 미국 주도의 세계화에 맞서 동북아 지방주의를 추진하고 있다. 따라서 비록 세계화에 대한 한국의 반응이 다층적이긴 하지만 민족주의는 한국인들의 접근법을 계속 알려준다. 그러므로 민족 세력과 세계 세력의 친밀한 상호작용은 한국의 사회적 변화의 주요한 패러다임으로 간주해야 한다.

10장

종족정체성과 민족통일

한국은 강한 단일종족의식을 지녔음에도 분단 상태로 남아 있다. 하지만 정확하게는 이런 믿음 때문에 한국인들은 현재의 분단을 일시적인 것으로 생각하고 있으며, 미래의 민족통일을 기대하고 있다. 남북한 지도자들은 단일종족에 대한 확고한 믿음을 지니고 있으며 민족통일의 필요성을 역설하고 있다. 사실 양측은 통일의 방식과 전략이 다르지만 그들의 제안은 한국인들은 같은 종족적 민족/인종이기 때문에 재통일될 것이라는 전제에 기대고 있다. 통일 독일에서 종족민족주의가 다시 전개되는 것을 고려해볼 때 통일 한국에서 비슷하거나 심지어 더 열렬한 민족주의가 출현할 수도 있다.[1]

종족정체성이 실제로 민족통일에 어떤 영향을 미치는지에 대한 경험적인 조사는 아직 이루어진 바 없다. 단일종족에 대한 한국인들의 믿음이 필연적으로 가까운 장래에 민족통일을 가져다주리라는 생각은 경험적으로 증명된 것이라기보다는 종종 가정된 것이다. 반대로 일부는 종족의식이 통일을 방해할 수 있다고 언급하면서 그것을 영원히 버리라고 요구한다. 이런 두 입장은 종족민족주의에 대한 근시안적인 개념에 바탕을 두고 있으며 경험적인 조사를 필요로 하기 때문에 문제가 있다. 이 장에서는 남한사람들의 단일종족에 대한 믿음이 통일과 관련된 문제들을 대하는 그들의 태도를 어떻게 결정지어왔는지 평가한다.

종족동질성에 바탕을 둔 민족통일 테제

이론

지금까지 종족동질성은 남북한에서 제시한 통일 제안들의 존재조건일 뿐만 아니라 통일과정에 필요한 결정적인 자원으로 여겨왔다. 고(B. C. Koh)가 그 제안들을 적절하게 비교해 지적했듯이, "양쪽의 계획은 재통일의 절박한 필요성을 인식하고 있을 뿐만 아니라 그것의 궁극적 불가피성을 인식하고 있다"(1994, 157면). 특히 남한에서는 남북연합의 과도기를 거친 후 단일한 통일민족국가를 세울 것을 주장한다. 이런 방침을 반영해 남한 통일부에 소속된 주된 연구기관인 통일연구원은 1993년 4월 서울에서 '통일 이데올로기로서의 종족민족주의'라는 주제 아래 회의를 개최했다. 이 회의에서 통일연구원은 "남북통일"은 "한민족의 민족주의에 바탕을 두어야 한다. (⋯) 〔왜냐하면〕 민족주의는 한민족의 각 개인의 삶을 규정하는 이데올로기일 뿐만 아니라 통일과 영광을 위한 계획에서 지침이기 때문이다"고 주장했다(박영호·박종철 1993, 6면). 정치학자이자 노태우 대통령의 주요 고문이었던 김학준—그의 "북방정책"은 중국, 소련과의 관계 정상화를 추구했다—은 마찬가지로 민족주의를 통일을 열망하는 한국인들의 주된 이데올로기로 규정한다. 그는 "오직 민족주의의 햇불이 살아있을 때만이 한국인들은 민족통일을 이룰 수 있다"(1994, 40면)고 주장한다. 이런 주장들은 내가 '종족동질성에 바탕을 둔 민족통일 테제'라고 부르는 것—한국인들은 종족적으로 동질적이며 수천년 동안 그래왔기 때문에 분단 한국은 재통일될 것이며 그렇게 되어야 한다는 주장—을 반영한다.

백낙청(白樂晴, 1996)은 종족동질성에 바탕을 둔 민족통일론을 지지하면서 한국에서 종족의 힘은 분단을 극복하고 민족통일을 이루는 데 도움을 줄 수 있다고 주장한다. 그에 따르면, 종족의식은 역사적으로 외세의 침략에 직면해 한국인들을 결합하고 반통일 주장들과 맞서게 하는 데 도움을 주었다. 그는 "국내 정권이나 영향력있는 외세가 공공연하게 혹은 실제적으로 재통일을 반대할 때 종족 중심의 민족주의는 반통일 담론과 정책을 억제함으로써 긍정적인 역할을 수행한다. 내가 생각하기에는 그것은 이승만 아래에서 그랬으며 박정희와 전두환 시절 거의 내내 그랬다"(1998.9.24. 필자가 받은 편지에서)고 쓴다. 그는 심지어 일본제국주의뿐만 아니라 미국과의 경험은 남북한에서 한국인들에게 "상대적으로 진보적인 민족의식"을 주입했으며 잠재적으로 "민족세력과 민주세력이 일치하는 전한반도적인 연대운동"을 낳을 수 있는 "공동의 고통"을 가했다고 주장한다(백낙청 1996, 18면). 백낙청은 하버마스와 논쟁하면서 민족의 종족적 개념과는 반대되는 "공화주의적" 개념은 '평화롭고 민주적인 재통일'이라는 우리의 슬로건에 이미 구현된 막연한 원칙을 넘어서기' 힘들다고 주장한다. 종족정체성은 "예

282

외적으로 높은 종족동질성을 지닌 분단국가(…)에서는 강력한 역할을 수행할" 수 있다. "적어도 10세기에 걸쳐 정치적 통일을 유지해왔으며 심지어 지금도 예외적으로 높은 정도의 종족적·언어적 동질성을 지닌 우리의 특수한 역사적 경험은 상상 속의 통일한국의 주춧돌이 되어야 한다"(백낙청 1996, 19~20면).

정영훈(1995) 같은 학자들은 북한이 최근에 "단군민족주의"를 고취하는 것은 남북한의 공동의 토대를 암시하는 것이며, 따라서 통일의 좋은 징조로 여긴다. 특히 소련 붕괴 이후 정치적 위기에 직면한 북한은 '조선민족제일론'으로 종족적/인종적 민족주의의 가치를 점점 더 강조했다. 그 이론은 북쪽이 제시한 종족동질성에 바탕을 둔 민족통일 테제를 명확히 표명한다. 간단히 말해, 종족민족주의는 남북한이 통일을 향해 나아가는 과정에서 비록 불충분하지만 매우 귀중한 자원으로 보인다.

이 테제에 대한 도전

이 테제는 두가지 방향에서 비판받는다. 첫째 비판은 강한 종족동질의식은 남북한의 진정한 차이점들을 감추며 따라서 한국인들이 통일과 관련된 실제적인 문제들을 간과할 수도 있다는 것이다. 둘째 비판은 통일은 실제로 북한에 대한 남한 체제의 패권적 지배를 의미하는 것으로, 통일과정을 분열적이고 갈등 유발적으로 만든다는 것이다. 『한국과 그 장래』(*Korea and Its Futures*)에서 인류학자인 로이 리처드 그린커(Roy Richard Grinker 1998)는 종족동질성에 바탕을 둔 민족통일 테제는 통일을 신성하고 보편적으로 받아들여야 하는 목표이자 분열되기 이전의 동질성을 회복하는 것으로서 제시한다고 주장한다. 통일에 대한 이런 이해는 1945년 이후 전개된 남북한의 차이를 감추기 때문에 한국인들이 민족을 통일하는 데 필요한 실제적인 조치들을 취하는 것을 방해한다. 따라서 종족동질성에 대한 믿음은 "변화되고 이질적인 한국을 수용할" 수 없게 만들기 때문에 통일을 촉진하기보다는 방해한다(Grinker 1998, 258면). 게다가 그는 통일은 "정복의 완곡한 표현, 전쟁에서 승리하기 위한 겉치레 (…) 그리고 북한을 전체적으로 남한에 흡수해야 하고 그 체제를 파괴해야 하고 그 국민은 동화시켜야 한다는 〔믿음〕일 수 있다"(1998, 23~49면)고 경고한다. 그린커는 종족동질성에 대한 현재의 믿음은 차이점들을 구체화하고 "새로운 정체성들과 공동체들"을 더 잘 이해할 수 있는 방식으로 재정의해야 한다고 주장한다.

『뉴레프트리뷰』(New Left Review 1996)에 실린 백낙청과의 토론에서 하버마스는 남한사람들이 통일과정에서 종족의식을 당연하게 받아들이는 것에 대해 비슷한 경고를 했다. 독일의 '흡수통일' 경험을 언급하면서 그는 서독이 패권을 쥔 통일은 종족의식과 통일에 대한 과도한 확신을 배반했음을 한국인들에게 상기시킨다. 하버마스에 따르면, 독일 지도자들은 "정치 이전의 공동의 토대를 지나치게 신뢰하여, 그러니까 민족구성원들 사이의 자연스러운 조화 같은 것을 지나치게 신뢰했으며, 서로 다른 배경을 지닌 시민들에게 정치적 해명을 해야 할 필요성에 지나치게 관심을 쏟지 않았다"(1996, 2면). 하버마스는 한국인들에게 독일 통일에서 배울 것을 요구하고, 공유하고 있다고 추정되는 단일종족 의식은 위험한 속전속결식 흡수통일의 전조가 될 수 있다고 경고한다.

추가 해명

또한 종족동질성에 대한 믿음은 정치적 분단의 실제상황에서 생기는 다른 복잡한 문제들을 간과할 수 있다. 동질성에 바탕을 둔 통일 테제는 한국인들이 상상의 한국 종족공동체 내의 역학을 어떻게 이해하고 있는지에 대한 관점을 제공해주지 못한다. 즉, 종족적 한국동포의 연대에 대한 과도한 믿음은 실제 영토 분할의 실현과 결부되어 논리적으로 모순되며 일정 수준 인식상의 불일치를 야기할 수 있다. 만약 통일된 종족적 민족에 대한 믿음이 유지된다면 이런 불일치를 줄이고 잃어버린 단일성을 회복하려는 압력이(Harmon-Jones and Mills 1999) 일어날 수 있다. 이런 불협화음을 줄이는 과정은 한국인들에게 한국인의 종족적 연대에 대한 믿음을 유지하고 영토와 정치가 분열된 현실을 받아들이게 해준다. 좀더 분명하게 말하자면, 상상의 한민족의 인종적·정치적 토대 사이의 불일치는 바람직하지 않은 집단 내 구성원들이나 '검은 양'을 찾아내고 그들을 순결한 사람들이나 희생자들과 분리하는 과정을 촉발할 수 있다. 그러면 종족동질성에 대한 강한 믿음은 실제로 종족집단 내 갈등을 조장할 수 있으며, 그것은 분명히 동질성에 바탕을 둔 통일 테제를 주장하는 사람들의 직관에 어긋날 가능성을 제기한다. 이런 가능성을 염두에 둘 때, 종족동질성과 통일에 대한 태도 사이의 관계를 다시 생각해보는 것이 도움이 된다. 특히, 정반대되는 두가지 결과가 나올 가능성이 있다면 학자들은 단일종족에 대한 믿음이 통일 노력을 이끌 때에 대비하여 마찰을 야기할 조건들을 탐구해야 한다. 이런 문제를 제기하기 위해 이 장에서 나는 특별한 이론적 전제들을 개발해 조사 자료를 갖고 그것들을 경험적으로 검증할 것이다.[2]

나는 한국인들이 실제로 같은 피와 선조를 지니고 있다는 주장의 정당성을 증명하지 않으며 증명할 수도 없음을 명심하라. 나는 또한 통일에 대한 태도는 반드시 미래에 대한 기획에 바탕을 두고 있다는 것을 알고 있다. 그럼에도 나는 종족의식이 "그 자체의 리얼리티"를 낳을 수 있다고 생각한다. 왜냐하면 "정치적으로 중요한 것은 **진상** (what is)이 아니라 사람들이 어떻게 **생각하느냐**(think is)다"는 코너의 주장에 동의하기 때문이다(1994, 140면, 강조는 원저자). 그의 견해로는 민족주의 연구 학자들은 주로 지각이 사람들의 행동에 미치는 영향을 인식하지 못했기 때문에 종족 중심의 민족정체성의 심리적·정서적 힘을 이해하는 데 실패했다. 어떤 민족이든 '상상의 공동체'로서 신화, 허구, 혹은 왜곡의 요소를 지니고 있지만 그것은 여전히 중요한 결과를 요구한다. 이런 맥락에서 동질성에 바탕을 둔 통일 테제는 종족의 기원에 대한 신화와 통일에 대한 낭만적인 견해를 일으키지만 민족분단과 통일에 대한 남한사람들의 태도와 행동에 중요한 영향을 미칠 수 있다.

주요 전제들

이상의 논의를 바탕으로 나는 다음과 같은 네가지 전제를 검토한다.

286

1. 종족동질성에 바탕을 둔 민족통일 테제: 나는 먼저 종족동질성에 대한 믿음과 통일에 대한 다양한 태도 사이의 관계를 검토함으로써 종족동질성에 바탕을 둔 민족통일 테제를 검사한다. 특히, 나는 종족동질성에 대한 믿음이 단일한 종족적 민족이라는 주장, 통일의 필요성, 그리고 종족적 민족을 회복하는 방법으로서 통일을 고려하는 데 미치는 영향을 살펴볼 것이다.

2. 이 테제의 행동상의 결과: 그리고 나서 나는 이 테제가 어떤 행동상의 결과를 지니는지 검사해볼 것이다. 종족과 민족주의 연구자들은 인식은 행동상의 결과를 낳기 때문에 종종 종족정체성의 정치에서 중요하다고 주장한다. 우리는 이 테제가 의식 수준으로만 남아 있는지 아니면 어떤 행동상의 결과를 지니는지 알아볼 필요가 있다.

3. 인식된 차이와 패권적 통일: 나는 이 테제에 대한 두가지 주요한 비판을 입증하려고 시도할 것이다. (a) 강한 종족동질성 의식은 남북한의 진짜 차이를 숨겨버린다. (b) 통일은 실제로 북한에 대한 남한체제의 패권적 지배를 의미한다.

4. 국민과 정권의 분리: 나는 종족동질성 의식이 강한 한국인들이 분단을 받아들이는 것을 설명해줄 수 있는 집단 내 과정을 살펴봄으로써 결론을 내릴 것이다. 특히, 나는 불협화음의 감소과정을 설명하는 데 도움이 되도록, 즉 현실과 믿음 사이의 불일치를 완화하기 위해 남한사람들이 북한사람들을 공산주의정권과 구별하는지 살펴볼 것이다.

자료와 측정

민족정체성과 통일 조사자료

이 테제의 여러 요소들의 조작화(operationalization)는 그것에 대한 비판들과 마찬가지로 조사자료를 통해 이루어진다. 자료는 2000년 10월 11일부터 11월 6일까지 (남한) 전국에서 시행한 민족정체성과 통일에 관한 설문조사에서 얻은 것이다. 다단계 군집표집방법(multistage cluster sampling methods)을 통해 무작위로 선택한 66개 지역에 각각 성별과 나이에 따라 할당 인원을 배정했다. 서울에 거주하는 100명에 대해 준비조사를 수행한 후 아주 제한된 거주자들과 노동자들(특히 남성들)에게 접근하는 어려움을 포함한 실제적인 한계들을 극복하기 위해 다단계 층화할당표집(multistage stratified quota sampling)을 이용했다. 이런 과정으로 응답자 1003명의 대표표본(representative sample)을 산출했다.

독립변수와 통제변수

〈표 1〉은 평균값과 표준편차를 지닌 독립변수와 통제변수를 보여준다. 같은 혈통과 공동의 선조가 한국적 민족 개념의 특징이기 때문에 "우리 민족은 단일한 혈통을 지니고 있다"(혈통)와 "외국 시민권을 받은 사람이라도 선조가 같은 한국인이면 종족적 민족에 속한다"(선조)는 두가지 진술로 독립변수를 측정한다.

열가지 변수가 통제변수로 작용한다. 일반적인 사회인구통계학적 (sociodemographic) 변수들(나이, 성, 교육, 계층) 외에도 여섯가지 추

변수	실질적인 정의	측정[1]	평균(S.D.)
독립변수			
혈통	우리 민족은 단일 혈통을 지니고 있다.	3점 서열척도	2.383 (.613)
선조	외국 시민권을 받은 사람이라도 선조가 같으면 같은 종족적 민족에 속한다.	3점 서열척도	2.115 (.667)
통제변수			
나이	응답자의 나이	지속적인 변수	39.432 (12.916)
성	응답자의 성	이분변수 (0=남성, 1=여성)	.503 (.500)
교육	응답자의 교육수준	7점 서열척도 (1=무학, 2=초등, 3=중등, 4=고등, 5=초급대학, 6=대학, 7=대학원)	4.078 (1.289)
계층	주관적인 소속 계층	5점 서열척도 (1=최하층, 2=하층, 3=중산층, 4=중상층, 5=상층)	2.688 (.771)
북한에 사는 친척	북한에 가족이나 친척이 있는가?	이분변수 (0=없다, 1=있다)	.070 (.255)
북한에 대한 지식	북한에 관한 출판물을 읽은 적이 있는가?	이분변수 (0=없다, 1=있다)	.351 (.478)
바람직한 사회	우리 사회는 열심히 일하는 사람들에게 보상을 한다.	5점 서열척도	3.258 (1.118)
정상회담	남북 정상회담을 보거나 들은 적이 있는가?	이분변수 (0=없다, 1=있다)	.963 (.189)
정상회담에 대한 만족도	정상회담 결과에 만족하는가?	5점 서열척도	3.415 (.852)
미군 철수	미군은 남한에서 철수해야 하는가?	5점 서열척도	3.040 (1.067)

1. 선택된 변수들은 다시 부호화되었으며 그 특정한 변수의 각각의 범주에 대해 충분한 응답자들을 확보하기 위해 범주들을 압축했다. 이런 변수들에 맞는 최적의 부호화 틀(coding scheme)을

선택하기 위해 네스티드 모델(nested model)들을 비교하는 우도비검증법(Likelihood Ratio Tests)을 시행했다. 따로 적혀 있지 않는 한, 모든 치수들은 다음과 같다. 5점 척도(1=전혀 그렇지 않다, 2=그렇지 않다, 3=보통이다, 4=그렇다, 5=아주 그렇다), 4점 척도(1=전혀 그렇지 않다, 2=보통이다, 3=그렇다, 4=아주 그렇다), 3점 척도(1=전혀 그렇지 않다, 그렇지 않다, 보통이다, 2=그렇다, 3=아주 그렇다)

가 변수들(북한에 사는 친척, 북한에 대한 지식, 바람직한 사회, 정상회담, 정상회담에 대한 만족도, 미군 철수)은 북한에 대한 견해, 민족분단, 통일에 대한 견해에 영향을 미칠 수 있기 때문에 검사된다. 북한에 사는 친척 변수는 북한에 가족이나 먼 친척이 있는 응답자들을 확인한다. 또한 북한에 대한 지식 변수는 응답자들이 북한에 관한 출판자료들을 얼마나 많이 읽었는지를 보여준다. 바람직한 사회 변수는 열심히 일하는 것이 남한사회에서 보상을 받는다고 믿는 응답자들과 받지 못한다고 믿는 응답자들을 구분한다. 이 변수는 남한의 효과적인 자본주의체제에 대한 믿음과 반대로 일반적인 피로 수준을 검사하기 위한 것이다. 정상회담과 정상회담에 대한 만족도 변수는 김대중과 김정일의 2000년 정상회담에 대한 응답자의 인식과 이 회담에 대한 응답자들의 만족도를 각각 가리킨다.[3] 마지막으로 미군 철수 변수는, 특히 응답자들에게 미군이 한국에서 철수하기를 원하는지 질문함으로써 미군과 관련된 태도를 측정한다.

종속변수

전제 1

독립변수들과 마찬가지로 다양한 척도들을 통일에 대한 태도를 측정하는 데 이용한다(표 2 참조). 먼저, 반대변수는 응답자들이 실제로 종족동질성에 대한 믿음과 정치적으로 통일된 국가에 대한 주장 사이에 어떤 연관성이 있다고 느끼는지 측정한다. 둘째 통일 열망 변수는 응답자들이 경제적 희생을 감수하더라도 통일이 필요하다고 느끼는지 측정한다. 셋째로, 통일국가 변수는 응답자들이 남북한은 통일된 민족국가가 되어야 한다고 느끼는지 묻는다. 마지막으로, 회복 변수는 인과관계의 순서를 알아보기 위해 이용하며 통일이 종족적 민족의 동질성을 회복시켜 줄 것인지 묻는다.

전제 2

종족동질성에 대한 믿음이 행동상의 결과를 낳는지 검사하기 위해 세가지 척도를 사용한다. 먼저, 참여 변수는 응답자가 실제로 북한 구호활동에 참가해왔는지 묻는다. 세금 변수는 응답자들이 통일에 필요한 비용을 충당하기 위해 특별세를 지불할 용의가 있는지 묻는다. 북한주민 구호 변수는 응답자들이 만약 통일이 된다면 북한 시민들에게 특별한 도움을 제공할 용의가 있는지 측정한다.

전제 3

장벽 변수는 차이를 가장 직설적으로 드러내주는 검사로 사용된다.

<표 2> 종속변수

종속변수	실질적인 정의	측정[2]	평균(S.D.)
종족동질성에 바탕을 둔 통일 테제			
반대	통일에 반대하는 것은 단일한 종족적 한민족을 부인하는 것이다.	5점 서열척도	3.204 (1.048)
통일 열망	경제가 어려워지더라도 통일을 해야 한다.	5점 서열척도	3.089 (1.104)
통일국가	남북한은 통일된 민족국가를 세워야 한다.	4점 서열척도	3.068 (.834)
회복	통일은 종족적 민족동질성의 회복을 의미한다.	4점 서열척도	2.816 (.786)
이 테제의 행동상 결과			
참여	당신은 북한 구호활동에 참여한 적이 있는가?	이분변수: (0=없다, 1=있다)	.276 (.447)
세금	당신은 통일을 위해 특별세를 낼 용의가 있는가?	5점 서열척도	3.034 (1.081)
북한 주민 구호	통일 이후 우리는 북한 주민들을 특별히 도와주어야 하는가?	5점 서열척도	3.209 (.924)
남북한 사이의 인식된 차이			
장벽	지난 반세기 동안의 민족분단은 남북한 사이에 심각한 장벽을 만들었다.	4점 서열척도	3.205 (.692)
언어상의 차이	남북한의 비슷한 집단 사이에 언어상의 차이가 있다.	5점 서열척도	3.662 (1.047)
가족생활의 차이	남북한의 비슷한 집단 사이에 가족생활의 차이가 있다.	5점 서열척도	3.351 (.963)
관습의 차이	남북한의 비슷한 집단 사이에 관습/전통의 차이가 있다.	5점 서열척도	3.706 (1.016)
노동생활의 차이	남북한의 비슷한 집단 사이에 노동생활의 차이가 있다.	5점 서열척도	3.719 (.847)

종속변수	실질적인 정의	측정[2]	평균(S.D.)
여가생활의 차이	남북한의 비슷한 집단 사이에 여가생활의 차이가 있다.	5점 서열척도	3.938 (.945)
통일과 관련된 남한의 패권			
남한의 대표성	남한이 한국의 종족집단을 대표해야 한다.	이분변수 (0=아니다, 1=그렇다)	.707 (.455)
남한의 패권	통일이 된다면 한국의 이상적인 정치체제는 어떤 것인가?	4점 서열척도 (1=북한체제에 토대, 2=남북한 모델을 꼭 같게, 3=남한체제에 토대, 4=현재의 남한 모델)	2.834 (.702)
북한 주민과 공산정권의 분리			
김일성	민족분단은 김일성과 그 도당의 책임이다.	4점 서열척도	2.600 (.985)
희생자	북한사람들은 공산정권의 희생자들이다.	4점 서열척도	3.000 (.829)
처벌	공산주의를 지지한 사람들은 통일 후 처벌을 받아야 한다.	5점 서열척도	2.733 (.960)

2. 따로 표시하지 않는 한 5점 서열척도와 4점 서열척도는 〈표 1〉의 부호화를 따른다.

이 변수는 응답자가 반세기에 걸친 분단 이후 남북한 사이에 심각한 장벽이 있다고 느끼는지 묻는다. 그러고 나서 나는 남북한의 개인생활, 노동생활, 여가생활에서 인식한 차이점들과 관련된 좀더 구체적인 질문을 한다. 먼저 언어상의 차이 변수는 응답자들이 남북한의 비슷한 집단 사이에 언어상의 차이가 있다고 느끼는지 질문한다. 둘째로 가족생활의 차이는 응답자들이 가족생활에서 차이점이 존재한다고 생각하는지 질문한다. 셋째 응답자들이 전통이나 관습에서 어떤 차이점들이 존재한다고 느끼는지 측정하기 위해 관습의 차이 변수를 이용한다. 넷째로 노동생활의 차이 변수는 노동현장에서 있을 수 있는 차이점에 대한 응답자들의 태도를 측정하는 데 이용한다. 다섯째 변수인 여가생활의 차이는 남북한의 여가생활이나 대중문화에서 나타나는 차이에 대한 태도를 확인한다.

응답자들이 통일 이후 남한이 패권을 장악하기를 정말 바라는지 검사하기 위해 두가지 척도를 이용한다. 먼저, 남한의 대표성 변수는 응답자들에게 남한이 한국의 인종 집단을 대표해야 한다고 생각하는지 묻는다. 그리고 둘째로 남한의 패권 변수는 응답자들에게 통일 이후 어떤 종류의 체제를 보고 싶어하는지 묻는다. 이 마지막 변수에서 선택은 북한 모델에 바탕을 둔 체제와 남북한의 혼합체제에서부터 전적으로 현재의 남한 모델에 바탕을 둔 체제까지 걸쳐 있다. 나는 이 마지막 선택을 응답자들이 남한의 정치체제가 통일 한국을 지배하기를 바라는 척도로 보고 있다.

전제 4

이 전제를 검사하기 위해 세 척도를 이용한다. 먼저, 나는 공산정권의 전 지도자인 김일성이 민족분단에 책임이 있다고 보는지 알아보기 위해 김일성 변수를 이용한다. 둘째로 희생자 변수는 북한사람들의 희생에 대한 응답자들의 태도를 측정한다. 마지막으로 처벌 변수는 응답자들이 공산주의를 지지한 북한사람들은 통일 이후에라도 처벌받아야 한다고 느끼는지 알아보기 위해 채택했다.

모든 종속변수에는 서열척도나 이분변수가 사용되기 때문에 독립변수와 종속변수의 관계를 분석하기 위해 서열로짓회귀모델(ordinal logit regression model)과 이항로짓회귀모델(binary logit regression model)을 구성한다(Winship and Mare 1984). 독립변수와 종속변수에 대해서는 별개로 분석을 진행한다. 나는 모델들에서 얻은 주요한 독립변수의 유의성 수준만을 기록한다(독립변수와 통제변수의 모든 계수에 대해서는 부록3을 보라).

주된 결과

전제 1: 종족동질성에 바탕을 둔 민족통일 테제

〈표 3〉은 종족동질성이 통일에 대한 태도에 미치는 영향을 분석한 서열로짓모델의 결과를 보여준다. 조사 데이터는 종족동질성에 바탕을 둔 통일 테제를 강력히 뒷받침하고 있다. 분석결과는 종족동질성에 대한 믿음과 통일의 필요성을 긍정하는 서로 다른 태도들 사이에 강한 연관성이 있음을 나타낸다. 선조가 통일에 미치는 영향을 예외로 하면, 독립변수는 통일에 대한 태도를 측정하는 데 종속변수에 긍정적이고 통계적으로 유의미한 영향을 미치고 있다. 즉 종족적 한민족은 같은 피와 선조를 지니고 있다는 데 동의하거나 강하게 동의하는 사람들은 또한 통일에 반대하는 것은 종족적 한민족의 연대를 부인하는 것이라는 데 동의하거나 강하게 동의한다. 종족동질성 척도에

〈표 3〉 종족정체성이 통일에 대한 태도에 미치는 영향

	통일에 반대하는 것은 종족적 한민족을 부인하는 것이다	통일을 해야 한다	단일국가	종족적 민족의 회복
혈통	++	++	++	++
선조	++	n.s.	++	++

++ p<.01에서 긍정적이고 유의미함. n.s. 부정적이고 유의미함.

서 높은 점수를 보인 것은 한국은 경제적 어려움을 겪더라도 통일해야 하며 남한과 북한은 통일된 민족국가를 형성해야 한다는 데 동의하거나 강하게 동의하는 것과 관련이 있다. 게다가 독립변수들에서 높은 점수를 보인 것은 통일은 종족동질성의 회복을 의미한다는 믿음을 확인하는 것과 관련이 있다.

전제 2: 테제의 행동상 결과

종족동질성에 대한 믿음과 통일 사이의 기본적 관계를 검사하는 것 외에도 그런 믿음의 행동상 결과를 검사한다.

〈표 4〉 종족정체성이 통일과 관련된 행동에 미치는 영향

	북한 구호활동에 참여	특별통일세 지불 의지	통일 후 북한 주민에 대한 특별한 원조 제공 의지
혈통	n.s.	++	n.s.
선조	n.s.	n.s.	n.s.

++ p〈.01에서 긍정적이고 유의미함.

〈표 4〉는 어떤 독립변수도 응답자들이 북한의 구호 노력에 참여했는지 여부와는 관련이 없음을 보여준다. 즉 종족적 한민족은 같은 혈통과 선조를 지니고 있다는 데 동의하거나 강하게 동의하는 사람들이라 하더라도 구호활동 참여에 이르면 종족동질성의 이런 척도들에 동의하지 않는 사람들과 다를 것이 없다. 또한 어떤 독립변수도 응답자들이 통일 후에 북한사람들에게 특별한 도움을 주어야 한다고 생각하는지 여부와는 관련이 없다. 오직 혈통 변수만이 응답자들이 통일과 관련한 특별세를 낼 의지에 영향을 미친다.

전제 3: 인식된 차이와 패권적 통일

〈표 5〉에서 나타나듯이 종족동질성에 대한 믿음과 북한과 남한 사회의 여러가지 양상들에 대한 인식된 차이 사이의 관계는 훨씬 더 복잡하다. 두가지 독립변수가 북한과 남한 사이에는 심각한 장벽이 있다는 믿음과 긍정적으로 관련되어 있기 때문에 북한과 남한 사이에는 일반적인 의미의 인식된 차이가 존재하는 것 같다. 다른 척도들은 그만큼 간단하지는 않다.

종족동질성의 어떤 척도도 남한과 북한 사이의 인식된 언어상의 차이와 의미있게 관련되어 있지 않다. 그렇지만 선조가 같다는 믿음은 남한과 북한의 가족생활과 전통/관습상의 차이를 부정하도록 유도한다. 그렇지만 종족동질성의 두가지 척도는 남한사람들과 북한사람들이 노동생활에 이르러서는 다르다는 믿음과 긍정적이면서도 유의미

〈표 5〉 종족정체성이 남한과 북한 사이의 인식된 차이에 미치는 영향

	남북한 사이의 심각한 장벽	언어상의 차이	가족생활의 차이
혈통	++	n.s.	n.s.
선조	+	n.s.	-
	관습과 전통의 차이	노동생활의 차이	여가생활의 차이
혈통	n.s.	+	n.s.
선조	- -	+	n.s.

+ p〈.05에서 긍정적이고 유의미함; ++ p〈.01에서 긍정적이고 유의미함; - p〈.05에서 부정적이고 유의미함; - p〈.01에서 부정적이고 유의미함.

〈표 6〉 종족정체성이 통일이후 남한의 패권 가능성에 미치는 영향

	남한이 한국의 인종 집단을 대표해야 한다	통일이후 한국의 이상적인 정치적 상황
혈통	n.s.	n.s.
선조	n.s.	n.s.

- p〈.05에서 부정적이고 유의미함.

하게 관련되어 있다. 끝으로 종족동질성의 어떤 척도도 여가활동과 관련하여 인식된 차이들과는 관련이 없다.

〈표 6〉은 종족동질성에 대한 믿음이 통일이후 남한의 패권 가능성에 미칠 영향과 관련된 조사결과를 보여준다. 통계학적인 검사는 어떤 유의미한 관계도 보여주지 않는다. 남한이 전체 종족적 한민족을 대변해야 한다는 소망과 관련해서는 강한 종족동질성을 지닌 응답자들과 그렇지 않은 사람들 사이에 별다른 차이점이 없다. 또한 종족동질성의 어떤 척도도 미래의 통일 한국이 현재 남한 모델에 바탕을 둔 정치체제에 지배되어야 한다는 소망과 관련이 없다.

전제 4: 주민과 정권의 분리

응답자들이 실제로 정신적으로 북한 주민과 정권을 구분한다는 (강하지는 않지만) 약간의 증거가 있는 것 같다(표 7을 보라). 강한 종족동질성을 지닌 사람들은 혈통 변수가 보여주듯이 김일성이 종족적 민족의 영토분단에 책임이 있다는 데 동의할 가능성이 더 높다. 더욱이 그런 사람들은 북한사람들이 공산정권의 희생자들이라고 믿는 사람들이다. 하지만 어떤 독립변수도 만약 통일이 된다면 공산주의를 지지한 사람들을 처벌하려는 욕망과는 어떤 식으로든 관련이 없다.

〈표 7〉 종족정체성이 북한 주민과 공산주의정권 구분에 미치는 영향

	김일성은 민족분단에 책임이 있다	북한사람들은 희생자다	공산주의 지지자들은 처벌을 받아야 한다
혈통	++	++	n.s.
선조	n.s.	n.s.	n.s.

++ p<.01에서 긍정적이고 유의미함.

토론과 함의

조사자료는 종족정체성과 민족통일 사이에 강한 관련성이 있음을 증언한다. 분석 결과는 남한사람들이 실제로 같은 피와 선조에 대한 믿음을 중심으로 한 "인종화된" 민족 이미지를 품고 있음을 드러내 보여준다. 좀더 중요하게는, 이런 종족동질성의 표지들은 강한 통일 열망과 민족분단에 대한 다른 태도들과 긍정적으로 연결되어 있다. 일반적으로 인식되고 있는 종족동질성에 바탕을 둔 민족통일 테제는 경험적으로 정당화된다.

종족동질성에 대한 믿음과 통일에 대한 긍정적인 태도 사이의 강한 관계는, 이 테제의 지지자들이 주장하듯이, 남한과 북한이 통일과정을 수행할 때 끌어낼 수 있는 자산일 수 있다. 동질성에 대한 믿음을 북돋우는 것은 어떤 통일계획에도 따르기 마련인 진짜 어려움에 부딪칠 때 이해와 용납의 수준을 향상시킬 것이다. 그럼에도 불구하고 종족동질성에 대한 믿음이 행동으로 나타난 결과를 평가할 때는 주의해야 한다. 나는 북한 구호활동 참여와 관련하여 종족동질성에 대한 강한 믿음을 지닌 사람들과 그렇지 않은 사람들 사이에서 의미있는 차이를 발견하지 못했다.[4] 그렇지만 구호활동이 대부분 북한의 기아문제에 촛점을 맞추고 있는 것은 사실이다.[5] 이 문제는 반드시 통일과 같은 것은 아니다. 여하튼 종족동질성에 대한 강한 믿음이 통일과정에서 어떤 행동으로 나타날지는 지금으로서는 단지 추정만 할 수 있을 뿐이다.

더욱이 종족동질성에 바탕을 둔 통일 테제의 잠재적 한계는 인구통계학적인 변수들이 통일에 대한 태도에 미치는 영향에서 드러난다. 응답자들의 나이가 통일에 대한 태도에 영향을 미친다는 것은 유의미하다(부록 3.1 참조).[6] 나이가 많은 응답자들일수록 경제적인 고통을 감수하더라도 통일은 필요하다는 데 동의하고 통일에 반대하는 것은 한국의 단일한 종족적 민족을 부인하는 것이라는 데 동의할 가능성이 더 높다. 물론 이런 조사결과는 두가지로 해석할 수 있다. 먼저, 그것은 통일에 대한 강한 열망은 삶의 과정에서 정치적 의식이 발전한 이후에 생겨난다는 사례를 보여줄 따름일 수도 있다. 즉 젊은 응답자들은 점차 나이가 들어감에 따라 통일을 열망하게 될 수 있다. 종족동질성에 바탕을 둔 통일 테제에 더욱 위협적인 해석은 둘째 가능성, 즉 코호트 효과(cohort effect)가 있을 수도 있다는 것이다. 만약 후자의 해석이 맞는다면, 그것은 젊은 세대가 나이 많은 세대의 자리에 설 때 남한사람들은 통일이나 단일한 인종적 민족의 회복에 관심을 갖지 않을 것이라는 사례가 될 수도 있다. 그렇지만 종적인(logitudinal) 자료가 없기 때문에 이 두가지 해석 중 어느 것이 정확하다고 단언할 수는 없다. 여하튼 현재로서는 나이가 많은 세대들이 통일을 더 강하게 열망하고 있는 것은 분명하다.

좀더 큰 의미에서 보자면, 우리는 그런 강한 종족의식이 통일을 향한 행진을 촉진하는지 억제하는지 질문해보아야 한다. 이 문제에 대한 견해는 다양하며 '한국인의 피'를 버릴 것을 주장하는 사람들뿐만 아니라 그것을 만병통치약으로 보는 사람들까지 포함한다. 대다수 남한사람들은 종족민족주의를 긴요한 통일 이데올로기로 간주하는 반면에, 하버마스(1996)와 그린커(1998)는 동일 종족의식을 지나치게 신뢰하지 말라고 주의를 준다. 종족민족주의는 한쪽이 다른쪽을 지배하는 맹목적인 동화나 패권적 통일을 촉진할 수도 있다고 그들은 경고한다. 그들은 또한 그것이 반세기에 걸쳐 남북 사이에 진전되어온 진짜 차이점들을 무시하는 통일에 대한 독단적이며 심지어 맹목적인 견해를 조장할 수도 있다고 경고한다.

종족동질성이 남한과 북한 사이의 인지된 유사성이나 차이점에 미치는 영향은 이 이론의 주장자들과 비판자들이 이해하는 것보다 훨씬 더 복잡하다. 가장 일반적으로는, 나는 강한 종족동질성 의식이 지난 50년 동안 일어난 두개의 한국 사이의 인지된 차이점들을 흐리게 하지는 않는다는 것을 발견한다. 종족동질성을 강하게 믿는 한국인들 역시 통일과정의 복잡성을 이해하고 있으며 남북 사이에는 진짜 장벽이 있다는 것을 깨닫고 있다. 그들은 종족동질성에 바탕을 둔 통일 테제에 대한 단순한 해석이 함축하고 있을지도 모르는, 통일은 쉽거나 자연스러운 과정이 될 것이라는 생각에 동의하지 않는다. 하지만 강한 종족동질성 의식이 인지된 언어상의 차이점들에 전반적으로 효과를 미치지는 않는 것 같다. 더욱이 선조의 척도가 가족생활과 전통적인 문화/관습의 차이점에 부정적인 효과를 미친다. 그린커(1998)가 주장하듯이, 강한 종족동질성 의식은 가족/전통과 관련된 문제에서 사실상 남북한의 가장된 유사성을 이끌어낸다. 게다가 북한에 친척이 있는 사람들은 가족과 언어 영역에서 나타나는 차이점들을 부인하는 경향이 있다는 것은 이해할 만하다(부록 3.3 참조). 그럼에도 이런 가장된 유사성은 한반도의 현재 상황에 반드시 적용되지는 않는 낭만화한 한국의 과거를 만들어낸다. 사실 현재의 문제들에 대한 인지된 차이점들을 측정한 결과에 토대를 둔 분석은 반대 경향을 보여준다.

노동생활과 관련해서는 강한 종족동질성 의식을 지닌 응답자들은

(두가지 측정에서 드러난 것처럼) 남한사람들과 북한사람들 사이에는 진짜 차이가 존재한다는 것을 인정할 가능성이 더 높다. 전반적으로 종족동질성에 대한 믿음은 언어, 가족생활, 전통문화의 차이점들을 깨닫는 것과 관계가 없지만 노동생활에서의 차이점들을 깨닫도록 유도한다. 나는 이 겉보기에 서로 모순되는 결과를, 종족동질성에 대한 믿음이 한국의 과거와 유산을 낭만화하거나 이상화하려는 경향이 있다는 표시로 해석한다. 따라서 이런 측정들에 높은 점수를 주는 응답자들은 또한 한국의 종족적 민족에 대한 상상 속의 전통적 이미지(즉 언어, 가족생활, 관습)와 연관된 차이점들을 억압하는 경향이 있다. 그러나 이것은 응답자들이 남북한의 좀더 근대적이거나 실제적인 양상들과 관련된 차이점들을 무시한다는 것을 의미하지는 않는다. 응답자들은 남북한 사이에는 노동생활에서 실제적인 차이점들뿐만 아니라 심각한 장벽들이 있다는 것을 이해하고 있다.

이런 결과는 한국인들이 동질성에 사로잡혀 차이점들을 논의할 수 없다는 그린커의 주장을 수정할 필요가 있음을 암시한다. 실제로 그의 비판은 단지 전통적 한국에 대한 낭만화된 개념에서만 적용할 수 있을 뿐이다. 강한 종족정체성을 지닌 응답자들은 통일 과정의 좀더 실제적인 문제들과 관련된 차이점들을 인식하고 있다. 통일한국에서 문화적, 정치적 통합을 향상시키려는 남한정부의 최근 노력은 남북한의 차이점들과 통일과 연관된 잠재적인 문제들에 대한 인식을 반영한다(황병덕 1994; 박영호 1994; 박영호·박종철 1993). 게다가 남한사람들이 통일을 하면 남한의 북한 흡수를 유도할 것이며 이것은 결국 끝나지 않은 전쟁에서 남한이 궁극적으로 승리하는 것을 의미한다고 가정하고 있는지 불분명하다. 단지 16.7퍼센트만이 최근의 남한체제가 통일 한국의 토대가 되어야 한다고 대답함으로써 '패권적 통일'을 지지한다. 반대로 31.8퍼센트는 남북한의 요소들을 똑같이 받아들인 통일 한국을 지지하며 기꺼이 순응할 것을 암시한다. 대신에 나이는 패권적 통일을 지지하는지 예측하는 데 가장 유의미한 변수다(부록 3.4 참조).[7] 따라서 비록 나이가 많은 사람들은 패권적 통일을 지지하지만, 강한 동질성 의식이 그것이 통일에 대한 태도에 미치는 효과와 더불어 북한을 남한 모델로 포섭하는 것을 의미한다고 가정하는 것은 부정확할 것이다.

내가 이론적으로 추동해낸 예감 ─ 어떤 종류의 내집단 범주화는 정치적 현실에 비추어 동질성 의식을 보존하려 한다는 것 ─ 은 몇가지 경험적인 근거가 있는 것이다. 한국인들 가운데 같은 혈통을 지녔다고 믿는 사람들은 민족분단에 대해 김일성을 비난할 가능성이 더 높다. 반대로 같은 종족적 한민족의 일원으로서 북한사람들은 외세에 협력하고 분단을 초래함으로써 민족공동체를 배반한 북한정권의 죄 없는 희생자들로 그려진다. 당연한 일이지만, 주민을 정권과 분리하는 경향은, 혹은 '검은양'을 비방하는 경향은 나이가 많은 세대에게서 더 두드러진다(나이는 북한 주민과 공산정권을 구분하는지 측정하는 세가지 종속변수 중 두가지에서 유의미한 변수로 작용했다. 부록 3.5 참조). 끝으로 종족동질성 의식이 강한 사람들은 분단에 대해 북한정권을 비난할 개연성이 더 높지만 통일이후 공산당원들을 처벌하기를 원할 가능성이 더 높지는 않다는 점은 흥미롭다. 이 결과는 통일 한국에서 북한정권의 공산당원들에 대한 가혹한 정화가 있을 것이라고 걱정하는 사람들과 관련이 있다(Habermas 1996). 바꿔 말하자면, 그 자료는 '검은양'이 통일이후 반드시 '희생양'으로 바뀌지는 않으리라는 것을 암시한다. 다시 한번, 세대간의 간극이 드러나기는 하지만 말이다(나이가 많은 응답자들은 통일이후 공산당 지지자들을 처벌하는 것을 지지하는 경향이 있다).

결론

조사자료를 분석한 결과는 같은 피와 선조가 남한사람들의 민족정체성의 특징을 규정하고 있음을 확인시켜준다. 종족동질성의 이런 지표들은 북한사람들은 공산정권의 죄 없는 희생자들이며, 민족분단은 오직 일시적이며, 잃어버린 단일종족을 회복하기 위해 통일은 어떤 댓가를 치르더라도 성취해야 한다는 관점을 포함해 북한, 민족분단, 통일에 대한 태도를 설명하는 데 도움을 준다. 이는 또한 종족동질성에 대한 믿음은 반드시 지난 반세기 동안 남북한에서 진전되어온 실제 차이점들을 흐리게 하거나 남한이 패권적 통일을 조장하는 것이 아니라는 믿음을 보여준다.

종족동질성에 바탕을 둔 통일 테제에 내재한 미묘한 차이점들을 주목하는 것이 중요하다. 이 연구는 과거와 미래의 낭만화된 한국과 오늘날 한반도의 현실 사이에는 주목할 만한 모순이 있다는 것을 보여준다. 이런 불일치는 이 테제와 연관된 행동과 관련된 서로 상반되는 조사결과들에서 명백하다. 종족동질성 측정에서 높은 점수를 얻은 사람들은 통일비용을 충당하기 위해 특별세를 지불할 용의가 있었지만 북한의 구호활동에 참여할 가능성이 더 높지는 않다. 이런 불일치는 또한 남한과 북한의 차이점들에 대한 인식에서 분명하다. 한국사회의 전통적이거나 역사적인 요소들과 관련된 남북한 사이의 차이점들(즉 전통과 관습상의 차이점들)에 대한 인식은 강한 종족동질성 의식을 지닌 사람들에 의해 축소되거나 완전히 부인되었다. 그러나 근대 한국사회의 요소들(즉 노동생활과 같은 1945년 이후의 사회적 발전)은 남북한 사이에 차이가 있다고 인식했다. 끝으로 현재의 분단과 관련해 아무도 처벌받지 않는 미래 한국의 '조화로운' 이상은 김일성과 공산정권이 북한사람들의 고통과 희생에 연루되어 있는 현재 상황과 나란히 놓여 있다. 이런 전혀 다른 조사결과는 동질성에 바탕을 둔 통일 테제의 미묘한 점들을 보여주며 종족동질성에 대한 믿음은 과거와 미래의 낭만화된 또는 이상화된 한국으로 유도할 수도 있다.

　나이나 세대는 동질성에 바탕을 둔 통일이론의 효력을 평가할 때 고려해야 할 또다른 결정적인 요소다. 당연한 이야기지만, 나이가 많은 세대는 젊은 세대보다 통일 열망이 더 강하며, 이런 결과는 한국 젊은이들이 통일을 원치 않거나 관심을 갖지 않을 수도 있으며 그것이 미래에 통일을 더 어렵게 만든다고 우려할 이유를 제공한다. 동시에 나이가 많은 세대는 북한정권에 더 부정적인 견해를 보여주고(예컨대 북한사람들은 공산정권의 희생자들이다) 통일이후 남한의 패권을 조장하는 경향이 있다. 그들은 또한 공산주의 지지자들이 통일이후에 처벌받기를 원하는 사람들이다. 상황이 이렇다면, 한국인들은 강한 대중적 지지를 받기는 하지만 갈등의 소지가 아주 큰 불화를 야기할 과정이 예상되는 통일이냐 혹은 대중적 지지는 덜 받지만 그 과정을 평화롭게 만들 기회가 더 많은 통일이냐를 두고 어떤 시나리오를 장려해야 할지 딜레마에 빠질 수 있다. 이것은 한국의 정책 입안자들이 통일 가능성이 높은 정책을 세울 때 진지하게 받아들여야 할 사항이다.

상황이 그렇다면, 그리고 나이에 관계없이 대중적인 수준에서 종족의식이 유행하고 있는 현실을 고려한다면, 종족의식은 여전히 통일과정에서 유의미한 역할을 수행할 가능성이 있다. 그것은 통일 노력을 정당화할 뿐만 아니라 특히 통일과정의 초기 단계에서는 두 체제의 부드러운 통합을 용이하게 하는 데 필요한 공동의 토대가 될 수도 있다. 김광옥이 지적하듯이, 문화적 동질성과 이질성을 '형태'의 측면이 아니라 '기능'의 측면에서 이해한다면 종족민족주의는 다양한 배경과 사회적 추세들을 조정할 수 있다. 비록 문화의 획일성은 바람직하지 않지만 사회활동을 생각하고 수행하는 공동의 방식들은, 유교적 전통과 가족주의에서 드러나듯이, 두 체제의 부드러운 통합을 촉진할 수 있다. 그의 견해로는 "혼성 모델은 두개의 한국의 현재의 문화에서 부정적인 것들을 버리고 오직 긍정적인 양상들만 받아들임으로써 새로 통합된 문화 체제를 담금질하기 위해 제안될 수 있다"(K. Kim 1999, 2면).

결국 많은 민족주의 연구자들이 주장하는 종족민족주의와 관련된 문제들에도 불구하고 종족동질성에 대한 태도와 믿음은 완전히 부정적인 것만은 아니며 여전히 한국인들에게 상당히 많은 영감과 연대를 제공한다. 따라서 한국인들은 단일종족의식을 만병통치약으로 무조건 포용하거나 반대로 그것을 단순히 신화나 환상으로 무조건 불신할 것이 아니라 그것의 한계와 잠재적 위험은 물론 그것의 존재와 힘을 인식하고 그것을 이용할 건설적인 방법을 찾아낼 필요가 있다. 종족의식만으로는 통일과정을 촉진할 수 없다는 것은 의심할 여지가 없다. 종족동질성에 대한 믿음이 행동에 미치는 영향은 복잡하다. 현재의 태도가 실재로 계획한 대로 통일과정에 영향을 미칠 것이라고 보증할 수는 없다. 종족의식을 넘어선 시민적 민족정체성을 형성하고 민주적인 제도들을 만드는 것은 통일과정에서 '배타적인' 행동을 막는 데 필수적일 것이다. 그럼에도 동질성이라는 이런 자기 귀속적인 정체성은 조만간에 사라질 것 같지 않으며 통일한국을 위한 안정된 집단정체성으로서는 아닐지라도 적어도 통일을 향한 초기 자극의 토대가 될 수는 있다.

몇년 전 스탠퍼드대학 1학년생이 한국에 관한 연구과제를 해결하
는 데 도움을 받기 위해 나를 찾아왔다. 당시 나는 그가 영어와 한국어
를 능숙하게 구사하는 것을 보고 그가 한국계 미국인이라고 생각했
다. 그러나 놀랍게도 그는 고등학교 때까지는 남한에서 교육을 받았
으며 스탠퍼드대학에 입학하기 전까지는 미국을 방문한 적이 없었다.
그가 출신 고등학교인 민족사관고등학교에 대해 설명했을 때 나는 더
욱 놀랐다. 저개발지역에 속하는 강원도의 외진 지역에 위치한 민족
사관고(민사고)는 한국의 이튼(Eton)학교가 되려는 열망을 지니고 있
다.[1] 그 학교의 주요 목표는 개개인이 강한 민족정체성을 지닌 한국의
미래 지도자들을 양성하는 것이다. 그 학생과 대화를 나누며 호기심
이 발동해 나는 2002년 가을에 그 고등학교를 방문했다.

민사고에서 나는 특히 한국어와 한국사를 뺀 그 학교의 모든 교과
과정을 영어로 가르친다는 사실에 흥미를 느꼈다. 심지어 교실 밖에

서도 학생들은 주말에 허락된 때를 제외하고는 영어를 사용해야 한다. 유창한 영어는 한국의 경쟁적 지위를 유지하는 데 필요한 수단으로 받아들여지고 있으며, 따라서 한국의 미래 지도자들에게는 이 세계어를 습득하는 것이 필수적인 것으로 여겨진다(곽대중 2001). 비록 교육은 영어로 이루어지지만 민사고는 한국의 민족정체성을 향상시키는 것을 목표로 한 교과과정을 강조한다. 교과과정에는 유교윤리와 전통의식, 음악, 스포츠가 포함된다. 예컨대 매일 아침 6시에 학생들은 전통양식의 건물 마당에 모여 선생들에게 자식이 부모에게 하는 효도의 표시인 큰절을 한다. 그 의식 이후 학생들은 세가지 전통음악이나 운동 중 적어도 하나를 해야 한다. 민사고의 실험적 방법들은 효과가 있는 것 같다. 해마다 그 학교는 가장 뛰어난 학생들을 미국의 명문대학들에 보낸다.

민사고는 오늘날 한국에서 일어나고 있는 더 큰 추세—종종 정반대의 궤도를 지닌 것으로 이해되는 두 세력인 세계화와 민족주의의 상호작용—의 좋은 예가 된다. 나는 한국에서 세계화는 강한 종족민족주의에 의해 형성되며, 따라서 예전의 국가개발계획과 민족주의 담론과 친숙한 관계를 유지하고 있다고 주장한다. 한국의 근대사에서 개발과 진보를 향한 노력은 민족주의 세력과 초민족주의 세력의 상호작용을 특징으로 하고 있다. 근대화를 향한 국가 주도의 노력을 지지하는 종족민족주의는 오늘날에도 지속되고 있다. 그렇지만 세계화와 민족주의의 상호작용은 일부 학자들이 주장하는 것처럼 환상이거나 역설은 아니다(Alford 1999; Samuel Kim 2000). 오히려 그것은 근대 한국의 개발과정에서 뿌리를 내린 친숙한 패러다임에 토대를 두고 있다. 따라서 한국에서 세계화에 대한 접근은 세계화를 이해해온 특수한 역사적 궤도와 구조적 조건들 내에서 고찰해야 한다.

세계화와 사회의 변화

세계화가 한국에서 언제 시작되었는지에 대해서는 다른 견해들이
존재하지만 그것은 김영삼정권(1993~98) 때 주요 국가 정책과 이데올로
기가 되었다. 근대화가 박정희 독재정권의 표어였다면 세계화는 30년
만의 첫 민간정부인 김영삼정권에 똑같은 목적으로 기여했다. 1994년
11월 17일의 씨드니선언에서 김영삼 대통령은 급속히 세계화하는 세
계에서 날로 강화되는 경쟁을 인용하면서 정부의 세계화 노력을 공식
적으로 발표했다.[2] 세계화라는 이름 아래 김영삼정권은 한국의 정치
경제를 세계경제의 급속히 변화하는 조건들에 맞게 개혁하려고 시도
했다. 비록 일부 학자들(예컨대 Ohmae 1990)은 세계화를 민족국가 정권
들의 약화에 따른 국경이 없는 세계의 형성으로 간주하지만, 한국에서
는 주요 학자들이 "관리된 세계화"로 언급하는 주된 역할을 국가가
수행했다(Alford 1999; C. Moon 1995). 구체적인 단계로서 김영삼정부는 세
계화과정을 감독할 세계화추진위원회(세추위)를 발족했다. 세추위는
국무총리를 위원장으로 하고 정책입안, 행정개혁, 교육개혁, 과학기술
을 담당하는 일련의 위원회로 구성되었다(Gills and Gills 2000). 한국의 세
계화는 이전 수십년간의 근대화와 마찬가지로 국가가 주도했으며 세
계화는 한국식 지구화를 가리키는 이름이었다. 국가정책을 반영해 세
계화, 경쟁력 및 다른 지구화와 관련된 용어들이 1990년대 대중담론
에서 인기를 얻었다.

세계화가 특히 지난 10년간 한국의 사회와 경제에 미친 영향은 부정할 수 없다. 1997년 재정위기를 겪었음에도 한국은 세계경제에서 경쟁력있는 지위를 유지하기 위해 전술한 구조적인 변화를 효과적으로 수행했다. 2004년 한국경제는 GDP로 환산하여 세계에서 열한번째였다. 지금 삼성과 LG전자 같은 한국의 주요 기업들은 1960년대와 1970년대처럼 더이상 해외수출에만 의존하지는 않는다. 그들은 거대 해외사업을 운영하며 때로는 국내보다는 해외에서 더 많은 직원을 거느린 세계적인 기업들로 성장했다. 더욱이 한국은 많은 다국적 기업들이 한국 내에 지사를 둘 만큼 외국의 매력적인 투자지역이 되고 있다. 국내경제의 특정 부문의 노동수요를 충당하는 데 필요한 외국의 이주노동력이 지속적으로 유입되고 있으며, 2005년에는 외국인 노동자 수가 30만 5000명 이상으로 늘어났다.[3]

　한국의 세계화는 또한 사회적·문화적 영역에서도 목격할 수 있다. 세계화로 말미암은 급진적인 변화를 인터넷의 역할만큼 강력하게 대변하는 것은 없다. 한국은 디지털 원격통신 기술, 특히 광역 인터넷 기술의 개발, 생산, 소비에서 세계를 선도하고 있다. 2003년 한국의 1500만 가구 중 60퍼센트 이상이 광역 인터넷 써비스를 받고 있으며 모든 한국인들 중 3분의 2 이상이 핸드폰을 갖고 있다(한국 통계청). 한국인들은 지금 세계를 두루 여행하고 있으며, 2004년에는 800만명의 한국인들이 해외로 나갔다(한국관광공사). 또한 해외유학이 급격히 늘어나고 있다. 미국 대학들에서 한국인들은 외국 학생들 중 네번째로 큰 규모를 차지한다.[4] 또 외국 음식과 의복의 체인점과 프랜차이즈와 '세계적인' 소비상품이 눈에 띄게 증가하고 있다. 한국에는 세계에서 가장 큰 스타벅스가 있다고 알려져 있다. 세계화의 언어로서 영어는 점점 더 중요해지고 있다. 대학의 점점 더 많은 수업들이 영어로 진행되고 있으며 한국의 많은 회사들은 직원을 채용할 때 영어 유창도를 평가하는 (TOEIC 같은) 표준화된 시험점수를 이용한다. 사실 영어를 한국에서 제2의 공용어로 만드는 데 대한 관심이 점증하고 있다. 내가 2000년에 했던 한 조사는 응답자들 중 54퍼센트가 "영어가 제2의 공용어가 되어야 한다"는 데 동의했다.[5]

비록 이런 변화들은 한국이 지구화되고 있는 것을, 즉 세계의 여타 지역과 더 상호연결되어 있는 것을 가리키지만, 지구화에 대한 한국의 반응은 한국이 지닌 민족발전의 특수한 역사뿐만 아니라 종족민족주의 이데올로기에 의해 형성되어왔다. 말하자면, 지구화과정 내내 지속된 한국의 민족주의는 한국의 지구화에 관한 학자들의 토론에서 지배적인 주제였다. 지구화에 대한 한국인들의 반응을 탐구하면서 프레드 알포드는 한국인들은 지구화가 한국의 사회적 관계의 토대를 뒤틀어놓고 그 결과 한국의 종족정체성의 근본적인 토대를 뒤틀어놓을 염려가 있기 때문에 위험하다고 주장한다. 알포드는 한국인들이 지구화를 포용하기보다는 세계적인 경제에서 살아남을 필요성 때문에 지구화에 반응한다고 주장한다. 그는 "한국인들이 지구화를 포용하는 것처럼 보이는 대부분의 방식들은 사실 지구화를 저지하기 위한 전략이다"라고 주장한다(Alford 1999, 12면). 그의 견해에 따르면 한국인들은 한민족의 본질적인 성격을 바꾸지 않고 지구화의 명령에 적응할 수 있다는 것을 믿고 싶어한다. 그들은 여전히 중체서용(中體西用)이라는 오래된 주장의 또다른 변형에 불과한 동도서기론(東道西器論)을 주장한다. 이런 점에서 알포드는 한국의 지구화의 핵심에는 "한국의 몸은 근본구조를 바꾸지 않고 외국의 사상을 섭취할 수 있다"는 믿음이 있다고 주장한다(1999, 151면). 하지만 그가 보기에, 한국의 성격을 변화시키지 않고 지구화를 완성하는 능력에 대한 이런 확신은 과대평가된 것이다. 그는 한국인들이 변화의 소용돌이 속에서 그들의 독특한 면모를 유지할 수 있다는 관념은 "착각" "집단적 공상"에 불과하다고 주장한다. 그의 회의론은 지구화로 야기되는 급진적인 구조적 변화가 종국적으로 한국사회에서 인간관계의 본질에서 주목할 만한 변화를 초래할 것이라는 믿음에 바탕을 두고 있다. 따라서 알포드는 지구화 과정이 더욱 깊이 뿌리를 내리면 내릴수록 현재의 사회적 관계를 유지하는 것이 점점 더 어려워질 것이라고 주장한다.

지난 수십년간의 근대화과정에서 그랬던 것처럼, 한국은 지구화에 민족주의적 접근을 했다. 그러나 사무엘 김의 견해로는, 국가주도의 지구화정책은 남한에서 역설적인 결과를 낳고 있다. 그는 정부가 계속해서 지구화를 찬양하긴 하지만 정작 세계화정책으로 계획된 변화를 일으키기 위한 주목할 만한 전진을 이루는 데는 실패했다고 한다. 1990년대 한국이 성취한 지구화를 평가하면서 그는 "점증하는 지구화와 지구화 합창에도 불구하고 한국은 배타적인 문화민족주의의 고치 속에 깊숙이 박혀 있다"고 탄식한다(2000, 263면). 한편 이 문화민족주의가 "세계화과정에서 강력하고도 지속적인 억제제로 작용한다"(2000, 275면)고 한다. 김은 정부가 그 담론을 통해 지구화를 높이 찬양하지만 정부는 어떤 주목할 만한 변화를 만들어내는 데는 실패했다고 평가한다. 따라서 "한국의 세계화 추진과정에서는 오직 상황에 따른 전략적 적응 이외에 어떤 근본적인 학습—어떤 패러다임의 변화—도 일어나지 않았다"(2000, 275면)고 결론 내린다.

김의 주장은 옳다. 어떤 패러다임의 변화도 일어나지 않았다. 그렇지만 그의 주장과는 반대로 민족주의는 한국인들에게 억제제로 작용한 것이 아니라 지구화에 대한 독특한 접근을 촉진하는 주된 동기로 작용한다. 한국인들은 대부분 민족주의와 지구화 사이에 내재적인 모순이 있다고 보지 않는 것 같다. 오히려 그들은 지구화를 민족주의 목표를 위해 전유하려고 한다. 정치 지도자들이 특히 그렇다. 사실 애초부터 한국정부는 분명한 민족적 과제를 갖고 지구화를 주도하고 추구했다. 동도서기론이 국가에 의한 현재의 지구화 추진을 설명한다는 알포드의 주장 또한 옳지만, 나는 그런 표어는 한국인들이 결코 성취할 수 없는 단순한 착각이거나 "집단적인 공상"이라는 주장에는 동의하지 않는다. 똑같은 표어 혹은 태도가 1960년대 이래 빠르고 성공적인 근대화를 가능케 했다. 한국 민족주의의 독특한 브랜드가 지구화에는 작용하지 않을 것이라고 결론 내리는 것은 성급하다.

이 장에서 나는 지구화 세력과 한국의 국가정책의 상호작용의 결과로서 일어나는 한국의 민족주의와 지구화의 상호연결에 대해 논의한다. 지금까지 지구화 연구자들은 한국에서 민족주의와 근대화 사이의 역사적 관계가 어떻게 한국이 지구화에 접근하는 방법을 계속 특징짓는지 조사하지 못했다. 나는 한국이 지구화에 접근하는 다양한 전략적 접근법을 탐구한다. 먼저 나는 민족주의 목표를 위해 국가가 지구화를 주도적인 전략으로 전유하는 것을 조사한다. 둘째로 반작용으로서 나는 국가가 특별한 민족대표성 프로그램에 따라 민족정체성을 고취하는 방식을 찾아본다. 끝으로 나는 최근의 지방주의와 아시아주의의 출현을 본질적으로 지구화에 대한 민족주의적인 반응으로 규정한다. 비록 나는 국가 전략들을 조사하지만 국가 담론들은 한국 대중이 공유하는 귀화된(naturalized) 종족민족주의의 개념에 의지하고 영속화한다고 주장한다. 이런 국가 전략들은 한국인들이 지구화를 이해하는 방식과 그들이 일상생활에서 이런 변화들을 실천하는 방법들을 형성하는 데 주목할 만한 영향을 미치고 있다. 민족 세력과 지구화 세력 사이의 친밀한 관계는 집단적인 공상이나 역설이 아니라 오히려 한국의 사회 변화 역사에서 친숙한 패러다임이라는 것이 나의 중심 주장이다.

민족 세력과 지구화 세력의 상호작용

민족주의와 지구화에 대한 최근의 논의는 지구화가 민족국가의 기능적 힘을 약화시킬 것인가에 촛점이 맞추어져 있다. 또한 민족문화나 정체성이 세계적인 문화와 세계주의적인 정체성으로 대체될 것인가에 대해 비판적인 논의들이 있다(Guillen 2001).[6] 예컨대 『국경 없는 세계』(The Borderless World)에서 케니치 오마에(Kenichi Ohmae 1990)는 재정과 산업에서 국경을 넘나드는 활동이 워낙 거대해져서 국가의 정규적인 조치들은 사실상 사라졌다고 주장한다. 이 견해에 따르면, 국가들 사이의 경계는 "정치적인 지도"에서는 분명히 남아 있지만 그런 경계는 재정적이고 산업적인 활동들의 진짜 흐름을 보여주는 지도와 같은 "경쟁의 지도"에서는 대부분 사라졌다. 경쟁, 모방, 표준화된 규칙, 거래, 자본의 이동을 통해 재정과 산업의 지구화는 생산구조와 경제, 사회, 국가 사이의 관계에서 국가들을 가로지른 "수렴"을 낳는다고 한다. 그런 상호작용은 고도로 통합되고 동질적인 세계경제를 낳는다('수렴이론'에 대한 비판적인 견해에 대해서는 버거Burger 1996을 참조). 마찬가지로 코이즈미(Koizumi 1993)는 세계주의(globalism)가 사회적 삶의 현실인 만큼, 하나의 땅이나 언어나 인종에 바탕을 둔 민족정체성 의식이 끼어들 틈이 없다고 주장한다. 그는 이데올로기나 정서로서 민족주의에 의해 지배되는 민족국가는 세계 질서를 유지하는 데 더이상 유용하지 않다고 주장한다. 근대화 이론가들과 맑스주의자들이 1960년대와 1970년대에 민족주의의 소멸을 예언했듯이(대니얼 벨Daniel Bell 『이데올로기의 종언』, 범우사 1999를 참조), 일부 지구화 주창자들은 후기 근대성의 초민족 세력이 민족과 민족주의를 무용지물로 만들 것이라고 예상한다.

그런 지구화 주장들은 학자들, 활동가들 및 정책입안자들의 비슷한 비판적인 반응에 부딪쳤다. 로버트 웨이드(Robert Wade 1996)의 견해로는 민족국가의 소멸은 "아주 과장되어" 있다. 린다 웨이스(Linda Weiss 1998)의 의견으로는 그것은 "신화"에 지나지 않는다. 폴 허스트와 그레이엄 톰슨(Paul Hirst and Grahame Thompson 1996)은 최근의 국제화된 활동 수준은 전례가 없는 것이 아니며 민족국가는 비록 그 기능적 역할을 바꾸어야 하긴 하겠지만 사라지지는 않을 것이라고 주장한다. 사무엘 김 역시 지구화의 영향은 국가구조의 유형과 그것의 지구화 전략 여하에 달려 있다고 지적한다. "국가를 기능적으로 쓸모없거나 부적절한 것으로 만들기는커녕 지구화는 사실상 점점 더 상호의존적이고 상호작용하는 세계에서 경쟁력있고 효율적인 국가가 되기 위해서는 국가가 어떻게 해야 하는지 재정의하고 있다"(S. Kim 2000, 10면)고 그는 주장한다. 간단히 말해서, 이들 학자들은 지구화가 반드시 어떤 민족의 구조적 제도와 기능에 근본적인 변화를 일으키지는 않는다고 주장한다.

316

더욱이 사회의 특수한 영역의 지구화가 항상 동질화를 촉진하거나 민족정체성과 문화를 약화시키는 것은 아니다(Featherstone 1990). 대신 아준 아파두라이(A. Appadurai)가 주장하듯이, 지구화는 다양한 동질화 수단들을 포함하긴 하지만 이런 것들은 "지역적인 정치적, 문화적 경제에 흡수되어 국가가 점점 더 미묘한 역할을 하는 민족주권, 자유로운 기업 활동, 근본주의 같은 이질적인 대화들로 귀환하게 된다"(1990, 307면). 비교민족 연구들 또한 지구화가 민족에 대한 자존심과 애착을 약화시키지는 않는다는 것을 보여준다(Evans and Kelley 2002를 참조). 옛 소련 제국과 "새로운" 독일에서 보듯이, 종족정체성과 민족주의는 결코 죽은 것이 아니다. 그 대신 이런 요소들은 이런 나라들의 사회적, 정치적, 문화적 풍경을 형성해왔다. 이런 현실을 고려해 앤서니 스미스(A. Smith)는 "지구화와 초월의 시대에는 우리는 자신이 정치적 정체성과 종족 분열을 둘러싼 투쟁의 소용돌이에 사로잡혀 있는 것을 발견한다"(1995, 2면)고 주장한다. 따라서 겉보기에 헤아릴 수 없이 다양해 보이는 지구화에 대한 반응들은, 해당 지역이 지구화를 이해하는 방식을 결정하는 절박한 사정을 상황별로 조사해야 할 필요가 있다.

　지구화는 인간관계와 교역에서 전세계적인 상호작용을 증가시키는 역사적 과정이며, 모든 근대화 과정에서 그랬듯이 그 밑바닥에 깔려 있는 힘은 자본주의다. 또한 근대화와 마찬가지로 지구화는 양날을 가진 칼이다. 즉 "문명화하는" 힘인 동시에 "파괴적인" 힘이며 "기회"와 "위협"의 결합체다(Guillen 2001). 따라서 지구화에 대한 반응은 어떤 나라가 처한 특별한 상황과 그 나라가 강조하고 싶어하는 지구화의 특별한 양상에 따라 다양하게 나타난다. 한가지 선택은 무조건 지구화를 거부하고 나라를 바깥 세계로부터 닫는 것이다. 북한, 꾸

바 및 중동의 일부 이슬람국가들은 이런 범주에 속한다. 또다른 가능성은 지구화는 필요하고 바람직하며 토착문화를 "세계적인 기준"에 맞게 바꾸고 대체해야 한다고 믿고서 지구화를 진심으로 포용하는 것이다. 또하나의 그리고 실제로 가장 일반적인 반응은 지구화를 민족 이익이라고 여겨지는 것을 향상시킬 수단으로 전유하는 것이다. 이런 반응은 지구화는 필요하며 바람직하긴 하지만 토착문화와 가치들을 실질적으로 바꾸지 않고 성취할 수 있다는 전제를 바탕으로 하고 있다. 이런 접근은 지구화가 제공해야 할 것을 극대화**하면서** 지구화의 균질화 효과에 직면해 그들의 토착적인 가치들과 관행들을 보호하려고 노력한다. 지구화가 '삶의 현실'이 되고 있는 현대세계에서는 세번째 반응을 선택할 가능성이 높다. 한국은 약간의 복잡한 요소들이 있긴 하지만 일반적으로 세번째 범주에 속한다.

한국의 지구화에 대한 이해

지구화에 대한 한국의 접근법은 다층적이다. 나는 한국의 세가지 주요한 접근법 — 세계주의, 민족주의, 지방주의 — 을 살펴본다.[7] 먼저, 세계주의적 접근법은 지구화를 민족 이익을 향상하는 수단으로 전유하는 도구주의자들의 접근법이다. 두번째는 민족주의적 접근으로, 지구화의 와중에서 한국 토착문화의 중심적 가치와 관행을 보존하려고 노력하는 것이다. 세번째이자 가장 최근의 것은 지방주의적 접근법으로, 한국을 새로운 동북아시아 지역 동맹의 중추로 만들려는 의도를 지니고 있다. 이 세가지 접근법이 반드시 서로 모순되는 것은 아니라는 것이 내 주장이다. 그것들은 서로 연결되어 있다. 더욱이 과거에도 그랬듯이 민족주의는 현대 한국에서 지구화에 대한 이런 접근법을 형성하는 주요 근본원칙이다.

지구화의 전유

한국은 지구화 세력을 민족이익을 위해 전유하려고 노력해왔는데, 이것은 근대화와 마찬가지로 지구화는 필요나 욕망에 따라 민족이익을 향상시키기 위한 수단으로서 주도적으로 전유할 수 있다는 전제를 바탕으로 하고 있다. 현대 동아시아 역사를 돌이켜보면 일본, 중국, 한국은 그들 자신의 민족적 용도를 위해 전지구적인 힘을 지닌 과학, 기술, 심지어는 '문명과 계몽'의 담론을 전유하려고 노력해왔음을 알 수 있다(Beasley 1990). 20세기초 동아시아에서 아주 인기있던 슬로건 '중체서용'은 잠식해 들어오는 제국주의 힘에 직면해서조차 서양의 기술과 과학을 전유하려는 아시아인들의 욕망을 반영한다. 이런 관행은 '방어적인 근대화'로 알려졌는데, 여기서 근대화란 아시아인들이 자신의 민족을 서양의 침략으로부터 지키는 것을 의미했다. 이렇게 도구주의적으로 근대화를 바라보는 관점은 '조국근대화'를 향한 한국의 노력에서 힘을 발휘했다.

최근 한국의 지구화 노력 역시 비슷한 방식으로 이해할 수 있다. 이전의 근대화 기획과 마찬가지로 국가가 주도하는 현재의 지구화는 주로 확장되고 있는 세계시장에서 민족 경쟁력을 끌어올리려는 노력으로 이해해야 한다. 김영삼 대통령은 세계화 정책을 착수하면서 작금의 지구화 시대를 "소란과 격변의 시대"로 보았는데, 이는 박정희 대통령이 근대화 기획을 시작하면서 한 말을 연상시킨다. 그의 말에 따르면, 현시대는 "전세계 모든 사람들의 삶을 근본적으로 재형성하지 않을 수 없는 (…) 정보와 통신 기술의 지속적인 발달에 의해 지지되고 있는 국경이 없는 세계경제"를 특징으로 하고 있다(1996, 7면). 한국의 근대사를 상기하면서 그는 지구화하는 세계에서 한국이 맞닥뜨린 현재의 도전을 "이〔20〕세기로의 전환기의 비슷한 혁명적인 변화의 도전"(1996, 9면)에 비교했다. 하지만 "근대화를 추구해야 할 필요가 있다는 막연한 인식"만을 지닌 한국은 개혁에 실패했으며 그 결과 일본의 식민지가 되었다고 탄식했다. 그는 1960년대 이래 한국은 근대화와 산업화에 상당한 성과를 거두었지만 현재 지구화라는 새로운 도전을 맞이할 준비가 되어 있지 않다는 것을 인정했다. 그 까닭은 지구화시대의 민족발전의 원칙들은 과거의 근대화와 산업화 시대의 그것과는 근본적으로 다르기 때문이다. 따라서 "만약 한국이 점점 더 격렬해지는 국경이 없는 전지구적인 경쟁의 시대에 살아남고 번영하려면"(1996, 15면) 그의 세계화 정책이 필요했다.

김영삼은 "민족적 삶의 모든 양상들"을 지구화에 맞추도록 요구했다. 이것은 교육, 법·경제적 제도, 정치와 언론매체, (중앙과 지방) 정부, 환경, 문화에서의 급진적인 변화를 포함하는 것이었다. 세계화는 김영삼 정부의 주요한 국가이데올로기가 되었으며, 지구화과정을 감독하기 위해 세계화추진위원회를 설립했다. 김영삼의 지구화 노력은 "정치적 외피"나 "슬로건"으로 묘사되었으며(C. S. Kang 2000) 일부는 실패로 끝나고 말았다(Samuel Kim 2000). 하지만 그 주된 동기는 분명한 것 같았다. 즉 급속히 지구화하는 불안정한 세계에서 국가경쟁력을 높이는 것이었다. 탈냉전 시대에 지구화는 민족에 영향을 미치는 주요 외부적 힘으로 여겨졌으며, 세계화는 세계시장에서 한국의 국가경쟁력을 향상시킬 필요가 있다는 정책 입안자들의 인식을 반영했다.[8] 이것은 도구주의적인 처리를 이용하는 한국의 지구화 노력에 깃든 다원주의적인 생각을 반영한다. 그것의 목적은 한국이 지구화에 접근하는 가운데 경쟁력을 유지하는 것이었다. "지구화시대의 국가발전 전략은 과거의 정부가 주도한 근대화와 근본적으로 달라야 한다"(1996, 270면)는 김영삼 대통령의 주장에도 불구하고, 지구화에 대한 그의 도구주의적인 접근은 박정희의 근대화 추구 전략과 다르지 않았다.

김대중정부는 1997년의 경제위기 직후 권력을 쥐었다(Shin and Chang 1999; Pempel 1999). 비록 김대중정부는 앞 정부가 위기를 막는 데 실패했다고 비난했지만 이미 한국에서 작동하고 있던 지구화과정을 가속했다. 좀더 상술하자면, 김대중정부는 법인 조직의 지배구조를 개혁하고, 재정 흐름의 투명성을 강화하고, 노동시장의 유연성을 증가시키려고 애썼다. 이런 조처들은 '세계적 기준'에 더 잘 부합하는 것을 목표로 했다. 더욱이 김대중정부는 해외의 한국인들, 특히 한국계 미국인들의 전략적 가치를 인식했으며, "재외 한국인들을 지구화시대의 민족 발전을 위한 민족적 자원으로 이용하기 위해" 외교통상부 산하에 재외동포재단을 설치했다.[9] 게다가 해외동포들을 겨냥한 특별법이 1999년 12월에 공포되었다. 「재외동포의 출입국과 법적 지위에 관한 법률」은 "재외동포의 대한민국 출입국과 대한민국 안에서의 법적 지위를 보장"하기 위해 공포되었다. 그 법은 한국에 돌아오고 싶어 하는 해외 한국인들에게 (법적 시민권을 제외한) 재정적인 업무처리에서 연금에 이르는 특권을 포괄적으로 제공했다. 그 법의 더 큰 목적은 다음과 같은 전제를 바탕으로 세계적인 한민족 공동체 또는 네트워크를 만드는 것이었다. (1) 해외 한국인들은 여전히 한국인으로서의 강한 종족정체성을 지니고 있다, (2) 지구화, 특히 인터넷을 통한 지구화는 한반도 내외의 한국인들 사이의 공동체를 형성할 것이다, (3) 그 둘의 결합은 새로운 세계적인 한국 네트워크를 낳도록 작용할 수 있다. 그러나 지구화하는 한국경제는 영어를 구사하는 더 많은 전문가들을 필요로 했기 때문에 실제로 이 특별법의 주된 대상은 한국계 미국인이었다. 한국정부는 이 법이 중국과 러시아에 있는 비숙련 동포들에게 문호를 개방하지 않을까 두려워했기 때문에 이들 나라들에 있는 동포들은 그 법의 적용 대상에서 제외되었다. 이 점에서 사무엘 김은 그 법을 "김대중 대통령이 공언한 세계주의 정신과 자구(字句)에 모순되는 과도하게 민족주의적인 법적 술책"이라고 비판한다(2000, 262면). 러시아와 중국의 동포들은 시민사회운동 단체들과 함께 그 법에 항의했으며, 그 법은 결국 한국의 헌법재판소에서 위헌 판결을 받았다. 그럼에도 한국계 미국인들을 목표로 한 것은 김대중정부가 집단적인 민족이익이라고 여겨지는 것을 위해 지구화를 주의 깊고, 전략적이고, 도구적으로 사용한 것을 증명한다.

민족정체성의 강화

비록 한국정부는 지구화를 전유하긴 했지만 한국의 토착적인 문화와 가치를 보존하고 심지어 고취하는 데도 예민하였다. 전자가 지구화가 한국에 가져다줄 수 있는 어떤 이익이나 기회를 이용하려는 주도적인 노력이었다면, 후자는 한민족의 생존에 유해한 것들을 막기 위한 반동적인 조치였다. 스미스(Smith 1995)가 지적하듯이, 지구화는 근대화와 마찬가지로 불가피하게 사회적·문화적 분열을 초래하며, 민족국가는 종종 종족적·민족적인 연대를 촉진함으로써 이런 격변에 반응한다. 일련의 기억, 신화, 상징은 민족을 그들의 종족 유산과 묶어주고, 민족정체성은 변화의 소용돌이에서 사람들의 문화적 충족, 뿌리, 안전, 우애에 대한 요구를 충족시켜준다. 이런 점에서 지구화과정이 지속됨에 따라 민족정체성은 점점 더 중요해진다. 한국도 여기서 예외가 아니다.

1960년대와 1970년대 근대화에 매진하는 동안 박정권이 그랬던 것처럼 1990년대의 한국 정부는 지구화의 와중에서도 한국의 고유한 문화와 정체성을 보존하고 심지어 되살리는 데 주의를 기울였다. 김영삼정부는 지구화를 언급할 때 공식적으로 '세계화'라는 한국식 용어를 사용했는데, 한국식 지구화를 강조하기 위해 그 단어를 의도적으로 채택했다. 더욱이 "지구화의 다섯가지 주요한 목표" 가운데 두가지는 특히 민족정체성과 가치의 문제를 강조했다. 예컨대, 세번째 목표는 지구화과정에서 민족단결을 촉진하는 것이었다. "한국인 모두가 계층과 지역과 세대의 차이를 넘어서 세계화의 추진에서 하나로 단결할 때만이 우리는 세계적인 경쟁에서 승리할 수 있을 것이다"(김영삼 1996, 273면). 네번째 목표는 "한국화"에 입각해 지구화를 이룩하는 것이었다. 김영삼 대통령은 "한국인들은 자신의 문화와 전통을 올바로 이해하지 못하고서는 세계시민이 될 수 없다. (…) 한국인들은 독특한 문화와 전통적 가치에 기초하여 세계로 행진해야 한다. 민족정체성이 유지되고 본질적인 민족정신이 장려될 때만이 한국인들은 성공적으로 세계화할 수 있을 것이다"(1996, 15면)라고 분명히 선언했다. 그에게 한국화는 지구화와 모순되지 않았으며 사실 지구화를 떠받치는 지주가 되어야 했다. 민족발전 기획에서 한국의 토착문화와 민족정체성을 강조하고 있는 점에서 근대를 수식하는 박정희의 용어와 지구화를 정의하는 김영삼의 논리 사이에는 일치점이 있다.

정부는 한국식 지구화를 추구하는 가운데 한국의 문화와 유산을 되살리려는 프로그램을 장려했다. 과거 10년 동안 전국 여러 도시들에서 각 지역의 문화유산을 이용해 이미지와 정체성을 향상시킬 목적을 지닌 축제와 행사가 확산되었다.[10] 안동민속축제, 광주비엔날레, 부산아시아영화제는 지역정체성을 적극적으로 추구하는 최근의 좋은 예들이다(Yea 2003). 안동은 유교 전통으로 유명하며 의식과 향약에서부터 놀이, 음악, 춤에 이르기까지 '역사적이고 문화적인 유산들'을 특징으로 하는 다양한 민속축제가 열린다. 2001년 가을에 안동에서는 한국에서 가장 유명한 유학자들 중 한 사람인 퇴계의 탄생 500주년을 축하하기 위한 국제유교문화축제가 열렸다. 그 축제의 조직위원회는 "유교는 오늘날의 정신적이고 도덕적인 타락의 대안, 존경과 사랑이 가장 중요한 세계를 낳는 하나의 방법이다"라고 선언했다. 그 축제는 "우리 민족문화의 중심을 이루고 있는 유교전통을 재조명하고 문화의 다양성을 확보하기 위해 그 전통을 오늘날에 창조적으로 적용하려는" 의도로 열린 것이었다. 다양한 문화·예술 행사, 유교문화 전시, 국제학술회의가 행사에 포함되었다.[11] 그런 행사들은 잠식해 들어오는 지구화에 맞서 자신들의 토착적인 정체성과 문화를 지키고 되살리려는 한국인들의 노력을 예증한다.

한국정부는 그런 민속축제를 직간접적으로 지원해왔다. 문화관광부는 여행객들을 위해 추천 민속축제 목록을 발행한다. 예컨대 2002년 하반기에 문화관광부가 추천한 17개 축제는 모두 한국의 문화유산과 전통을 대표하는 김치, 인삼, 도자기, 탈춤, 무술, 전통음악을 내세운 것이었다.[12] 한국정부가 국내외 한국학 분야의 발전을 장려한 것은 이런 맥락에서였다.[13] 간단히 말해, 한국은 국가적 과제를 위해 지구화(세계화)를 전유했을 뿐만 아니라 한국의 유산과 문화를 보존하기 위해 다양한 프로그램을 장려했다.

그런 국가 정책을 반영해 신토불이(身土不二) 담론이 1990년대에 인기를 끌었다. 그 용어가 암시하듯이, 신토불이 담론에서는 만약 어떤 사람이 한국인의 혈통을 지니고 있으면 그 사람은 계층이나 거주지에 관계없이 한국인이라고 주장한다. 따라서 한국인은 같은 피를 지니고 있기 때문에 변함없이 한국인이라는 주장이 가능해진다. 지구화나 그 어떤 다른 사회적 변화도 이런 사실을 바꿀 수는 없다. 더욱이 신토불이 이데올로기는 담론 수준에 머무르지 않았다. 그것은 한국 문화와 유산의 상품화로 변환되었다. 전통적인 '한국적' 요소들을 혼합한 음식, 음료 및 다른 생활필수품들이 한국 시장에서 인기있는 상품이 되었다. 예컨대, 식혜는 들리는 바에 따르면 세계적인 상품의 상징인 코카콜라보다 더 많이 팔렸다. 또한 한국의 다양한 문화유산을 답사해 기록한 유홍준(兪弘濬)의 두권으로 된 『나의 문화유산답사기』는 1990년대에 베스트셀러가 되었다. 한국의 역사, 문화, 유산을 근대적인 관점에서 알리는 다른 비슷한 책들 역시 인기를 끌었다.[14] 권수진이 지적하듯이, "민족의 전통문화는 과거의 산물이나 보존하고 전수해야 할 어떤 것 이상으로 여겨졌다. 그것은 잠재적인 가치를 극대화하기 위해 상품화해야 할 대상이 되었다"(1998, 186면).

아시아 지역주의

아시아 지역주의의 추진은 지구화에 대한 세번째 반응이다. 지구화가 위세를 떨침에 따라 세계적으로 여러가지 형태의 지역체들이 형성되었다. 헤드토프트(Hedetoft 1999)가 지적하듯이, 초민족적인 지역체인 유럽연합(EU)조차도 반드시 민족국가를 제거하려는 시도는 아니다. 오히려 그것은 주권을 지닌 민족국가의 통제력을 잠식하고 있는 지구화 세력을 제한하고 봉쇄하려는 주도적인 기획이다. 그의 견해로는, 유럽연합의 주요 목표는 지구화의 경제적·정치적·문화적 힘으로부터 '유럽인들'을 지키는 것이다. 20세기 전환기에 출현한 범아시아주의는 동아시아의 비슷한 반응 — 그 경우에는 아시아 지역에서 점증하는 서구 백인제국주의의 힘에 대한 반응 — 을 나타낸다.

예전에 범아시아주의에서 제기했던 주장들은 1945년 이후 대부분 사라졌다. 비록 박정희정권이 1965년에 대일관계를 정상화하고 독재정권을 유지하기 위해 일부 유교적인(아시아적인) 가치들을 고취하긴 했지만, 1945년 이후에는 한국에서 아시아 지역주의에 대한 진지한 토론이나 추진은 거의 이루어지지 않았다. 일제강점기의 식민지 유산과 중국의 공산주의 체제 때문에 응집력있는 동아시아의 연대나 정체성을 추진하기 어려웠다. 한국은 아시아태평양경제협력체(APEC) 같은 일부 지역체들에 참여하였지만 이것들은 응집력있는 지역조직들과는 거리가 멀었으며, 미국, 중국, 호주 같은 다양한 회원 국가들을 포함했다. 그렇지만 좀더 최근에는 아시아 지역주의가 한국에서 점점 더 널리 퍼지고 있다. 이 새로운 동향은 주로 미국 주도의 지구화에 대한 한국의 불안과 중국의 부상(浮上)을 반영한다. 중국은 지금 (미국을 대체해) 한국의 가장 큰 수출 시장이며 가장 호감이 가는 투자 지역이다. 한국학생들은 중국에서 빠르게 증가하는 외국학생집단 중 가장 큰 비중을 차지하고 있다. 게다가 중국은 북한 핵문제를 다루는 데 주도적인 역할을 수행해왔으며, 일부 남한사람들은 중국에 대한 신뢰를 대미 안보 의존의 대안으로 생각한다. 2004년 4월 15일 선거 직후 새로 선출된 국회의원들을 대상으로 실시한 조사는 이런 믿음을 증명한다. 여당인 열린우리당 의원의 50퍼센트가 중국을 한국의 가장 중요한 동맹으로 꼽은 반면에 미국이 가장 중요한 동맹이라고 언급한 의원은 42퍼센트에 불과했다. 한국인들은 주로 식민지배의 역사적인 유산 때문에 새로운 동아시아 지역질서에서 일본의 지도력을 받아들이기를 꺼리지만 (한국전쟁 때 남한이 중국군과 싸운 사실에도 불구하고) 중국을 새로운 지역 지도자로 훨씬 더 기꺼이 받아들이는 것 같다.

  이런 맥락에서 최근의 노무현정부는 한국을 동북아시아 경제의 중추로 만들려고 노력하고 있다. 그는 현시기를 동북아 시대로 정의했으며 대한민국은 이 지역의 중추가 됨으로써 새로운 시대에 적극적으로 참여해야 한다고 명백하게 선언했다. 이전의 김영삼 정부와 김대중정부가 각각 세계화와 남북한 문제(햇볕정책)에 촛점을 맞춘 것과는 달리, 노무현정부는 지역주의를 주된 정책 의제로 설정했다. 그렇지만 이 새로운 견해는 단순히 정책이나 전략의 문제가 아니다. 그것은 한국의 정체성과 관련된 새로운 정책을 의미한다. 길버트 로즈먼 (G. Rozman)이 동북아 지역주의에 대해 쓴 최근의 책에서 지적하듯이, "민족정체성은 국력과 외교의 토대다. 지역주의를 받아들이는 것은 자국의 정체성을 재정의하는 것을 의미한다"(2004, 364면). 한국인들

은 북한과의 관계뿐만 아니라 미국과 중국 같은 외세에 대해 그들의
위상을 (재)정의하려고 적극적으로 노력하고 있다. 이런 새로운 견해
는 변화하고 있는 지역질서, 특히 중국의 부상과 북한 핵문제 처리와
관련한 미국의 일방주의에 대한 남한의 불만과 깊은 연관이 있다.

　물론 아시아 지역주의와 범아시아 사상은 한국인들에게 새로운 것
이 아니다. 그러나 역사적이고 상대적인 관점에서 보자면, 한국이 내
세우는 최근의 아시아주의는 몇 가지 뚜렷한 특징을 보여준다. 오늘
날의 아시아주의는 (한국을 포함한) 이 지역이 지난 수십년간 축적해
온 경제력에 대한 확신을 반영한다. 특히 그것은 중국이 최근에 이 지
역의 주된 역할자로 급부상한 것에 고무되고 있다. 경제성장 외에도
중국은 북경에서 6자회담을 주최함으로써 최근에 교착상태에 빠진 북
한 핵문제를 주도권을 쥐고 풀어나가고 있다. 19세기말의 범아시아주
의가 중국의 쇠퇴와 일본의 부상이라는 변화하는 지역질서를 반영한
반면에, 오늘날의 범아시아주의는 중국이 아시아와 세계에 미치는 결
정적인 영향에서 비롯되고 있다. 또 19세기말 범아시아주의가 이 지
역이 서구 자본주의체제에 편입되는 것에 저항하기 위한 것이었다면,
오늘날의 범아시아주의는 한국을 미국의 헤게모니와 거리를 두고 한
국에 이 지역의 중추라는 좀더 적절한 역할을 부여하려고 노력한다.
이런 의미에서 오늘날의 아시아주의는 훨씬 더 주도적이며 미래지향
적이다.

　최근의 범아시아주의는 과거와는 달리 진보주의자들이 주창하고
있다. 1990년대초 주로 정치적으로나 이데올로기적으로 보수적인 일
단의 한국 학자들과 지식인들은 "유교적 자본주의"나 "유교적 민주주
의"를 확립하기 위해 "아시아적 가치"를 촉진해야 한다고 주장했다.[15]

328

그들은 자본주의 전략의 일부로서 같은 아시아문화를 환기시켰다.[16] 하지만 1997년의 재정위기 — 그것은 전하는 바에 따르면 지구화하는 세계에서 "아시아적 가치"의 약점을 보여주었다 — 와 더불어 그 주장은 대중적인 호소력을 잃었다. 오늘날의 아시아주의는 노무현정부를 위하여 일하는 일단의 진보적인 학자들과 지식인들에게서 나온다. 그들은 우익인사들과는 달리 유교와 같은 낡은 아시아적 이데올로기에 호소하지는 않고 인권, 시민사회, 민주주의 윤리 같은 좀더 보편적인 가치들에 촛점을 맞춘다. 일부는 초민족적인 시민사회운동 단체들과 비정부기구(NGO)들 사이의 아시아 연대를 추진하려고 노력하는 전직 활동가들이다. 그들의 궁극적인 목표가 그들이 동아시아 시민사회로 이해하고 있는 것과 연대함으로써 미국 주도의 지구화와 일방주의를 견제하거나 길들이는 것이라는 점에서 그들의 주된 동기는 아주 민족주의적이다. 간단히 말해서, 그들은 미국에 촛점이 맞추어진 한국에서 아시아, 특히 중국에 촛점이 맞추어진 한국으로 옮겨가기를 열망한다. 앙드레 G. 프랭크(Andre G. Frank)의 구절을 이용하자면, 그들은 한국을 "새로운 방향으로 돌리려고" 노력하고 있다.

아시아주의는 한반도 전체를 위한 새로운 전략으로 추진되고 있다. 그 주창자들은 미국 주도의 지구화는 북한을 부당하게 배제하고 있으며 새로운 민족 생존 전략은 북한을 포함해야 한다고 주장한다. 정책기획위원회의 보고서는 이런 최근의 아시아주의를 지구화 과정에서 배제된 북한을 포함한 "아시아연합"을 형성하려는 궁극적인 목표를 지닌 "역사와 세계관에 대한 새로운 시각"으로 정의한다(2003, 6면). 그들은 북한을 한국의 종족정체성의 일부로 다루지만 미국의 정책이 남한의 민족 이익과 양립할 수 있는지 의문을 품는다. 그들은 한국이 살아남기 위해선 동북아 지역에 반드시 평화와 번영의 체제를 확립해야 한다고 믿으며, 지역주의는 이 지구화 시대에 가능한 한가지 전략을 제공한다. 그들의 견해로는, 그런 지역체는 통일을 비롯한 남북한 문제를 해결하는 데 결정적인 역할을 하게 될 것이다.

끝으로, 오늘날의 아시아 지역주의는 특히 유럽과 북미에서 일어난 지역주의들과 비교했을 때 독특한 방식으로 형성되고 있는 듯하다. 피터 카젠스타인(P. Katzenstein)의 견해로는, 아시아에서는 지역주의가 유럽에서 일어나는 것처럼 공식적인 기관들이 아니라 시장에서 일어난다. "아시아의 네트워크형 통합은 공식적인 기관들을 강조하는 유럽의 배타적인 성격과는 첨예하게 대비된다"(1997, 3면). 그는 아시아에서 (공식적으로 제도화된 지역주의가 아닌) 네트워크형 지역주의가 형성되는 데 영향을 미친 두가지 요인 — (1) 국제적인 상황, 특히 1945년 이후 미국이 (유럽에서의 다자주의와는 달리) 아시아에서 양자주의를 촉진한 것, (2) 동아시아 국가들의 네트워크형 구조 — 을 언급한다. 여기에 하나 덧붙일 것은 동아시아 민족들은 유럽 민족들과는 달리 "과거와", 특히 일본이 한국을 식민지배한 유산과 일본이 중국에서 저지른 만행의 역사와 "타협하지" 못하고 있다는 것이다. 따라서 동아시아 민족들은 경제적·문화적으로는 점차 통합해갈 수도 있지만 정치적으로나 제도적으로는 그렇게 하기가 훨씬 힘들 것이다. 중국과 한국 사이에 불거진 최근의 '고구려사' 논쟁과 독도(獨島)/타께시마(竹島)를 둘러싼 한국과 일본의 영토논쟁은 동아시아 정체성을 형성하는 데 어려움이 있음을 증명한다(Shin, Park, and Yang 2005).

문명, 근대화 그리고 지구화

민족 세력과 지구화 세력은 반드시 서로 모순되는 것은 아니다. 오히려 그 둘은 쉽게 조화하고 상호작용할 수 있다. 그 이유는 지구화는 민족 이익을 위해 전유할 수 있고 지구화가 민족의식을 약화하기보다는 강화할 수 있기 때문이다. 지구화는 (진짜 혹은 인지된) 기회와 위협 둘 다를 제공하며, 민족국가는 주도적으로 지구화의 유해한 효과로 인식되는 것에 반작용할 뿐만 아니라 그것이 제공하지 않으면 안 되는 것을 극대화한다. 한국의 사례는 지구화에 대한 접근이 다층적이라는 것을 보여준다. 세계화라는 이름으로 정부는 급속히 지구화하는 세계에서 한국의 민족경쟁력을 향상시키기 위해 지구화를 촉진하는 동시에 민족유산과 문화를 보존하고 강화하려고 노력했다. 좀더 최근에 한국 정부는 미국 주도의 지구화에 맞서 아시아 지역주의를 추진하고 있다.

그러나 민족 세력과 지구화 세력의 그런 상호작용은 새로운 것이 아니다. 20세기로 넘어오며 문명 개념을, 그리고 1960년대와 1970년대에 경제개발 노력을 도구주의적으로 수용한 것에서 드러나듯이, 한국인들은 그들의 민족이익을 향상시키기 위해 초민족 세력을 전유한 바 있다. 한국이 19세기말에 근대적인 세계체제에 참여했을 때 서양적인 "문명" 개념이 국제적인 기준이 되었으며 민족과 지역에 대한 급진적인 재고를 선동했다. 한국의 지식인들과 지도자들은 문명 개념을 폭넓게 받아들였으며 그것이 다른 민족국가들 사이에서 한국을 완전히 주권을 지닌 근대적인 나라로 만들기 위해 필요하다고 믿었다.

그러나 문명 개념을 포용하는 것이 한국의 민족유산과 문화를 포기하는 것을 의미하지는 않았다. 그들은 동아시아 유산 혹은 민족유산을 포기하기는커녕 동아시아나 그들 자신의 민족전통의 요소들을 새로운 구조를 창조하는 데 이용하려고 노력했다. 이런 맥락에서 범아시아주의와 종족민족주의가 출현했다. 민족 세력과 초민족 세력들은 한편으론 논쟁적인 관계를 유지하면서도 다른 한편으론 서로 보조하는 방식으로 공존했다.

수십년 후에 문명 개념은 이번에는 근대화의 형태로 한국에서 다시 등장했다. 20세기초에 '문명'을 차용한 것과 유사하게 '개발'은 한국의 '조국근대화' 기획의 주된 원칙으로 받아들여졌다. 비록 개발 개념 자체는 서구에서 기원한 것이며 한국의 전략은 실제로 초민족적(즉 수출지향적 산업화)이었지만, 그 목표는 분명히 민족주의적이었다. 근대화를 추구하는 한편 그 개발 국가는 민족 문화와 유산을 고취함으로써 한국의 '정신력'을 동원하려고 노력했다. 일부는 한국인들이 '외국 문명'의 뛰어난 면들을 받아들이고 소화하면서도 그들의 문화유산에 해를 끼칠 수 있는 요소들을 거부해야 한다고 주장했다. 마찬가지로 박정희정권이 근대화 기획을 추구하면서 '경제 건설과 정신 계발'을 동시에 강조한 것도 이런 맥락에서였다.

근대화가 지난 수십년간 문명을 대체했듯이, 한국이 20세기 마지막 10년에 들어서면서 지구화는 사회경제적 변화의 패러다임으로서 근대화를 대체했다. 물론 기술의 진보를 통해 가능해진 시간과 공간의 압축과 유연한 초민족 자본의 출현 같은 중요한 변화가 지구화와 더불어 일어났다. 그럼에도 문명화, 근대화, 지구화는 각각 민족주의와 맺는 관계에 따라 조금 차이가 있다. 세가지는 모두 팽창과정을 포함하며, 민족의 영향력을 세계 곳곳에 확장하려고 노력한다. 자본주의는 이런 확산을 배후조종하는 추동력이다. 게다가 세가지 모두 서양에서 기원한 초민족적인 힘으로 한국인들이 민족적 목표를 위해 일제히 전유했다. 그것들은 모두 엘리뜨들과 더 넓은 대중의 열렬한 반응을 불러일으켰다.[17] 민족정체성과 민족의식을 약화한 것이 아니라 강화했다.

이런 의미에서 강한 민족주의적 성격은 일부 학자들이 주장하는 것 같은 집단적인 공상이나 역설이 아니다. 오히려 그것은 오늘날 한국의 지구화과정의 주요한 특징이거나 '패러다임'이다. 민족 세력이나 지구화 세력이 가까운 장래에 사라지리라는 분명한 징후는 없다. 대신 그것들은 한국에서 논쟁적이며 보조적인 관계로 공존할 것이다. 따라서 가까운 장래에 한국의 민족개발 전략에서 '패러다임의 전환'을 기대하는 것은 그릇된 희망일 것이다. 실제로 지구화 세력과 민족 세력의 친숙한 결합은 최근의 지구화과정에서만 나타나는 새로운 특징이 아니다. 그것은 19세기말에 시작된 한국의 근대성으로의 전환을 위한 패러다임이었으며 계속해서 한국의 개발전략의 형태와 본질을 형성하고 있다.

계보, 유산, 미래

이 책에서 20세기 한국의 종족민족주의의 기원과 정치를 설명하려고 노력했다. 종족민족주의는 혈통과 인종, 즉 생물학적 특징을 강조하는 것을 의미한다. 그런 점에서 그것은 인종민족주의로 불릴 수도 있다. 나는 인종, 종족, 민족이 한국에서 융합되어 공동의 혈통과 선조에 바탕을 둔 강한 단일의식을 낳은 역사적 과정을 확인하려고 시도했다. 나는 민족이나 민족정체성을 고정된 실체나 정착된 실현으로서 다룬 것이 아니라 정치 분야 또는 심지어 하나의 기획으로 다루었다. 나는 민족은 사회적이고 역사적인 구조이지 영원하거나 타고난 구조는 아니라고 주장한다. 그런 점에서, 민족이나 민족정체성은 유동적이다. 즉 끊임없이 도전을 받고 경쟁을 받고, 재조직되고, 변형된다. 나는 한국민족이 종족화하는 역사적 과정을 설명하면서 논쟁의 이원적 과정을 살펴보았다. 하나는 민족주의 세력과 초민족주의 세력 사이의 논쟁이며, 다른 하나는 바로 민족의 개념에 관한 논쟁이다. 이 연

334

구의 결론을 내리면서 나는 이제 한국 민족주의의 계보를 제시하고, 그것이 한국사회에 미친 기여와 폐해를 평가하고, 그것의 미래를 논의한다.

한국 종족민족주의의 계보

민족주의 연구 학자들이 지적하듯이 민족주의의 기원과 성장은 근대성의 도래와 밀접하게 관련되어 있다. 근대화가 '전통' 사회에 침투함에 따라 불균등 성장에 대한 인식이 민족주의의 잠재력을 낳는다. 한국에서 근대 국가 만들기를 자극한 것은 19세기말에 새롭게 출현하고 있던 지역적·세계적 질서였다. 특히, 중국이 쇠퇴하고 일본이 발흥하고 서양이 동아시아 지역에 점점 더 자주 출현함에 따라 한국인들은 급속히 변화하는 지역적·세계적 지형에 맞서 나라의 위상을 어떻게 설정할 것인지 고심했다. 그들은 비전을 제시하고 새롭고, 근대적이고, 생존능력이 있는 민족을 창조하려는 노력을 지도해줄 정체성을 찾아야 했다. 19세기말에 한국인들은 나라를 근대화하고 그 정체성을 (재)창조해야 하는 벅찬 도전에 직면해 있었다. 그 둘은 밀접하게 뒤엉킨 임무였다.

이런 상황에서 민족은 한국인들에게 집단적이거나 정언적인 정체성의 주요한 원천으로서 출현했다. 비록 한국은 수세기 동안 안정된 영토를 지닌 정치공동체를 유지해왔지만 '한국'이라는 개념은 민족과 민족주의의 새로운 언어로 재구성할 필요가 있었다. 더욱이 민족은 집단정체성의 유일한 새로운 원천은 아니었다. 그것은 이제 경쟁관계에 있는 다른 비민족적·초민족적 정체성들과 경쟁해야 했다. 민족 만들기 과정의 초기 단계에서는 '지역'과 '동양'이 민족과 경쟁하는 집단정체성의 주요 원천으로 등장했다. 다원주의적 인종의식에 영향을 받은 일단의 한국인들은 인종을 정체성의 기본 단위로 보았으며, 현재 상황을 특히 황인종(아시아인들)과 백인종 사이의 인종 투쟁의 시대로 이해했다. 그런 이분법적인 관점은 그들로 하여금 나라와 지역에 관한 그들의 가정을 다시 생각해보도록 만들었으며, 그런 과정은 잠식해 들어오는 '백인'제국주의에 대항해 한국, 일본 중국의 지역 동맹과 연대를 주창하는 범아시아주의 혹은 동양주의의 발전을 초래했다. 그렇지만 범아시아주의의 출현은 민족을 집단정체성의 주된 원천으로서 지역이나 인종보다 우선시하는 민족주의 형태의 반작용을 일으켰다. 일본이 범아시아주의 사상을 고취하는 것을 의심한 민족주의자들은 일본이 제국주의 야심을 숨기고 있다고 비난했다. 그들은 한국 동포에게 일본의 진짜 관심사가 무엇인지 일깨우려고 애썼으며 범아시아 연대보다는 민족의식을 고취하려고 애썼다. 범아시아주의자들은 동아시아인들의 공동 문화유산을 강조한 반면에 민족주의자들은 한민족의 순수성과 독특함을 증명하려고 노력했다. 민족주의자들은 비록 사회적 다원주의의 영향을 받았지만 현재의 세계를 인종이 아니라 제국주의와 민족주의의 투쟁으로 이해했다. 그들에게 일본은 한국이 백인제국주의에 대항해 투쟁하는 데 우호적인 동맹이 아니라 오히려 한민족 안보에 주된 위협이었다. 간단히 말해서, 민족과 지역은 20세기 전환기에 한국인들에게 집단정체성의 새로운 원천으로서 경쟁하고 있었다.

근대국가를 건설하려는 초기의 노력은 일본이 1910년에 한국을 합병합으로써 실패했다. 식민지화로 인해 한국인들은 새롭고, 근대적이고, 독립된 민족국가를 건설해야 하는 훨씬 더 어려운 임무에 직면하지 않을 수 없었다. 이제 한국인들은 그 민족국가를 근대적으로 만들 정체성이 필요했을 뿐만 아니라 식민지배에서 해방되고 정치적 주권을 되찾기 위한 방법이 필요했다. 3·1독립운동 이후의 '문화정치'에 고무된, 1920년대에 성인이 된 새로운 세대의 한국 민족주의자들은 한민족을 재건하기 위해 노력했다. 새로운 민족 개념을 발전시키면서 한국 민족주의자들은 식민지 인종주의와 국제사회주의라는 두가지 주요한 도전에 직면해야 했다. 식민지 인종주의는 한국인들과 일본인들의 인종적 기원이 같다는 이론을 주창함으로써 한민족의 독특함을 부인했다. 국제사회주의는 민족보다는 계급이 우선한다고 설교했다. 그 두가지는 한국인들의 집단정체성의 원천으로서 민족의 중요성을 부인하거나 주변화했기 때문에 도전의 자세를 취했다. 식민지 인종주의에 대항해 한국 민족주의자들은 한국 민족 혹은 인종의 순수성과 독특성을 주창했다. 그들은 한민족의 독특한 기원을 입증할 '과학적' 토대를 제공하기 위해 한국의 역사, 문화, 유산을 연구하고 재평가했다. 국제사회주의에 대항해서는 한국 민족주의자들은 한민족의 선천적이고 초시간적인 본질을 강조하는 한편 계급을 역사의 찰나적인 산물로 규정했다. 식민지배가 종식되면서 한국인들 사이에 집단정체성의 일차적인 원천으로서 우세한 것은 제국이나 계급이 아니라 민족이었다.

식민지배 이후 (종족적) 민족은 한반도 양쪽에서 한국인들 사이에 집단정체성의 주된 원천이 되었다. 북한의 공산주의와 남한의 근대화와 지구화 같은 초민족 세력은 한국인들에게 잠재적으로 경쟁적인 집단정체성의 원천으로 출현했다. 하지만 이런 초민족 세력은 민족 혹은 민족주의의 힘을 제거하거나 약화시키지 못했다. 반대로 그것들은 남북한에서 민족주의 의제를 위해 전유되었다. 북한에서 한국인들은 맑스레닌주의를 한국 상황에 맞게 창조적으로 적용할 것을 끊임없이 요구받았다. 한국의 혁명을 위해 공산주의를 전유해야 한다는 요구는 점차적으로 주체사상, '우리식 사회주의', '조선민족 제일론'으로 진화했다. 마찬가지로 남한에서 한국인들은 에너지를 '조국근대화'에 바치도록, 나중에는 급속히 지구화하는 세계에서 민족의 경쟁력을 향상시키기 위해 자유화와 지구화에 바치도록 요구받았다.

따라서 민족주의가 출현하고 경쟁관계에 있는 다른 집단정체성들을 압도해간 과정을 설명하기 위해서는 민족 세력과 초민족 세력 사이의 논쟁적인 정치를 이해할 필요가 있다(그림12.1 참조). 마침내 민족은 다른 정체성들을 압도하게 되었다. 그렇지만 민족주의의 승리는 숙명적인 결과는 아니었다. 그것은 역사적으로 특수한 요인들과 사건들의 산물이었다. 특히 (아마도 영국과 프랑스를 제외한) 대부분의 다른 나라들에서처럼, (선망뿐만 아니라) 위협과 분노가 한국에서 종족 민족주의를 이끌어내는 수단이 되었다. 그렇지만 민족주의는 반드시 초민족주의 요소들을 배제하지는 않는다. 남한과 북한의 민족주의 정치가 예증하듯이 초민족 세력을 민족주의 의제를 위해 폭넓게 전유했다. 근대 한국에서 민족과 민족주의의 출현, 발전, 승리를 설명하기 위해서는 초민족 세력과 벌인 경쟁과 그 세력들을 전유한 역사적 과정을 이해해야 한다. 경쟁과 전유는 근대 한국에서 민족 세력과 초민족 세력 사이의 관계를 설명해준다.

338

〈그림 1〉 한국 민족주의의 계보

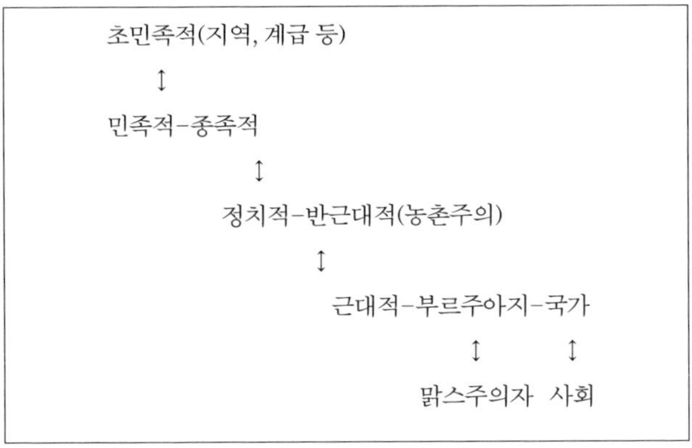

```
        초민족적(지역, 계급 등)
              ↕
     민족적–종족적
              ↕
        정치적–반근대적(농촌주의)
                  ↕
          근대적–부르주아지–국가
              ↕        ↕
          맑스주의자  사회
```

집단정체성 경쟁은 한국 바깥의 것으로 인식되는 것에 국한되지 않았다. 또한 민족 개념 그 자체를 둘러싸고 많은 토론이 벌어졌다. 민족주의 연구 학자들이 지적하듯이, 민족은 어떤 특별한 민족 개념의 성립 과정에서 서로 다른 요소들을 다양한 정도로 포함한다. 때로는 시민적 요소들이 종족적 요소들을 지배하며, 때로는 반대 현상이 일어난다. 또한 전통은 흔히 민족의 근대적인 개념을 만들어내기 위해 (재)발명되기 때문에 전통의 어떤 요소를 선택하고 적용해야 하는지를 두고 논쟁이 일어난다. 마찬가지로 국가가 민족주의를 동원하기 때문에 공식적인 민족 개념은 시민사회의 도전을 받는다. 따라서 내부 경쟁은 다양한 형태―시민적 대 인종적, 근대적 대 반근대적, 공식적 대 대중적―로 일어날 수 있다. 한국 역시 예외가 아니었다. 우리는 민족이나 민족정체성의 종족화된 혹은 인종화된 개념이 출현하여 지배하게 된 과정을 설명하기 위해 이런 내부 논쟁의 역사적 과정을 이해해야 한다. 외부 논쟁과 관련해서는, 민족이라는 특별한 개념의 승리는 숙명적인 결과가 아니었다. 오히려 그것은 역사적인 우연의 결과였다.

　민족 만들기 초기에 한국의 민족주의자들은 민족에 대한 시민적 개념과 종족적 개념 혹은 보편주의적 개념과 지방주의적 개념을 지녔다. 한국인들이 상투적으로 알고 있는 것과는 반대로, 한국 민족의 종족화는 앞서 존재한 정치공동체 개념의 논리적이거나 자연스러운 확장이 아니었다. 초기 민족주의자들은 새로운 근대적 한민족의 시민권, 개인의 자유, 법적 평등 및 대중주권 같은 시민적 토대들에 대해 이야기했다. 한민족의 종족화는 외부의 위협에 대한 위기의식과 밀접하게 관련되어 있었다. 즉 1905년 을사조약, 식민지 인종주의, 국제사회주의는 각각 한민족의 민족 주권을 억압하고, 한민족의 특수성을 부인하고, 민족보다 계급이 우선한다고 주장하는 것 같았다. 민족의 종족적, 집단주의적, 유기적인 본질을 강조함으로써 한국인들은 외부의 위협에 맞서 한민족의 내부적 연대와 집단의식을 고취할 수 있었다. 심지어 식민지배 이후에도 위기의식은 남북한에서 사라지지 않았다. 공산주의와 미국 제국주의는 각각 남북한이 보기에는 한민족을 위협하는 것으로 인식되었으며, 양쪽에서 유기적 한민족 의식을 강화하였다. 심지어 오늘날까지도 많은 한국인들은 그들의 민족 혹은 인종을 불멸이며 분리할 수 없는 영원한 것으로 여긴다.

　비록 한민족의 종족적 토대는 당연한 것으로 받아들여졌지만 그것의 정치적 개념은 열띤 논쟁을 일으켰다. 식민지배 기간에도 새로운 (미래의) 한국에 적절한 정치공동체에 대한 합의가 없었다. 예컨대 부르주아 민족주의자들은 새로운 한국을 자본주의 사회로 상상한 반면에 맑스주의적 민족주의자들(쏘비에뜨 공화국을 수립하려는 국제사회주의자들과는 다르다)은 인민공화국 수립을 지지했다. 한편 농촌주의자들은 한국의 미래를 농촌전통과 명백하게 연결된 자족적인 코뮌사회로 보았다. 그렇지만 서로 다른 형태의 정치공동체들을 상상했음에도 모두들 근대적인 민족주의 언어를 사용했으며 한국 민족공동체의 종족적 토대에 동의했다.

한국 민족공동체에 대한 정치적 개념을 둘러싼 논쟁은 해방 이후에도 지속되었다. 남북한은 민족 혹은 민족정체성을 그들 자신의 합법성과 연결했으며 각각 정치적 민족의 특정한 형태인 공산주의와 자본주의를 전유했다. 그렇지만 민족정체성에 대한 반근대적이고 농촌적인 견해는 새롭게 출현한 국내 질서와 국제 질서에 적합하지 않았기 때문에 과소평가되었다. 여전히 단일 종족에서 기원했다는 관념을 공유한 두개의 한국이 민족의 정치적 개념을 둘러싸고 벌인 논쟁은 특수한 상황을 낳았다. 그 결과는 민족 대표성을 둘러싼 격렬하고 논쟁적인 정치였다. 왜냐하면 그것은 한국 민족주의의 어떤 정치적 개념이 전체 한국의 종족적 민족을 대표하며 대표해야 하는지 하는 고통스러운 질문을 제기했기 때문이다.

민족주의는 정치에 광범위하게 동원되었기 때문에 국가와 사회 역시 민족의 정치적 개념을 두고 논쟁을 벌였다(북한 전체주의정권 내에서는 그런 논쟁이 벌어질 여지가 없었다). 특히 권위주의정부들은 독재체제를 정당화하고 그들이 안보와 개발이라고 판정한 '민족적' 목표에 대중을 동원하기 위해 민족주의 수사에 의존했다. 그렇지만 민족, 민족통일, 조국근대화의 이름으로 다른 집단정체성들과 경쟁관계에 있는 목소리들은 억압했다. 한국 시민사회는 반미 민중민족주의를 고취함으로써 공식적인 민족정체성 개념과 논쟁했다. 민중(주변으로 밀려났거나 억압받는 사람들)을 한민족의 핵심으로 규정함으로써 시민사회는 공식적 민족 개념에 대안을 제시했다. 하지만 양쪽은 민족의 종족적 토대를 당연하게 받아들였기 때문에 내부의 논쟁은 오직 민족의 정치적 개념에만 집중되었다. 정치적 양상에 대한 이런 집중은 한국에서 민족주의 정치가 왜 그토록 감정적이고 격렬한지 설명해준다. 민족의 종족적 토대를 똑같이 받아들임으로써 양쪽은 상대방이 같은 (종족적) 민족의 일원으로서 같은 방식으로 행동하기를 기대한다. 하지만 민족의 상반된 정치적 개념들에 동의함으로써 양쪽은 가족의 규범에 반발하는 아이처럼 상대방을 비민족적이거나 심지어 반민족적 행동을 하고 있다고 비난한다. 심지어 민주화와 지구화조차도 그런 민족정체성 정치를 뿌리 뽑지 못했다. 공동체에 토대를 둔 혈연민족주의는 여전히 한국인들에게 호소력이 있다.

20세기에 인종 지향적인 한민족 개념이 출현하고 지배하게 된 것은 이원적인 논쟁 과정의 결과였다. 첫 논쟁과정에는 집단정체성의 원천으로서 민족 세력과 초민족 세력 사이의 논쟁이 포함됐다. 둘째 논쟁과정에서는 민족 혹은 민족정체성이라는 바로 그 개념에 대한 논쟁에 집중했다. 이렇게 볼 때 한민족의 인종화는 전근대적인 정체성의 자연스럽거나 논리적인 발전이었다기보다는 오히려 그런 역사적 과정들의 결과였다. 비록 민족에 대한 종족적 이해가 20세기 한국을 지배하였지만 이것은 민족 혹은 민족정체성을 둘러싼 논쟁적인 정치가 곧 사라지리라는 것을 의미하지는 않는다. 민족 대표성을 둘러싼 논쟁적인 정치를 낳는 영토분단 상태가 지속되고 있을 뿐만 아니라 한국인들은 변화하는 국제환경(예컨대 냉전의 종식과 중국의 발흥)과 새로운 초민족 세력(주로 지구화)의 도래에 응하여 자신의 정체성에 계속 의문을 품고 있다.

한국에서 종족민족주의의 보상과 댓가

민족주의 연구 전통은 정치적 민족주의를 시민적, 통합적, 건설적인 것으로 보는 반면에 종족민족주의를 위험하고 분열적이고 파괴적인 것으로 본다. 종족간의 틈은 다른 틈들보다 더 근본적이고 항구적인 것으로 여겨지며, 종족 사이에서 생겨나는 갈등은 다루기가 가장 어렵다고 알려져 있다. 하지만 이런 견해는 주로 유럽의 경험에, 특히 다종족 국가들의 경험에 바탕을 둔 것이다. 여기서 살펴본 한국의 사례는 오늘날의 문헌이 제시하는 것보다 종족민족주의 정치에 들어 있는 훨씬 더 복잡한 많은 문제들을 보여준다. 단일한 종족적 민족이라는 믿음은 강하게 느껴지는 집단적인 '하나' 의식을 낳았으며 근대 한국에서 다양한 역할과 기능을 해왔다. 근대 한국사회와 정치에서 종족민족주의의 보상과 댓가를 평가하기 위해서는 종족민족주의의 복잡한 본질을 이해해야 한다.

종족민족주의는 반식민주의 및 반제국주의 이데올로기로서 기능했다. 민족주의가 다양한 종족 집단을 단일한 정치공동체로 통합하고 제국주의적 팽창을 합리화하는 이데올로기로 발전한 서유럽과는 달리, 한국에서는 민족주의가 주로 제국주의에 대한 반응으로 생겨났다. 오랜 정치적, 언어적, 지리적 연속성이 있는 역사를 지닌 한국에는 정치적인 통합이나 지리적인 경계 설정의 문제는 제국주의의 위협보다 덜 중요했다. 외부의 위협에 대항해 한국인들 사이에 집단의식과 내부 연대를 고취하는 것이 훨씬 더 절박했다. 그 결과 민족의 유기적 개념(즉 민족은 불멸이며 분할할 수 없다는 생각)이 발달했다. 한국이 일본의 지배하에 떨어진 후 종족민족주의는 한민족의 독특성을 부인하는 식민지 인종주의에 대항하는 데 효과적으로 이용되었다. 따라서 종족민족주의는 근대 한국에서 분열적인 역할을 한 것이 아니라 통합 기능을 수행했다.

종족민족주의는 또한 남북한에서 개발 전략의 형태를 취했다. 개발 연구 학자들은 민족주의가 글을 읽고 쓸 수 있고 응집성있는 주민(Gellner 1983)이나 "지체된 산업화 이데올로기"(Gerschenkron 1962)를 낳는 역할을 했다고 지적했다. 남한에서 민족주의는 막스 베버(M. Weber)가 서구자본주의 출현 과정에서 "프로테스탄트 윤리"라고 부른 것과 맞먹는 기능을 수행한 "개발 윤리"를 출현시키는 수단이 되었다. 종족민족주의는 또한 최근 남한의 지구화과정에 깔려 있는 원칙이다. 북한에서 종족민족주의는 한국인들은 선택된 사람들이라는 믿음 ― 주체사상, '우리식 사회주의', 그리고 좀더 최근에는 '조선민족제일론'의 발전에 인식론적인 토대가 되는 견해 ― 을 형성하는 토대를 제공했다.

게다가 종족민족주의는 잠재적으로 통일과정에서 통합의 역할을 할 수 있다. 강한 단일종족의식은 통일과정의 초기 단계에서는 공동 토대가 될 수 있다. 그런 감정은 두 체제의 부드러운 통합을 촉진하는 데 도움을 줄 수 있다. 많은 민족주의 연구 학자들이 강조하는 종족민족주의와 연관된 문제들에도 불구하고 종족동질성에 대한 태도와 믿음은 여전히 한국인들에게 상당한 영감과 연대를 제공하고 있다. 물론 종족의식만으로는 통일문제에 접근하기에 충분하지 않을 것이다. 좀더 민주적이고 시민적인 민족정체성을 형성해야만 통일이후 어떤 '배타적인' 민족주의가 출현하는 것을 막을 수 있을 것이다. 그럼에도 동질성이라는 이런 자기귀속적인 정체성은 비록 통일 한국의 안정된 토대는 아닐지라도 통일을 향한 첫 자극의 토대가 될 수 있다.

그렇지만 일부 긍정적이며 통합적인 역할에 주목한다 하더라도 나는 한국인들이 그런 강한 종족정체성과 민족주의를 발전시킴으로써 치러야 할 댓가를 지적해야겠다. 종족적이고 집단주의적이고 유기적인 민족 개념의 지배는 경쟁관계에 있는 다른 중요한 정체성들을 주변화하거나 억압했다. 1930년대 종족민족주의의 발전은 민족을 계급을 포함한 다른 정체성들보다 우선시하는 파시스트 사상의 영향을 받았다. 그런 파시스트 사상의 잠재력은 1945년 이후 남북한에서 독재국가로 구체화되었다. 이승만의 일민주의와 김일성의 주체사상은 심신상관학(心身相關學)적인 이데올로기로 사람들을 포섭하는 전체주의적인 요소들을 지녔다. 개인은 추상적인 전체의 일부로 여겨졌으며, 시민은 집단을 위해 자유와 시민권을 희생해야만 했다. 한국은 탈식민주의 시기에 인민주의, 민족주의, 권위주의의 출현을 경험한 많은 제3세계와 별다를 바 없었다. 간단히 말해서, 민족은 남북한에서 인권과 시민권의 침해를 정당화할 뿐만 아니라 다른 정체성들을 억압하기 위한 비책으로 이용되었다.

집단주의적이고 종족적이고 유기적인 민족주의의 지배는 일반적으로 공적 영역에서 자유주의의 공간을 제한했다. 한국이 근대국가로 이행하는 시기에 개인의 자유와 시민권은 집단주의와 민족의 생존을 위해 억압되었다. 민족 만들기의 형성기에는 민족주의가 자유주의에 대항해 발전했으며, 이 두 이데올로기는 서로 자리를 잘못 잡았다. 이런 역사적 유산은 자유주의의 빈곤이나 일천함을 초래했으며, 그것은 결국 한국에서 보수주의와 진보주의의 빈곤하거나 왜곡된 발전에 영향을 미쳤다. 예컨대 맑스주의는 자유주의와 건설적인 논쟁을 벌이며 발전한 것이 아니라 그것을 전면적으로 거부, 부정하며 발전했다. 한편 자유주의 토대의 결여는 한국의 보수주의를 권위주의적인 지도자들의 조종에 아주 취약하게 만들었다. 따라서 한국에서 좌익과 우익의 일천한 근대사상은 자유주의의 빈곤과 민족주의의 지배와 관련이 있다고 주장할 수 있다. 북한에 대해서도 똑같이 말할 수 있다. 좌익과 우익은 둘 다 종족민족주의와 결합될 때만이 이데올로기적 힘을 발휘할 수 있었다. 자유주의의 빈곤과 그에 따른 보수와 진보 사상의 일천함은 한국인들이 사회, 문화, 정치에서 종족민족주의의 지배에 대해 지불해야 할 댓가였다.

알궂게도 지난 반세기 동안 남북한 사이의 긴장과 갈등의 원인이 된 것은 단일종족에 대한 바로 이런 믿음이다. 종족적 한국동포의 연대에 대한 강한 믿음은 인위적인 영토분할과 결합되어 인식상의 불일치를 낳았다. 따라서 이런 불일치를 줄이고 잃어버린 단일성을 회복하려는 강한 압력이 있어왔으며, 그 결과 이것은 집단 내 긴장을 고조하는 작용을 했다. 이런 노력들이 누가 정말 한민족을 대변하느냐, 누가 한국의 단일종족을 훼손하느냐 하는 논쟁을 일으켰기 때문에 긴장과 갈등이 일어났다. 한민족의 진정한 대표성을 둘러싼 이런 싸움은 1950~53년의 파멸적인 전쟁을 포함해 남북한간의 아주 격앙된 갈등을 설명하는 데 도움을 줄 수 있다. 따라서 단일종족은 반드시 통합 역할만 수행한 것은 아니었다. 반대로 그것은 남북한간의 갈등에 책임이 있으며 통일과정에서 '검은양 효과'를 불러일으킬 수 있다.

요약하자면, 종족민족주의는 한국이 식민지배, 영토분할, 전쟁, 권위주의 정치를 포함한 근대사회로 전환하는 시기에 사람들에게 자부심과 영감을 심어준 결정적 원천이었다. 그것은 또한 외부의 위협에 대항해 집단의식과 내부 연대를 고취했으며 한국의 근대화 기획에 효과적인 자원으로 봉사했다. 동시에 종족민족주의는 정치, 문화, 사회에서 전체주의 세력이 되었다. 그것은 경쟁관계에 있는 다른 정체성들을 억압했으며, 자유주의, 보수주의, 급진주의를 포함한 근대적인 사상의 빈곤을 초래했다. 그것은 또한 남북한간의 갈등과 긴장에 책임이 있다. 한국은 21세기에 접어들었으므로 여전히 종족 동질성을 넘어선 문화적·사회적 다양성을 더욱 형성하고 촉진할 필요가 있다.

한국에서 종족민족주의의 미래

오늘날 남한은 적어도 민족주의, 세계주의, 지역주의라는 도 세 얼굴을 지니고 있다. 이것들은 종종 경쟁을 하지만 반드시 상호 배타적이거나 모순되는 것은 아니다. 그것들은 서로 긴밀하게 상호작용하며 근대한국의 조직을 형성하고 있다. 민족주의와 관련해서는, 한국인들은 공동의 피와 선조에 바탕을 둔 강한 종족동질성의식을 지니고 있으며, 민족주의는 한국의 정치와 대외정책에서 주요한 자원으로서 끊임없이 기능하고 있다. 민족주의는 북한이 훨씬 더 공언하고 있다. 북한은 정권의 생존을 위한 투쟁에서 종족적 민족정체성의 중요성을 강조하고 있다. 동시에 남한은 지구화를 받아들이고 있으며, 1997년 재정위기를 겪었음에도 한국은 세계경제에서 주요 역할을 수행하고 있다. 하지만 지구화는 민족주의 의제를 위해 전유되었으며, 한국의 민족 문화와 유산을 보존하려는 노력에 박차를 가하게 했다. 지역주의 견해는 지금 한국 지도자들과 지식인들 사이에 더욱 널리 퍼지고 있으며, 노무현정부는 남한을 동북아지역의 '중추'로 만들려고 노력했다. 하지만 그들의 주된 동기는 민족주의적이다. 즉 미국 주도의 지구화와 일방주의에 저항하는 한 방법으로, 20세기 전환기에 서구 제국주의에 대항해 촉발한 범아시아주의를 연상시킨다.

따라서 지역과 지구화 세력의 존재와 점증하는 힘에도 불구하고 한국인들 사이에 유지되고 있는 종족적 민족정체성은 예견할 수 있는 미래에 사라지거나 약화될 것 같지 않다. 이것은 학문적이고 정책적인 문제를 일으킨다. 즉 한국사회에서 중요한 조직 원리로 남아 있을 종족민족주의를 어떻게 할 수 있으며 어떻게 해야 할까? 종족적 민족정체성을 무시하고 그것을 단순한 신화나 공상으로 취급하거나 단지 그것의 현재 역할에 만족하는 것이 그 답은 아니다. 그 대신 종족민족주의가 한국사회와 정치에서 무시하지 못할 세력이 되었으며 그것이 인종주의나 다른 근본주의 이데올로기와 결합할 때는 위험하고 억압적일 수 있음을 먼저 인식해야 한다. 따라서 한국인들은 종족민족주의를 건설적으로 이용하고 그것의 잠재적인 유해한 영향을 차단하기 위해 분발해야 한다. 특히 한국인들은 민족주의의 억압적이고 본질주의적인 요소들을 봉쇄할 수 있는 민주적인 제도의 확립을 진지하게 고려해야 한다. 마이클 만(Michael Mann 2004)이 보여주듯이, 민주적인 제도는 한 민족이 세계대전 이전의 유럽의 파시스트 민족주의로 빠지는 것을 막는 결정적인 역할을 했다. 결국 종족정체성은 고정된 성취나 항구적인 존재가 아니라 역사적 산물이며 심지어 하나의 기획에 불과하다. 그리고 정체성 정치는 제도적인 틀 속에 통합될 수 있으며 그렇게 되어야 한다.

『민족주의 견제』(*Containing Nationalism*)에서 마이클 헤처 (Michael Hechter)는 민족주의 갈등을 완화할 수 있는 세가지 조건을 제시한다. 첫째 조건은 집단적인 행동의 비용을 증가시키는 것이다. 둘째는 민족정체성의 돌출을 낮추는 것이다. 셋째는 민족 주권에 대한 요구를 감소시키는 것이다. 첫째 조건에 대해서, 헤처는 집단적인 행동의 비용을 증가시키기 위해 억압을 이용했던 옛 소련을 언급한다. 하지만 억압은 소련 붕괴 이후 형성된 공화국들 사이의 종족 갈등이 보여주듯이 오직 단기적인 해결책에 불과하다. 또한 억압적인 정권이 인터넷 같은 새로운 통신기술을 통제하기 어렵기 때문에 현대세계에서 억압은 훨씬 덜 효과적일 수 있다. 종족정체성이 가까운 장래에 쇠퇴할 것 같지 않기 때문에 헤처는 둘째 것도 실행 가능한 선택으로 보지 않는다. 그는 셋째 선택은 민족 집단들 사이의 주권에 대한 요구를 감소시킨다는 조건하에 결정되기 때문에 그것을 민족주의의 파괴적인 요소들을 견제할 가장 큰 희망으로 보고 있다. 그는 그런 조건들을 낳기 위한 구체적인 예로 '협의주의'(consociationalism), 선거제도 및 연방제를 주장한다. 특히 그는 연방제를 최선의 선택으로 보고 있다. 왜냐하면 연방제하에서 "중앙정부는 지역 단위들을 헌법적으로 견고한 토대 위에서 의사결정 절차에 끌어들이기 때문이다"(2000, 139면).

『민족주의 견제』는 한국의 사례에 흥미있는 참고할 점을 제시한다. 그렇지만 나는 헤처가 제시한 첫 두가지 조건을 한국의 사례에 적용할 수 있을 것이라고는 생각하지 않는다. 이제 민주국가인 한국은 억압을 통해 민족주의를 견제할 것 같지도 않으며 그것은 실현 가능하지도 않다. 또한 한국의 강한 종족정체성 의식은 가까운 장래에 쇠퇴할 것 같지도 않다. 종족동질성 의식은 지구화의 와중에서도 여전히 강하며, 그것은 통일 담론과 정책을 규정한다. 셋째 선택, 특히 연방화는 한국의 경우에는 더욱 복잡하다. 원칙적으로 남북한은 통일 한국의 체제로서 연방화(혹은 남북한 지도자들이 2000년 정상회담에서 발표한 것처럼 "느슨한 형태의 연방제")에 동의한다. 하지만 한국인들이 연방 형태의 통치에 만족할지, 그들이 종국적으로 단일한 민족국가를 만들려는 압력을 가할지 분명하지 않다. 아주 강한 종족정체성을 염두에 둘 때 후자를 향한 강한 압력이 있을 것이다. 헤처의 주장은 다종족국가들을 토대로 한 것이지만 한국은 그 나라들과는 다르다. 따라서 연방화 그 자체는 민족주의의 유해한 영향을 견제하는 궁극적인 해결책이 아닌 것 같다. 결국은 한국인들이 한국에서 살고 있는 모든 사람들을 단순히 같은 피를 지녔기 때문이 아니라 민주 시민이기 때문에 평등하게 대우할 수 있는 민주적인 제도들을 개발할 수 있느냐에 달려 있다.

주로 역사적인 상황 때문에 한국인들은 정체성 정치를 적절하게 제도화할 수 없었다. 서양, 특히 영국과 프랑스 같은 민족과 민족국가에서는 사람들이 시민으로서 민족구성원이 됨으로써 정체성 정치는 합법적, 제도적 틀 속에서 견제되었다. 반대로 독일, 일본, 한국에서는 사람들은 같은 피를 지녔기 때문에 민족이나 민족국가의 구성원이 되었다. 그 결과 브루베이커(Brubaker)가 보여주듯이, 전자의 나라들에서 시민권은 포괄적이며 후자에서는 배타적이었다. 이런 '혈통' 원칙 혹은 혈통주의(jus sanguinis)는 여전히 한국의 민족됨과 시민권—그 두가지는 종종 한국인들의 마음에서 분리되지 않는다—의 개념을 정의한다. 바꿔 말하자면, 그것의 형성기와 식민지배 기간에 국가가 아니라 지식인들이 민족 만들기를 주도했으며, 당연히 그들은 정치적 시민권 개념에 상응하는 관심을 기울이지 않은 채 민족의 종족적 토대를 개발하는 데 촛점을 맞추었다. 식민지배 이후 남북한은 민족주의를 광범위하게 동원했으며 민족 대표성을 두고 논쟁적인 정치를 벌였지만 좀더 포괄적인 시민권 개념을 개발하기 위해 적절한 관심을 기울이거나 진지한 노력을 쏟지 않았다. 종족적 비한국인들(예컨대 한국에서 화교로 알려진 종족적 중국인)에 대한 차별 문제를 청원할 수 있는 사회적·정치적 제도는 대개 간과되었다. 한국의 국적법은 여전히 혈통주의에 바탕을 두고 있으며, 의식적이든 무의식적이든 외국 이주노동자들에 대한 종족 차별을 정당화하고 있다.

이런 상황에서 내가 2000년에 실시한 조사결과가 한국인들은 '한국에 살고 있는 종족적으로 비한국인'보다는 '외국에 살고 있는 종족적 한국인들'에게 더 강한 애착을 지니고 있음을 보여주는 것도 놀라운 일이 아니다. 또한 한국에 살고 있는 인도네시아 이주노동자가 한국 시민권을 획득하는 것보다 아마도 '한국 혈통'을 지니고 있을 한국계 미국인들이 한국 국적을 회복하는 것이 훨씬 더 쉽다. 비록 인도네시아 이주노동자가 한국계 미국인보다 문화적·언어적으로 더 한국인에 가깝다 할지라도 이런 사실은 변하지 않는다. 한국은 한국인의 피를 지니지 않은 사람들에 대한 부당한 행위와 차별을 완화하는 법체계를 제도화할 필요가 있다. 한국인들에게는 단순히 잘못된 통일을 장려하고 그것에 대한 순응을 강화하는 경향이 있는 인종의식에 호소하기보다는 대중 사이에 다양성과 유연성을 허용해줄 민주적 민족정체성을 촉진할 제도적 틀이 필요하다. 한국인들은 단순히 종족적 한국동포로서가 아니라 민주적 정치조직의 평등한 시민으로서 함께 살

수 있는 사회를 상상해야 한다. 그것은 한국이 현재 겪고 있는 민주적 통합과정에 반드시 포함되어야 한다. 그렇지 않으면 한국은 '아시아의 중추'가 되기를 기대하기 어려울 것이다. 그것은 문화적·종족적 다양성과 관용을 요구한다. 만약 통일이 그런 변화 없이 일어난다면 통일 논의는 시기상조이며 심지어 위험할 수도 있다. 독일의 통일 경험이 보여주듯이, 공동의 종족정체성만으로는 북한사람들이 통일 한국에서 '이등시민'이 되는 것을 막을 수 없을 것이다. 심지어 단일종족이라는 공유된 의식에서 초래되는 더 높은 기대치 때문에 정체성(종족동질성)과 실제(이등시민) 사이의 틈은 통일과정에 더 많은 혼란과 긴장을 불러일으킬 것이다. 따라서 한국인들에게는 한국에서 살고 있는 사람들을 민주적인 정치조직의 평등한 시민으로 다룰 수 있는 민주적인 제도를 개발하는 것이 주요 과제가 될 것이다. 한국은 좀더 민주화되고, 지구화되고, 또한 민족통일을 준비하고 있기 때문에 이런 임무는 더욱더 중요하고 긴급할 것이다.

교과서의 부호화 표준

전통적인　전통적인/민족 역사(한국 또는 중국*)

서양의　외국사(미국, 러시아)

혼합된　혼합된 역사(일본)

전통적인　전통적인/민족 인물(한국 또는 중국*)

서양의　외국 인물(미국, 유럽, 러시아)

혼합된　혼합된 인물(일본)

전통적인　전통적인/민족 지리(옛 한국의 강과 산, 한국의 읍과 시)

서양의　외국 지리(뉴욕과 런던 같은 서양의 세계적 도시)

혼합된　혼합된 지리(일본)

전통적인　전통적인 도덕교육(가족, 우정, 효도, 충성 같은 전통적인 가치, 전래이야기)

서양의　서양의 도덕교육(시간과 같은 서양의 가치, 『이솝우화』 같은 서양의 이야기)

혼합된 혼합된 도덕교육(이야기 속의 일본 인물들)

전통적인 전통적인 지식/사상(지식 그 자체, 연구, 읽기)

서양의 서양의 지식/사상(과학적 관찰, 적용, 시간의 중요성)

혼합된 혼합된 지식/사상

전통적인 전통적인/민족 예술(근면에 관한 시)

서양의 서양 예술

혼합된 혼합된 예술

서양의 공민교육(국가, 정부, 시민권, 권리와 의무, 민족주의, 애국주의, 경
제, 직업, 학교)

서양의 과학기술(생물학, 화학, 지학, 물리학, 전기, 공학, 공공보건)

기타 기차역, 농업 같은 일반지식

* 한국인들은 아직 이런 영역에서는 한국을 중국과 충분히 구분하기 않았기 때문에
중국의 인물과 역사는 전통적인 범주로 부호화했다.

잡지의 부호화 표준

전통적인   한국어

서양의   외국어(영어, 프랑스어, 에스페란토어)

혼합된   혼합된 언어(한국어와 외국어)

전통적인   전통적인/민족 역사(한국)

서양의   외국사(미국, 러시아)

혼합된   혼합된 역사(일본과 중국*)

전통적인   전통적인/민족 인물(한국)

서양의   외국 인물(미국, 러시아, 독일)

혼합된   혼합된 인물(일본, 중국*, 다른 서양 나라들과 혼합된 한국)

전통적인   전통적인/민족 지리

서양의   외국 지리(세계여행, 미국과 영국의 지리)

혼합된   혼합된 지리(일본, 중국)

전통적인   전통적인 도덕교육(가족, 우정, 효도, 충성 같은 전통적 가치, 전래

이야기)

서양의   서양의 도덕교육(시간과 같은 서양의 가치, 『이솝우화』 같은 서양 이
야기)

혼합된   혼합된 도덕교육

전통적인   전통적인 지식/사상(지식 그 자체, 연구, 읽기)

서양의   서양의 지식/사상(과학적 관찰, 적용, 서양철학, 시간의 중요성)

혼합된   혼합된 지식/사상

전통적인   전통적인/민족 예술(전통적인 시, 한시, 전통음악, 전통예술사)

서양의   서양 예술(현대시와 소설, 서양 고전음악, 서양 음악가, 오페라, 교
향곡)

혼합된   혼합된 예술

전통적인   전통적인 공민교육(전통적인 교육제도, 전통적인 가치)

서양의   서양의 공민교육(국가, 정부, 시민권, 권리와 의무, 민족주의, 애국주
의, 경제, 무역과 상업, 근대 학교교육, 직업)

혼합된   혼합된 공민교육

서양의   과학기술(생물학, 화학, 지학, 물리학, 전기, 공학, 공공보건)

전통적인   전통적인 여성문제(여성의 전통적인 가치)

서양의   서양의 여성문제(페미니즘, 여성의 공공영역 참여, 근대 여성 지
도자)

혼합된   혼합된 여성문제

전통적인   전통적인 스포츠

서양의   서양의 스포츠(올림픽 게임)

혼합된   혼합된 스포츠(한국의 경기자)

혼합된   세계사(유럽과 아시아의 역사, 제2차 세계대전에 대한 사설)

* 일본과 중국은 민족의 범주와 서양의 범주 어느 쪽에도 속하지 않기 때문에 혼합된
  범주로 부호화했다.

통계분석 결과

〈부록3.1〉 종족정체성이 통일에 대한 태도에 미치는 영향을 분석한 서열로짓모델 계수

	통일에 반대하는 것은 종족적 민족을 부인하는 것이다		통일해야 한다		통일의 상태		종족적 민족의 회복	
독립변수								
혈통	.42**		.27**		.76**		.67**	
선조		.24**		0.13		.33**		.27**
통제변수								
나이	.02**	.02**	.01*	.01*	0.01	0.01	0.01	0.01
성	-0.20	-0.22	-0.10	-0.11	-.31*	-.36**	-0.22	-.25*
교육	0.04	0.03	0.09	0.09	0.11	0.10	.22**	.21**
계층	-0.01	0.00	0.09	0.10	-0.06	-0.04	-0.06	-0.04
북한의 친척	0.20	0.21	0.23	0.25	0.33	0.34	0.18	-0.06
북한에 대한 지식	0.05	0.08	0.11	0.13	0.05	0.09	-0.11	0.00
바람직한 사회	-0.08	-0.08	-.19**	-.19**	.13*	.13*	-0.07	-0.08
정상회담	-0.17	-0.16	-0.53	-0.54	-0.44	-0.37	-0.02	-0.01
정상회담에 대한 만족	.32**	.34**	.41**	.42**	.57**	.61**	.57**	.61**
미군철수	0.09	0.09	.32**	.32**	.22**	.22**	0.09	0.10
Chi² 모델	78.93	67.16	111.62	106.15	167.79	125.84	142.39	109.03
N	1003	1003	1003	1003	1003	1003	1003	1003

주: *〈.05, **〈.01;

Chi² 모델은 따로 주석이 없는 이상 .05수준에서 유의미함.

	북한 구호노력 참여		특별세 지불 용의		통일에 대비하여 북한 시민에게 특별원조를 할 용의	
독립변수						
혈통	0.02		.43**		0.14	
선조		-0.06		0.06		-0.04
통제변수						
나이	.02**	.02**	0.01	0.01	0.00	0.00
성	0.02	0.02	-.24*	-.26*	-0.18	-0.19
교육	.33**	.33**	0.10	0.10	.13*	.13*
계층	0.06	0.06	-0.03	-0.02	0.13	0.13
북한의 친척	0.24	0.23	.51*	.51*	0.28	0.28
북한에 대한 지식	1.24**	1.23**	0.16	0.17	0.17	0.17
바람직한 사회	0.05	0.05	-.31**	-.32**	-.13*	-.14**
정상회담	0.76	0.77	0.49	0.53	0.22	0.25
정상회담에 대한 만족	.27**	.28**	.34**	.37**	.37**	.39**
미군철수	0.13	0.13	0.09	0.09	.18**	-.18**
Chi² 모델	134.77	135.02	113.22	93.68	77.93	76.03
N	1003	1003	1003	1003	1003	1003

주: *〈.05, **〈.01;

Chi² 모델은 따로 주석이 없는 이상 .05수준에서 유의미함.

<부록3.3> 종족정체성이 남북한 사이의 인식된 차이들에 미치는
영향을 분석한 서열로짓모델 계수

	남북한 사이의 심각한 장벽		언어상의 차이		가족생활에서의 차이	
독립변수						
혈통	.49**		0.02		-0.09	
선조		.23**		-0.16		-.29*
통제변수						
나이	0.00	0.00	0.00	0.00	0.01	0.01
성	0.03	0.00	.28**	.28*	0.01	0.02
교육	.18**	.17**	-0.01	0.00	-	-
계층	0.00	0.01	-0.14	-0.14	-	-
북한의 친척	0.24	0.26	.72**	-.73**	-.66*	-.69*
북한에 대한 지식	0.08	0.11	0.20	0.19	0.21	0.18
바람직한 사회	-0.02	-0.02	0.01	0.00	0.13	0.12
정상회담	-0.01	0.02	0.42	0.45	0.27	0.27
정상회담에 대한 만족	-0.04	-0.01	.20**	.21**	.25*	.26**
미군철수	0.11	.12*	-0.01	-0.01	0.04	0.03
Chi² 모델	40.7	24.73	28.07	31.2	17.44	22.44
N	1002	1002	1003	1003	722	722

주: *〈.05, **〈.01;

  Chi² 모델은 따로 주석이 없는 이상 .05수준에서 유의미함.

360

〈부록3.3〉 종족정체성이 남북한 사이의 인식된 차이들에 미치는
영향을 분석한 서열로짓모델 계수

	관습과 전통의 차이		노동생활의 차이		여가생활의 차이	
독립변수						
혈통	-0.26		.23*		0.04	
선조		-.45**		.20*		-0.09
통제변수						
나이	0.00	0.00	0.00	-0.01	0.00	0.00
성	0.13	0.16	0.18	0.16	.64**	.64**
교육	0.09	.19*	0.08	0.07	-	-
계층	-0.01	-0.02	-0.09	-0.09	-	-
북한의 친척	0.01	0.00	-0.31	-0.29	-0.44	-0.44
북한에 대한 지식	-.53**	-.58**	0.04	0.08	0.44	0.43
바람직한 사회	0.09	0.08	-0.04	-0.04	0.17	0.16
정상회담	.83*	.87*	-0.10	-0.10	0.86	0.89
정상회담에 대한 만족	0.17	0.17	0.06	0.06	-0.06	-0.05
미군철수	-0.05	-0.06	.16**	.16**	0.04	0.04
Chi² 모델	21.89	29.05	23.13	22.81	17.25	17.48
N	805	805	1002	1002	864	864

주: *〈.05, **〈.01;

　　Chi² 모델은 따로 주석이 없는 이상 .05수준에서 유의미함.

〈부록3.4〉 종족정체성이 남한의 패권적 통일 가능성을 분석한
이항 및 서열로짓모델 계수

	남한이 한국의 종족집단을 대변해야 한다		통일한국의 이상적인 정치체제	
독립변수				
혈통	0.10		-0.15	
선조		-0.07		0.02
통제변수				
나이	.04**	.04**	.03**	.02**
성	.37*	.38*	0.19	0.20
교육	-0.01	-0.01	-0.06	-0.05
계층	-0.04	-0.04	-0.11	-0.11
북한의 친척	0.12	0.12	-0.4	-0.41
북한에 대한 지식	0.12	0.11	0.00	0.00
바람직한 사회	-.19*	-.19*	-0.05	-0.04
정상회담	-0.11	-0.13	0.44	0.42
정상회담에 대한 만족	0.01	0.01	0.01	-0.01
미군철수	-.25**	-.25**	-0.08	-0.08
Chi² 모델	80.54	80.36	52.46	50.34
N	830	830	982	982

주: *〈.05, **〈.01;

Chi² 모델은 따로 주석이 없는 이상 .05수준에서 유의미함.

<부록3.5> 종족정체성이 북한사람들과 공산정권을 구분하는 데 미치는 영향을 분석한 서열로짓모델 계수

	김일성은 민족분단에 책임이 있다		북한사람들은 희생자들이다		공산주의 지지자는 처벌을 받아야 한다	
독립변수						
혈통	.39**		.60**		0.14	
선조		0.17		0.10		-0.08
통제변수						
나이	0.01	0.01	.01*	.01**	.01**	.01*
성	0.14	0.12	0.14	0.12	-0.15	-0.16
교육	-0.08	-0.08	0.04	0.02	-.21**	-.21**
계층	0.01	0.03	0.00	0.03	.22**	.22**
북한의 친척	0.06	0.07	0.33	0.33	-0.15	-0.15
북한에 대한 지식	0.16	0.19	0.19	0.21	0.03	0.03
바람직한 사회	-.20**	-.20**	-0.08	-0.09	-0.05	-0.06
정상회담	-0.17	-0.15	-0.35	-0.3	0.02	0.04
정상회담에 대한 만족	0.09	0.12	0.13	.17*	-0.07	-0.06
미군철수	0.05	0.06	0.11	.12*	0.05	0.06
Chi² 모델	52.09	39.09	59.84	28.24	35.96	34.71
N	1002	1002	1003	1003	1003	1003

주: *〈.05, **〈.01;

　　Chi² 모델은 따로 주석이 없는 이상 .05수준에서 유의미함.

서문

1 재외 한국인들도 같은 견해다. 이 조사는 미국, 일본, 중국, 러시아에 사는 929명의 한 국인들에게 같은 질문을 한 결과, 그 수치는 각각 61.6, 38.6, 48.8, 81.4퍼센트였다 (KBS 1999).

2 이 조사에서 얻은 결과는 다른 장들에서 활용된다. 자세한 설명은 제10장을 참조.

3 비록 우리는 북한과 비교할 자료는 없지만 단일종족 의식의 관점에서는 두개의 한국 사이에 거의 차이가 없다. 4장과 8장에서 논의되듯이, 북한은 특히 소련 제국이 붕괴 된 후 "조선민족제일론"으로 표현되듯이 한민족의 순수성과 독특성을 강조한다.

4 이처럼 사회조사에서 같은 피와 선조를 지녔다는 강한 믿음을 보여주는 수치가 극단 적으로 높은 것은 '정치적으로 옳은' 질문에 동의해야 한다는 사회적 압력의 반영일 수도 있다. 개인적으로 사람들과 대화하다보면 같은 피와 선조를 지녔다는 생각에 그 들이 동의하지 않는다는 말을 자주 듣는다.

5 비한국계 학자나 재외 한국인 학자들은 근대주의적·구조주의적 견해를 받아들이는 경향이 있는 반면 한국 학자들은 인종주의적·시원주의적 견해를 받아들이는 경향이

있음은 주목할 만하다. 이런 구분은 대체로 '참여자들'과 '관찰자들' 사이의 구분과 일치한다. 민족운동 참여자에게는 민족 귀속의식은 종족적, 시원주의적 뿌리에 토대를 두고 있는 것 같다. 관찰자에게는 바로 그런 정체성은 구조물과 (재)발명의 모양을 취한다. 참여자에게 '필연적인' 것이 관찰자에게는 '우발적인' 것이 된다. 많은 한국 학자들은, 특히 민족주의 연구 학자들은 한민족에 대한 식민주의 담론을 반박하려고 노력해왔기 때문에 단순한 관찰자들 이상이다. 따라서 한국의 민족주의와 민족주의 담론에 대한 최근의 도전은 한국 밖에서 활동하는 학자들이나 서양사학자들(신형기 2003; 임지현 1999)이 제기하는 것이지 한국사학자들이 제기하는 게 아니라는 것은 놀랄 것이 없다.

6 한국이 오늘날 사용하는 민족 문자는 한때는 여자들과 하층계급의 언어였으며, 한자가 양반 엘리트의 언어였다. 또한 유교는 오늘날 사용되는 근대적인 의미의 민족문화가 아니라 주로 양반의 문화에 국한되어 있었다.

7 『역사비평』 1992년 겨울호에 실린 한민족의 형성에 관한 토론을 보라.

8 앤더슨은 공동체로서의 민족은 개개인에게 만연할 수도 있는 불평등과 착취에도 불구하고 "항상 깊은 수평적인 동료애로 인식된다"고 주장한다.

9 비록 개인주의와 민족주의는 종종 서로 대립적인 위치에 있지만 이런 식으로 보자면 서양의 개인주의는 민족주의적인 정체성 개념이 출현하는 데 수단이 되었다(Calhoun 1997, 2장 참조).

10 여기서 '인종'은 한국 인종을 의미하는 것이 아니라 '황인종'과 같이 더 큰 초민족적 개념을 나타낸다. 인종과 민족 사이의 경쟁에 대한 논의는 1장을 보라.

11 국가통제주의 이론가들은 동아시아의 개발 국가를 아프리카 민족들의 '약탈 국가'와 서양의 '조정 국가'와 비교한다.

12 종족민족주의와 시민민족주의 사이의 그런 구분은 "둘 다 규범적으로뿐만 아니라 분석적으로도 문제가 있다"는 비판에 대해서는 브루베이커(1998, 274면)를 보라.

13 종족민족주의는 대중민족주의와 상반된다는 도크(Doak)의 주장에 대한 비판은 사또오(1998)를 보라.

14 "유기적 연대"는 개인 사이의 차이점들에서 발전하며 사회에서 노동이 점점 더 기능상의 차이를 띠면서 분화된 산물이다.

15 더크하임은 나중에 자신의 초기 견해를 수정해서 유기적 연대가 아주 발달한 사회들조차도 서로 적대적이고 이기적인 개인들의 집단으로 해체되지 않으려면 여전히 같은 신념이나 "같은 양심 집단"이 필요하다고 강조했다(Coser 1971, 132). 내가 11장에서 논의하는 것처럼, 앤서니 스미스는 이런 더크하임의 견해에 따라 지구화 시대에 종족민족주의가 생존하고 재생하는 것을 설명했다.

16 최근에 슈미트(2002)는 한국의 민족주의가 20세기로의 전환기에 범아시아주의와 상호작용하면서 출현한 것을 조사했다. 나는 민족세력과 초민족세력 사이의 좀더 광범위한 논쟁 범주를 검토할 뿐만 아니라 연구를 현재까지 확장한다.

17 중국과 대만은 분단된 한국과 비슷할 것이다. 그러나 종족 동질성 의식을 공유하고 있는 남북한과는 달리 많은 대만사람들은 (중국이 아니라) 그들 자신의 독특한 대만 정체성을 형성하려고 노력한다.

1장 범아시아주의와 민족주의

1 이 비유는 쇄국정책을 펼친 대원군 시대(1864~73)를 잘 묘사하고 있다.

2 학자들은 최근에 비민족적, 초민족적 이데올로기들의 중요성을 더 잘 평가하기 시작했다(A. Schmid 2002를 참조).

3 나는 '동양'과 '서양' 같은 용어들이 고정된 용어가 아니라 사회적으로 만들어진 용어이며, 이러한 이분법적인 분류는 지나치게 단순화되고 심지어 역사와 사회에 대한 편향된 관점을 제공할 수 있다는 것을 충분히 의식하고 있다. 그럼에도 나는 그것들이 비유적인 용어로는 유용하다고 본다.

4 19세기중엽에 동학사상은 이미 서양의 학문과 동양의 학문을 결정적으로 구분했다. 서양의 침략에 두려움을 느끼고 천주교의 확산에 놀란 동학의 창시자 최수운은 동도(東道)를 통해 서도(西道)에 저항하기 위해 한국의 정신력을 기르려고 노력했다. 하지만 동학은 1894년 농민반란과 뒤이은 반일투쟁 이데올로기였지만 일관된 범아시아주의 운동으로 발전하지는 못했다. 수잔 신(Susan Shin 1978~79)을 참조.

5 카또오의 관점은 또한 주로 량 치차오의 저서들을 통해 중국이 사회적 다원주의를 이

해하는 데 영향을 미쳤다. 량은 1899년부터 1912년까지 일본에 망명했다(이때 그는 2년간 미국에서 지내기도 했다). 카또오와 마찬가지로 량은 국가와 민족을 그 자체의 의지를 지닌 유기체로 간주했으며 "통일되고 적합한 것들은 살아남을 것이며 내부의 투쟁으로 찢어진 것들은 부적당하며 파괴될 것이다"(Huang 1972, 82면 참조)라고 주장했다. 량의 저서들은 평양의 유명한 대성학교 같은 한국의 학교들에서 교과서로 사용됐다.

6 윤치호, 손병희, 김가진, 윤효정, 오세창 같은 한국의 주요한 범아시아주의 주창자들은 앞서 언급된 출판물과 관련이 있었다.

7 일본의 범아시아주의는 오까꾸라 가꾸조(岡倉覚三)의 문화적 접근법에서 미야자끼 토멘(宮崎滔天)의 행동주의적 접근법에 이르기까지 다양한 형태를 띠었다(Okakura 1970; Eto and Jensen 1988 참조).

8 범아시아주의는 부분적으로 세기의 전환기에 러시아가 출현한 것에 대응해 발전했다. 고종 황제는 일본의 위협을 피해 1896년 2월 11일 러시아 공사관으로 옮겼다. 이것은 많은 한국인들에게 굴욕감과 당혹감을 야기했고, 이로써 러시아는 아시아인들이 협심노력해 대결해야 할 백인종의 위협적인 힘을 상징하게 되었다.

9 1880년 3월 10일 토오꾜오에서 결성된 그 반관(半官) 협회는 관료, 군 장교, 언론인 등으로 구성되었다. '아시아의 이익'을 추진하는 것이 주목표인 이 단체는 아시아 이웃 나라의 지도자들을 모임에 자주 초청했다.

10 일본의 범아시아주의 사상은 또한 다양한 출판물과 번역물을 통해 한국 지식층에도 퍼졌다. 1893년에 출판된 타루이 토끼찌(樽井藤吉, 1850~1922)의 『대동합방론(大東合邦論)』은 당면한 문제의 좋은 사례이다. 이 이론은 일본과 한국이 평등하게 합쳐 대동국을 건설하고 나중에 중국이 참여할 것을 제안했다. 그러면 아시아인들은 외국의 학대에 대항해 스스로를 지킬 수 있을 것이라고 주장했다. 이 책은 한국과 중국의 지식인들을 위해 중국어로 번역되었으며 일설에 의하면 중국에서 10만부, 한국에서 1000부가 팔렸다(강재언 1984).

11 일진회는 주로 친일단체로 인식되고 있으며, 그 지도자들은 한국의 사학에서는 '민족반역자들'로 경멸을 받고 있다. 그렇지만 이용구와 같은 순진한 이상주의자와 합병에서 개인적인 이득을 챙긴 송병준과 이완용 같은 명백한 협력자들은 구분되어야 한

다(Chandra 1974). 반대 견해로는 조항래(1984)와 강재언(1984)을 참조.

12 여기에 인용된 「시일야방성대곡」의 해당 원문은 다음과 같다 — 옮긴이.

侯〔伊藤〕는 평일 東洋三國의 鼎足安寧을 自擔周旋하던 人이라, (…) 自港至京에 官民 上下가 歡迎함을 不勝하얏더니. (…) 千萬夢外에 五條件이 何로 自하야 提出하얏난고. 此條件은 非但我韓이라 東洋三國의 分裂하난 兆漸을 釀出함인즉, 伊藤侯의 原初 主意가 何에 在한고. (…) 彼豚犬不若한 所謂 我政府大臣者가, 榮利를 希覬하고 假嚇을 恇㤼하야, (…) 四千年疆土와 五百年 宗社를 他人에게 奉獻하고, 二千萬 生靈으로 他人의 奴隷를 毆作하니 (…) 嗚乎痛矣라 我二千萬 爲人奴隷之同胞여. 生乎아 死乎아. 檀紀以來 四千年 國民精神이 一夜之間에 猝然 滅亡而止乎아. 痛哉痛哉라. 同胞아 同胞아.

13 단군신화는 근대이전의 한국 사학에서는 애매한 위치에 있었다. 그것은 현존하는 가장 오래된 한국의 역사서인 1145년에 김부식이 편찬한 『삼국사기』에는 언급되지 않았다. 그것은 훨씬 나중인 13세기말(1285?)에 불교 승려 일연이 쓴 『삼국유사』에 처음 등장했다. 『삼국유사』는 1259년부터 1356년까지 몽골의 침략과 지배를 받은 후에 쓴 것으로, 단군전설은 아마 '저항담론'으로 포함되었을 것이다. 당연히 한국이 점증하는 일본의 영향과 지배를 목격하고 있을 때 신채호가 그의 저서들에 그 신화를 이용한 것은 마찬가지로 저항담론이었다. 게다가 엄이 지적하듯이, 그것은 "근대이전의 한국 사학에서" 현재 이용하기 위해 "이 오래되고 되풀이되는 담론을 — 단순히 소생시킨 것이 아니라 — 재발명한" 사례였다(1999, 341면).

14 신채호 역시 만주를 한민족의 탄생지이자 한민족의 중심무대로 보았다. 이런 견해는 나중에 그의 영토회복주의적인 한국사 담론으로 발전했다(Schmid 1997 참조).

15 다른 한국인들은 1905년부터 1910년 한국이 일본에 합병될 때까지 대일 무장투쟁을 벌였다.

16 신채호가 '확실한' 민족의식을 지닌 이런 군사지도자들의 영웅적 행동에 촛점을 맞춘 것을 주목하라. 이렇게 함으로써 그는 유교가 한국이 처한 곤경에 책임이 있다고 비난하고 한국의 무인 전통에 토대를 둔 새로운 민족됨을 고취하려는 자신의 행위를 정당화했다. 따라서 영웅의 재발견 기획은, 쉴러 재거(Sheila Jager)가 지적하듯이, 한국의 노예 문인 문화의 손아귀에서 벗어난 새로운 군사화된 민족사를 벼리는 기획과

깊이 연결되게" 되었다. (…) "힘세고, 호전적이고, 충성스럽고, 용기있는 새로운 군
사영웅의 이름으로 신채호는 허약한 민족에게 생존투쟁에서 살아남을 수 있다는 확
신을 갖도록 격려하려고 애썼다"(2003, 9면). 군사영웅을 중심으로 한 민족사관 대신
에 그는 나중에 민족의 투쟁과 자유의 주역으로 싸우는 민중(억압받는 대중)의 영웅
적 행동을 강조했다. 신채호는 또한 말년에 아나키즘에 점점 더 관심을 가졌다. 그의
아나키즘과 민중 중심의 민족사관에 대해서는 엄(Em 1999) 참조.

17 일부 범아시아주의자들은 그들의 꿈을 완전히 포기하지는 않았다. 그들은 일본의 아
시아주의자들과 협력해 1920년 '고려'라고 불리는 유토피아적이고 반서양적인 정치
조직을 건설했다. 한국과 만주 사이의 간도 지역에 위치한 그곳은 옛 고구려의 핵심부
였다(Duara 2003).

2장 식민지 인종주의와 민족주의

1 일본 경찰은 한국의 218개 군 중에서 7곳을 제외한 모든 곳에서 '소요'가 있었다고 보
고했다. 볼드윈(1969)을 보라.

2 일본을 "퇴보한" 아시아 식민지들과 구분하려는 똑같은 강한 충동이 존재했다. 그런
충동은 식민지 동화주의 주장과 긴장을 드러냈다(Tanaka 1993).

3 민족주의와 민족성 정립을 동시에 억압한 것은 식민지 한국에서 유일한 것이 아니었
다. 이런 것들은 소련을 비롯한 어느 곳에서나 볼 수 있다(Brubaker 1996).

4 1910~19년의 시기에 40종 이하의 잡지를 인가한 것과 견주어 1920년에 일본은 409종
의 잡지와 책을 인가했다. 두개의 한국어 일간신문인 『조선일보』와 『동아일보』가
1920년에 발간되기 시작했으며, 1929년에는 그 두 신문을 합친 발행부수가 10만 3027
부에 달했다. 그것은 1909년의 전체 민족주의 신문 발행부수의 열배에 달했다. 또한
1920년 이후에 출판된 대부분의 잡지는 당대의 사회적·정치적 문제들에 대한 토론의
장을 제공하는 "대중잡지"였다(Eckert at al. 1990, 288면). 6장에서 분석을 위해 사용
하는 잡지 『개벽』과 『동광』은 이런 새로운 유형의 잡지에 속했다.

5 3장에서 자세하게 설명하고 있듯이, 맑스주의의 영향을 받은 급진적인 민족주의자들

은 민족독립을 위해 식민지배에 좀더 직접적이고 정치적인 도전을 해야 한다고 주장했다.

6 그는 19세기말의 실패한 개혁운동인 1884년 갑신정변을 주도한 김옥균에 대해 비판적이었다.

7 한국의 맑스주의자들은 정치적 지향점이 이광수와는 전혀 달랐지만 마찬가지로 한국의 문화적·역사적 유산을 희생시키고서 새로운 사회주의 의식을 심어주려고 노력했다.

8 민족주의를 연구한 학자들(예컨대 Hobsbawm and Ranger 1983)이 지적하듯이, 전통의 오직 일부요소들만이 선택되거나 장려되거나 재발명되기 때문에 전통은 종종 경쟁의 영역이 된다. 식민지 한국에서 실제로 일부 지식인들이 새로운 한국의 토대로서 민간전승이 아니라 유교적인 농촌전통을 회복하려고 했다. 7장을 보라.

9 1932년에 조선민속학회가 창립되었다.

10 3장에서 자세하게 설명한 대로, 이 운동은 부분적으로는 민족보다는 계급이 우선이라고 주창하는 한국 맑스주의자들에 대한 응답이었다.

11 토착 문화와 유산을 바르게 평가하면서도 종족민족주의자들은 서양의 과학과 기술의 힘을 부인하지는 않았다. 세계의 여타 지역, 특히 비서양 국가들의 종족민족주의자들과 마찬가지로 그들은 세계를 이분법적인 전망에 따라 이해했다. 그들은 제국주의의 힘을 설명하는 동시에 자신의 문화와 유산의 지속적인 중요성을 증명하기 위해 세계를 정신적인 관점과 물질적인 관점에서 이해했다. 세계에 대한 바로 그런 이분법적인 관점 때문에 박정희 같은 한국의 지도자들은 서양의 기술을 이용하는 근대화 계획에 민족주의를 동원할 수 있었다(5장 참조).

12 마이클 로빈슨은 1920년대 중반에 맑스주의가 출현한 것을 비정치적인 문화민족주의에 대한 한국 급진주의자들의 반응으로 설명한다(1988). 마찬가지로 1920년대말과 1930년초의 종족민족주의의 출현은 다음 장에서 논의한 것처럼 국제사회주의에 대한 한국 민족주의자들의 반응이었다.

13 실학은 일본과 만주의 침략 결과로 조선이 직면한 실제적인 문제들에 대해 구체적인 해답을 찾으려는 18세기의 좀더 광범위한 지적 운동을 가리킨다. 실학자들은 동료 학자들을 위해 정통 중국어로 글을 썼는데, 그들 나름의 해결책을 찾기 위해 한국의 역사, 지리, 사회, 경제 및 문화에 꼼꼼한 관심을 기울였다.

14 안재홍 역시 그런 민족주의 노력을 변장된 협력주의라고 비판하고 계급주의와 국제주의를 추진한 일부 맑스주의자들을 논박했다.

15 문자 그대로 "널리 인간을 이롭게 함"이라는 뜻을 지닌 홍익인간은 아마 단군이 지배한 옛 한국의 정치적 이데올로기였을 것이다.

16 조선문학에 대한 이런 요구는 사회주의자들이 주도한 프롤레따리아 문학운동에 대한 민족주의의 반응이었다.

17 종족민족주의는 파시즘이라는 한국 맑스주의자들의 비판에 대해서는 제3장을 보라. 그리고 해방 이후의 한국에서 파시스트 같은 권위주의 국가의 형성에 끼친 종족민족주의의 식민지 유산에 대한 논의는 4장과 5장을 보라.

18 한국의 민족주의에 존재한 일본의 식민주의 사고를 전복하려는 노력의 일환으로 신채호는 말년에 아나키즘으로 돌아섰다. 헨리 엄이 지적하듯이, 그는 "민족주의를 넘어서는 정치적 프로그램, 지속적이고 통일된 민족담론의 토대를 위태롭게 하는 역사관"을 주창했다. 그럼에도 신채호는 1945년 이후 남북한에서 한국 민족주의의 대표자로 인식되었다.

19 대동아공영권에 대한 최초의 공식적인 언급은 외무상인 마쯔오까(松岡)가 1940년 8월 2일에 행한 연설에서 나왔다. 그는 그 공영권을 한국, 대만, 중국, 만주 같은 일본의 식민지들뿐만 아니라 네덜란드령 인도제도와 프랑스령 인도차이나를 포함하는 것으로 규정했다. 비록 그 공영권은 그 이전 시기의 범아시아주의의 이상을 포함하고 있었을지도 모르지만 그것은 주로 일본의 전략적, 경제적, 군사적 이해관계에 대한 프로그램에 따른 현실적인 고려들에서 생겨났다. 그것은 일본제국주의 야심을 실현하기 위해 일본 자신의 하위세계(subworld) 체제를 수립하려는 시도였다.

3장 국제사회주의와 민족주의

1 정의를 내리자면, 보편주의는 사상과 실천은 수정 없이 어디에나 적용할 수 있다는 신념인 반면에 지방주의는 사상과 실천을 어떻게 적용해야 하는지는 환경이 지시한다는 신념이다. 예컨대, 서양의 사상과 제도를 비서양 사회의 발달에 일반적으로 적용할

수 있다고 주창하는 근대화 이론이나 계급을 (서양과 비서양) 사회의 일반적인 범주로 다루는 공산주의는 보편주의적이라 할 수 있다. 반대로, 자민족의 문화와 역사를 바르게 평가하는 것이 중요하다고 강조하는 종족민족주의는 지방주의적이라 할 수 있다. 그렇지만 그 구분이 항상 분명하지는 않다. 보편주의적 논리는 자본주의 세계 경제체제 같은 특수한 체제의 토대로 이용되어 왔으며, 종족민족주의는 종종 민족과 민족주의의 보편적인 언어를 이용한다. 월러스틴(I. Wallerstein 1990)을 보라.

2 적색노동조합 인터내셔널. 노동조합이 사회의 정치변혁과 사회혁명에 적극적으로 동참해야 한다고 주장하는 공산주의 색채를 띤 각국의 직업별·산업별 노동조합의 국제적 연맹조직. 코민테른이 1931년에 모스끄바에서 조직했으며 1937년에 해산되었다 — 옮긴이.

3 1929년 1월부터 4월까지 원산지역 노동자들이 벌인 파업을 가리킨다. 1928년에 영국인이 경영하는 라이징썬 석유회사에서 일본인 감독이 한국인 노동자를 폭행한 사건에서 촉발되었다. 일제강점기에 일어난 최대의 노동자 파업투쟁이다 — 옮긴이.

4 소작쟁의는 1920년대말에 전국적으로 일어났으며, ('적색농민조합'으로 알려진) 급진적인 농민운동이 1920년대말과 1930년대에 북서지방에서 출현했다(G. Shin 1996). 마찬가지로, 1920년대말 이래 강화된 파업은 1930년대초에 절정에 달했다(김경일 1992).

5 예컨대 1931년에 현미(玄米)는 1925년 가격의 겨우 39퍼센트에 팔렸다. 그 결과 많은 한국 가구들은 빚을 지게 되었으며 많은 사람들이 한국을 떠나 만주와 일본으로 갔다 (G. Shin 1996).

6 카터 에커트(Carter Eckert)는 다음과 같은 관찰을 한다. "해방 시기에 민족주의 감정과 활동이 자발적으로 거대하게 폭발한 것으로 보아 전쟁과 내선일체의 끔찍한 시련이 대중의 민족주의 감정을 파괴하기는커녕 사실상 그것에 불을 붙인 것이 분명하다. 1945년 8월에 자유를 찾은 첫 감격 속에서 전국의 모든 한국인이 일본의 전쟁 포스터와 깃발을 찢고 일본인의 가게와 가정의 유리창을 깨뜨렸을 때 첫번째 보복 대상들 중 하나는 증오스러운 내선일체의 상징인 지방의 신사였다. 그후 곧 분노의 촛점은 식민지정권과 그 정책에 봉사했거나 협력했던 한국인들로 옮겨갔다."(1991, 251면)

4장 북한과 '우리식 사회주의'

1 이광수와 신채호가 다 같이 비슷한 종류의 종족민족주의를 발전시켰지만 1945년 이후 남북한 모두에서 이광수는 부역자로서 치욕을 당했다. 그러나 신채호는 한국 민족주의의 대변자로 승격되었다. 물론 1장에서 언급했듯이, 신채호는 후기의 저서들에서 아나키즘과 영토회복주의로 돌아서긴 했지만 주로 초기의 종족민족주의 관련 저서들에 대한 호감 때문에 이런 것들은 중요하게 여겨지지 않았다. 이것은 해방이후의 남북한이 과거 한국의 민족적·정치적 공동체들의 담론을 현재 이용하기 위해 어떻게 선택적으로 평가했는지 보여주는 좋은 예다. 엄(1999)과 슈미트(1997)를 보라.

2 커밍스는 북한에서 나타난 반일감정을 다음과 같이 생생하게 묘사한다. "정부 통제하의 언론이 50년에 걸친 일본의 잔학행위를 과장해 떠들어대거나 일본군국주의의 부활이 임박했음을 경고하지 않은 날은 거의 없었다. 일본제국주의에 대한 저항은 여전히 너무나 강렬해서 전쟁이 막 끝난 것처럼 여겨질 정도였다. 많은 간판이 시민들에게 '항일 유격대식으로 살자'고 권유하고, 젊은 사람들은 유격대의 투쟁을 되밟는 행군을 한다"(1997, 397면).

3 1936년 5월 '조선 공산주의자들의 임무'라는 연설에서 김일성은 다음과 같이 말한 것으로 알려졌다. "조선혁명의 주역들은 조선인민과 조선 공산주의자들이다. 조선혁명은 조선 공산주의자들의 지도 아래 조선인민이 수행해야 한다. (…) 조선 공산주의자들은 그들 자신의 신념에 따라 혁명투쟁을 수행하고 그들 자신의 강고한 혁명세력을 건설해야 하며 조선혁명을 승리로 이끌면서 그것에 단호히 의지해야 한다"(1936/1977, 68면). 그는 "국제 혁명세력의 도움이 얼마나 크든 상관없이 조선 공산주의자들은 만약 조선혁명이 조국의 현실에 적합하도록 그들의 혁명노선과 전략과 전술을 계획하고 이런 토대에서 그들 자신의 혁명세력을 건설하지 않는 한 조선혁명을 승리로 이끌 수 없다"(1936/1977, 69면)고 덧붙였다. 이 연설은 "우리 식으로" 일하는 것이 중요함을 처음 언급한 것들 중 하나로 여겨진다. 하지만 북한사람들은 종종 김일성 초기의 말들을 현재의 목적에 맞게 편집했기 때문에 우리는 그것의 신빙성에 주의해야 한다.

4 그의 연구에 따르면, 김일성의 당번병들과 호위병들로 일했던 약 20명의 게릴라들은 그와 함께 북한으로 돌아왔다. 그 명단에 대해서는 한홍구(1999, 360면)를 참조.

5 주체라는 용어의 복잡한 의미에 대한 탁월한 논의는 커밍스(1997, 403~04면)를 참조할 것. 그는 주체는 "북한의 민족적 유아론을 구성하는 애매한 핵심"이라고 결론을 내린다(1997, 404면).

6 1993년 10월 북한정부는 강동읍 강동면에서 단군릉을 발견했다고 발표했다. 팔과 다리와 골반 파편을 포함한 86개의 뼛조각이 단군과 그의 아내의 것임이 확인되었다고 발표했으며, 뒤이어 그것들은 전자상자성공명 연대측정에 의해 기원전 3108년(오차 범위는 267년) 것으로 밝혀졌다고 했다. 북한정권은 그 능을 보수했으며 그것을 한민족의 출현을 축하하는 국경일인 1994년 10월 3일에 일반에 공개했다. 송호종(연도 없음)이 지적하듯이, 그것은 북한이 (내외적으로) 어려운 상황에 직면해 있던 시기에 북한사람들 사이에 민족정체성을 강화하고 북한 중심의 통일 한민족사를 제시하려는 노력이었다. 그것은 또한 한민족의 동질성과 유구성을 확인했다. 그런 단군 민족주의 고취는 새로운 것이 아니었다. 그것은 고려왕조 때 몽골이 한국을 침략했을 때와 일본이 한반도를 식민지화했을 때처럼 한국사에서는 민족이 위기에 처할 때마다 동원되었다.

7 1945년 이후 북한에는 권력투쟁을 벌인 공산주의 계열이 여럿 있었다. 그 가운데는 식민지 시기 동안 한국에 남아 있었던 공산주의자들(박헌영), 소련과 유대를 맺고 있던 공산주의자들(허가이) 혹은 중국과 유대를 맺고 있던 공산주의자들(무정)이 포함되어 있었다.

5장 일민주의와 '조국근대화'

1 예컨대 김충수는 일본과의 자유무역에 대한 한국의 인식을 평가하면서 "일제시대에 형성된 상호적대감의 유산 때문에 일본이 대통합을 제안하게 되면 일본이 한국을 지배한 기억을 불러일으키지 않을 수 없다. 많은 〔한국인들은〕 여전히 일본이 식민지배를 정당화하기 위해 벌인 모든 '아시아 이주의 꿈'을 기억하고 있다. 일본의 지역적 위상을 높이려는 최근 일본의 노력 뒤에 깔린 동기에 대한 떨칠 수 없는 의심은 일본 대중은 본래 속이 좁고 이기적인 마음을 지녔다는 널리 퍼진 인식을 반영한다. 일본인들

이 취하려고 애쓰는 모든 자유화 조처에도 그 지역 내외의 많은 사람들은 여전히 일본은 폐쇄되고 중상주의적인 경제를 유지해왔으며 지금도 그렇다고 인식하고 있다"(2001, 10면)고 한다.

2 대한이라는 이름은 삼한(기원전 2세기경)에서 생겨났으며 단군이 건설한 최초의 고조선의 유일한 정당한 상속자로 여겨졌다. 조선민주주의인민공화국과 대한민국의 "코리아"는 한국어로 조선과 대한을 각각 가리킨다.

3 정승화(鄭昇和)는 이승만은 반드시 반일주의자는 아니었다고 주장한다. 그 증거로서 이승만이 일본을 두번이나 방문했으며 미국과 일본을 포함하는 반공태평양동맹을 주창한 것을 제시한다. 그렇지만 그에 따르면 이승만 외교의 이런 측면은 대중에게 숨겨져 있었으며 역사가들은 이를 간과해왔다(1991).

4 자주라는 용어는 북한이 사용하는 주체와 같은 의미를 지닌다. 공통된 용어사용 역시 박정희와 김일성의 민족주의 이데올로기의 유사점을 입증한다.

5 그것과 식민지배 동안의 농촌 재생운동의 유사성에 대해서는 신과 한(Shin and Han 1999)을 참조.

6 아시아에서 미 지상군의 직접적인 개입을 제거하려는 의도를 지닌 독트린에 따라 닉슨대통령과 카터대통령은 남한에서 미국의 군사적, 재정적 부담을 줄이고 아시아태평양 지역에서 유연한 전략적 자세를 취하기로 결정했다. 닉슨행정부는 1971년 3월에 제7보병사단을 남한에서 철수시켰고 카터는 선거운동 기간 모든 지상군을 철수하겠다고 약속했다.

7 박정희는 1968년 12월에 국민교육헌장을 공포했다. 박정희는 "조국근대화에 따른 물질적 팽창을 지도할 우리의 정신 자세를〔제창했다〕"(1972b/1973, 162면). 모든 교과서에 실린 그 헌장은 모든 학생들에게 민족교육을 지도할 목적을 지니고 있었다. "우리는 민족 중흥의 역사적 사명을 띠고 이 땅에 태어났다"는 선언으로 시작해 그것은 "반공민주 정신에 투철한 애국애족이 우리의 삶의 길"이라고 강조했으며 "새로운 역사를 창조하자"고 끝을 맺었다. 박정희는 또한 "나는 자랑스런 태극기 앞에 조국과 민족의 무궁한 영광을 위하여 몸과 마음을 바쳐 충성을 다할 것을 굳게 다짐합니다"라는 '국기에 대한 맹세'를 보급했다. 학생들은 아침과 오후 의식 때마다 국기 앞에서 그 헌장과 맹세를 외우고 반복해야 했다. 내가 30년이 더 지난 지금도 이 헌장과 맹세를

기억하고 있다는 사실은 대중교육을 통한 민족주의 전파의 힘을 예증한다.

6장 민족 만들기에서 보편주의와 지방주의

1 보편주의와 지방주의의 정의에 대해서는 3장의 주1 참조.

2 초등학교 교과서 저자들은 당시 문명의 중심지로 여기던 뉴욕과 런던에서 그들이 보고 경험한 것에 대해 아래에 제시해놓은 자세한 설명들을 검토했다. 예컨대 초등학교 교과서인 『국민소독』(1895)의 21장은 뉴욕을 글로벌씨티로서 지리적인 위치, 인구규모, 유명한 거리, 다리 등을 자세히 소개했다. 그것은 서양 문명에 대한 경이와 호기심과 존경심으로 가득 차 있었다.

3 백성과 인민은 모두 영어의 'people'에 해당한다.

4 『고등소학』(1906)을 제외한 모든 교과서는 초등학교에서 사용했다. 『고등소학』은 중학교 교육용으로 발행되었다.

5 존 메이어의 틀을 따른다면, 55.4퍼센트는 '사회과학' 관련 주제들을 다루며, 26.53퍼센트는 '도덕과 종교 교육'을 겨냥하고, 16.43퍼센트는 '수학과 과학'에 대해 이야기한다.

6 〈표 1〉에는 세번째 범주(혼합된)가 포함되어 있지 않다.

7 여기서 나는 한국 종족민족주의의 계보를 확인하려 노력했다. 다른 사람들은 3장에서 자세하게 다룬 것처럼 또다른 경쟁관계에 있는 서구 세계주의 이데올로기인 공산주의를 포용했다.

8 『개벽』은 1920년에 출판되었지만 일본의 탄압 때문에 1926년에 출판을 중지했다가 1934년과 1935년에 잠시 다시 출판되었다. 그것은 여론, 정치, 역사, 과학기술, 예술, 스포츠와 같은 다양한 문제를 다룬 종합잡지였다. 대부분의 기고자들은 일본이나 다른 나라에서 교육을 받았다. 따라서 그들은 사회, 대중교육, 민족주의에 대한 최신의 관점들에 밝았다. 그들 중에는 민족주의자들뿐 아니라 사회주의자들도 포함되어 있었다. 그렇지만 『개벽』과는 달리 『동광』(1926~33)은 주로 민족주의자들의 잡지였다. 1920년대중엽 이래 많은 잡지들이 특정한 이데올로기적/정치적 성향을 지닌 특정 독자들을 위해 출판되었다. 그런 잡지들은 한국의 지식인과 지도자 들이 민족주의자들

과 사회주의자들/공산주의자들로 분화된 것을 반영했다. 『신계단』, 『비판』이 맑스주의를 대표했다면 『동광』은 민족주의자들을 대표했다.

9 나는 이 두 잡지에 실린 이용할 수 있는 모든 기사를 부호화했다.

10 비록 나는 두 잡지에서 취한 글들의 분석을 제시하고 있지만 각 잡지의 글들에 대한 개별 분석도 행했다. 그러나 어떤 식으로든(결합된 것이든 개별적인 것이든) 똑같은 결과를 발견했기에 결합된 글들의 분석만 이곳에 제시하기로 한다.

11 존 메이어의 틀을 이용하면, 『개벽』의 56.19퍼센트는 '사회과학'에 해당하는 주제를 다루었으며, 33.37퍼센트는 '미학교육'(예술, 음악, 데생)을 겨냥한 반면에 『동광』에서는 45.52퍼센트가 '사회과학'을, 27.48퍼센트가 '미학교육'을, 10.06퍼센트가 '도덕과 종교 교육'을 다루었다.

12 이 표에는 세번째의 '혼합된' 주제 범주가 포함되어 있지 않다.

13 위에 언급한 것처럼 주로 1925년의 『개벽』 특집 때문에 '민족지리'는 1920년대 중반에 가장 많이 수용되었다.

14 세번째의 '혼합된' 주제 범주 없이 똑같은 통계적 분석을 수행해 같은 결과를 얻었다.

15 2장에서 논의한 범아시아 민족주의의 출현은 비슷한 방식으로 이해할 수 있다. 범아시아주의 자체의 논리는 그 기원이 식민주의적이었지만 한국의 민족주의자들은 그 논리를 한국적인 내용, 즉 한국 중심의 동아시아관으로 가득 채웠다.

16 치로트(Chirot)는 동남아시아와 중앙유럽의 중국계 소수민족과 유대계 소수민족에 대한 별개의 연구에서 혈연이나 공동체 민족주의의 억압적인 힘을 지적한다. 공동체 민족주의에 관해서는 "공동체, 민족은 관련이 있는 정치적 행위자이며 하나의 목소리, 즉 엘리뜨의 목소리로 말해야 한다. 따라서 개인의 권리와 이익은 짓밟히고 반대 의견은 민족 공동체에 대한 배신이 된다"고 주장한다(1997, 23면).

17 문학, 인류학, 사회학, 정치학 같은 다양한 분야의 학자들이 민족주의의 억압적인 힘에 도전한다. 당연한 이야기이지만, 그들 사이의 한가지 공통된 맥락은 그들이 주로 탈근대적이고 탈식민지적인 연구 시각을 공유한다는 것이다. 또 새로운 잡지인 『당대비평』은 에너지의 상당 부분을 종족민족주의의 무비판적인 내면화에서 초래한 '일상생활 속의 파시즘'을 폭로하고 비판하는 데 쏟았다.

18 이것은 또한 1990년대 쏘비에뜨 제국의 소멸과도 관련이 있다.

19 강중인(2004)은 한국 보수주의의 빈곤에 책임이 있는 세가지 요인을 열거한다. 첫째
는 "보수세력이 정치와 정치권력을 독점한 것"이다. 그에 따르면, 얄궂게도 보수세력
은 1945년 이후의 한국정치를 지배함으로써 급진적이거나 진보적인 이데올로기들과
의 건설적인 대화를 통해 그들의 철학적 토대를 세련되게 닦을 기회를 갖지 못했다.
둘째는 "정치적 보수주의와 철학적 보수주의 사이의 본질적인 모순"이다. 비록 보수
주의는 원래 서양에서 근대 이전의 사회적, 정치적 질서의 옹호를 주창하고 근대화에
저항하기 위한 철학으로 발전했지만 한국에서는 보수주의가 근대화와 변화의 대행자
로 떠올랐다. 셋째로 "한국의 정치이론들이 그 형성과 수정에서 외부의(서양의) 자원
들에 지나치게 의존한다는 것"이다. 이런 역사적인 이유들로 보수주의는 한국의 상황
에 맞게 뿌리내리는 데 실패했으며 오늘날 위기에 처해 있다고 강중인은 주장한다.

7장 전통, 근대성, 민족

1 백정은 근대 이전의 일본의 에따(穢多)와 같은 세습적인 천민계급이었다. 그들은 조
선시대(1392~1910)에 도살, 무두질, 고리버들 세공 일을 했다. 김중섭(1999)을 보라.

2 레닌은 그 운동을 "새로운 사회를 낡은 가부장적인 잣대로 측정하려는 시도"라고 경
시했다(Lenin 1908, 241면).

3 『개벽』 41호(1923.11, 5면)에 실린 '신조선의 운명과 농민의 지위'라는 사설을 보라.

4 조동걸(1979, 158~233면), 『신민』(1929, 3면)에 실린 '이상향 건설' 특집, 순국선열 소
래 김중건선생 기념사업회(1994)를 참조.

5 1928년 2월 조선농민사는 전국적으로 158개 지부를 두었고 전체회원수가 1만 6570명
에 달했다. 이 단체는 또한 월간 잡지인 『조선농민』(1925~30)과 『농민』(1930~33)을
발간했다. 지수걸(1985)을 보라.

6 순국선열 소래 김중건선생 기념사업회(1994)를 참조.

7 『신민』(1929.3, 55면)에 실린 이상향 건설 특집.

8 「신조선의 운명과 농민의 지위」 8면.

9 향약의 4대 강령은 덕업상권(德業相勸), 과실상규(過失相規), 예속상교(禮俗相交), 환

난상휼(患難相恤)이다 — 옮긴이.

8장 분단과 민족대표성의 정치

1 2000년 가을에 실시한 조사에서는 45퍼센트가 정상회담에 만족한다 또는 아주 만족한다고 대답한 반면에 11퍼센트만이 만족하지 않는다고 대답했다. 또한 응답자들 중 73퍼센트와 61퍼센트는 정상회담 이후 북한사람들과 북한 공산주의에 대한 관점을 바꾸었다고 각각 대답했다.

2 한 예는 『김정일의 진실』(남북한학연구소 1993)이다.

3 정상회담 이전에 남한정부는 북한 지도자를 훨씬 더 긍정적으로 그리기 시작했다. 토오꾜오 주재 『로스앤젤레스 타임스』 통신원인 쏘니 에프론(Sonni Efron)은 '남한은 북한의 김정일의 새로운 면을 본다'는 제목으로 "매디슨 가에서 일어나는 이미지 수정만큼이나 극적인 재평가에서 한때는 여기서 분별없는 바람둥이라는 비방을 받은 그 사람을 이제는 남한 관리들과 대외정책 분석가들이 실용적이고 신중하며 박식한 것으로 묘사하고 있다"고 썼다(『로스앤젤레스 타임스』 2000.4.21).

4 미주리 주 출신의 미국 국회의원 듀이 쇼트(Dewey Short)는 1952년말에 남한을 방문한 후 그 분단을 "중대한 실수"로 규정했으며 그 지역에서 어떤 항구적인 평화도 기대할 수 없다고 주장했다. 그는 1953년 이승만 대통령의 4월 12일자 성명을 미국 연방의회 의사록에 포함하기 위해 아래의 견해를 밝혔다. "삼팔선을 따라 독단적이고 임의적인 가상의 선을 그어 한반도를 두개로 분할한 것은 중대한 실수였습니다. 한국은 동질적인 사람들로 이루어지고 풍부한 전통을 지닌 오랜 문명국가입니다. 남북한사람들은 같은 종족적 기원을 갖고 있습니다. 그들은 같은 언어를 사용하며, 같은 관심사, 이상, 희망, 포부, 자유에 대한 사랑을 지니고 있고, 분단되어서는 안됩니다. 우리가 우리나라 사람들을 미주리를 경계로 동과 서로 갈라놓고 평화가 있기를 바라는 편이 더 나을 것입니다. 그런 일은 있을 수 없으며 있어서도 안됩니다. 한국이 분단된 상태로는 극동이나 세계에 항구적인 평화나 경제적 안정이 있을 수 없습니다"(『서양의 눈을 통해 본 이승만』 1954, 9~10면).

5 2000년의 조사에서 응답자들 중 91.72퍼센트가 한반도의 북쪽을 '북한'이라고 부르는 반면에 74.48퍼센트는 남쪽을 '한국'이라고 부르는 것은 주목할 만하다.

6 1949년 9월 30일에 로버트 올리버에게 보낸 편지에서 이승만은 한반도에서 냉전을 다루는 소련과 미국의 전략을 비교했다. 이승만의 관점에서 보면 "소련의 냉전은 항상 이기는 전쟁이다. (…) 〔왜냐하면〕 그들은 인민이 서로 싸우도록 자극하기 위해 공산주의 선동가들에게 돈, 무기, 선전문학을 주기 때문이다." 반대로 "소위 냉전에서 지금 미국이 하고 있는 일은 지는 전쟁이며 만약 우리가 조용히 앉아서 이 악한들을 피하기만 한다면 어떤 인간의 살과 신경도 아주 오랫동안 버틸 수 없다"고 주장했다(이승만 1949d, 29면).

9장 민족, 역사, 정치

1 예컨대 그는 "우리는 비록 지금 남북으로 갈라져 있지만 우리는 같은 운명을 지니고 하나의 언어, 하나의 역사, 같은 인종적 기원에 의해 묶인 하나의 존재이다. 이데올로기는 변하지만 민족은 그대로이며 지속된다. 우리는 **분리할 수 없는 한민족**으로서의 우리의 정체성을 재빨리 회복해야 하며, 민족정체성이 북한 땅에서 재생될 수 있도록 역사적인 전환점을 가져오기 위해 대담하게 매진해야 한다"고 선언했다(1972a/1973, 22면; 강조는 인용자). 또한 Shin et al(1999)을 보라.

2 당시의 주한 미대사인 윌리엄 글레이스틴은 미군의 지휘하에 있던 제20보병사단이 미국의 동의 아래 서울에서 광주로 이동한 것을 인정한다(W. Gleysteen 1986). 광주항쟁에 대해서는 클라크(Clark 1988)와 신과 황(Shin and Hwang 2003)을 참조.

3 사설 '한국의 민중과 더불어', 『응답능력』(1984년 여름호) 2면, 한국의 민주주의와 통일 관련 UCLA 문서 컬렉션.

4 한국신학교 학생회의 전단 '피로 쓰는 선언'(1980.10.8), 한국의 민주주의와 통일 관련 UCLA 문서 컬렉션.

5 한국천주교정의평화위원회, '한국천주교정의평화위원회가 보내는 편지'(1986.3.3); 민주주의와 통일을 위한 연합민중운동, '장기집권 음모를 단호히 분쇄하자'(1986.10.30),

한국의 민주주의와 통일 관련 UCLA 문서 컬렉션.

6 '민족상황에 대한 제2차 연합성명'(1980. 5. 한국의 22개 대학이 서명), 한국의 민주주의와 통일 관련 UCLA 문서 컬렉션.

7 한국기독교교회협의회, '민족의 현 정세에 관한 선언'(1986.3.14), 한국의 민주주의와 통일 관련 UCLA 문서 컬렉션.

8 한국천주교정의평화위원회, '한국천주교정의평화위원회가 보낸 편지'; 천주교사회운동협의회, '분단된 민족의 재통일을 위하여'(1986.6.18), 한국의 민주주의와 통일 관련 UCLA 문서 컬렉션.

9 경희대학교민주학생연합, '민족의 이름으로 살인자 전두환을 처단하자'(1980.9.9); 함석헌 외, '남한의 민주지도자들이 노태우(盧泰愚) 대통령과 김일성 주석에게 보내는 편지'(1988.5.11), 한국의 민주주의와 통일 관련 UCLA 문서 컬렉션.

10 망원한국사연구실 한국근대 민중운동사 서술분과, 『한국근대민중운동사』 돌베개, 1989; 『역사비평』 1990년 겨울호 15~71편에 실린 특집 '역사가 10인에게 듣는다'를 보라.

11 역사문제연구소 민족해방운동사 연구반, 『민족해방운동사: 쟁점과 과제』 역사비평사, 1990, 15면.

12 전국교직원노동조합 결성선언문(1989.5.28), 한국의 민주주의와 통일 관련 UCLA 문서 컬렉션.

13 '오늘의 교육과 전국교직원노조'(날짜 미상), 한국의 민주주의와 통일 관련 UCLA 문서 컬렉션, 15~16면.

14 퓨리써치쎈터(Pew Research Center for the People and the Press)가 발행한 『2002년에 세계는 무엇을 생각하는가』(What the World Thinks in 2002) 55면을 보라.

10장 종족정체성과 민족통일

1 통일 독일은 1990년대 종족민족주의의 재출현을 경험했다. 독일의 엘리뜨는 불법화된 독일민주공화국정권과 독일연방공화국의 정치에 무관심한 사람들을 포함하는 고

통스러운 재통일과정을 대중이 참도록 유인하기 위해 종족민족주의에 호소하고 있다. 종족적 유대를 이렇게 전략적으로 이용하는 것은 일반적인 정치적 구호가 "우리는 국민이다"에서 "우리는 하나의 국민이다"로 변화한 것에서 명백하게 드러난다. 전쟁 전에 나치즘과 연결된 것 때문에 이전에는 불신을 받았던 종족민족주의는 아주 유용한 정치적 자산이 되었다. 동시에 그런 전략적인 민족주의 이용은 우려를 불러일으켰다. 일부 독일 지식인들은 그것을 "민감한 집단정신에서 나온 민족주의"가 아니라 빠른 흡수통일 과정에 기여하고 있는 "엘리트의 냉정하게 계산된 민족주의"로 보고 있다(Offe 1990, 2면; 또한 Fulbrook 1994; Habermas 1996을 보라).

2 아주 놀랍게도, 이 의제에 대한 경험적인 조사가 별로 이루어지지 않았다. 좀더 최근에 일부 학자들(예컨대 그린커)이 이런 문제들을 문화적으로 분석했다.

3 이런 변수들은 우리의 조사가 있기 5개월 전에 열린 정상회담이 어떤 영향을 미쳤는지 대조하기 위해 여기에 포함했다.

4 〈부록 3.2〉에 있는 통일과 관련된 변수들에 가장 강하고 가장 지속적으로 전반적 영향을 미치는 요인은 정상회담에 대한 만족도다. 즉 정상회담에 만족한 사람들일수록 통일을 승인하고 북한에 대한 특별지원을 더 지지한다. 이것은 북한에 대한 남한의 개입정책이 실제로 통일에 대한 한국인들의 열망과 통일비용을 받아들이려는 자발성을 고조시켰음을 뜻한다.

5 이 점은 〈부록 3.2〉에 제시된 것같이 응답자들의 북한에 대한 지식이 구호 프로그램 참여에 미치는 유의미한 영향에 의해 뒷받침된다. 즉 북한의 기근에 대해 잘 아는 사람들은 북한 구호 프로그램에 참가하는 경향이 있었다.

6 젠더는 여러 모델에서 유의미해 보이는 또다른 인구통계학적 변수다. 일반적으로 남성 응답자들은 통일을 더 강하게 열망하며 통일을 위해 더 기꺼이 희생하려고 한다. 이것은 아마도 남성이 일반적으로 정치적 담론과 통일과 관련된 문제들에 대해 더 적극적으로 표현하기 때문인 듯하다. 동시에 그것은 통일담론은 남성화되어 있으며, 그렇다면 더 조사해볼 만한 가치가 있다는 페미니스트의 주장을 뒷받침할 수도 있다.

7 당연한 일이지만, 미군 철수 변수는 패권적 통일에 부정적이면서도 의미있는 영향을 지닌다. 즉 미국이 한국에서 군대를 철수하기를 바라는 사람들은 남한이 주도하는 패권적 통일에 반대할 가능성이 더 높다.

382

11장 민족주의와 세계화 사이에서

1 그렇지만 이튼과는 달리 남녀공학의 사립학교다. 웹싸이트 http://www.minjok.hs.kr 참조.

2 김영삼 대통령이 (서울이 아니라) 씨드니에서 호주 국빈방문을 취재하기 위해 동행한 한국 기자들과 가진 기자회견에서 세계화 비전을 처음으로 공식 논의했다는 것을 주목하라. 이것은 세계화를 추진하려는 그의 의지를 나타내기 위한 전략으로 계획된 듯하다.

3 1991년에 해외 노동자들의 수(합법 노동자와 불법 노동자를 다 포함)는 5만명 이하였다. 그 숫자는 1997년 재정위기 직후 일시적으로 감소하긴 했지만 1990년대에 대폭 늘어났다. 석현호·정기선·장준오(1997)을 보라.

4 해외유학 자체는 한국인들에게 새로운 것이 아니다. 그렇지만 과거에는 (나 자신을 포함한) 대부분의 한국인들이 대학원 공부를 하기 위해 해외로 갔다. 이제 사람들은 고등학교와 대학에 다니기 위해서도 한국을 떠난다. 이런 새로운 현상은 중요한 사회적·정책적 문제다. 사회적으로 이것은 새로운 문제를 낳는다. 아내들과 자식들은 한국을 떠나는 반면에 남편들은 해외에 있는 가족을 부양하기 위해 일을 하려고 한국에 머무르기 때문에 많은 한국 가정은 분열되었다. 아주 어린 시절에 한국을 떠난 사람들이 다시 고국으로 돌아올 것인지도 분명하지 않기 때문에 그것은 또한 결정적인 정책적 문제다. 이것은 새로운 형태의 '두뇌 유출'이 될 수 있으며 장기적인 조사가 필요하다.

5 1998년에 소설가 복거일이 『국제어 시대의 민족어』라는 제목의 책을 출판했다. 그 책에서 그는 영어를 한국의 공용어로 만들어야 한다고 주장했다. 그의 주장은 영어는 국제어가 되었기 때문에 한국인들이 국제화해가는 세계에서 좀더 잘 경쟁하기 위해 영어를 습득해야 한다는 전제에 토대를 두고 있다. 비록 그 책의 출판은 열띤 논쟁을 불러일으켰으며 그의 주장은 민족 이익과 배치된다는 비판을 받았지만 그의 책이 민족주의적 동기를 벗어난 것은 아니다. 그의 주장에 대한 논의는 http://anu.andong.ac.kr/soongu/word/bokkeuil.htm 참조.

6 지구화와 관련된 현재의 문헌에 대한 최근의 리뷰에서 마우로 귈런(Mauro Guillen

2001)은 다음과 같은 다섯가지 주요 논의를 확인한다. (1) 지구화는 정말 일어나고 있는가? (2) 그것은 수렴을 낳고 있는가? (3) 그것은 민족국가의 권위를 훼손하는가? (4) 지구성(globality)은 근대성과 다른가? (5) 지구적 문화는 형성되고 있는가?

7 대중적인 수준의 지구화과정에 대한 논의는 신기욱(2004)을 참조.

8 알포드(C. F. Alford)는 심지어 대부분의 한국인들에게는 지구화가 북한보다 더 무서운 사상이라고 주장한다. 그 이유는 북한사람들은 혈연관계가 있지만 지구화는 "그 온기가 사랑보다는 증오에서 생겨나는 유대를 포함해 따뜻한 인간적인 유대가 엄격하게 도구적인 만남들로 바뀌는 것"을 뜻하기 때문이다(1999, 146면).

9 http://www.okf.or.kr을 보라. 재외동포재단은 김영삼정부 말기(1997.10.31)에 설립되었지만 실재로 김대중 정부에서 기능을 발휘하기 시작했다.

10 이런 지역 축제와 행사의 확산은 또한 '지방자치' 실시와 관련이 있었다. 예전에는 중앙정부에서 시장, 도지사, 시의원 같은 지방 공무원들을 임명했던 것과는 달리 지금은 선출된다. 정부 기능의 지방 분산은 또한 민주화과정의 한 특징으로 여겨진다.

11 http://www.confucianfestival.org.을 보라.

12 http://www.kowiz.com을 보라.

13 흥미롭게도 교육부는 한국 내 한국학을 장려하는 역할을 담당하고 있는 반면에 외교통상부는 해외의 한국학을 담당하고 있다.

14 다른 예로는 조선왕조 시대의 한국인들의 사회적·문화적 삶을 다룬 여러 권으로 된 책이 있다. 한국역사연구회(1996)를 참조.

15 물론 이것은 한국에만 있는 것이 아니다. 동남아시아에서 장기집권을 하는 지도자들, 특히 말레이시아의 마하티르 모하메드와 씽가포르의 리관유는 같은 문화에 바탕을 둔 아시아 정체성을 주창했다. 또한 뚜 웨이밍(Tu Wei-Ming) 같은 서양 학자들은 유교 유산에 바탕을 둔 동아시아의 근대성을 주목했다. 뚜(1996)를 보라.

16 아주 흥미롭게도 이 단체의 많은 지도자들은 박정희 시대에 정부에 봉사한 사람들의 자식들이었다. 그들은 또한 자신들의 사상과 주장을 토론하고 전파하기 위해 『전통과 현대』라는 새로운 잡지를 발간했다. 내가 보기에 그들의 의제는 학문적인 동시에 정치적인 것 같다.

17 초국가 세력이 민족적 의제를 효과적으로 전유하긴 했지만 그 과정에 잠재적 권위주

의의 위험이 존재한다. 예컨대 근대화의 주체로서 개발 국가는 집단적·국가적 이익, 즉 '조국근대화'를 위해 개인적 이익과 시민권을 희생하도록 요구했다. 또한 지구화를 전유하면서 심지어 민주적으로 선출된 김대중정부조차도 재외한국인과 관련된 특별법의 공표를 밀어붙였는데, 그 법은 중국과 러시아에 있는 동포들이 혜택을 보지 못하게 막았다. 그런 배제는 혜택을 그들에게까지 확대하면 이들 가난한 동포들에게 문호를 개방하고 그 결과 그들이 국내로 유입됨으로써 한국에 사회적·경제적 문제를 야기할 것이며 따라서 민족 이익을 방해할 것이라는 이유로 정당화되었다. 한국은 또한 중국과 동남아시아에서 온 이주노동자들을 계속 차별하고 있다.

| 참고문헌 |

Abelmann, Nancy (1993) Minjung Theory and Practice, in *Cultural Nationalism in East Asia*, ed. Harumi Befu. Berkeley: Institute of East Asian Studies.

Alford, C. Fred (1999) *Think No Evil: Korean Values in the Age of Globalization*. Ithaca, Cornell University Press.

Allen, Chizuko (1990) Northeast Asia Centered around Korea. *Journal of Asian Studies* 49: 787~806면.

Amsden, Alice (1989) *Asia's Next Giant: South Korea and Late Industrialization*. Oxford University Press.

Anderson, Benedict (1983) *Imagined Communities: Reflections on the Origins and Spread of Nationalism*. Verso. (『상상의 공동체: 민족주의 기원과 전파에 대한 성찰』, 윤형숙 옮김, 나남 2002)

Appadurai, Arjun (1990) Disjuncture and Difference in the Global Cultural Economy. In *Global Culture*, ed. Mike Featherstone. Sage Publications.

295~310면.

Arendt, Hannah (1951) *The Origins of Totalitarianism*. A Harvest Book.

Armstrong, Bruce (1989) Racialization and Nationalist Ideology: The Japanese Case. *International Sociology* 4. 329~43면.

Armstrong, Charles (2003) *The North Korean Revolution*. Cornell University Press.

Baldwin, Frank (1969) The March First Movement: Korean Challenge and Japanese Response. Ph.D. diss., Columbia University.

Barlow, Tani (1997) *Formations of Colonial Modernity in East Asia*. Duke University Press.

Beasley, W. G. (1990) *The Rise of Modern Japan*. St. Martin's Press.

Befu, Harumi (1993) Nationalism and Nihonjinron. In *Cultural Nationalism in East Asia*. ed. Harumi Befu. Institute of East Asian Studies.

Berger, Peter L., and Hsin-Huang Michael Hsiao, eds. (1988) In *Search of an East Asian Development Model*. Transaction Books.

Berger, Susan (1996) Introduction. In *National Diversity and Global Capitalism*, ed. Susan Berger and Ronald Dore. Cornell University Press. 1~25면.

Breuilly, John (1994) *Nationalism and the State*. University of Chicago Press.

Brubaker, Rogers (1992) *Citizenship and Nationhood in France and Germany*. Harvard University Press.

_____ (1996) *Nationalism Reframed*. Cambridge University Press.

_____ (1998) Myths and Misconceptions in the Study of Nationalism. In *The State of the Nation: Ernest Gellner and the Theory of Nationalism*, ed. John A. Hall. Cambridge University Press. 272~306면.

Buswell, Robert (1998) Imagining "Korean Buddhism." In *Nationalism and the Construction of Korean Identity*, ed. Hyung Il Pai and Timothy Tangherlini. Institute of East Asian Studies. 73~107면.

Calhoun, Craig (1993) Nationalism and Ethnicity. *Annual Review of Sociology* 19.

_____ (1994) Nationalism and Civil Society: Democracy, Diversity and Self-Determination. In *Social Theory and the Politics of Identity*, ed. Craig Calhoun. Blackwell.

_____ (1997) *Nationalism.* University of Minnesota Press.

Catholic Social Movement Council. (1986.6.18) For the Reunification of Our Divided Nation. UCLA Archival Collection on Democracy and Unification in Korea.

Chandra, Vipin (1974) An Outline Study of the Inchin-hoe (Advancement Society) of Korea. *Occasional Papers on Korea* 2. 43~72면.

Chatterjee, Partha (1986) *Nationalist Thought and the Colonial World.* University of Minnesota Press.

Cheong, Sung-Hwa (1991) *The Politics of Anti-Japanese Sentiment in Korea.* Greenwood Press.

Chirot, Daniel (1991) What Happened in Eastern Europe in 1989. In *The Crisis of Leninism and the Decline of the Left*,ed. Daniel Chirot. University of Washington Press. 3~32면.

_____ (1997) Conflicting Identities and the Dangers of Communalism. In *Essential Outsiders: Chinese and Jews in the Modern Transformation of Southeast Asia and Central Europe*, ed. Daniel Chirot and Anthony Reid. University of Washington Press. 3~32면.

388

Choi, Chungmoo (1993) The Discourse of Decolonization and Popular Memory. *Positions* 1.1. 77~102면.

Choi, Jang Jip (1993) Political Cleavages in *South Korea*. In *State and Society in Contemporary Korea*, ed. Hagen Koo. Cornell University Press.

「전국교직원 노동조합 결성선언문」(1989.5.28) UCLA Archival Collection on Democracy and Unification in Korea.

Chung, Chai-Sik (1995) *A Korean Confucian Encounter with the Modern World: Yi Hang-no and the West.* Institute of East Asian Studies.

Clark, Donald, ed. (1988) *The Kwangju Uprising: Shadows over the Regime in South Korea.* Westview Press.

Connor, Walker (1984) *The National Question in Marxist-Leninist Theory and Strategy.* Princeton University Press.

_____ (1994) *Ethnonationalism: The Quest for Understanding.* Princeton University Press.

Cooper, Scott (2000) Stalinism. (http://www.marxists.org/glossary/terms/s/t.htm#stalinism.)

Coser, Lewis (1971) *Masters of Sociological Thought.* Harcourt Brace Jovanovich, Inc.

Cumings, Bruce (1981) *The Origins of the Korean War.* Vol. 1. Princet on University Press. (『한국전쟁의 기원』, 김자동 옮김, 일월서각 1986)

_____ (1984) The Legacy of Japanese Colonialism in Korea. In *The Japanese Colonial Empire, 1895~1945*, ed. Ramon Myers and Mark Peattie. Princeton University Press. 479~96면.

_____ (1993) The Corporate State in North Korea. In *State and Society in*

Contemporary Korea, ed. Hagen Koo, 197~230면. Cornell University Press.

_____ (1997) *Korea's Place in the Sun: A Modern History*. W. W. Norton and Co. (『브루스커밍스의 한국현대사』, 김동노 외 옮김, 창비 2001)

Davis, Winston (1996) *The Moral and Political Naturalism of Baron Kato Hiroyuki*. Institute of East Asian Studies.

Deutsch, Karl (1953) *Nationalism and Social Communication*. MIT Press.

Diamond, Larry, and Marc Plattner, eds. (1994) *Nationalism, Ethnic Conflict, and Democracy*. Johns Hopkins University Press.

Dittmer, Lowell, and Samuel Kim (1993) In Search of a Theory of National Identity. In *China's Quest for National Identity*. ed. L. Dittmer and S. Kim. Cornell University Press.

Doak, Kevin (1997) What Is a Nation and Who Belongs? National Narratives and the Ethnic Imagination in Twentieth-Century Japan. *American Historical Review* 102. 283~309면.

Dong, Wonmo (1987) University Students in South Korean Politics: Patterns of Radicalization in the 1980s. *Journal of International Affairs* 40.

Duara, Prasenjit (1995) *Rescuing History from the Nation*. University of Chicago Press.

_____ (1997) Transnationalism and the Predicament of Sovereignty: China, 1900~1945. *American Historical Review* 102. 1030~51면.

_____ (2003) *Sovereignty and Authenticity: Manchukuo and the East Asian Modern*. Roman and Littlefield.

Duncan, John (1998) Proto-Nationalism in Pre-modern Korea. In *Perspectives on Korea*, ed. Sang-Oak Lee and Duk-Soo Park. Wild Peony Press. 198~221면.

Durkheim, Emile (1933) *The Division of Labor in Society*. The Free Press.

Eckert, Carter, et al. (1990) *Korea Old and New: A History*. 일조각.

_____ (1991) *Offspring of Empire: The Koch'ang Kims and the Colonial Origins of Korean Capitalism*. University of Washington Press. (『제국의 후예: 고창 김씨가와 한국 자본주의의 식민지 기원, 1876~1945』, 주익종 옮김, 푸른역사 2008)

Editoral (1984) With the Minjung (People) of Korea, *Response-Ability* (summer): 2. UCLA Archival Collection on Democracy and Unification in Korea.

Em, Henry (1999) Minjok as a Modern and Democratic Construct: Sin Ch'aeho's Historiography of Korea. In *Colonial Modernity in Korea*, ed. Gi-Wook Shin and Michael Robinson. Cambridge. Harvard University Asia Center. 336~61면. (「근대적·민주적 구성물로서의 '민족': 신채호의 역사 서술」, 신기욱·마이클 로빈슨 엮음 『한국의 식민지 근대성』, 도면회 옮김, 삼인 2006, 439~68면)

Emigh, Rebecca (1997) The Power of Negative Thinking: The Use of Negative Case Methodology in the Development of Sociological Theory. *Theory and Society* 26. 649~84면.

Eto, Shinkichi, and Marius Jensen, trans. (1988) *My Thirty Years Dream: The Autobiography of Miyazaki Toten*. Princeton University Press.

Evans, M. D. R., and Jonathan Kelley (2002) National Pride in the Developed World. *International Journal of Public Opinion Research* 14.3. 303~38면.

Evans, Peter. (1995) *Embedded Autonomy: States and Industrial Transformation*. University of California Press.

Featherstone, Mike (1990) *Global Culture*. Sage Publications.

Fukuzawa, Yukichi (1973) *An Out line of a Theory of Civilization*. Trans. David
A. Dilworth and G. Cameron Hurst. Sophia University.

Fulbrook, Mary (1994) Aspects of Society and Identity in the New Germany.
Daedalus1 23. 211~34면.

Gann, Lewis (1984) Western and Japanese Colonialism: Some Preliminary
Comparisons. In *The Japanese Colonial Empire, 1895~1945*, ed. Ramon
Myers and Mark Peattie. Princeton University Press.. 497~525면

Geertz, Clifford (1963) The Integrative Revolution: Primordial Sentiments and
Civic Politics in the New States. In *Old Societies and New States: The Quest
for Modernity in Asia and Africa*. ed. Clifford Geertz. Free Press.

Gellner, Ernest (1983) *Nations and Nationalism*. Cornell University Press.

Gerschenkron, Alexander (1962) *Economic Backwardness in Historical
Perspective*. Harvard University Press.

Giddens, Anthony (1984) *The Nation State and Violence*. Polity Press.

_____ (1990) *The Consequences of Modernity*. Polity Press.

Gills, Barry, and Dongsook Gills (2000) Globalization and Strategic Choice in
South Korea: Economic Reform and Labor. In *Korea's Globalization*, ed.
Samuel Kim. Cambridge University Press. 29~53면

Gleysteen, William H. Jr. (1986) Korea: A Special Target of American Concern.
In *The Diplomacy of Human Rights*, ed. David Newsom. University Press of
America.

Gramsci, Antonio (1971) *Selections from the Prison Notebooks*, Edited and
translated by Quinten Hoare and Geoffrey Nowell Smith. Lawrence and
Wishart.

Greenfeld, Liah (1992) *Nationalism: Five Roads to Modernity.* Harvard University Press.

Grinker, Roy Richard (1998) *Korea and Its Futures: Unification and the Unfinished War.* St. Martin's Press.

Guillen, Mauro (2001) Is Globalization Civilizing, Destructive or Feeble? A Critique of Five Key Debates in the Social Science Literature. Annual Review of Sociology 27. 235~60면.

Habermas, Jurgen (1991) *The Structural Transformation of the Public Sphere.* MIT Press. (『공론장의 구조변동』, 한승완 옮김, 나남 2001)

_____ (1996) National Unification and Popular Sovereignty. *New Left Review* 219. 3~13면.

함석헌 편 (1988.5.11) Letter of South Korean Democratic Leaders to Presidents Rho Tae Woo and Kim Il Sung. UCLA Archival Collection on Democracy and Unification in Korea.

한홍구 (1999) Wounded Nationalism: The Minsaengdan Incident and Kim Il Sung in Eastern Manchuria. Ph.D. diss., University of Washington.

Harmon-Jones, Eddie, and Judson Mills, eds. (1999) *Cognitive Dissonance: Progress on a Pivotal Theory in Social Psychology.* American Psychological Association.

Harvey, David (1989) *The Condition of Postmodernity.* Blackwell.

Havens, Thomas (1974) *Farm and Nation in Modern Japan.* Princeton University Press.

Hechter, Michael (1975) *Internal Colonialism.* University of California Press.

_____ (2000) *Containing Nationalism.* Oxford University Press.

Hedetoft, Ulf (1999) The Nation-State Meets the World: National Identities in the Context of Transnationality and Cultural Globalization. *European Journal of Social Theory* 2.1. 71~94면.

Henderson, Gregory (1986) Why Koreans Turn against US. *Washington Post*, July 1.

Hirst, Paul, and Grahame Thompson (1996) *Globalization in Question*. Polity Press.

Hobsbawm, Eric (1990) *Nations and Nationalism Since 1780*. Cambridge University Press. (『1780년 이후의 민족과 민족주의』, 강명세 옮김, 창비 1994)

Hobsbawm, Eric, and Terence Ranger, eds. (1983) *The Invention of Tradition*. Cambridge University Press. (『만들어진 전통』, 박지향·장문석 옮김, 휴머니스트 2004)

Horowitz, Donald (1985) *Ethnic Groups in Conflict*. University of California Press.

_____ (2001) *The Deadly Ethnic Riot*. University of California Press.

Huang, Philip (1972) *Liang Ch'i-ch'ao and Modern Chinese Liberalism*. University of Washington Press.

Jager, Sheila (2003) *Narratives of Nation Building in Korea*. M. E. Sharpe.

Janelli, Roger (1986) The Origins of Korean Folklore Scholarship. *Journal of American Folklore* 99. 24~49면.

Johnson, Chalmers (1982) *MITI and the Japanese Miracle*. Stanford University Press.

Jowitt, Kenneth (1987) Moscow Centre. *East European Politics and Society*. 1, 3면.

Kang, C. S. Eliot (2000) Segyehwa Reform of the South Korean Developmental

State. In *Korea's Globalization*, ed. Samuel Kim. Cambridge University Press. 76~101면.

Kang, Jung-In (2004) The Dilemma of Korean Conservatism. Paper presented at the Korean Luncheon Seminar at the Asia-Pacific Research Center of Stanford University (April 9).

Katzenstein, Peter (1997) Introduction: Asian Regionalism in Comparative Perspective. In *Network Power: Japan and Asia*, ed. Peter Katzenstein and Takashi Shiraishi. Cornell University Press. 1~46면.

Kim, Chungsoo (2001) Perceptions on Free Trade: The Korean Debate over the Japan-Korea Free Trade Agreement. A working paper at the Brookings Institution.

Kim, Eun Mee (1997) *Big Business, Strong State*. State University of New York Press.

Kim, Il Sung (1936/77) The Tasks of Korean Communists. In *On Juche in Our Revolution*, vol. 1. Weekly Guardian Associates, Inc.

_____ (1950/79) Every Efforts for Victory in the War. In *Kim Il Sung chojakchip*, vol. 9, 123~29면.

_____ (1955/77) On Eliminating Dogmatism and Formalism and Establishing Juche in Ideological Work. In *On Juche in Our Revolution*, vol. 1. Weekly Guardian Associates, Inc. 135~57면.

_____ (1965/72) On Socialist Construction and the South Korean Revolution in the Democratic People's Republic of Korea. In *Juche! The Speeches and Writings of Kim Il Sung*, ed. Li Yuk-Sa. Grossman Publishers. 23~64면.

_____ (1982) *On Juche in Our Revolution*. Foreign Languages Publishing

House.

_____ (1984) *Works* 19. Foreign Languages Publishing House.

Kim, Jong Il (1974/85) On Some Questions in Understanding the Juche Philosophy. In On the Juche Idea of Our Party. Foreign Languages Publishing House.

_____ (1976/85) On Correctly Understanding the Origins of Kimilsungism. In *On the Juche Idea of Our Party*. Foreign Languages Publishing House.

_____ (1982/85) On the Juche Idea. In *On the Juche Idea of Our Party*. Foreign Languages Publishing House.

_____ (1990) Socialism of Our Country is a Socialism of Our Style as the Embodiment of the Juche Idea. (http://www.ndfsk.dyn.to/juche/11.html.)

_____ (1998) Let Us Reunify the Country Independently and Peacefully Through the Great Unity of the Entire Nation. (http://www.korea-np.co.jp/pk/040th_issue/98042901.html.)

Kim, Joong-Seop (1999) In Search of Human Rights: The Paekchong Movement in Colonial Korea. In *Colonial Modernity in Korea*, ed. Gi-Wook Shin and Michael Robinson. Harvard University Asia Center. 311~35면. (「인권을 찾아서: 식민지 한국의 백정운동」, 신기욱·마이클 로빈슨 엮음 『한국의 식민지 근대성』, 도면회 옮김, 삼인 2006, 439~68면)

Kim, Kwang-ok (1999) Cultural Integration: Anthropological Approach to Unification. *Korea Focus* 7.3. 1~7면.

Kim, Samuel, ed. (2000) *Korea's Globalization*. Cambridge University Press.

Kim, Sun-Hyuk (2000) *The Politics of Democratization in Korea*. University of Pittsburgh Press.

Kim, Young Sam (1996) *Korea's Reform and Globalization.* Korean Overseas Information Service.

Koh, B. C. (1994) A Comparison of Unification Policies. In *Korea and the World: Beyond the Cold War*, ed. Young Whan Khil. Westview Press. 153~65면.

Kohli, Atul (1994) Where Do High Growth Political Economies Come From? The Japanese Lineage of Korea's "Developmental State." *World Development* 22.9. 1269~93면.

Kohn, Hans (1945) *The Idea of Nationalism.* MacMillan.

Koizumi Tetsunori (1993) *Interdependence and Change in the Global System.* University Press of America.

Koo, Hagen (1993) *State and Society in Contemporary Korea.* Cornell University Press.

Korean Catholic Council for Justice and Peace. March 3, 1986. Letter from the Korean Catholic Council for Justice and Peace. UCLA Archival Collection on Democracy and Unification in Korea.

Krippendorf, K. (1980) *Content Analysis: An Introduction to its Methodology.* Sage Publications.

Kuzio, Taras (2002) The Myth of the Civic State: A Critical Survey of Hans Kohn's Framework for Understanding Nationalism. *Ethnic and Racial Studies* 25.1. 20~39면.

Kyunghee University Democratic Students Federation. (1980.9.9) Let's Punish the Murderer Chun Doo-Hwan in the Name of Our Nation. UCLA Archival Collection on Democracy and Unification in Korea.

Larson, Eric, and Norman Levin (2004) Ambivalent Allies?: A Study of South

Korean Attitudes toward the U.S. Technical Report, Rand Corporation, CA.

Lebra, Joyce, ed. (1975) Japan's Greater East Asia Co-Prosperity Sphere in World War II: *Selected Readings and Documents*. Oxford University Press.

Lee, Chong-Sik (2001) *Syngman Rhee: The Prison Years of a Young Radical*. Yonsei University Press.

Lee, Chulwoo (1996) Law, Culture and Conflict in a Colonial Society: Rural Korea under Japanese Rule. Ph.D. diss., Department of Law, London School of Economics and Political Science.

Lee, Kwang-Rin (Yi Kwangrin) (1978) Korea's Responses to Social Darwinism. *Korea Journal* April, 36~37; May, 42~49.

Lee, Namhee (1994) The South Korean Student Movements, 1980~87. In *Chicago Occasional Papers on Korea*, ed. Bruce Cumings, 204~45면.

Lee, Peter, ed. (1996) *Sourcebook of Korean Civilization*. Vol. 2. Columbia University Press.

Lenin, V. I. (1908) A Characterization of Economic Romanticism. In *Collected Works*, vol. 2. Progress Publishers.

_____ (1916) Opportunism and the Collapse of the Second International. In *Collected Works*, vol. 22, 108~20면(www.marxists.org/archive/lenin/1916/jan/x02.htm.에서 재수록)

_____ (1920) Preliminary Draft Theses on the National and Colonial Questions. In *Collective Works*, vol. 31, 144~51면. (www.marx2mao.org/Lenin/DTNCQ20.html.에서 재수록)

Lie, John (2001) *Multiethnic Japan*. Harvard University Press.

Manent, Pierre (1994) *An Intellectual History of Liberalism*. Princeton University

Press.

Mann, Michael (1993) *The Sources of Social Power*. Vol. 2. Cambridge University Press.

_____ (1994) A Political Theory of Nationalism and Its Excesses. Estudio Working Paper 1994/57.

_____ (2004) *Fascists*. Cambridge University Press.

Mao, Tse-Tung (1935) On Tactics against Japanese Imperialism. (http://www.ex. ac.uk/Projects/mela/Mao/351227.htm.)

_____ (1938/75) Patriotism and Internationalism. In *Selected Works of Mao*, vol. 2. Foreign Languages Press.

Marques, Jose, and Vincent Yzerbyt (1988) The Black Sheep Effect: Judgmental Extremity Toward In-group Members in Inter- and Intra-Group Situations. *European Journal of Social Psychology* 18, 287~92면.

Marques, Jose, Vincent Yzerbyt, and Jacques-Philippe Leyens (1988) The "Black Sheep Effect": Extremity of Judgment Towards In-group Members as a Function of Group Identification. *European Journal of Social Psychology* 18, 1~16면.

Merrill, John (1989) *Korea: The Peninsula Origins of the War*. University of Delaware Press.

Meyer, John, John Boli, George Thomas, and Francisco Ramirez (1997) World Society and the Nation-State. *American Journal of Sociology* 103.1. 144~81면.

Meyer, John, David Kamens, and Aaron Benavot (1992) *School Knowledge for the Masses*. The Falmer Press.

Moon, Bu-Shik(Mun Pusik) (1982) Why Did I Commit Arson? UCLA Archival

Collection on Democracy and Unification.

Moon, Chung-In (1995) Globalization: Challenges and Opportunities. *Korea Focus* 3.3. 62~77면.

Moore, Barrington,Jr. (1966) *Social Origins of Dictator ship and Democracy*. Beacon Press.

Mostov, Julie (1994) Democracy and the Politics of National Identity. Studies in East *European Thought* 46.

Mun, Pusik (1982) Why I Committed Arson. March. UCLA Archival Collection on Democracy and Unification.

No Tae-u (1988.7.7) No Tae-u Proposes New Policies Toward North: "Special Declaration" by President No Tae-u on North-South Relations Issued at Ch'ongwadae.

Nym, Wales, and San Kim (1941/72) *Song of Ariran: A Korean Communist in the Chinese Revolution. Ramparts Press.* (『아리랑』, 송영인 옮김, 동녘 2005)

Offe, Clause (1990) On the Tactical Use Value of National Sentiments. *Critical Sociology* 17. 9~15면.

Ohmae Kenichi (1990) *The Borderless World: Power and Strategy in the Inter-linked World Economy.* Harper Business.

Okakura Kakuzo (1970) *The Ideas of the East.* C. E. Tuttle Co.

Oliver, Robert (1978) *Syngman Rhee and American Involvement in Korea, 1942~1960.* Panmun Book Company, Ltd.

「오늘의 교육과 전국교직원노조」, N.d. UCLA Archival Collection on Democracy and Unification.

Pai, Hyung-Il (2000) *Constructing Korean Origins.* Harvard University Asia

Center.

Paik, Nak-Chung (1993) The Idea of Korean National Literature Then and Now. *Positions* 1.3. 574~75면.

_____ (1996) Habermas on National Unification in Germany and Korea. *New Left Review* 219. 14~22면.

Park, Chung Hee (1972a/73) Let Us Turn the Joy of Liberation Into Joy of Unification. In *Major Speeches by President Park Chung Hee*, The Samhwa Publishing Co. 19~24면.

_____ (1972b/73) Education With National Self-Identity. In *Major Speeches by President Park Chung Hee*, The Samhwa Publishing Co. 160~70면.

_____ (1972c/73) Security, Peace, Unification and Prosperity of Our Fatherland. In *Major Speeches by President Park Chung Hee*, The Samhwa Publishing Co. 135~41면.

_____ (1973a) The October Revitalizing Reforms Are a Great Save-the-Nation Movement, Succeeding the March 1 Spirit. In *Major Speeches by President Park Chung Hee*, The Samhwa Publishing Co. 188~92면.

_____ (1973b) The First Year of the Revitalizing Task. In *Major Speeches by President Park Chung Hee*, The Samhwa Publishing Co. 182~87.

_____ (1973c) Let Us Turn the Joy of Liberation into Joy of Unification. In *Major Speeches by President Park Chung Hee*, The Samhwa Publishing Co. 19~24면.

_____ (1976) *Toward Peaceful Unification*. The Secretariat for the President, Republic of Korea.

_____ (1979a) *Korea Reborn: A Model for Development*. The Secretariat for the

President, Republic of Korea.

_____ (1979b) *Saemaul: Korea's New Community Movement.* The Secretariat for the President, Republic of Korea.

Peattie, Mark (1984) Japanese Attitudes toward Colonialism, 1895~1945. In *The Japanese Colonial Empire, 1895~1945,* ed. Ramon Myers and Mark Peattie. Princeton University Press. 80~127면.

Pempel, T. J. (1999) *The Politics of the Asian Financial Crisis.* Cornell University Press.

'The Presidential Commission on Policy Planning' (2003) 「평화와 번영의 동북 아시대 신(新)구상」, Republic of Korea.

Rhee, Syngman (1949d) Letter from Rhee Syngman to Dr. Robert T. Oliver, an American Professor, Dated September 30, 1949. In *Documents and Materials Exposing the Instigators of the Civil War in Korea: Documents from the Archives of the Rhee Syngman Government.* Hoover Library, StanfordUniversity. 19~25면.

_____ (1954) *Syngman Rhee Through Western Eyes.* Office of Public Information, Republic of Korea.

Robinson, Michael (1984) National Identity and the Thought of Sin Ch'ae-ho. *Journal of Korean Studies* 5.

_____ (1988) *Cultural Nationalism in Colonial Korea, 1920~1925.* University of Washington Press.

_____ (1993) Enduring Anxieties: Cultural Nationalism and Modern East Asia. In *Cultural Nationalism in East Asia,* ed. Harumi Befu. Institute of East Asian Studies.

Rozman, Gilbert (2004) *North east Asia's Stunted Regionalism*. Cambridge University Press.

Sato Shigeki (1998) The Politics of Nationhood in Germany and Japan. Ph.D. diss., University of California.

Savage-Landor, A. Henry (1895) *Corea or Cho-sen: The Land of the Morning Calm*. William Heinemann.

Scalapino, Robert, and Chong-Sik Lee (1972) *Communism in Korea*. 2 vols. University of California Press.

Schmid, Andre (1997) Rediscovering Manchuria: Sin Ch'aeho and the Politics of Territorial History in Korea. *Journal of Asian Studies* 56. 26~46.

_____ (2002) *Korea Between Empires, 1895~1919*. Columbia University Press. (『제국 그 사이의 한국 1895~1919』, 정여울 옮김, 휴머니스트 2007)

Scott, James Scott (1976) *The Moral Economy of the Peasant*. Yale University Press.

_____ (1985) *Weapons of the Weak*. Yale University Press.

Shin, Gi-Wook (1995) Marxism, Anti-Americanism, and Democracy in South Korea: An Examination of Nationalist Intellectual Discourse. *positions: east asia cultures critique* 3.2. 508~34면.

_____ (1996) *Peasant Protest and Social Change in Colonial Korea*. University of Washington Press.

_____ (1998) Agrarian Conflict and the Origins of Korean Capitalism. *American Journal of Sociology* 103. 1309~51면.

_____ (2004) Paradox of Korean Globalization? Working paper at the Asia-Pacific Research Center, Stanford University.

Shin, Gi-Wook, and Kyung-Sup Chang (1999) Social Crisis in Korea. In *Korea Briefing 1997~1999: Continuity and Change at the Turn of the Century*, ed. Katy Oh. M. E. Sharp, on behalf of The Asia Society. 75~99면.

Shin, Gi-Wook, James Freda, and Gihong Yi (1999) The Politics of Ethnic Nationalism in Divided Korea. *Nations and Nationalism* 5.4. 465~84면.

Shin, Gi-Wook, and Do-Hyun Han (1999) Colonial Corporatism: The Rural Revitalization Campaign of 1932~40 in Korea. In *Colonial Modernity in Korea*, ed. Gi-Wook Shin and Michael Robinson. Harvard University Asia Center. 70~96면. (「식민지 조합주의: 1932~1940년의 농촌진흥운동」, 신기욱·마이클 로빈슨 엮음『한국의 식민지 근대성』, 도면회 옮김, 삼인 2006, 129~60면)

Shin, Gi-Wook, and Kyung Moon Hwang (2003) *Contentious Kwangju: The May 18 Uprising in Korea's Past and Present*. Rowan and Littlefield.

Shin, Gi-Wook, Soon-Won Park, and Daqing Yang, eds. (2005) *Rethinking Historical Injustice and Reconciliation: The Korean Experience in Regional Perspective*. Unpublished manuscript. Asia-Pacific Research Center, Stanford University.

Shin, Gi-Wook, and Michael Robinson, eds. (1999) *Colonial Modernity in Korea*. Harvard University Asia Center. (신기욱·마이클 로빈슨 엮음『한국의 식민지 근대성』, 도면회 옮김, 삼인 2006)

Shin, Susan (1978~79) The Tonghak Movement: From Enlightenment to Revolution. *Korean Studies Forum* 5. 1~76면.

Shorrock, Tim (1986) The Struggle for Democracy in South Korea in the 1980s and the Rise of Anti-Americanism. *Third World Quarterly* 8. 4면.

Smith, Anthony (1986) *The Ethnic Origins of Nations*. Blackwell.

_____ (1991) *National Identity*. University of Nevada Press.

_____ (1995) *Nations and Nationalism in a Global Era*. Polity Press.

Sorensen, Clark (1999) National Identity and the Creation of the Category "Peasant" in Colonial Korea. In *Colonial Modernity in Korea*, ed. Gi-Wook Shin and Michael Robinson. Harvard University Asia Center. 288~310면. (「식민지 한국의 '농민' 범주 형성과 민족 정체성」, 신기욱·마이클 로빈슨 엮음 『한국의 식민지 근대성』, 도면회 옮김, 삼인 2006)

Stalin, Joseph V. (1913/54) Marxism and the National Question. In *Works*, vol. 2. Foreign Languages Publishing House. 300~81면.

Suh, Dae-Sook (1967) *The Korean Communist Movement, 1918~1948*. Princeton University Press.

_____ ed. (1970) *Documents of Korean Communism, 1918~1948*. Princeton University Press.

_____ (1988) *Kim Il Sung: The North Korean Leader*. Columbia University Press.

Tajfel, Henri, and J. C. Turner (1986) The Social Identity Theory of Intergroup Behavior. In *Psychology of Intergroup Relations*, ed. S. Worcheland W. G. Austin. NelsonHall.

Tanaka, Stefan (1993) *Japan's Orient*. University of California Press.

Tu, Wei-ming, ed. (1996) *Confucian Traditions in East Asian Modernity*. Harvard University Press.

Urban, Jan (1991) Nationalism as a Totalitarian Ideology. *Social Research* 58.

Vogel, Ezra (1991) *The Four Little Dragons*. Harvard University Press.

Wade, Robert (1990) *Governing the Market: Economic Theory and the Role of Government in East Asian Industrialization.* Princeton University Press.

_____ (1996) Globalization and Its Limits: Reports of the Death of the National Economy are Greatly Exaggerated. In *National Diversity and Global Capitalism*, ed. Susan Berger and Ronald Dore. Cornell University Press. 60~88면.

Wallerstein, Immanuel. Culture as the Ideological Battleground of the Modern World-System. In *Global Culture*, ed. Mike Feather stone. Sage Publications. 31~56면.

Weber, Max (1976) *The Protestant Ethic and the Spirit of Capitalism.* Charles Scribner's Sons.

Weiner, Michael (1996) Comintern in East Asia, 1919~39. In *The Comintern: A History of International Communism from Lenin to Stalin*, ed. Kevin McDermott and Jeremy Agnew. MacMillan Press. 158~90면.

_____ ed. (1997) *Japan's Minorities: The Illusion of Homogeneity.* Routledge.

Weiss, Linda (1998) *The Myth of the Powerless State.* Cornell University Press.

Wells, Kenneth (1990) *New God, New Nation: Protestants and Self-Reconstruction Nationalism in Korea 1896~1937.* University of Hawaii Press.

Wiekart, Richard (1993) The Origins of Social Darwinism in Germany, 1859~1895. *Journal of the History of Ideas* 54(3). 469~88면.

Winship, Christopher, and Robert Mare (1984) Regression Models with Ordinal Variables. *American Sociological Review* 49. 512~25면.

Woo, Jung-en (1991) *Race to the Swift: State and Finance in Korean Industrialization.* Columbia University Press.

Yoshino Kosaku (1992) *Cultural Nationalism in Contemporary Japan*. Routledge.

강재언 (1987) 「아시아주의와 일진회」, 『한국사회연구』 2호, 228~53면.

곽대중 (2001) 「한복 입고 영어로 수업하는 민족사관고등학교」(http://www. donga.com/docs/magazine/new_donga/200112/nd2001120350.html)

권덕규 (1926) 「조선에서 배태한 지나의 문화」, 『동광』 11월호, 91~94면.

권수진 (1998) 「소비사회와 세계체제 확산 속에서의 한국문화론」, 『비교문화연구』 4호, 181~214면.

권혁범 (2000) 『민족주의와 발전의 환상』, 솔.

김경일 (1992) 『일제하 노동운동사』, 창비.

김경재 (1926) 「농촌문제의 전개 경향」, 『개벽』 69호, 29~30면.

김기전 (1921) 「농촌개선에 관한 도안(圖案)」, 『개벽』 6호, 14~15면.

김도영 (1994) 『대한제국기의 정치사상연구』, 지식산업사.

김동춘 (1993) 「1980년대 후반 이후 한국 맑스주의이론의 성격변화와 한국 사회과학」, 『창작과비평』 21권 4호, 302~28면.

김동택 (2003) 「독립신문에 나타난 국가와 국민의 개념」, '한국의 근대와 근대경험' 씸포지엄 발표문, 이화여자대학교.

김민환 (1988) 『개항기 민족지의 사회사상』, 나남.

김윤경 (1927) 「자유에 대한 일고」, 『동광』 5월호, 34~48면.

김일성 (1946/88) 「북조선 로동당 창립에 대한 보고」, 『북한 조선로동당대회 주요자료집』, 돌베개.

_____ (1979) 「홍명희와 한 담화 — 1948년 5월 6일」, 『김일성 저작집』 4권, 조선노동당출판사.

김정훈 (1999) 「남북 지배담론의 민족주의 비교연구」, 연세대학교 박사학위논문.

김준엽 · 김창순 (1986) 『한국공산주의운동사』 1~5권, 아세아문제연구소.

김태 (1926) 「청년 동무들아 농촌으로 가자」, 『조선농민』 2권 2호.

김학춘 (1994) 「통일이념으로서의 한국민족주의」, 『통일문제연구』 6권 1호, 평화문제연구소 편, 평화문제연구소, 39~64면.

남만희 (1933) 「팟시즘노동조합의 정체(正體)」, 『신계단』 2월호, 35~37면.

노태돈 (1997) 「한국민족형성시기론」, 『한국사시민강좌』 20집, 158~81면.

농경 하기 (1931) 「농촌채무 처리문제」, 『농민』 2권 6호.

단정 (1932) 「농민은 왜 가난한가?」, 『농민』 3권 4호.

마명 (1932) 「조선 5대 진흥책 ─ 조선 농촌의 진흥책」, 『혜성』 1월호, 2~11면.

망원한국사연구실 한국근대 민중운동사 서술분과 (1989) 『한국근대민중운동사』, 돌베개. (「특별기획: 통일을 위한 근현대사 교육, 역사가 10인에게 듣는다」, 『역사비평』 11호, 15~71면에도 기재)

박노자 (2003) 「개화기 '국민'담론과 그 속의 '타자'들」, '한국근대와 근대경험' 씸포지엄 발제문, 이화여자대학교.

박명림 (1996) 『한국전쟁의 발발과 기원』 1권, 나남.

박영호 (1994) 「통일 이후 국민통합방안 연구」, 민족통일연구원 연구자료 94-34.

박영호 · 박종철 (1993) 『남북한 정치공동체형성 방안연구』, 민족통일연구원 연구자료 93-29.

박영희 (1934) 「조선문화의 재인식」, 『개벽』 12월호, 2~5면.

박은식 (1997) 『한국통사』, 계명대학교출판부.

박일형 (1932) 「민족과 민족운동 ─ 수양동우회는 어대로 가나?」, 『비판』 4월호.

박찬승 (1992) 『한국 근대정치사상사 연구』, 역사비평사.

박철이 (1933) 「조선 팟쇼화의 검토」, 『비판』 3월호.

방기중 (1992) 『한국 근현대사상사 연구』, 역사비평사.

배성찬 (1987)『식민지시대 사회운동론 연구』, 청아.

백남운 (1934.10.20)「조선 특유의 사회제도」,『동아일보』.

백민 (1933)「공동경작을 실시하자」,『농민』4권 3호.

백욱인 (1989)「분단과 민족문제」, 박현채·조희연 편『한국사회구성체 논쟁』, 죽산.

서중석 (1991)『한국 현대민족운동연구』, 역사비평사.

서춘 (1931)「조선 사람 빈궁의 실지적 7대 원인」,『혜성』4월호.

석현호·정기선·장준오 (1997)『외국인 노동자 노사관계와 사회적 적응』, 집문당.

소래 김중건선생 기념사업회 편 (1994)『개혁의 이론과 독립운동: 소래 김중건의 철학과 사상에 대한 연구 논총』, 태성.

송호종 N.d.「단군릉, 신화와 역사 — 남북한의 역사인식」(http://www.koreanhistory.org/webzine/01/01-03.html.)

신남철 (1934)「조선연구의 업적과 기재 출발」, 동아일보 1월 1~7일 연재물.

신준언 (1931)「재만동포 문제에 대하여」,『동광』10월호, 7~9면.

신채호 (1982)『단재 신채호 전집』, 단재신채호선생 기념사업회.

신형기 (2003)『민족 이야기를 넘어서』, 삼인.

안재홍 (1928/78)「재만동포의 제대책」, 안재홍선집간행위원회 편,『민세 안재홍 선집』1권, 255~64면, 지식산업사.

_____ (1931/78)「병화(兵禍) 만난 재만동포」, 안재홍선집간행위원회 편,『민세 안재홍 선집』1권, 443~45면, 지식산업사.

_____ (1932/78)「국민주의와 민족주의」, 안재홍선집간행위원회 편,『민세 안재홍 선집』1권, 461~62면, 지식산업사.

_____ (1946/78)「신탁통치반대 선언」, 안재홍선집간행위원회 편,『민세 안재홍 선집』2권, 80~82면, 지식산업사.

_____ (1950) 「일민주의 본바탕」, 일민주의연구원.

_____ (1992) 「민족사상의 전통과 역사」, 한뿌리.

역사문제연구소 민족해방운동사연구반 (1990) 『민족해방운동: 쟁점과 과제』, 역사비평사.

유영익 (1990) 『갑오경장 연구』, 일조각.

_____ (1997) 「우남 이승만의 개혁·건국사상」, 『아세아학보』 20호.

윤치호 (1984) 『윤치호 일기』 10권, 국사편찬위원회.

이광린 (1989) 「개화기 한국인의 아시아연대론」, 『개화파와 개화사상 연구』, 일조각, 138~54면.

이광수 (1922/62) 「민족개조론」, 『이광수 전집』 17권, 삼중당, 216~52면.

_____ (1924/62) 「민족적 경륜(經綸)」, 『이광수 전집』 17권, 삼중당, 281~84면.

_____ (1932a/1962) 「조선민족운동의 三基礎事業」, 『이광수 전집』 17권, 삼중당, 314~17면.

_____ (1933/62) 「조선민족론」, 『이광수전집』 17권, 삼중당, 326~32면.

이성환 엮음 (1926) 「현대농민 독본 — 농민과 독립 자영?」, 『조선농민』 2권 1호.

_____ (1923) 「먼저 농민부터 해방하자」, 『개벽』 32호.

_____ (1925) 「조선농민의 삼대제창」, 『조선농민』 1권 1호.

이승만 (1949a) 「일민주의란 무엇?」, 『주보』 3, 2~5면.

_____ (1949b) 「일민주의와 민족운동」, 『주보』 4, 3~7면.

이일형 (1931) 「만주문제를 여시아관(如是我觀) — 특히 재만조선인 문제의 해결책에 대하야」 『비판』 11월호.

이지원 (1994) 「1930년대 초반 민족주의 문화운동의 성격」, 『국사관논총』 51집, 161~84면.

_____ (1993) 「1930년대 민족주의 계열의 고적(古蹟)보전운동」, 『동방학지(學

志)』77·78·79집, 745~75면.

이해준 (1996)『조선시기 촌락사회사』, 민족문화사.

일송정 편집부 (1988)『학생운동논쟁사』, 일송정.

임영태 엮음 (1985)『식민지시대 한국사회와 운동』, 사계절.

임지현 (1994)「한국사학계의 '민족' 이해에 대한 비판적 검토」, 『역사비평』 26
    호, 114~37면.

_____ (1999)『민족주의는 반역이다』, 소나무.

전복희 (1996)『사회진화론과 국가사상』, 한울.

정영훈 (1995)「단군과 근대 한국민족운동」, 『한국의 정치와 경제』 8집, 정신문
    화연구원.

정인관 (1932)「농촌 구제(救濟)의 단면상(斷面相)」, 『第1線』 2권 11호, 6~9면.

정재면 (1927)「민족과 민족어」, 『동광』 7월호, 2~12면.

조동걸 (1979)『일제하 한국농민 운동사』, 한길사.

조민 (1994)『한국민족주의 연구』, 민족통일연구회.

조한혜정·이우영 엮음 (2000)『탈분단 시대를 열며』, 삼인.

조항래 (1984)「일진회 연구」, 중앙대학교 박사학위논문.

주요한 (1931)「재만동포 문제」, 『동광』 25호, 2~5면.

지수걸 (1985)「조선농민사의 단체성격에 관한 연구」, 『역사학회』 106집,
    169~207면.

_____ (1996)「1930년대 초반의 조선 민족주의와 마르크스 레닌주의」, 『인문과
    학연구』 1집, 143~69면.

진원 (1932)「민족적 표현단체 재조직 문제에 대한 비판」, 『비판』 2권 2호,
    212~16면.

최기영 (1999)「사회진화론」, 『한국사시민강좌』 25호, 23~40면.

최남선 (1926/74) 「불함문화론(不咸文化論)」, 『한국사: 단국·고조선·기타』 2권, 고려대학교 아세아문제연구소 육당전집편찬위원회 편, 현암사, 43~78면,

_____ (1936/74) 「조선의 고유신앙」, 『논설·논문 1』, 고려대학교 아세아문제연구소 육당전집편찬위원회 편, 현암사, 246~58면

_____ (1939/74) 「동방 고민족의 신성관념에 대하여」, 『논설·논문 1』, 고려대학교 아세아문제연구소 육당전집편찬위원회 편, 현암사, 259~69면

최석영 (1997) 『일제의 동화이데올로기 창출』, 서경문화사.

최해종 (1946) 「신탁 반대와 민족이념」, 『건국공론』 4월호, 12~14면.

한국동북아지식인연대 편 (2004) 『동북아공동체를 향하여』, 동아일보사.

한국방송공사 (1999) 「21세기 한민족 네트워크 공동체의 비전과 전략」, 한국방송공사.

한국역사연구회 (1999) 『조선시대 사람들은 어떻게 살았을까』, 청년사.

한운야 (1933) 「민족개량주의비판」, 『신계단』 1권 4호, 2~9면.

한웅수 (1935) 「'賣祖群' 頭上에 一棒」, 『비판』 3권 6호, 528면.

황병덕 (1994) 『통일한국의 통치이념』, 민족통일연구원.

황영 (1933) 「민족주의 지도원리의 비판」, 『신계단』 1권 6호, 2~9면.

한국 민족주의의 계보와 정치

초판 1쇄 발행 • 2009년 1월 23일
초판 2쇄 발행 • 2021년 9월 16일

지은이 • 신기욱
옮긴이 • 이진준
펴낸이 • 강일우
책임편집 • 박영신
펴낸곳 • (주)창비
등록 • 1986년 8월 5일 제85호
주소 • 10881 경기도 파주시 회동길 184
전화 • 031-955-3333
팩시밀리 • 영업 031-955-3399 편집 031-955-3400
홈페이지 • www.changbi.com
전자우편 • human@changbi.com

한국어판 ⓒ (주)창비 2009
ISBN 978-89-364-8241-1 03910

* 이 책 내용의 전부 또는 일부를 재사용하려면
  반드시 저작권자와 창비 양측의 동의를 받아야 합니다.
* 책값은 뒤표지에 표시되어 있습니다.